Rittal – Das System.
Schneller – besser – überall.

D1745899

Unsere Kompetenz.
Ihr Nutzen.

**Steuerungs- und Schaltanlagenbau 4.0 –
Der digitale Workflow für Ihr Unternehmen.**

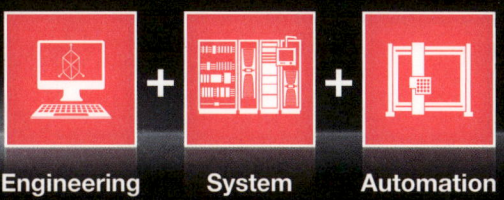

Durchgängige Daten sind heutzutage der Schlüssel in jedem automatisierten Prozess, um Zeit und Kosten zu sparen. Profitieren Sie von der Engineering-Kompetenz von Eplan im Zusammenspiel mit der System- und Automationskompetenz von Rittal.

SCHALTSCHRÄNKE › STROMVERTEILUNG › KLIMATISIERUNG › IT-INFRASTRUKTUR › SOFTWARE & SERVICE

RITTAL

www.rittal.de

FRIEDHELM LOH GROUP

Diesen Titel zusätzlich als E-Book erwerben und 60 % sparen!

Als Käufer dieses Buchs haben Sie Anspruch auf ein besonderes Angebot. Sie können zusätzlich zum gedruckten Werk das E-Book zu 40 % des Normalpreises erwerben.

Zusatznutzen:
- Vollständige Durchsuchbarkeit des Inhalts zur schnellen Recherche.
- Mit Lesezeichen und Links direkt zur gewünschten Information.
- Im PDF-Format überall einsetzbar.

Laden Sie jetzt Ihr persönliches E-Book herunter:
- **www.vde-verlag.de/ebook** aufrufen.
- **Persönlichen, nur einmal verwendbaren E-Book-Code** eingeben:

```
604336WB14DVK26X
```

- E-Book zum Warenkorb hinzufügen und zum Vorzugspreis bestellen.

Hinweis: Der E-Book-Code wurde für Sie individuell erzeugt und darf nicht an Dritte weitergegeben werden. Mit Zurückziehung des Buchs wird auch der damit verbundene E-Book-Code ungültig.

Christian Manzei · Linus Schleupner
Ronald Heinze (Hrsg.)

**Industrie 4.0
im internationalen Kontext**

Christian Manzei · Linus Schleupner
Ronald Heinze (Hrsg.)

Industrie 4.0
im internationalen Kontext

Kernkonzepte, Ergebnisse, Trends

2., neu bearbeitete und erweiterte Auflage

VDE VERLAG GMBH **Beuth**

ICS 25.040.01

Diejenigen Bezeichnungen von im Buch genannten Erzeugnissen, die zugleich eingetragene Warenzeichen sind, wurden nicht besonders kenntlich gemacht. Es kann also aus dem Fehlen der Markierung ™ oder ® nicht geschlossen werden, dass die Bezeichnung ein freier Warenname ist. Ebenso wenig ist zu entnehmen, ob Patente oder Gebrauchsmusterschutz vorliegen.

Alle Texte, Formeln und Abbildungen wurden von Herausgebern, Autoren und Verlagen mit großer Sorgfalt erarbeitet. Dennoch können Fehler nicht ausgeschlossen werden. Deshalb übernehmen weder die Herausgeber noch die Autoren noch die Verlage irgendwelche Garantien für die in diesem Buch gegebenen Informationen. In keinem Fall haften Herausgeber, Autoren oder Verlage für irgendwelche direkten oder indirekten Schäden, die aus der Anwendung dieser Informationen folgen. Eine Haftung der Verlage für die Richtigkeit und Brauchbarkeit der veröffentlichten Programme, Schaltungen und sonstigen Anordnungen oder Anleitungen sowie für die Richtigkeit des technischen Inhalts des Werks ist ausgeschlossen.

Das Werk ist urheberrechtlich geschützt. Jede Verwertung außerhalb der engen Grenzen des Urheberrechtsgesetzes ist ohne Zustimmung der Verlage unzulässig und strafbar. Die Wiedergabe von Gebrauchsnamen, Handelsnamen, Warenbeschreibungen etc. berechtigt auch ohne besondere Kennzeichnung nicht zu der Annahme, dass solche Namen im Sinne der Markenschutz-Gesetzgebung als frei zu betrachten wären und von jedermann benutzt werden dürfen. Aus der Veröffentlichung kann nicht geschlossen werden, dass die beschriebenen Lösungen frei von gewerblichen Schutzrechten (z. B. Patente, Gebrauchsmuster) sind.

Bibliografische Information der Deutschen Nationalbibliothek
Die Deutsche Nationalbibliothek verzeichnet diese Publikation in der Deutschen Nationalbibliografie; detaillierte bibliografische Daten sind im Internet über http://dnb.dnb.de abrufbar.

ISBN 978-3-8007-4336-0 (Buch VDE VERLAG)
ISBN 978-3-8007-4255-4 (E-Book VDE VERLAG)
ISBN 978-3-410-27602-9 (Buch Beuth Verlag)
ISBN 978-3-410-27603-6 (E-Book Beuth Verlag)

Alle Rechte vorbehalten.

© 2017   VDE VERLAG GMBH · Berlin · Offenbach
    Bismarckstr. 33, 10625 Berlin

© 2017   Beuth Verlag GmbH · Berlin · Wien · Zürich
    Burggrafenstr. 6, 10787 Berlin

Titelbild: Petry & Schwamb, Freiburg
Druck: Hubert & Co. (GmbH und Co. KG), Göttingen
Printed in Germany   2017-04

Vorwort

Dieses Buch wendet sich gleichermaßen an Anwender, die mehr über das Thema Industrie 4.0 sowie die damit zusammenhängenden Technologien, Standards und Initiativen erfahren wollen, wie auch an Anbieterunternehmen, die sich einen Überblick über die Situation im globalen Kontext verschaffen wollen.

Unser Ziel war es, möglichst viele Aspekte der Thematik Industrie 4.0 zu behandeln, um so dem Leser einen Einblick in die Gesamtzusammenhänge zu ermöglichen. Und dabei sollten diejenigen berichten, die am engsten in die bisherige und weitere Entwicklung des Themas involviert sind: die Anbieter der Technologien ebenso wie Anwenderunternehmen, die über erste Applikationen berichten und ihr Vorgehen schildern. Die beteiligten Konsortien und Initiativen kommen genauso zu Wort, wie Forschungs- und Bildungseinrichtungen:

- Im Bereich Kernkonzepte werden die zugrunde liegenden Basistechnologien vorgestellt und ihr Stellenwert im Zusammenhang mit Industrie 4.0 erläutert. Hier berichten die maßgeblichen Player über Ansätze und Möglichkeiten, die Industrie 4.0 in den unterschiedlichsten Bereichen bietet.
- Anschließend haben wir verschiedene Beiträge unter der Überschrift „Standardisierung" zusammengefasst. Es wird aufgezeigt, wer und wie derzeit die Regeln festgeschrieben werden, nach denen Industrie 4.0 zukünftig funktionieren wird. Besonders ans Herz legen möchten wir Ihnen dabei den Artikel zum Referenzarchitekturmodell (RAMi 4.0), das Grundlage aller weiteren Standardisierungen in diesem Bereich sein wird.
- Das IIC – informationstechnisches Gegenstück zur vorwiegend elektrotechnisch geprägten Plattform Industrie 4.0 – stellt sich, seine Ziele sowie seine bisherigen Erfolge im darauf folgenden Buchteil „Konsortien" vor. Neben einem tieferen Blick in die Zusammenhänge der Plattform Industrie 4.0 liefern wir zudem eine Darstellung der Situation in Asien und lassen die Unterschiede zwischen den Konsortien erläutern.
- Im Kapitel „Erste Ergebnisse und weitere Ansätze" geht es um den Transfer von Industrie 4.0 in die Praxis: Wie sind die Ansätze von Smart Factory und it's OWL und was wurde etwa bei Weidmüller, Phoenix Contact, ThyssenKrupp Elevator und anderen hinsichtlich der Informatisierung der Wertschöpfungskette bereits erreicht?
- Hieran schließt sich in Kapitel 6 die Beleuchtung rechtlicher Fragen sowie die Behandlung der Aspekte Safety und Security an.
- Welche Konsequenzen Industrie 4.0 für den Arbeitsalltag des Menschen und die Anforderungen an Ausbildungs- und Arbeitsqualifikation hat, wird im Kapitel „Rolle des Menschen" erläutert.
- Unter dem Titel „Schritte auf dem Weg zu Industrie 4.0" wird zudem aufgezeigt, welche Prozesse notwendig sind, um das eigene Unternehmen auf den Weg in Richtung der digitalen Transformation zu bringen. Abschließend wagen wir dann einen Blick nach vorn zur weiteren Entwicklung von Industrie 4.0.

Zahlreiche Beiträge wurden von namhaften Spezialisten aus Industrie und Verbänden verfasst, die mit ihrer hohen Kompetenz das jeweilige Thema detailliert und anschaulich vermitteln und so dieses einzigartige Buch ermöglichten.

Mit dem Buch halten Sie somit einen Reader zu der Sie offensichtlich interessierenden Thematik in der Hand, der Ihnen einen Überblick bietet, der durch den Blick von uns Herausgebern auf die Thematik selbstverständlich subjektiv ist/sein muss. Ferner geben wir zu bedenken, dass eine Publikation, die sich einem Thema widmet, das erst im Entstehen begriffen ist, keinen Anspruch auf Vollständigkeit anmelden kann. Dennoch haben wir uns bemüht, in diesem Buch möglichst zahlreiche Aspekte zu behandeln und alle maßgeblichen Akteure zu berücksichtigen.

Nach der Lektüre des Buchs werden Sie ein umfassendes Verständnis für das Thema Industrie 4.0 entwickelt und unterschiedliche Anregungen erhalten haben, wie Sie sich bzw. Ihr Unternehmen auf die vierte industrielle Revolution vorbereiten sollten.

In diesem Sinne wünschen wir Ihnen viel Freude beim Lesen! Und: Für Ihre Kritik und Anmerkungen nehmen Sie gern Kontakt mit uns auf.

Willich und Offenbach, im Frühjahr 2017

Christian Manzei (C.Manzei@Uticor.de),
Linus Schleupner (info@dr-linus-schleupner.de),
Ronald Heinze (ronald.heinze@vde-verlag.de)

Inhaltsverzeichnis

Vorwort		5
1	Einführung und Überblick	9
2	Kernkonzepte	17
	Technische Grundlagen	18
	Funktion und Herausforderungen von Cyber-Physical Systems	25
	Architekturen für das „Internet der Dinge"	30
	Predictive Maintenance – vom Sensor bis ins SAP	36
	Von der Anlage via Predictive-Maintenance-Gateway in die Cloud	42
	Industrial Cloud Communication vom Sensor bis in die Cloud	47
	Mit lernenden Systemen zur kognitiven Fertigung	52
	Connected Logistics – Optimierung der Wertschöpfungskette	57
	MES als Dreh- und Angelpunkt für Industrie 4.0	63
	Entwicklungstrends bei Manufacturing Execution Systems (MES)	69
	Das Engineering der Dinge	73
3	Standardisierung	77
	Industrie 4.0 erfordert digitale Richtlinien	78
	Referenzarchitekturmodell Industrie 4.0 (RAMI 4.0)	83
	Industrie 4.0, RAMI 4.0 und Industrie-4.0-Komponente: Ohne Normung geht es nicht	88
	Der Schlüssel für Industrie 4.0: Semantische Interoperabilität vom Sensor bis in die Cloud	103
	eCl@ss – Produktdatenstandard für die Industrie-4.0-Ontologie	108
	Herstellerunabhängiger Austausch von Entwurfsdaten für Steuerungssysteme mittels AutomationML	114
4	Konsortien	143
	Plattform Industrie 4.0 – Ein Schulterschluss von Politik, Wirtschaft, Gewerkschaften und Wissenschaft	144
	Das Industrial Internet Consortium	149
	Industrial Value-Chain Initiative – Impulsgeber in Japan und Asien	153

    Struktur und Rahmenbedingung der Industrie-4.0-basierten chinesischen intelligenten Produktion. 158

    Große Cloud-Player und ihre Machine-Learning-Strategien. 169

5 Erste Ergebnisse und weitere Ansätze 177

    Smart Factory – Eine Idee wird Realität 178

    it's OWL – Industrie 4.0 für den Mittelstand 181

    Einsatz von Industrie 4.0 bei Bosch 185

    Maximale Datenintegration mit „Smart Engineering and Production 4.0". 193

    Praxisbeispiel: Intelligente Feldgeräte und selbstkorrigierende Fertigung 197

    Praxisbeispiel: Cloud-Lösung optimiert Aufzugbetrieb 202

    Praxisbeispiel: Lafarge Holcim setzt auf Predictive Analytics 206

    Praxisbeispiel: Automatisierter Schaltschrankbau 211

    Praxisbeispiel: Retrofit 4.0. 215

    Praxisbeispiel: Kühlgeräte-Diagnose als Use Case für Industrie 4.0 219

6 Spezielle Aspekte 223

    Industrie 4.0 trifft auf Recht 3.0 224

    Anwendung des Datenschutzgesetzes BDSG im Rahmen von Industrie 4.0. 226

    Sichere Kommunikation im Umfeld von Industrie 4.0 229

7 Rolle des Menschen 243

    Das Internet der Dinge, Dienste und Menschen 244

    Arbeitsalltag Industrie 4.0. 254

    Neue (Weiter-)Bildungskonzepte für neue Anforderungen 259

8 Ausblick. 267

    Umsetzung von Industrie 4.0 im eigenen Unternehmen. 268

    Daten als Basis für Industrie 4.0 275

    Ein Blick nach vorn. 279

Glossar. 287

Autoren. 293

1 Einführung und Überblick

von *Christian Manzei*

Ziel des Buchs

Digital Factory, IoT, IoS, Predictive Maintenance, CPPS, RAMI 4.0, Smart Production, Social Machines, MES, Mass-Customization, PLM – in der Automatisierungswelt wimmelt es seit einiger Zeit nur so von neuen Begrifflichkeiten und Abkürzungen, die zwar in aller Munde sind, mit denen Viele jedoch nur wenig anfangen können.

Dieses Buch möchte etwas Licht ins Begriffs-Dickicht bringen und Zusammenhänge aufzeigen. Denn allzuoft wird in der Hersteller-Werbung nach wie vor suggeriert, dass man mit dem offerierten Produkt ‚Industrie 4.0' quasi einkaufen könne. Mit dem Modewort „Industrie 4.0" wird eben Zukunftsorientierung transportiert, und wer wollte diesbezüglich schon hinten anstehen?

Tatsächlich ist bei Industrie 4.0 und allen anderen, ähnlich gelagerten Aktivitäten, der Prozess das Produkt. Denn ebenso, wie etwa Elektroautos allein kein ressourcenschonendes Mobilitätskonzept repräsentieren, leisten sie zu diesem dennoch einen nennenswerten Beitrag. Doch erst durch das Zusammenspiel mit anderen Bausteinen/Produkten, angefangen von einer intelligenten, belastungsgerechten Verkehrssteuerung, über optimierte Logistikketten, bis hin zu steuerlichen Anreizen, lassen sich die Ziele dieser Initiative erreichen. Ebenso verhält es sich bei Industrie 4.0. Dies macht es häufig so schwierig, diese Thematik leichtverständlich zu kommunizieren, wobei einzelne Hersteller mit ihrem Begriffs- und Informations-Wirrwarr es einem auch nicht gerade leicht machen.

Um die derzeitige Entwicklung in diesem Bereich halbwegs vollständig erfassen und bewerten zu können, müssen daher verschiedene Aspekte und Technologien betrachtet und analysiert werden. Mit unserer Artikelauswahl möchten wir dem Leser einen möglichst breiten Überblick über die Thematik geben, einschließlich damit verbundener Technologien oder Gesichtspunkte. Ziel ist es, die Schlagwörter in ein Bezugssystem einzubetten, um dadurch das Verständnis für Industrie 4.0 im Gesamtkontext zu erleichtern.

Die vierte industrielle Revolution und andere Aktivitäten

Was genau versteht man also unter Industrie 4.0 und auf welchem Hintergrund wird diesem Thema in der letzten Zeit von allen Seiten so viel Beachtung geschenkt?

Industrie 4.0 ist ein zentrales Thema der Digitalen Agenda der Bundesregierung. Mit dem Begriff Industrie 4.0 soll auf die vierte Industrielle Revolution Bezug genommen werden, die mit der Informatisierung der Produktion nunmehr ansteht. Sie folgt den durch

1. Mechanisierung mit Wasser- und Dampfkraft,
2. Massenfertigung mit Hilfe von Fließbändern und elektrischer Energie, sowie
3. Einsatz von Elektronik und IT zur weiteren Automatisierung der Produktion

verursachten Technologiesprüngen, die als erste bis dritte industrielle Revolutionen bezeichnet werden.

Unter Informatisierung versteht man in diesem Zusammenhang die Nutzung von Informationen aus unterschiedlichen Quellen, um hieraus weitere Informationen für Entscheidungen im

Fertigungsbereich zu generieren. Am Ende dieser Bestrebungen steht die „intelligente Fabrik", die sich laut Bundeswirtschaftsministerium (BMWi), das bei diesem Thema federführend ist, wie folgt darstellt:

„Intelligente Maschinen koordinieren selbstständig Fertigungsprozesse, Service-Roboter kooperieren in der Montage auf intelligente Weise mit Menschen, intelligente (fahrerlose) Transportfahrzeuge erledigen eigenständig Logistikaufträge. Industrie 4.0 bestimmt dabei die gesamte Lebensphase eines Produkts: Von der Idee über die Entwicklung, Fertigung, Nutzung und Wartung bis hin zum Recycling.

Über die ‚intelligente Fabrik' hinaus werden Produktions- und Logistikprozesse künftig unternehmensübergreifend verzahnt, um den Materialfluss zu optimieren, um mögliche Fehler frühzeitig zu erkennen und um hochflexibel auf veränderte Kundenwünsche und Marktbedingungen reagieren zu können. Aus den physischen Komponenten der industriellen Produktion – zum Beispiel Werkzeugmaschinen – entstehen durch intelligente, digitale Vernetzung Cyber-Physikalische Systeme (CPS). Sie bilden die Grundlage der intelligenten Fabrik der Zukunft (sogenannte ‚Smart Factory'). Den Maßstab hinsichtlich der Kosten und Ausstoß bilden die Bedingungen der Großserienproduktion."

Um diese Entwicklung voranzutreiben, stellen BMWi und BMBF mit den Förderprogrammen mehrere 100 Millionen Euro bereit.[1]

Wichtig in diesem Zusammenhang: Industrie 4.0 ist zwar eine deutsche Initiative, jedoch kein ausschließlich nationales Phänomen. Vielmehr hat man das Thema „Intelligente Wertschöpfungskette" auch in anderen Wirtschaftsregionen aufgegriffen und arbeitet dort an entsprechenden Standards und Lösungen. Besondere Beachtung verdient dabei das **Industrial Internet Consortium** (IIC), eine Vereinigung, die auf Betreiben von AT&T, Cisco, General Electric, IBM und Intel im Frühjahr 2014 gegründet wurde und zu der heute (Frühjahr 2017) über 250 Unternehmen gehören. Seit 2016 gibt es eine offizielle Zusammenarbeit mit der Plattform Industrie 4.0 der deutschen Bundesregierung, mit dem Ziel die jeweiligen Standardisierungsbemühungen zu koordinieren und so einem Normenwirrwarr vorzubeugen.

Noch mehr Anforderungen an die Produktion

Hintergrund dieses internationalen „Informatisierungstrends" sind verschiedene, allgemeine Tendenzen, die sich auf die Fertigung und das Unternehmen insgesamt auswirken:

- Aufgrund des mit dem permanenten Überangebot an Waren und Dienstleistungen einhergehenden hohen Preisdrucks der Unternehmen dürfte dabei die **Effizienzsteigerung** an vorderster Stelle stehen. Die Frage lautet in diesem Zusammenhang: Wie lassen sich Produkte noch schneller und noch kostengünstiger herstellen? Stichwörter sind hier die Erhöhung von Durchlaufzeiten, die Vermeidung von Überkapazitäten und von Maschinen-Stillstandszeiten und selbstverständlich auch die Optimierung der vor- und nachgelagerten Logistik- bzw. Wertschöpfungsstufen.
- In einem von Überangebot und Innovationen geprägten Markt steigt der Wettbewerbsdruck durch den Faktor Zeit zusätzlich. **„Time to Market"** lautet daher die Devise, d. h. die möglichst schnelle Umsetzung von der ersten Produktidee bis zum fertigen Produkt. Dies erfordert eine schnelle Beherrschung von Komplexität mit den dafür geeigneten In-

---

[1] Details zu den Fördermöglichkeiten finden sich auf der Plattform Industrie 4.0 (*www.plattform-i40.de*).

strumenten und Planungshilfen, sowie eine intelligente, nahtlose (Informations-)Struktur aller Prozesse der Wertschöpfungskette.

- Gleichzeitig spielt mehr und mehr die **Schonung von Ressourcen** eine wichtige Rolle. Dies fängt an mit der Reduzierung des Energie- und Wasserverbrauchs bei der Fertigung von Produkten, geht weiter über die Reduzierung des Materialeinsatzes und ist mit der Vermeidung statt Verwertung von Abfällen noch längst nicht zu Ende.
- Eine weitere Forderung, mit der sich Unternehmen zunehmend konfrontiert sehen, ist diejenige nach **Flexibilität**. Dabei geht es zum einen um die individuelle Massenfertigung von Produkten, die bei komplexen Produkten (z. B. Autos) schon lange gang und gäbe ist, aber zunehmend auch bei sogenannten Commodities mehr und mehr Einzug hält (z. B. personalisierte Coca Cola, M&Ms, Heinz Ketchup oder Ritter Sport). Daneben ist es oftmals das Ziel, Produktionseinheiten so zu gestalten, dass sich möglichst viele unterschiedliche Produkte auf ihnen fertigen lassen.
- Zudem sieht sich der Fertigungsbereich vermehrt mit einer **lückenlosen Dokumentation** der Produktherstellung sowie der Zulieferprodukte konfrontiert. Dies betrifft insbesondere den Pharmazie- und Lebensmittelbereich, gewinnt im Rahmen der Produkthaftung jedoch auch für viele andere Branchen zunehmend an Bedeutung.

Ursachen der Informatisierung der Wertschöpfungskette

Wo aber ist anzusetzen, um diese Ziele zu erreichen?

Inzwischen ist die Optimierung bei Einzelapplikationen weitestgehend ausgeschöpft. Weitere Leistungssteigerungen lassen sich nur durch vermehrte Datenintegration in der Fertigung realisieren. Entsprechend dem Moore'schen Gesetz von 1965, nach dem sich die Rechenleistung von Prozessoren alle 18 Monate verdoppelt, haben wir hardwareseitig inzwischen ein Leistungsniveau erreicht, mit dem sich weitaus mehr Daten weitaus komplexeren Analysen unterziehen lassen, als man sich dies bisher vorstellen konnte[1]. Dieser Entwicklung folgend, werden wir in fünf Jahren diese Daten erneut zehn Mal so schnell oder zehn Mal so komplex wie heute analysieren können!

Daher kommt es jetzt darauf an, diese zusätzlichen Möglichkeiten auch effektiv zu nutzen. Hierzu müssen IT'ler und Automatisierer jedoch erst „zueinander finden" und sprichwörtlich dieselbe Sprache sprechen. Um die richtige Information zur richtigen Zeit an den richtigen Ort im Gesamtunternehmen zu bringen, sind eine unübersehbare Vielzahl von Schnittstellen zu definieren und der Prozess der Datenübergabe jeweils zu standardisieren. Nur so wird es gelingen, die gewünschten Anbindungen einfach und kostengünstig zu realisieren, statt dies wie bisher in einem zeit- und kostenaufwendigen Engineeringprojekt zu tun, dessen Funktion dann oftmals nur auf diese spezielle Konstellation von Komponenten beschränkt ist.

In Zukunft müssen Produkte oder Teillösungen unterschiedlichster Automatisierungs- und IT-Lieferanten einfach integriert werden sowie verlässlich und effizient zusammenwirken können. Dies zukünftig reibungslos, über diverse Ebenen und verschiedene Hersteller hinweg

---

[1] Mittlerweile überflügelt bereits die Rechenleistung einer Spielekonsole (PlayStation 4 von Sony) diejenige eines Supercomputers von 1998 (Intel Asci Red). Dieser Supercomputer benötigte für diese Rechenleistung 9152 Pentium-Pro-Prozessoren, die auf einer Grundfläche von 150 Quadratmetern verbaut waren und unter Volllast 850 kW verbrauchten. Bei der Spielekonsole beträgt der Platzbedarf nur rund ein Zehntausendstel (0,0159 m²) und auch bei der Leistungsaufnahme gibt sie sich mit einem Bruchteil zufrieden (ca. ein Fünftausendstel).

sowie branchenübergreifend möglichst einfach zu gestalten, darin liegt ein wesentliches Ziel der Bemühungen.

Dass dies keine ganz so triviale Aufgabe ist, liegt auf der Hand. Zur Illustration sei hier nur darauf hingewiesen, dass die durch die Integration eines klassischen Sensors in ein ERP-System verursachten direkten und indirekten Kosten sich leicht auf mehrere Tausend Euro summieren können.

Die Komplexität einer solchen Aufgabe kann ein einzelnes Unternehmen nicht mehr bewältigen. Daher müssen sich die Hersteller aus sehr unterschiedlichen Bereichen auf Standards einigen, die dann allen Anbietern offengelegt werden. Aus der „Automatisierungsinsel der Glückseligen" wird so Stück für Stück ein hoch frequentiertes Touristikziel, in dem sich bisher völlig unbekannte Platzhirsche breit machen werden. Ganz besonders trifft dies auf den IKT-Bereich zu, der dadurch Einzug in die Fertigung erhält. Dies zeigen auch die Ergebnisse verschiedener Umfragen, nach denen IT-Unternehmen als wichtige, neue Wettbewerber und die möglichen, zukünftigen Gewinner der neuesten Entwicklung gesehen werden. Proprietären (Automatisierungs-)Lösungen bleibt in diesem Zukunfts-Szenario nur noch ein sehr begrenztes Betätigungsfeld.

Das alles klingt nach einer Jahrhundertaufgabe, deren Gelingen neben der genannten **Standardisierung** vor allem von einer fortschreitenden Leistungssteigerung in der Softwareentwicklung abhängen wird!

Da sich Anforderungen, Schwerpunkte und Engpässe von Firma zu Firma unterscheiden, wird dabei jedes Unternehmen andere Ansatzpunkte nutzen, um die Informatisierung im eigenen Haus voranzutreiben: Während beim einen Hersteller aufgrund von Just-in-Time oder besonders kurzen Innovationszyklen das Thema Lagerhaltung/Logistik besonders wichtig ist, hat für das andere Unternehmen aufgrund der Variantenvielfalt die direkte Rückwirkung der Informationen aus den Absatzkanälen eine ganz besondere Bedeutung.

Diese Vielfalt an Anforderungen und Projekten führt schnell zu einer Vielzahl von parallel entwickelten Teillösungen und ermöglicht es so, dieses „Jahrhundertprojekt" weitaus schneller zu realisieren.

Der prophezeite Quantensprung wird sich dann einstellen, wenn die dabei definierten Schnittstellen bzw. Lösungen als offene Standards auch allen anderen interessierten Unternehmen zugänglich gemacht werden. So ergibt sich sehr schnell ein ganzer Pool von Bausteinen zur Realisierung von „Industrie 4.0"-Lösungen, womit letztlich jedes einzelne Unternehmen von den Entwicklungen anderer Firmen direkt profitieren kann.

Industrie 4.0 im internationalen Kontext

Um die Bemühungen von Herstellern, Plattformen (z. B. Industrie 4.0), Konsortien (z. B. IIC) und weiteren Initiativen (z. B. it's OWL oder Smart Factory) unter einem gemeinsamen Dach zusammenzufassen, werden wir Industrie 4.0 stets als Synonym für sämtliche Aktivitäten nutzen, die in diesem Zusammenhang im internationalen Kontext verfolgt werden. So haben wir auch den Titel dieses Buchs gewählt, um hiermit ein möglichst umfassendes Bild zu zeichnen, von dem Industrie 4.0 im größeren Kontext gesehen zwar nur ein Teil ist, sich jedoch als Begriff im deutschsprachigen Raum inzwischen etabliert hat.

Wovon sprechen wir also bei Industrie 4.0 im internationalen Kontext?

Wir verstehen hierunter:

- Die dynamische Verknüpfung interner und externer digitaler Informationsquellen UND
- automatische Analyse sowie Weitergabe hierüber generierter (komplexer) Daten
- zur bedarfsgesteuerten Vorbereitung oder Steuerung von Prozessen,
- die an verschiedenen Stellen der Wertschöpfungskette eines **Industrie-Unternehmens** ansetzen, um diese insgesamt
    - schneller,
    - kostengünstiger,
    - effizienter,
    - ressourcenschonender,
    - flexibler und
    - kundenorientierter

  zu gestalten.

Dabei steigt der fiktive „Industrie 4.0-Score" eines Unternehmens

- mit der Anzahl der Informationsquellen, die verknüpft und automatisch ausgewertet werden,
- mit dem Anteil der externen Informationsquellen hieran und
- mit dem dadurch ermöglichten Erfüllungsgrad der Teilforderungen (schneller, kostengünstiger etc.).

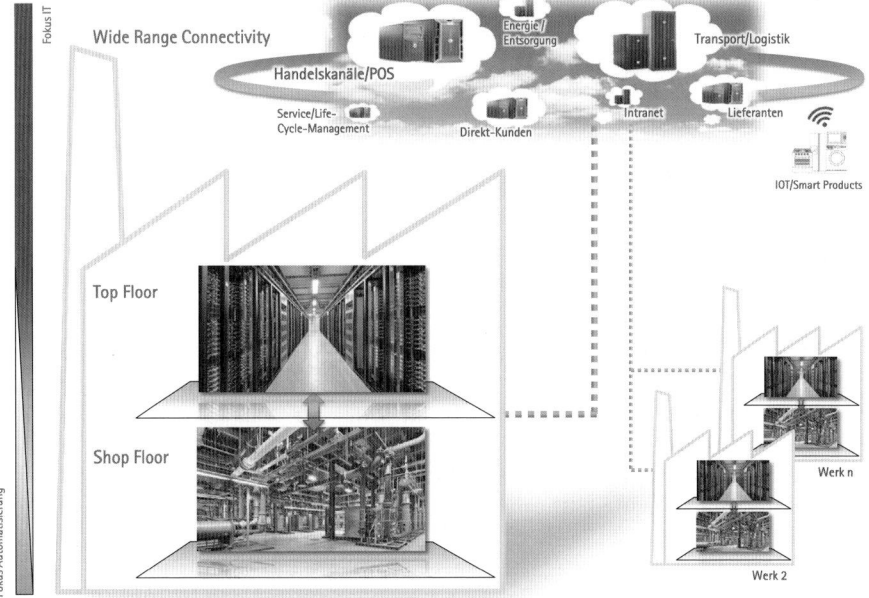

Bild 1 Das Prinzip der „Informatisierung der Wertschöpfungskette"

In der Grafik ist dieser Ansatz bzgl. der wichtigsten eingebundenen Entitäten schematisch dargestellt. Angedeutet ist ferner die Bedeutung von IT-Lösungen im Vergleich zu Automatisierungslösungen, sowohl im Unternehmen selbst, als auch im Hinblick auf Entitäten außerhalb des Unternehmens.

Im Vordergrund der Betrachtung in diesem Buch stehen dabei Fertigungsunternehmen. Weitere, wichtige Anwendungsfelder dieser Technologien im Bereich Mobilität bzw. Gesundheit werden in diesem Buch ausdrücklich nicht behandelt.

Vieles von dem, was unter dem Stichwort Industrie 4.0 diskutiert wird, ist nicht wirklich neu. Neu ist hingegen, dass die einzelnen Bausteine, wie ERP- oder MES-Systeme, Service- oder Fernwartungs-Daten etc. weitergehend ausgewertet und nahtlos miteinander verbunden und zu einem System integriert werden. Statt also bei jedem einzelnen Projekt aufwendig unterschiedliche Protokolle oder Schnittstellen integrieren und sich dann die geeigneten Daten herausfiltern zu müssen, sollen zukünftig alle benötigten Informationen mit der mechanischen Verbindung der Komponenten quasi dort anliegen, wo man sie benötigt. Dies bringt nicht nur einen gewaltigen Kosten- und Zeitvorteil, sondern wird die Verhältnisse in produzierenden Unternehmen völlig neu definieren. Betrachtet man beispielhaft die Konsequenzen von flexiblen Fertigungsverfahren und kürzeren Maschinenrüstzeiten, so ergeben sich allein hierdurch interessante Perspektiven:

- „Sonderwünsche" verlieren ihren Schrecken und werden nicht mehr als Horrorszenarien gesehen, die den reibungslosen Ablauf der betrieblichen Prozesse stören und mit viel Aufwand und Kosten verbunden sind. Vielmehr werden sie zur Normalität, indem sich auf ein und derselben Anlage eine Vielzahl von Produktvarianten kostengünstig und Just-in-Time produzieren lassen.
- Da es keine Mindest-Losgrößen mehr gibt, können Lagerbestände reduziert oder sogar ganz abgeschafft werden.
- Um Zeit und Transportkosten zu sparen, lassen sich Produkte genau dann und dort herstellen, wenn und wo sie benötigt werden.
- Durch diese erhöhte Produktions-Flexibilität können auch für andere Unternehmen oder private Auftraggeber Fertigungsaufträge übernommen werden, was wiederum zur Verbesserung der Anlagenauslastung führt.

Ausblick

Zu schön, um wahr zu sein?

Nicht, sofern man den eigentlichen Kern von Industrie 4.0 betrachtet und dessen Wesen als disruptive Technologie versteht. Industrie 4.0 wird danach zu ähnlichen Umwälzungen der Arbeitsabläufe im Unternehmen führen, wie dies bei der Ablösung von Schreibmaschine, Diktiergerät und Großrechner durch den PC der Fall war oder dies aktuell bei der Ablösung bzw. Ergänzung des stationären Office-PC durch mobile Arbeits-und Kommunikationsmittel wie Tablet oder Smartphone stattfindet. Hier wie dort entstanden und entstehen ganz neue Prozesse und auch neue Geschäftsmodelle, die bis dato überhaupt nicht denkbar waren und schon bald wieder wie selbstverständlich als gelebte Normalität betrachtet werden. So hatten laut Bitkom in 2000 erst 28 % der Beschäftigten überhaupt einen Internetzugang an ihrem Arbeitsplatz, wohingegen in 2013 bereits 45 % der Unternehmen ihren Mitarbeitern Mobilgeräte zur Verfügung stellten, um ihnen einen mobilen Internetzugang zu ermöglichen. Diese

Zahlen reflektieren nicht nur die technologische Entwicklung in den Unternehmen, sondern auch, wie stark sich in der Zwischenzeit Aufgabenbereich und Arbeitsalltag vieler Arbeitnehmer geändert hat. Bei Industrie 4.0 geht es somit nur zum Teil um die Aspekte „mehr", „schneller" oder „kostengünstiger". Vielmehr werden die meisten Unternehmen in fünf, zehn oder fünfzehn Jahren ganz anders aufgestellt sein, ganz andere Leistungen anbieten und sich dadurch auch mit ganz anderen Wettbewerbern konfrontiert sehen.

Unter industrieller Revolution wird laut Wikipedia die „tiefgreifende und dauerhafte Umgestaltung der wirtschaftlichen und sozialen Verhältnisse, der Arbeitsbedingungen und Lebensumstände" verstanden. Mit diesem Buch blicken wir interessiert in die Zukunft und sind auf die Umwälzungen gespannt, die dieser Prozess für die Unternehmen konkret mit sich bringen wird.

2 Kernkonzepte

Dr.-Ing. Rainer Drath
Technische Grundlagen

Prof. Dr. Christoph Lüth
Funktion und Herausforderungen von Cyber-Physical Systems

Dr. Holger Kenn
Architekturen für das „Internet der Dinge"

Dr. Myriam Jahn
Predictive Maintenance – vom Sensor bis ins SAP

Klaus-Dieter Walter
Von OT via Predictive-Maintenance-Gateway in die Cloud

Ronald Heinze
Industrial Cloud Communication vom Sensor bis in die Cloud

Melanie Schauber, Renate Stuecka
Mit lernenden Systemen zur kognitiven Fertigung

Markus Rosemann
Connected Logistics – Optimierung der Wertschöpfungskette

Ronald Heinze
MES als Dreh- und Angelpunkt für Industrie 4.0

Dr.-Ing. Olaf Sauer
Entwicklungstrends bei Manufacturing Execution Systems (MES)

Johanna Kiesel
Das Engineering der Dinge

Technische Grundlagen

von *Dr.-Ing. Rainer Drath*

Industrie 4.0 verspricht enorme Produktivitätssteigerungen, löst bei Anlagenbetreibern jedoch nachvollziehbare Sorgen aus. Dieser Beitrag erläutert, warum Industrie 4.0 nicht so leicht fassbar ist, häufig missverstanden wird und warum sie trotzdem kommen wird. Der Autor nähert sich anschaulich dem technischen Kern und den Kernanforderungen der Anlagenbetreiber. Dieser Beitrag richtet sich an Innovatoren und Skeptiker gleichermaßen.

Der Begriff Industrie 4.0 [1] polarisiert. Erstmals wurde er auf der Hannover Messe 2011 verwendet, er kündigt die vierte industrielle Revolution an. Auch in der Politik wird der Begriff vielfach verwendet, wenn es um die Wettbewerbsfähigkeit der deutschen Industrie geht. Dennoch ist nicht immer klar, worum es bei Industrie 4.0 wirklich geht. Die Bedeutung von Industrie 4.0 wird am ehesten anhand der Organisation deutlich: So haben sich die Trägerverbände VDMA [2], ZVEI [3] und Bitkom [4] des Themas angenommen, deren Aktivitäten von einem gemeinsamen Lenkungskreis (Plattform Industrie 4.0 [5]) koordiniert und vernetzt werden.

Dennoch wird die Idee hinter Industrie 4.0 in der breiten Öffentlichkeit kaum verstanden und hat seitdem vielerorts für teils kontroverse Diskussionen gesorgt. Zur Verwirrung hat eine ganze Reihe unterschiedlicher Definitionen beigetragen. Diese sind oft gut gemeint, bewirken aber zum Teil das Gegenteil eines gemeinsamen Verständnisses. Technologiebasis und Vision hinter Industrie 4.0 werden häufig vermischt. Übereifriges Marketing einiger Firmen verstärkt noch die Verwirrung („Industrie 4.0 machen wir schon") und verbirgt die tatsächliche und tragfähige Idee hinter Industrie 4.0. Eine kaum übersehbare Anzahl von Meinungen und Interpretationen verstellt dem Interessierten den Blick auf den Kern und das, was Industrie 4.0 wirklich ist.

Industrie 4.0 ist eine Zukunftsvision, die die Einbettung von Internet-Technologien in der Industrie voraussagt. Die Triebkräfte hinter Industrie 4.0 sind Technologien. Nur wer diese verstanden hat, kann den Visionen folgen.

Industrie 1.0 bis 3.0 als Vorläufer

Die Erfindung des automatischen Webstuhls 1784 und die Kombination mit Dampf- oder Wasserkraft war die erste Stufe der Mechanisierung und Automatisierung menschlicher Arbeit, mit damals kaum vorstellbaren Konsequenzen und einer Verhundertfachung der Produktivität bei der Stoffherstellung.

Die zweite industrielle Revolution beginnt 1870 mit der Arbeitsteilung in den Schlachthäusern Cincinnatis und wird mit der legendären Fließbandfertigung bei Ford in den USA perfektioniert. Die Produktivität bei Ford explodierte, der Tageslohn wurde auf 5 Dollar verdoppelt und der Preis des legendären Ford-Modells T wurde von ca. 870 Dollar auf ca. 270 Dollar reduziert [6]. Mit rechnerisch rund drei Monatslöhnen konnte ein Arbeiter ein solches Fahrzeug finanzieren – wiederum ein großer Schritt in Richtung Automatisierung mit dramatischen Folgen für Produktivität und Arbeitsumgebung der Menschen.

Die dritte industrielle Revolution brach schließlich im Jahr 1969 an, als die erste digitale und frei programmierbare Steuerung die bis dahin vorherrschende Festverdrahtung analoger und binärer Logik und Steuerprogramme abzulösen begann. Sie ist das Fundament der gesamten heutigen Automatisierungspyramide und moderner Prozessleitsysteme. Die weitreichenden Konsequenzen dieser Entwicklung sehen wir heute in hoch automatisierter Industrieproduktion.

Technische Treiber hinter Industrie 4.0

Bemerkenswert ist die Tatsache, dass erstmalig eine industrielle Revolution ausgerufen wird, noch bevor sie stattgefunden hat. Welche Besonderheiten initiieren Industrie 4.0 gerade jetzt? Mit folgenden Hypothesen sollen die Triebkräfte hinter Industrie 4.0 verdeutlicht werden.

Hypothese 1: Kommunikationsinfrastruktur in Produktionssystemen wird in absehbarer Zeit so preiswert sein, dass sie künftig überall Einzug halten wird, weil sie so überaus sinnvoll und nützlich für vielfältige Zwecke einsetzbar ist: für Engineering, Konfiguration, Service, Diagnose, Bedienung und Wartung von Geräten, Maschinen und Anlagen. Sie wird immer selbstverständlicher in allen Bereichen der Produktion und Industrie vorhanden sein. Dieser Trend ist unaufhaltsam und wird von niemandem forciert – es passiert einfach.

Hypothese 2: Geräte, Maschinen, Anlagen und Fabriken werden mehr und mehr über diese Kommunikationsinfrastruktur mit einem Netz verbunden (dem Internet oder einem privaten Fabriknetz oder Firmenverbundnetz). Die physischen Objekte veröffentlichen im Netz Daten über sich selbst. (Das Netz meint hier nicht notwendig das Internet. Es kann ebenso ein geschlossenes Unternehmens- oder Produktionsnetz sein.) Die physischen Objekte erhalten eine zweite Identität als Datenobjekte im Netz. Sie werden im Netz suchbar, erkundbar und analysierbar, geben Auskunft über ihre Funktion und ihre Bedürfnisse. Dies führt zu einer Explosion verfügbarer Objekte und Einzeldaten.

Hypothese 3: Geräte, Maschinen, Anlagen und Fabriken speichern Wissen über sich selbst außerhalb ihres „Körpers" in ihrer virtuellen Präsenz im Netz. Sie kennen und veröffentlichen ihren eigenen Zustand, ihre Historie, aber auch Dokumente, 3D-Modelle oder Anforderungen im Netz. Diese Informationen sind aktuell, updatefähig und zunehmend vollständig. Dazu gehören auch Funktionen, Verhandlungsfähigkeiten oder Erkundungsfunktionen. Dies macht Geräte gewissermaßen „selbstbewusst". Die Datenobjekte im Netz ergänzen das zugehörige physische Gerät und bilden dort eine zweite Identität. Viele solche Datenobjekte im Netz werden gemeinsam zu einem Wissensschatz.

Hypothese 4: Software-Dienste werden im weiteren Verlauf die verfügbaren Daten miteinander verknüpfen und eine Wertschöpfung betreiben, die bisher nicht oder nur unwirtschaftlich möglich oder vorstellbar war. Anhand dieser Hypothesen wird die Idee hinter Industrie 4.0 spürbar. Aber sie sind noch nicht Industrie 4.0 selbst.

Was sind Cyber-physische Systeme (CPS)?

Industrie 4.0 gilt als eine Ausprägung sogenannter Cyber-physischer Systeme (CPS). Das Konzept von CPS lässt sich anschaulich erklären. Betrachten wir dazu ein Beispiel aus dem Straßenverkehr: Heute werden Ampeln autonom oder von einem zentralen Verkehrsleitsystem gesteuert. In einer Umsetzung als CPS würden sich die realen Ampeln in einer zentralen Meldestelle anmelden und eine eigene Identität als Datenobjekt im Netz erhalten. Dort veröffentlichen sie ihre aktuelle Ampelstellung und ihren Zeitplan.

Jede Ampel existiert somit zweimal: als reale Ampel an der Kreuzung und als virtuelle Präsenz im Netz. Dort ist sie neben anderen Ampeln auffindbar. Basierend auf diesen Daten könnten sich zukünftig Fahrzeuge, unabhängig vom Hersteller, in der zentralen Meldestelle mithilfe standardisierter Schnittstellen über die Ampelschaltungen informieren und – abhängig von ihrer aktuellen Position – Informationen über die auf ihrer Route liegenden Ampeln abrufen. Die Fahrzeuge passen ihre Geschwindigkeit sinnvoll an oder schalten an der Kreuzung den Motor umweltfreundlich automatisch ab. Künftige Navigationssysteme berechnen individuelle optimale Routen (grüne Wellen) in Abhängigkeit der eigenen Position, des Ziels und unter Berücksichtigung von Verkehrsbehinderungen.

Wenn künftig die Fahrzeuge ihrerseits ihre Positionen, Geschwindigkeiten und Ziele zurück in das Netz einspeisen würden, könnten Dienste die Ampelschaltungen auf Basis des tatsächlichen Verkehrs jederzeit flexibel anpassen. Polizei, Krankenwagen oder Feuerwehrfahrzeuge würden sich sogar „grüne Wellen" buchen.

Der Neuheitswert dieses Szenarios liegt nicht in einer neuen Technologie, sondern erwächst durch die Kombination verfügbarer Technologien auf neue Weise. Die Verfügbarkeit massenhafter Daten erlaubt die Entwicklung von Diensten, die bisher nicht möglich waren, wie „Routenplanung mit grünen Ampeln", „Buchen von grünen Wellen" oder situative Verkehrsleitoptimierung auf Basis von Echtzeitinformationen. In Kombination mit Wetterberichten, Kalenderdaten, Bezahlsystemen, geografischen oder historischen Daten ist ein neuer Grad an Organisation und Planung denkbar, die Möglichkeiten sind verblüffend und endlos.

Zusammengefasst bedeutet dies: Ein CPS benötigt drei verschiedene Ebenen (Bild 1). Erstens die physikalischen Objekte (im Beispiel die Ampeln und Fahrzeuge). Zweitens Daten und Modelle dieser physikalischen Objekte in einer vernetzten Infrastruktur (für teilnehmende Ampeln und Fahrzeuge), hier als Cloud bezeichnet. Drittens werden – basierend auf den ersten beiden Ebenen – neue Produkte und Dienstleistungen entwickelt (zum Beispiel Auswertung der Ampelplanung, Routenplanung für grüne Wellen). Die Ebenen 2 und 3 bilden den Cyber-Anteil des CPS.

Dieses Prinzip ist universell, alle acht Szenarien der Umsetzungsempfehlungen für Industrie 4.0 [7], wie vernetzte Produktion, selbstorganisierende adaptive Logistik oder kundenintegriertes Engineering, lassen sich darauf abbilden.

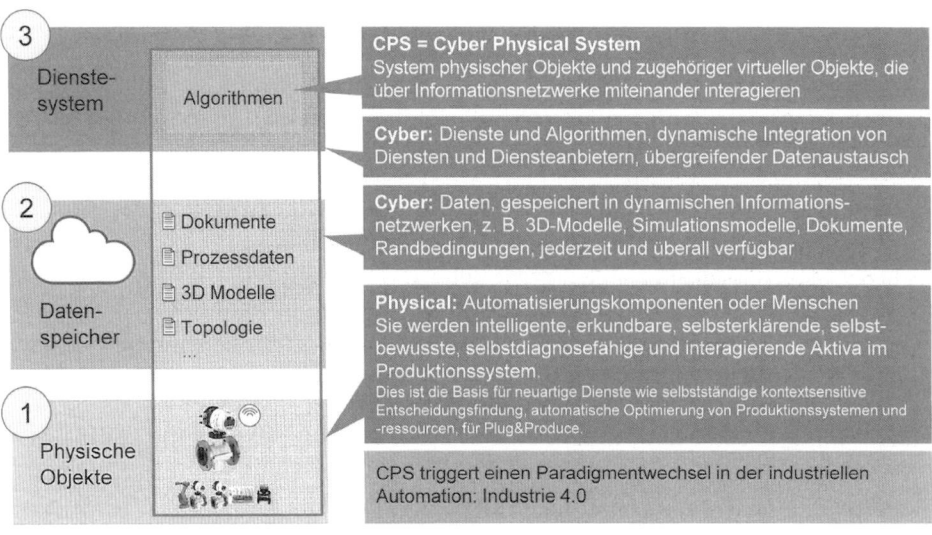

Bild 1 Drei Ebenen beschreiben ein Cyber-physisches System.

Technische Ideen und Visionen

Das beschriebene Prinzip von CPS ist die Basis für Industrie 4.0. Wenn man dieses Konzept auf die Industrie übertragen würde, was wäre dort möglich? Industrielle Geräte bekämen künftig eine zweite Identität im Netz und sind dort herstellerübergreifend auffindbar: Bereits dies ist äußerst nützlich für alle Phasen des Anlagenlebenszyklus: für Engineering, Betrieb, Wartung und Service. Sie können im Netz „virtuell" miteinander zu Systemen verschaltet und dort simuliert werden. Systeme können virtuell integriert, ausprobiert, optimiert oder getestet werden. Digitale Fabrik und virtuelle Inbetriebnahme werden übergreifend zugänglich. Algorithmen für die autonome Optimierung revolutionieren die Produktionsplanung. Verbundene Geräte verhandeln ihre Zusammenarbeit miteinander. Produkte werden intelligent durch die Produktionsstraßen navigiert.

Das „Revolutionäre" an all diesen Visionen ist nicht so sehr die technische Realisierung, sondern die Fülle an bisher undenkbaren neuen Geschäftsmöglichkeiten, die sich aus der Verfügbarkeit und Kombination von Informationen ergibt. Durch Kombination mit weiteren Diensten (zum Beispiel Flugbuchungsdiensten, Logistikdiensten, Geolocation, historischen Daten usw.) können diese Dienste weiter verbessert werden. Der Fantasie sind hier kaum Grenzen gesetzt. Die umfangreichen Handlungsempfehlungen und Beispielszenarien [7] verdeutlichen dies: Sie sind nicht deshalb umfangreich, weil Industrie 4.0 so komplex ist, sondern weil so viel damit möglich ist.

Industrielle Anforderungen an Industrie 4.0

Die Einführung von Internet-Technologien in die Industrie löst bei vielen Anlagenbetreibern nachvollziehbare Sorgen aus. Ihre Anlagen vereinen Investitionen, Know-how, Produktion und Profitabilität. Viele Visionen rund um Industrie 4.0 scheinen kaum greifbar für heutige Produktionssysteme. Die Kommunikation produktionsrelevanter Endgeräte mit einer Cloud wird oft als potenzielle Gefährdung wahrgenommen. Die Industrie stellt daher aus ganz praktischen Erwägungen Anforderungen an Industrie 4.0. Das technisch Mögliche muss in den Dienst des Sinnvollen gestellt werden. Die folgenden Anforderungen sind Voraussetzungen für eine industrielle Akzeptanz:

- *Investitionsschutz:* Industrie 4.0 muss schrittweise in bestehende Produktionseinrichtungen und Anlagen einführbar sein.
- *Stabilität:* Industrie-4.0-Dienste dürfen zu keinem Zeitpunkt die Produktion gefährden, weder durch Ausfall oder Störung noch durch unabgestimmten Eingriff. Produktionssysteme stellen erhöhte Anforderungen an nichtfunktionale Eigenschaften wie Verfügbarkeit, Echtzeit, Zuverlässigkeit, Langlebigkeit, Robustheit, Produktivität, Kosten und Sicherheit usw. Diese Anforderungen müssen durch den Einzug von Industrie 4.0 unberührt bleiben.
- *Steuerbarkeit:* Zugang zu anlagenbezogenen Daten und Diensten ist Voraussetzung für eine Industrie-4.0-Wertschöpfung, muss jedoch kontrollierbar und steuerbar sein. Vor allem Schreibzugriffe auf produktionsrelevante Geräte, Maschinen oder Anlagen erfordern eine übergeordnete Prüfinstanz, welche die Gültigkeit des Eingriffs im Kontext der gesamten Produktion sicherstellt.
- *Security:* Ein nicht autorisierter Zugriff auf Daten bzw. Dienste ist zu verhindern.

Integrationstopologie

Die Einführung von Industrie 4.0 in reale Produktionssysteme lässt sich anhand einer Integrationstopologie nach Bild 2 illustrieren [8, 9].

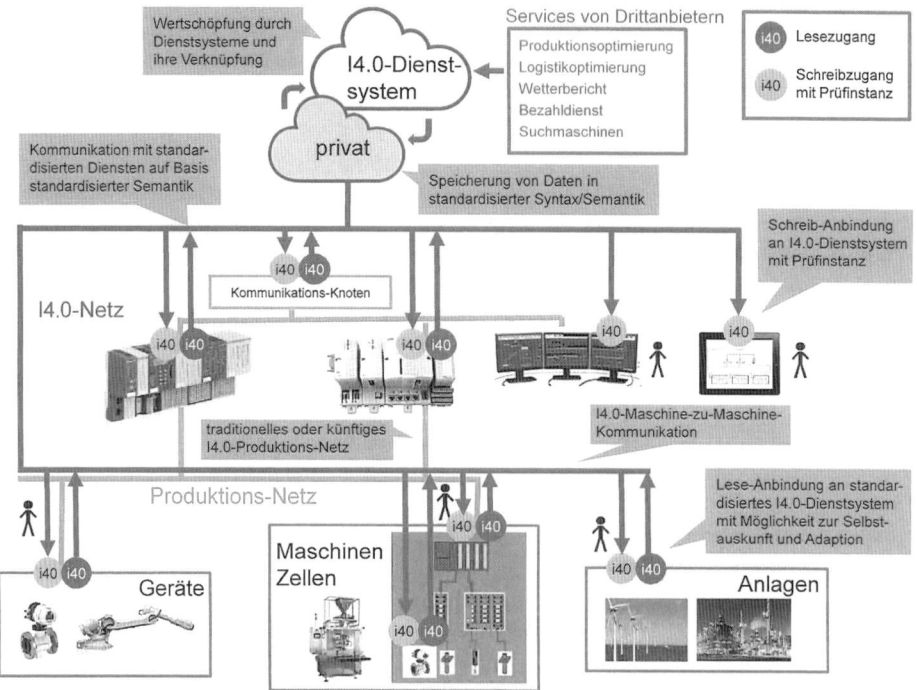

Bild 2 Integrationstopologie für Industrie 4.0

Diese gilt gleichermaßen für die Fertigungs-, die Prozessindustrie und andere Industrien. Die Integrationstopologie adressiert die genannten Bedürfnisse der Industrie als Voraussetzung für die Akzeptanz von Industrie 4.0 und erklärt ihre schrittweise Integration.

Kern der Integrationstopologie ist die Trennung der Industrie-4.0-Datenübertragung vom zum Betrieb zwingend erforderlichen Kommunikationssystem der Produktionsanlage. Dies wird in Bild 2 durch ein hell- bzw. dunkelgraues Netz dargestellt. Die technische Umsetzung ist in getrennten Netzen (zum Beispiel beim Nachrüsten von Anlagen) oder in einem bereits vorhandenen (beispielsweise Ethernet-basierten) Netz (logische Trennung innerhalb eines Kabels) möglich.

Das hellgraue Netz symbolisiert eine Automatisierungsanlage (Produktionsnetz) mit erhöhten Anforderungen an Verfügbarkeit, Zuverlässigkeit, Langlebigkeit und Sicherheit. Die technische Umsetzung bleibt wahlfrei und wettbewerblich: dies umfasst sowohl traditionelle Automatisierungslösungen (zum Beispiel Client-Server-Prinzip) als auch neuartige Automatisierungstopologien, zum Beispiel unter Nutzung des SOA-Prinzips. Das dunkelgraue Netz symbolisiert das neue Industrie-4.0-(I4.0-)Netz. Es ist zum Betrieb der Produktionsanlage nicht zwingend erforderlich, Ausfälle dürfen den Kernbereich nicht beeinflussen.

Für die Anbindung von Geräten, Maschinen oder Anlagen an das blau dargestellte I4.0-Netz werden diese mit I4.0-Schnittstellen ausgestattet, hier dargestellt durch dunkelgraue Ports. Die dazu benötigten Basis-I4.0-Dienste, deren Semantik, Syntax und Übertragungsprotokolle müssen im Sinne einer herstellerübergreifenden Interoperabilität standardisiert werden. Über diese Schnittstelle können ausschließlich autorisierte I4.0-Teilnehmer zum Beispiel Identifikatoren, Diagnosedaten, Geräteparameter, Prozesswerte usw. auslesen. Diese Daten sind die Grundlage für die Wertschöpfung im I4.0-Dienstsystem.

Zum Schutz der Produktion wird der direkte Zugriff auf Geräte, Maschinen oder Anlagen zunächst nur lesend erfolgen. Schreibzugriffe erfordern eine über die Security hinausgehende Prüfinstanz. Schreibzugriffe sind im Bild durch orangene Ports symbolisiert. Die Prüfinstanz adressiert die Abstimmung des Schreibzugriffs im Kontext der gesamten Produktion im Kern der Automatisierungsanlage; so lassen sich unerwünschte Auswirkungen auf andere Anlagenkomponenten vermeiden. Beispiele für Schreibzugriffe sind das Herunterladen von Geräteparametern. Die Umsetzung der Prüfinstanz ist durch die Leittechnik, in der MES-Lösung oder durch einen Menschen möglich. Der direkte Schreibzugriff auf Endgeräte ist technisch zwar machbar, aber in der industriellen Praxis vorerst nicht empfehlenswert.

Die Daten des dunkelgrauen I4.0-Office-Netzes münden in einem privaten Datenspeicher und Dienstsystem. Alle Daten und Dienste darin sind nicht öffentlich und geschützt. Die Übertragungsprotokolle, Syntax und Semantik von Basisdaten und Diensten sind im Sinne einer herstellerübergreifenden Interoperabilität zu standardisieren. Der Zugang zu Daten und Diensten obliegt dem Eigentümer bzw. Anlagenbetreiber. Die Publikation von Daten in ein öffentliches I4.0-Dienstsystem läuft kontrolliert über Schnittstellen und Rechtesysteme. Die I4.0-Wertschöpfung liegt einerseits bei privaten Diensten im privaten Dienstsystem oder bei Drittanbietern im I4.0-Dienstsystem. Die Rückführung wertschöpfender Dienste in das Produktionssystem ist Basis für Effizienzverbesserungen im Engineering, Betrieb, Service, für neue mobile Anwendungen und eine Vielzahl weiterer Anwendungsfälle.

Die hier vorgestellte Integrationstopologie ist weder neu noch verkörpert sie selbst Industrie 4.0: Sie versteht sich als grundlegender Rahmen für die tatsächliche Innovation von Industrie 4.0. Die logische Trennung der Industrie-4.0-Kommunikation, die Einführung expliziter Prüfinstanzen beim Schreibzugang sowie die Trennung des privaten und des öffentlichen I4.0-Dienstsystems ermöglichen ein hohes Maß an Investitionsschutz, Stabilität, Steuerbarkeit und Security.

Was ist wirklich neu an Industrie 4.0?

Das wirklich Neue an Industrie 4.0 ist nicht etwa die Cloud, das Netzwerk oder die Kommunikation, auch nicht die Technologie „Dienstsystem" – all das sind bekannte Technologien. Neue und bisher nicht verfügbare Zutaten liegen vielmehr in der

- herstellerübergreifenden Einigung (neu) auf standardisierte Syntax/Semantik zur Speicherung von Daten;
- herstellerübergreifenden Einigung (neu) auf standardisierte (neu) Dienste auf Basis standardisierter Semantik und die Kommunikation mit diesen;
- Einführung von Prinzipien wie „Selbstauskunft" (neu) und „Erkundbarkeit" (neu) usw. als Basis für herstellerübergreifende Wertschöpfung;

- Verfügbarkeit von Diensten (neu), die Wertschöpfung aus der herstellerübergreifenden Verfügbarkeit von Daten betreiben;
- Verknüpfung von Diensten (neu).

Dies erfordert ein gemeinsames Dienstsystem, dessen Möglichkeiten wie bei einem Smartphone-Appstore endlos erscheinen, und unterstreicht die Bedeutung der Normungsroadmap für Industrie 4.0 [10] sowie den benötigten Abstimmungsbedarf zwischen beteiligten Gremien und Industrien. Dennoch: die Wertschöpfung entsteht erst durch die Verwirklichung realer Anwendungen mit diesen Zutaten. Einige Szenarien sind in [7] beschrieben, die meisten sind aus Sicht des Autors jedoch noch nicht erfunden. Um diese Ziele zu erreichen, sind Forschung und Entwicklung notwendig.

Im Ergebnis eröffnet sich ein umfassendes Zukunftsbild, dessen Inhalt in der Definition des Lenkungskreises der Plattform Industrie 4.0 umrissen wird: „Der Begriff Industrie 4.0 steht für die 4. industrielle Revolution, einer neuen Stufe der Organisation und Steuerung der gesamten Wertschöpfungskette über den Lebenszyklus von Produkten. Dieser Zyklus orientiert sich an den zunehmend individualisierten Kundenwünschen und erstreckt sich von der Idee, dem Auftrag über die Entwicklung und Fertigung, die Auslieferung eines Produkts an den Endkunden bis hin zum Recycling, einschließlich der damit verbundenen Dienstleistungen.

Basis ist die Verfügbarkeit aller relevanten Informationen in Echtzeit durch Vernetzung aller an der Wertschöpfung beteiligten Instanzen sowie die Fähigkeit, aus den Daten den zu jedem Zeitpunkt optimalen Wertschöpfungsfluss abzuleiten. Durch die Verbindung von Menschen, Objekten und Systemen entstehen dynamische, echtzeitoptimierte und selbst organisierende unternehmensübergreifende Wertschöpfungsnetzwerke, die sich nach unterschiedlichen Kriterien, wie beispielsweise Kosten, Verfügbarkeit und Ressourcenverbrauch, optimieren lassen."

Literatur

[1] H. Kagermann; W. D. Luka; W. Wahlster: Industrie 4.0: Mit dem Internet der Dinge auf dem Weg zur 4. industriellen Revolution. VDI-Nachrichten, 2011

[2] VDMA – Verband Deutscher Maschinen- und Anlagenbau e. V., Frankfurt/Main: *www.vdma.org*

[3] ZVEI – Zentralverband Elektrotechnik- und Elektronikindustrie e. V., Frankfurt/Main: *www.zvei.org*

[4] Bitkom – Bundesverband Informationswirtschaft, Telekommunikation und neue Medien e. V., Berlin: *www.bitkom.org*

[5] *www.plattform-i40.de*

[6] *www.heise.de/autos/artikel/Der-Vater-des-Autokonsums-1926988.html*

[7] Umsetzungsempfehlungen für das Zukunftsprojekt Industrie 4.0. *www.bmbf.de/pubRD/Umsetzungsempfehlungen_Industrie4_0.pdf*

[8] *www.plattform-i40.de/blog/arbeitsst%C3%A4nde-der-plattform-industrie-40*

[9] *www.plattformi40.de/sites/default/files/Vortragsfolien%20Veranstaltung%20im%20BMWi%2018022014.pdf*

[10] DKE/VDE: Die Deutsche Normungs-Roadmap Industrie 4.0. 2013. *www.dke.de/Roadmap-Industrie40*

Funktion und Herausforderungen von Cyber-Physical Systems

von *Prof. Dr. Christoph Lüth*

Einleitung: Auf dem Weg zu CPS

Cyber-physische Systeme (*engl.* cyber-physical systems, CPS) sind die logische Fortsetzung und Kombination mehrerer Trends in der Informatik und Informationstechnik der letzten Jahrzehnte.

Zum einen sind Computer immer kleiner und gleichzeitig leistungsfähiger geworden; ein Trend der durch die Fortschritte in der Chip-Fertigungstechnik ermöglicht wurde. Die in heutigen Smartphones verwendeten Prozessoren enthalten auf einem Chip Mikroprozessoren, Grafikprozessoren und Controller (*System-on-Chip*) und sind dabei leistungsfähiger als Desktop-Rechner noch vor fünfzehn Jahren. Durch diese Technik können Computer in Anwendungsgebiete Einzug halten, die ihnen bisher verschlossen geblieben sind. Mikroprozessoren finden sich als intelligente[1] Steuerungseinheiten in sogenannten eingebetteten Systemen in Autos, Aufzügen, Fernsehern, Set-Top-Boxen, Waschmaschinen u. v. m. Dazu kommen neuartige Sensoren, die es eingebetteten Systemen ermöglichen, ihre Umwelt auf vielfältige Weise wahrzunehmen. Ein Beispiel hierfür sind Beschleunigungssensoren, mit welcher die Lage und Bewegung im dreidimensionalen Raum bestimmt werden kann, und die eine völlig neue Art der Interaktion mit dem Mobiltelefon oder der Spielekonsole ermöglichen. Andere Beispiele sind Multi-Touch-Screens oder GPS-Empfänger, die eine einfache Lokalisation ermöglichen.

Zum anderen begann gleichzeitig der Siegeszug des Internets, welches immer mehr Rechner miteinander vernetzt hat. Waren vor zwanzig Jahren nur Rechner in Universitäten und großen Firmen vernetzt, ist heutzutage fast jeder Haushalt, jede Firma, jedes Smartphone im Netz, so dass der ursprüngliche Adressraum inzwischen nahezu erschöpft ist. Der Trend geht zum „Internet der Dinge" (siehe Artikel Architekturen für das Internet of Things (IoT), S. 30), in dem alles miteinander vernetzt ist, nicht nur Computer oder Telefone.

In der Kombination dieser Trends erhalten wir eine Vielzahl leistungsfähiger und in ihre Umwelt eingebetteter Systeme, die ihre Umwelt wahrnehmen und mit ihr interagieren, und die untereinander und mit dem Internet kommunizieren. Diese Systeme nennen wir Cyber-physische Systeme.

Als Beispiel, wie sich diese Trends in einem konkreten Anwendungsfeld realisieren, können wir die Automobilindustrie betrachten. In heutigen Mittel- oder Oberklasefahrzeugen finden sich über einhundert Mikroprozessoren in der Steuerung des Motors, der Bremsen, der Beleuchtung, der Klimatechnik und im Infotainment, die untereinander (meist mit dem Industriestandard CAN-Bus) vernetzt sind. Viele Autos sind mit dem Internet verbunden, um Updates zu beziehen oder Fahrdaten zu übermitteln. Der Trend geht in Forschung und Entwicklung dazu, dass Autos darüber hinaus untereinander kommunizieren („Car2Car"), um beispielsweise Warnungen über Straßenzustand oder Verkehrshindernisse auszutauschen, und dass Autos mit der übrigen Infrastruktur kommunizieren („Car2X"), um beispielsweise auf Verkehrsampeln zu reagieren.

---

[1] Im Sinne von „vielfältig programmierbar"

Ein Beispiel für ein weiteres Anwendungsfeld ist die Heimautomatisierung. Im Office-Bereich werden schon seit einigen Jahren Feldbusse wie LON oder KNX zur Gebäudeautomatisierung eingesetzt. Hierbei werden Sensoren wie Lichtschalter, Temperatur- und Lichtsensoren mit Aktoren wie Beleuchtung, Heizung oder Jalousien vernetzt, was die Anzahl der zu verlegenden Steuerungsleitungen verringert, leichte Erweiterbarkeit gewährleistet, und eine intelligente Steuerung ermöglicht. Diese Feldbusse halten auch im privaten Bereich Einzug. Schon heute können im „Smart Home" eine Vielzahl von Geräten lokal oder aus der Ferne mit dem Smartphone gesteuert werden. In der Zukunft wird sich dieser Trend, kombiniert mit anderen wie Smart Metering (variable, angebotsabhängige Strompreise), verstärken; in einer Vielzahl von Forschungsprojekten wird unter dem Schlagwort *Ambient Assisted Living* untersucht, wie sich diese Techniken so kombinieren lassen, dass ein echter Mehrwert entsteht, so auch im Bremen Ambient Assisted Living Lab (BAALL) des DFKI in Bremen.

Mit diesen einleitenden Beispielen können wir uns einer exakteren Definition des Begriffes Cyber-physisches System zuwenden.

Definition: Was ist ein CPS?

Ein Cyber-physisches System ist durch folgende Eigenschaften gekennzeichnet (wobei nicht jedes CPS zwingend alle diese Merkmale erfüllen muss):

- CPS verschmelzen die *physische* und die *virtuelle* Welt miteinander: Ein CPS ist ein *eingebettetes System*, welches über Sensoren verfügt, um Kenngrößen der Umwelt wahrzunehmen (Temperatur, Geschwindigkeit, Hindernisse, Lokalisation), über Aktoren, um mit der Umwelt zu interagieren, und welches mit dem Internet verbunden ist.
- Ein CPS passt sich an seine Umwelt an. Durch seine Sensorik kann ein CPS ein Modell der Umwelt erstellen, und so sein Verhalten an die Umwelt anpassen.
- Darüber hinaus ist ein CPS *autonom* und *kooperativ*. Es kann über lange Zeit ohne externe Kontrolle agieren. Sein Verhalten ist nicht stereotyp, sondern kann sich langfristig ändern; in der gleichen Situation mit der gleichen Eingabe kann ein CPS unterschiedliches Verhalten zeigen. Ein CPS kann mit anderen CPS kommunizieren, und dadurch komplexes, kooperatives Verhalten entwickeln.
- Ein CPS *kooperiert mit dem Menschen*. Dabei kommuniziert es mit dem Menschen nicht nur auf dem klassischen Weg (Bildschirm und Text/Touch), sondern auch beispielsweise durch natürliche gesprochene oder verstandene Sprache oder noch fortschrittlichere Methoden. Die Interaktion geht über reine Kommunikation (Statusmeldung und Befehlserteilung) hinaus; das CPS kooperiert mit dem Menschen, um zusammen komplexe Aufgaben arbeitsteilig zu lösen.
- Ein CPS ist ein Gesamtsystem (*system of systems*), welches aus verschiedenen Untersystemen besteht, die getrennt entwickelt wurden, und voneinander unabhängig interagieren können.

Ein CPS kann klein sein, wie ein autonomer Roboter, oder auch sehr groß: man kann das gesamte Eisenbahnnetz oder sogar Verkehrsnetz als ein *system of systems* und damit als ein sehr großes CPS begreifen. Ferner grenzen sich CPS vom Internet der Dinge ab: Während beim Internet der Dinge die Vernetzung vieler intelligenter Sensoren und Aktoren, die ihrerseits CPS sein können, im Vordergrund steht, sind bei CPS die obigen fünf Merkmale der Fokus.

Herausforderungen: Wie bauen wir CPS?

Cyber-physische Systeme bieten eine Vielzahl von spannenden Einsatzmöglichkeiten und Anwendungsfällen, aber gleichzeitig stellt ihre Entwicklung die Informatik auch vor vielfältige Herausforderungen.

Eine Herausforderung ist die *Komplexität* sowohl der Hardware als auch der Software dieser Systeme. Herkömmliche eingebettete Systeme bestehen meist aus einem Chip (System-on-Chip), CPS dagegen aus verschiedenen, oft sehr unterschiedlichen Systemen. Sensorik und Aktorik sind fehleranfälliger als einzelne Chips. Die Software für eingebettete Systeme war bis dato, auch bedingt durch die begrenzte Leistungsfähigkeit dieser Systeme, recht einfach, meist eine endliche Zustandsmaschine, die über eine eingeschränkte Menge von Zuständen verfügt, in der für gegebene Eingaben definierte Ausgaben produziert werden. CPS sind wesentlich leistungsfähiger und können ein komplexes Modell der Umwelt intern verwalten. Dieser Komplexität von Hardware und Software muss der Entwicklungsprozess Rechnung tragen.

Eine weitere Herausforderung ist die *geteilte Kontrolle* zwischen Mensch und Maschine (CPS), zum einen unter dem Aspekt der Zuverlässigkeit (darf das CPS unter bestimmten Umständen die Kontrolle übernehmen, oder muss der Mensch immer die letzte Kontrolle haben?), zum anderen unter dem Aspekt der Benutzbarkeit und Nutzerakzeptanz. Nutzer werden keine Systeme akzeptieren, deren Reaktion unvorhersehbar erscheint, insbesondere wenn diese Sicherheitsfunktionen berühren. Hier ist es mindestens nötig, dass die Systeme ihre Entscheidung, oder genauer die relevanten Punkte der zu einer nutzersichtbaren Reaktion führenden Herleitungskette, geeignet darstellen. (Ein autonomes Auto sollte also erklären, ob es abbremst, weil es ein Hindernis geortet hat oder weil im Internet die Information über einen Gefahrenstelle im weiteren Straßenverlauf übermittelt wurde).

Die größte Herausforderung aber ist sicherlich die *Verlässlichkeit* der entwickelten CPS, d. h. dass diese Systeme die von ihnen erwartete Funktionalität verlässlich bereitstellen können. Damit einher geht Sicherheit, zum einen gegen Fehlfunktion (Sicherheit von innen, safety), zum anderen gegen Angriffe von außen (security) und unbefugten Zugriff auf vertrauliche Daten (privacy). In diesem Bereich sind zukünftig die meisten Arbeiten vonnöten, da angefangen von den rechtlichen Grundlagen bis hin zu der technischen Realisierung noch auf allen Ebenen die nötigen Voraussetzungen für einen verlässlichen Einsatz von CPS in sicherheitskritischen Anwendungen fehlen.

Die rechtlichen Grundlagen für den Einsatz von eingebetteten Systemen in sicherheitskritischen Einsatzgebieten (beispielsweise als Maschinensteuerung in der Produktion) ist im Allgemeinen die Maschinenrichtlinie der EU oder im Speziellen Bestimmungen wie im Automobil-, Eisenbahn- oder Flugbereich. Diese rechtlichen Bestimmungen werden technisch durch Normen und Standards (wie die EN 61508 für programmierbare Steuerungen, ISO 26262 für den Automobilbereich, EN 50128 für den Bahnbereich oder DO-178B im Flugbereich) implementiert. Diese Normen sind im Großen und Ganzen konservativ; sie schränken den Entwicklungsprozess stark ein, um Fehler zu minimieren, und damit die Sicherheit zu erhöhen. Diese Einschränkungen lassen sich schwer mit den Eigenheiten von CPS in Einklang bringen: so verbietet die EN 61508 beispielsweise komplexe Funktionalität, expressis verbis „künstliche Intelligenz". Mit anderen Worten, es können gar keine CPS für sicherheitskritische Anwendungen entwickelt werden, die zulassungsfähig sind. Aus ähnlichen Gründen gibt es heute noch keine autonomen Autos im Straßenverkehr (ein Beispiel für ein recht einfaches CPS).

Auch auf der Ebene der technischen Realisierung sind die Voraussetzungen noch verbesserungsbedürftig. Der momentane Ansatz, Sicherheit durch Testen und strenge Regulierung des Entwicklungsprozesses zu gewährleisten, skaliert nicht auf die Komplexität typischer CPS; es werden Methoden der formalen Verifikation (durch Techniken wie Model-Checking und Theorembeweise) sowie ein flexibleres Entwicklungsmodell benötigt. Noch grundlegender benötigen diese Techniken eine exakte Modellierung des Systems, seiner intendierten Funktionalität und insbesondere seiner Umwelt. Für CPS, die in veränderlichen und zum Zeitpunkt der Entwicklung vielleicht noch gar nicht wohldefinierten Umgebungen agieren, ist die Entwicklung geeigneter Modelle eine große Herausforderung; momentane Modellierungstechniken wie die UML und ihre Varianten oder formale Spezifikationssprachen reichen derzeit nicht weit genug.

CPS in der Produktion: CPPS

Im Kontext der Industrie 4.0 begegnen uns CPS als Cyber-physische Produktionssysteme (CPPS). Auch in diesem Anwendungsfeld können wir eine Entwicklung beobachten, die von einfach strukturierten Anwendungen zu Systemen mit typischen Charakteristika von CPS führt. Die Entwicklung beginnt mit sehr grundlegend automatisierter Produktion (Massenfertigung am Fließband) und führt zu vernetzter, flexibel organisierter Produktion. Ein Paradigma ist hierbei allerdings geblieben, die Produktion wird zentral gesteuert und Variabilität ist nur innerhalb des von der zentralen Steuerung vorgesehen Rahmens möglich. Mit dem Einsatz von CPS wird das Werkstück selber zu einem autonom agierenden System, welches sich den Weg durch die Fabrik sucht. In der *SmartFactory* des DFKI in Kaiserslautern werden diese Techniken schon heute untersucht (siehe dazu den Artikel Smart Factory – Eine Idee wird Realität, Abschnitt 5.1). Betrachten wir die SmartFactory als ein Beispiel für ein CPPS, dann erfüllt diese alle Kriterien der Definition oben:

- Sie verfügt über eine umfangreiche Sensorik: Sowohl die Werkstücke als auch die Produktionsstationen nehmen die Umwelt wahr, und sind gleichzeitig miteinander und dem Internet verbunden. Ein CPPS kann aus dem Internet gesteuert werden, um beispielsweise Kundenwünsche direkt abzuarbeiten; ein Real-Life-Beispiel hierfür sind moderne Fotolabors (wie die der Firma cewe in Oldenburg), wo vom Kunden Digitalfotografien aus dem Internet direkt auf den Drucker hochgeladen werden, der individuell Drucke (bis hin zu Fotobüchern) für diese Bestellung produziert[1].
- Die Werkstücke passen sich an, indem sie beispielsweise eine freie Produktionsstätte für den nächsten Produktionsschritt suchen.
- Die SmartFactory operiert autonom und alle Komponenten kooperieren miteinander.
- Gleichzeitig interagiert sie mit dem Menschen, der Produktionsschritte anstoßen oder die Produktion überwachen kann.
- Zu guter Letzt ist die SmartFactory auch ein *system of systems*: Sie besteht aus den einzelnen Werkstücken und den jeweiligen Produktionsstationen, die jeweils für sich autonom agieren können; erst im Zusammenspiel sind sie ein CPPS mit dem entsprechenden Mehrwert.

---

[1] http://company.cewe.de/de/unternehmen/produktion/laborablauf.html

Zusammenfassung: Let's go CPS

Zusammenfassend bieten CPS enorme Marktchancen. CPS können ganz neue Möglichkeiten bieten, und sind damit in vielen Fällen keine graduelle Weiterentwicklung existierender Techniken, sondern können disruptiv auf einen existierenden Markt wirken. Der Einsatz von CPS bietet damit große Chancen. Allerdings stehen im Augenblick noch sowohl rechtliche als auch technische Hindernisse dem Durchbruch von CPS auf breiter Ebene entgegen. Wer jetzt in die Forschung und Entwicklung dieser Technik investiert, wird in einigen Jahren einen erheblichen Vorsprung in einem sich dann neu eröffnenden Markt haben. Insbesondere spielen Sicherheit und Verlässlichkeit hierbei eine große Rolle: sie erfordern viel technisches Know-how, welches jetzt aufgebaut werden kann, sind aber für die Nachhaltigkeit grundlegend; mit unsicheren oder fehlerhaften Produkten sind neu erworbene Marktanteile schnell wieder verloren. Zum Glück ist in der deutschen Forschungslandschaft das nötige Fachwissen vorhanden, um Unternehmen auf dem Weg in diese Zukunft zu begleiten.

Architekturen für das „Internet der Dinge"

von *Dr. Holger Kenn*

Einleitung

Der Begriff „Internet of Things" ist seit einiger Zeit in den internationalen Medien omnipräsent. Ähnlich wie bei dem Begriff „Cloud" werden hier allerdings höchst unterschiedliche Technologien und Lösungen unter einem Oberbegriff zusammengefasst, die im Grunde wenig miteinander zu tun haben. Die Herausforderungen, die mit diesem Begriff einhergehen, sind hingegen überaus real: Eine Vielzahl von Geräten bringt heute die technischen Voraussetzungen mit, um mit anderen Geräten und Internetdiensten zu kommunizieren. Gleichzeitig ist der Zugang zum Internet heute global und kostengünstig verfügbar. Viele Anwendungen können von der Vernetzung von Geräten profitieren. Daher entsteht ein Druck aus den Marktpotenzialen und der resultierenden Kundennachfrage heraus, der zu weitergehender Vernetzung von Geräten führt, sei es die über das Internet abfragbare Webcam vom Discounter, die per Mobiltelefon gesteuerte Stimmungsbeleuchtung oder das Fitness-Armband im Privathaushalt, sei es die Fernwartung von Industrieanlagen, die Überwachung von Logistikketten oder die Übertragung von Energieverbrauchsinformationen im professionellen Bereich.

Dieser Druck der Anwender trifft auf eine derzeit noch im Entstehen begriffene Landschaft von Produkten und Lösungen.

Was ist das „Internet der Dinge"?

Die Begriffe „Industrie 4.0" und „Internet of Things" werden zur Zeit in vielen Zusammenhängen verwendet. Neben der Zielrichtung, der Optimierung von Prozessen im Bereich der industriellen Produktion und Logistik (insbesondere bei Industrie 4.0) oder allgemein der Produktion, dem Transport, der Verwendung durch Endanwender und der Weiterverwendung am Ende der Lebensdauer (bei IoT) existiert daneben noch eine technische Dimension, die Geräte, Verfahren und Dienstleistungen unter den Bezeichnungen zusammenfasst. Insbesondere auf diese technische Dimension soll im weiteren hier eingegangen werden. Ein „Thing" im Sinne von IoT ist dabei ein Gerät, das selbstständig in der Lage ist, seinen Zustand zu erfassen und zu kommunizieren. Darüberhinaus kann es in der Lage sein, diesen Zustand aufgrund von kommunizierten Anweisungen zu verändern. Dienstleistungen und Verfahren, die die Kommunikation der „Things" ermöglichen und die dabei entstehenden Daten aggregieren und zum Treffen von Entscheidungen aufbereiten, sind dann das „Internet of Things", insbesondere wenn sie auf Basis der TCP/IP-Protokollfamilie implementiert sind. Neben der direkten Kommunikation zwischen zwei „Things" spielt dabei insbesondere die zentrale Aggregation und Analyse von Daten eine wichtige Rolle.

Wo liegt das Problem beim „Internet der Dinge"?

Zunächst erscheint die Verbindung von Geräten mit einem zentralen Service sehr einfach. Es gibt zahlreiche Beispiele wie Mobilfunknetze, Instant-Messenger-Systeme, VOIP-Telefonie und Website-Chats, die gleichzeitig eine Vielzahl von Verbindungen zu Geräten halten und für deren Anwender Echtzeitkommunikation ermöglichen. Die Kommunikation läuft dabei über gewöhnliche Konsumentengeräte und Standard-TCP-IP-Protokolle wie http(s) ab. Auch die

Programmierung von eingebetteten Systemen ist heute einfach möglich, was die zahlreichen mit Mikroprozessoren ausgestatteten Geräte eindrucksvoll belegen. Eine Kombination beider Welten erscheint offensichtlich, wo liegt also das Problem?

Eine der Herausforderungen besteht darin, dass die Endgeräte in der Regel ohne menschlichen Eingriff über eine sehr lange Zeit reibungslos funktionieren und dabei ihre Kommunikation aufrechterhalten müssen. Bei einer Vielzahl von Consumer-Devices ist diese Voraussetzung nicht gegeben, da sie im Problemfall durch einen Menschen immer wieder instand gesetzt werden, und sei es nur in der Form einer wiederholten Eingabe von Passwörtern, Konfigurationsanpassungen oder manuellen Neustarts. Ein IoT-Device, das eine derart intensive Wartung erfordert, würde über seine Lebensdauer in der Regel höhere Wartungskosten erzeugen als für Betrieb und Kommunikation anfallen. Das IoT-Device benötigt daher eine langfristig gültige und sichere elektronische Identität und einen zuverlässigen Kommunikationskanal, über den Wartungs- und Konfigurationsinformationen an das Gerät ausgeliefert werden können.

Eine weitere Herausforderung besteht darin, dass im IoT-Gerät aufgezeichnete Daten zuverlässig gespeichert und übertragen werden. Dabei ist eine Reihe von Fehlerfällen zu unterscheiden. Neben dem Verlust von Daten während der Übertragung ist je nach Anwendungsbereich auch die Fälschung von Daten oder die Ausspähung von Daten durch Dritte eine ernstzunehmende Gefahr. Selbst bei der Verwendung von sicherer End-to-End-Verschlüsselung kann ein Angreifer aus der Tatsache, dass Kommunikation überhaupt erfolgt, eventuell bereits Rückschlüsse auf den Zustand eines Produktionssystems ziehen. Wenn eine große Anzahl von IoT-Geräten gleichzeitig Daten abliefern, kann dies Rechnersysteme, Kommunikationswege und Speichersysteme schnell an den Rand ihrer Kapazität bringen. Um diese Lastspitzen abzufangen und in der Lage zu sein, kurzfristig auf steigenden Bedarf reagieren zu können, bietet sich die Anwendung von Cloud-Technologien an.

Die dritte Herausforderung ist, aus den gelieferten Daten Rückschlüsse zu ziehen. Insbesondere die große Menge von Einzeldaten stellt dabei lokal installierte IT-Systeme vor große Probleme. Wenn beispielsweise die Verarbeitung von großen Datenmengen in kurzer Zeit erforderlich ist, um damit Geschäftsentscheidungen treffen zu können, dann ist die Auslegung eines IT-Systems auf dieses Ziel mit hohen Investitionskosten verbunden, selbst wenn diese Analysen nur zu bestimmten Zeitpunkten erforderlich sind. Ist der Zeitpunkt der Notwendigkeit der Analyse nicht vorherbestimmbar, beispielsweise für sporadisch erforderliche Fehleranalysen, dann ist ein derartiges System mit konventioneller lokaler IT zu akzeptablen Kosten fast nicht zu realisieren. Hier kann allerdings durch Anwendung von hybriden IT-Architekturen der kurzfristige Bedarf an Rechenleistung ebenfalls über Cloud-Dienstleister gedeckt werden. Bei der Analyse von Daten insbesondere von IoT-Geräten stellt sich aber auch die Frage, welche Daten überhaupt langfristig gespeichert und welche verworfen werden. Da sich die Fragestellungen „an die Daten" aber oft erst im Laufe der Lebenszeit eines IoT-Systems ergeben, ist hier eine weitgehende Speicherung der Rohdaten vorzuziehen. Auch hierbei spielen Cloud-Dienstleister aufgrund der praktisch unbegrenzten Skalierung von Speichersystemen eine wichtige Rolle.

Eine Grundarchitektur für IoT

Bei der Umsetzung von IoT-Projekten wird immer wieder eine grundlegende Architektur verwendet. Diese besteht typischerweise aus drei Schichten: Datentransport, Datenhaltung und Datenanalyse. Vor der Datentransportschicht befindet sich das „Thing", hinter der Analyseschicht befindet sich die Anbindung der Geschäfts- und Entscheidungsprozesse.

Daneben existiert auch der Rückweg, der zur Auslieferung von Instruktionen an die „Things" dient.

Allerdings fehlen in dieser High-level-Architektur noch einige wichtige Details, auf die in den folgenden Beispielen eingegangen wird.

Beispiel 1: http(s), REST und eine Datenbank

Eine einfache Implementierung dieser Architektur besteht auf der Seite des „Things" aus einem einfachen http-Client, der dazu verwendet wird, ein serverseitiges REST-Interface (http-basierte Web-Service-Schnittstelle) aufzurufen. Dieses Interface implementiert einfache Endpunkte zur Übergabe von Daten und Abrufen von Steuerungsinformationen. Beide Endpunkte werden vom Client zyklisch aufgerufen. Zur Sicherung des Verbindungswegs wird in der Regel TLS als Transportverschlüsselung eingesetzt, die Authentifizierung der „Things" erfolgt in der Regel über Inband-Authentifizierung wie beispielsweise eine Kombination aus Device-ID und Device-Passwort.

Auf der Server-Seite wird ein TLS[1]-fähiger Webserver eingesetzt, der die Daten entgegennimmt und speichert. In der Regel werden hier sowohl klassische SQL-Datenbanken als auch NoSQL-Datenbanken oder sogar einfache, dateibasierte Speichersysteme verwendet. Die Authentifizierung der Clients erfolgt ebenfalls durch Zugriffe auf eine Device-Datenbank.

Derartige Implementierungen werden heute oft in Systemen mit wenigen hundert „Things" eingesetzt. Der Vorteil sind die vergleichsweise niedrigen Anforderungen an Client- und Server-Software. In einigen Fällen wird sogar auf die Transportverschlüsselung verzichtet, um die Client-Implementierung noch weiter zu vereinfachen.

Die Nachteile einer solchen einfachen Implementierung sind allerdings auch gravierend:

Zum einen wird die Verwaltung des Lebenszyklus eines Geräts nicht betrachtet, d. h. wie werden die Authentifizierungsinformationen initial erzeugt und im „Thing" gespeichert, wie wird eine Geräteidentität in der Datenbank initial erzeugt, wie wird eine Authentifizierungsinformation im „Thing" im Laufe des Gerätelebens ersetzt, wie wird die Authentifizierungsinformation unbrauchbar gemacht, wenn ein Gerät außer Betrieb genommen wird.

An dieser Stelle wird in der Praxis oft die Verwendung von VPN[2]-Techniken als Ersatz für eine durchgehende Sicherheitsarchitektur gewünscht. Allerdings stellt dies eine nicht zu unterschätzende Gefahr dar, denn letztendlich sind VPNs zunächst Netzwerktechnologien, die eine universelle Kommunikation zwischen allen Teilnehmern ermöglichen, d. h. ein kom-

---

[1] Transport Layer Security, Nachfolger von SSL
[2] Virtual Private Network

promittiertes Gerät kann zum Angriff auf ein Gesamtsystem missbraucht werden. Erst durch den Einsatz von Filterregeln kann ein VPN-System entsprechend gesichert werden, allerdings stellen diese eine zusätzliche, komplexe Komponente dar, die ebenfalls Fehler enthalten kann. Auch die Authentifizierung ist bei VPN-Lösungen oft eine einfache Kombination aus Benutzername und Passwort, die nur geringe Vorteile gegenüber der Inband-Authentifizierung hat.

Zum anderen ist eine solche Architektur nur begrenzt skalierbar. Selbst wenn man die Verarbeitung der REST-Zugriffe mit Hilfe eines Loadbalancers über eine große Anzahl von Servern verteilt, stellt der immer noch notwendige Zugriff auf die Datenbank eine Herausforderung dar. Und selbst wenn man die Lesezugriffe über Caching-Systeme reduziert, bleibt dennoch die persistente Speicherung der übergebenen Daten als Lastfaktor bestehen.

Beispiel 2: Zertifikatsbasierte Authentifizierung und skalierbare Architektur

Die Verwaltung des Gerätelebenszyklus kann auf folgende Weise adressiert werden: Statt einer einfachen Geräte- und Passwort-Verwaltung wird jedes Gerät bei der Produktion mit einem Public-Key-Schlüsselpaar ausgestattet. Zusätzlich wird der öffentliche Schlüssel signiert. Das so erzeugte Zertifikat verbleibt im Gerät.

Bei der Inbetriebnahme des Geräts wird nur das Zertifikat an einen Konfigurations-REST-Service übermittelt. Durch die Überprüfung des Zertifikats kann dieser Service nun sicher sein, dass das anmeldende Gerät authentisch ist. Jetzt wird in der Gerätedatenbank ein Eintrag für das Gerät und sein Zertifikat erzeugt und dann weitere Konfigurationsdaten an das Gerät übermittelt.

Die übermittelten Konfigurationsdaten können nun weitere, zeitlich begrenzt gültige Zugriffszertifikate enthalten. Wird eines der Zugriffszertifikate ungültig, so greift das Gerät erneut auf den Konfigurationsservice zu, um ein neues Zertifikat zu erhalten.

Um die Skalierbarkeit von Datentransport und Datenhaltung zu gewährleisten, kann der Konfigurations-Service den Geräten unterschiedliche Endpunkte zur weiteren Kommunikation mitteilen.

Durch die zertifikatsbasierte Authentifizierung gegenüber diesen Diensten kann ein Dienst nun einen gültigen Zugriff am Zugriffszertifikat erkennen, ohne dabei auf eine zentrale Datenbank zugreifen zu müssen. Um bei der weiteren Verarbeitung der Daten nicht schreibend auf eine Datenbank zuzugreifen, kommt hier nun sog. Sharding zum Einsatz. Dabei wird die Speicherung der Daten über eine Anzahl von Datenbanken verteilt, sodass in eine einzelne Datenbank keine Begrenzung für die Anzahl der Schreibzugriffe darstellt.

Beispiel 3: Hochskalierbare Architektur

Um die Verarbeitung von Eingangsdaten von einer Vielzahl von Geräten hochskalierbar zu implementieren, existieren Verarbeitungsverfahren für Nachrichtenströme wie Apache Storm oder der Azure Event Hub. Hierbei werden eine Reihe von Rechnern zur Entgegennahme von Datenströmen und eine weitere Reihe von Rechnern als Konsumenten der entgegengenommenen Nachrichten betrieben. Diese Verfahren stellen sicher, dass eine von einem Gerät abgelieferte Nachricht von genau einem Nachrichtenkonsumenten in einer Konsumentengruppe verarbeitet wird, wobei es pro System mehrere Konsumentengruppen geben kann. Auf diese Weise kann z. B. eine Konsumentengruppe die Verarbeitung von Zustandsdaten durchführen, während eine zweite Konsumentengruppe die gleichen Daten für die langfristige Speicherung verarbeitet.

Die Verarbeitung von konsumierten Nachrichten kann dabei entweder über dafür speziell geschriebene Software erfolgen oder über generische Services, die allgemeine Datenströme verarbeiten oder speichern können. Dabei können beispielsweise SQL-artige Datenbank-Abfragesprachen auch auf die Verarbeitung von Datenströmen angewendet werden und so Kriterien für das Auftreten von Fehlerzuständen auf einfache Weise formuliert werden. Azure Stream Analytics ist solch ein Verfahren.

Aus dem Ergebnis solcher Analysen können nun wiederum Datenströme erzeugt werden, die über die gleichen Mechanismen an die „Things" zurückgeliefert werden, um dort Verhaltensänderungen auszulösen.

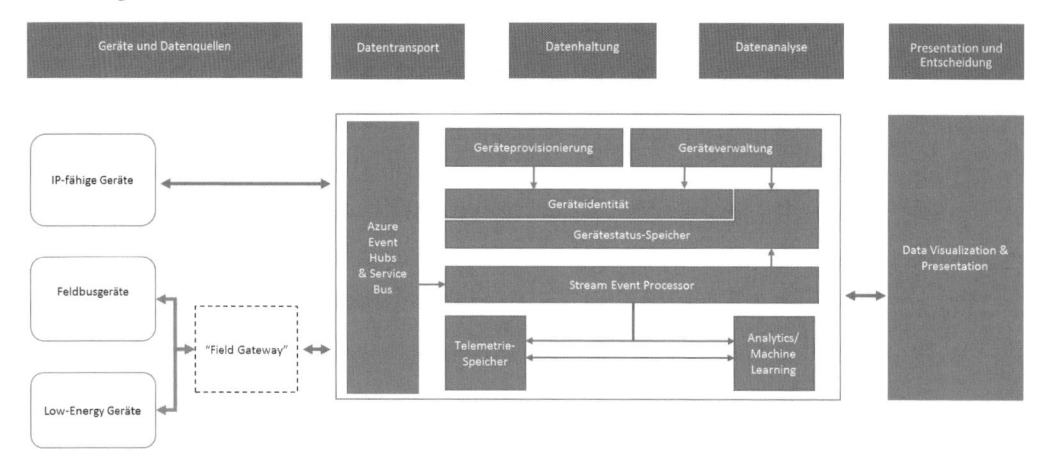

Hybride Implementierung

Je nach Anwendungsbereich ist eine Reihe von extrafunktionalen Anforderungen zu berücksichtigen. Beispielsweise sind rechtliche Einschränkungen und Risikoabwägungen für die Verarbeitung von Daten zu beachten. Beispielsweise kann auf Grund von bestehenden vertraglichen oder rechtlichen Rahmenbedingungen die Verarbeitung von Daten auf bestimmte Dienstleister oder Verarbeitungsorte eingeschränkt sein. Gleichzeitig ist die Erfassung der anfallenden Daten potenziell weltweit durchzuführen, je nachdem wo die angeschlossenen „Dinge" installiert werden. Die Verarbeitungskapazität von bestehenden eigenen Rechenzentren und Datenleitungen stellt dabei gerade bei neuen und schnell wachsenden Projekten eine eigene Herausforderung dar. Daher ist eine oft in der Praxis gewählte Implementierung die sogenannte „hybride" Architektur. Dabei dienen öffentliche Cloud-Rechenzentren zur Terminierung von eingehenden Datenverbindungen der IoT-Geräte, die eigentliche Analyse der Daten erfolgt aber wahlweise in Cloud-Rechenzentren oder in klassischen „On Premises"-Rechenzentren. Dieser pragmatische Ansatz erlaubt es, Datenschutzbedenken Rechnung zu tragen, indem bestimmte kritische Daten, wie beispielsweise die Identität der Geräte-Eigentümer oder die Analyseergebnisse, nur im eigenen Rechenzentrum verarbeitet werden, während die pseudonyme Vorverarbeitung und Aggregation von großen Datenmengen skalierbar in öffentlichen Rechenzentren erfolgt.

Stand der Technik und Ausblick

Zurzeit befinden sich zahlreiche Projekte im Bereich „Internet of Things" in der Umsetzung. Dabei ist der größte Teil dieser Projekte immer noch zwischen dem Stadium erster Versuche und ersten Schritten in Richtung Produkt. Allerdings gibt es sicher keinen Hersteller von vernetzbaren Geräten, der noch keine Schritte in diese Richtung unternommen hat. Derzeitige Implementierungen orientieren sich oft noch an Architekturen, die ähnlich der in Beispiel 1 gezeigten konstruiert sind. Die zahlreichen Medienveröffentlichungen über kompromittierte Geräte sind oft auf Architekturen nach diesem Strickmuster zurückzuführen.

Allerdings sind schon einige Produkte auf dem Markt zu finden, die ohne eine IoT-Architektur im Hintergrund nicht funktionieren können. Darunter sind beispielsweise vernetzte, selbstlernende Steuerungen für Häuser, insbesondere für Heizungen und Klimageräte. Bestehende Fernwartungssysteme werden ausgebaut, um das Eintreten von Fehlern möglichst im Voraus zu erkennen oder durch sogenannte „predictive maintenance", also vorausschauende Wartung, den Eintritt des Fehlerfalls gleich zu verhindern. Im Maschinen- und Anlagenbau geht man mittlerweile davon aus, dass derartige Funktionen in Zukunft in allen Neuinstallationen von Kunden gefordert werden.

Im Laufe der Entwicklung ist zu erwarten, dass sich eine Reihe von neuen Geschäftsmodellen auf Basis des „Internets der Dinge" entwickeln werden. Denn im Gegensatz zu früheren Ansätzen bietet die preiswerte Verfügbarkeit von Kommunikations- und Rechenzentrumskapazität gerade neuen Wettbewerbern wie Startups die Möglichkeit, Geschäftsmodelle schnell zu implementieren und zu validieren. Neue Finanzierungsmöglichkeiten wie Crowdfunding stellen gerade für den Business-to-Consumer-Bereich des „Internets der Dinge" eine wesentliche Beschleunigung des Innovationszyklus dar. Und auch im Bereich der „Industrie 4.0" stellt die Verfügbarkeit von preiswerter Hardware und dynamischen Rechenzentrumskapazitäten außerhalb klassischer IT-Organisationen eine Option dar, die wesentlich schneller zu innovativen Ergebnissen führen kann.

Predictive Maintenance – vom Sensor bis ins SAP

von Dr. Myriam Jahn

Auf den ersten Blick liegt die Verbindung zwischen „Industrie 4.0" auf der einen und „Predictive Maintenance" auf der anderen Seite nicht auf der Hand, bis auf den Umstand, dass beide Begriffe in der IT- und Beratungsindustrie zur Zeit große Aufmerksamkeit erfahren. Bei dem etwas tieferen Blick in die Hintergründe ist der Zusammenhang über mehrere Faktoren nicht zu übersehen:

- Bei Predictive Maintenance – der voraussagenden Instandhaltung – braucht die IT ebenso sehr eine Verbindung zu entsprechender Sensorik wie bei Industrie 4.0.
- Zusätzliche IT-Kompetenz wird in Produktion wie in Instandhaltung gefragt.
- Die organisatorischen Schlussfolgerungen für Produktion und Instandhaltung sind ähnlich: Die unmittelbare Bedienung der Maschine tritt gegenüber Entscheidungen zur Auftrags- und Instandhaltungsplanung in den Hintergrund.

Predictive Maintenance kann sogar als ein integraler Bestandteil für Industrie 4.0 angesehen werden, betrachtet man den historischen Kontext.

Predictive Maintenance – Begriff im Kontext von Industrie 4.0

Wenn Instandhaltung aus den vier Bestandteilen Wartung, Inspektion, Reparatur und Verbesserung besteht[1], so hat sich mit den Entwicklungen in der Instandhaltung die Relation der Zeitanteile verschoben. Stand bis in die 60er-Jahre die Reparatur im Vordergrund, so wurde mit der vorbeugenden Instandhaltung der Zeitbedarf für Wartung und Inspektion größer. Zu Beginn der 90er-Jahre wurde bereits über Condition Monitoring (Zustandsüberwachung) gesprochen, denn durch die zunehmende Automatisierung der Produktion nahm die Störanfälligkeit der Produktion in exponentieller Form zu[2].

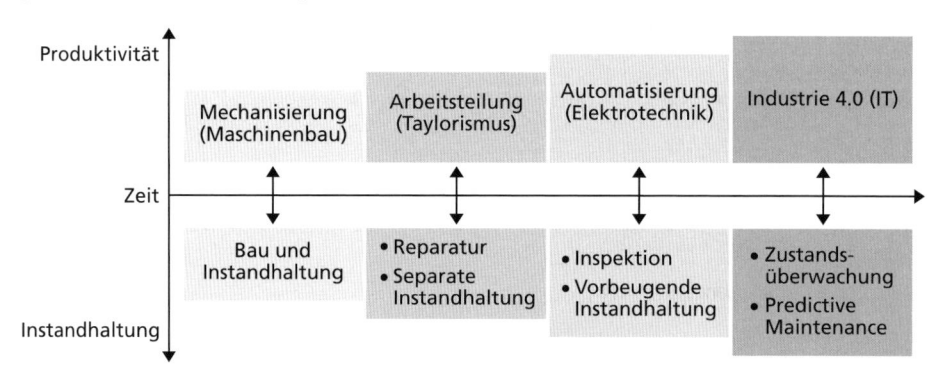

Bild 1   Gemeinsame Entwicklungen in Produktion und Instandhaltung[3]

---
[1]   Vgl. (Schuh, Kampker u. Odak, Verfügbarkeitsorientierte Instandhaltung, 2009), S. 3
[2]   Vgl. (Schuh, Kuhn u. Stahl, 2006)
[3]   Vgl. (Moubray, 1996)

Der Beginn der Diskussion zur Zustandsüberwachung wurde von der Einführung von Online-Schwingungssensoren zur Überwachung von Lagern unterstützt. Diese – typischerweise dem mechanischen Verschleiß innerhalb von drei bis fünf Jahren ausgesetzt – waren Paradebeispiele für Produktionsausfälle ganzer Förderstraßen wegen der Beschädigung eines produktionswichigen, aber nicht allzu teuren Antriebs.

Die Predictive Maintenance auf Basis der Zustandsüberwachung versucht, den Ausfallzeitpunkt einer Maschinenkomponente möglichst genau vorherzusagen, indem sie aus den gewonnenen Daten, beispielsweise aus der Schwingungssensorik, Algorithmen bildet. Damit sollten Reparaturen planbar, Wartung reduziert und Inspektion durch automatisierte Zustandsüberwachung ersetzt werden, während Verbesserungen im Fokus der Instandhaltung der Zukunft stehen.

Verbindung zur Sensorik – Erfolgsfaktor für Predictive Maintenance

Feuerwehreinsätze bei Störungen und vorbeugende, „verplante" Instandhaltung mit der Auswechslung noch funktionierender Maschinenkomponenten gehorchen nicht in allen Fällen dem Paradigma der Ressourceneffizienz. Zustandsorientierte Instandhaltung und Predictive Maintenance hingegen befassen sich neben der geplanten Wartung und Reparatur mit der kontinuierlichen Verbesserung von Anlagen und deren Wartungsaufwand. Der damit und mit der Entwicklung der entsprechenden Sensorik zu erwartende Siegeszug der zustandsorientierten Überwachung der Maschinen bleibt jedoch aus, obwohl die Schwingungssensorik ebenso wie andere Sensoren zur Überwachung des Verschleißes keine hohen Kosten mehr bedeuten.

Zustandsüberwachende Sensorik (Beispiele)

- **Mechanische Größen und Thermodynamik:**
  Drücke, Drehmomente, Spannungen, Geschwindigkeiten, Drehzahlen, Temperatur, Dehnungen
- **Schwingungen und Geräusche:**
  Pegel, Amplituden, Frequenzen
- **Zeiten:**
  Takt, Stillstand, (Warm-) Lauf, An- und Abfahrten
- **Geometrieänderung:**
  Abstand, Dicken, Längen, Wege, Toleranzen, Spiel
- **Material:**
  Oberflächenabrieb, Korrosion, Stoffeigenschaften, Fremdstoffanteile (z.B.Ölfeuchte)

Bild 2 Zustandsüberwachende Sensorik[1]

Wie bei Industrie 4.0 liegt die Herausforderung für Condition Monitoring als Grundlage für Predictive Maintenance in der Anbindung der Sensorik an die IT-Welt: Vereinfacht gesagt, müssen die Signale der Sensorik auf einem Monitor abgebildet und mit Alarm- und Eingriffsgrenzen versehen werden. Unterschiedliche Signalgebung der Sensorik, Automatisierungs-

---

[1] Vgl. (Schuh, Kampker u. Odak, Verfügbarkeitsorientierte Instandhaltung, 2009), S. 44

architektur auf der Feldebene und fehlende Konnektivität zu unterschiedlichen IT-Systemen, die Planung und Analytik für Predictive Maintenance vorsehen könnten, führen jedoch zu hohen Kosten der Anbindung von Sensorik, die oft das Hundertfache der eigentlichen Sensorkosten betragen. Entsprechend mangelhaft sind noch immer die Auswertealgorithmen, die für Predictive Maintenance zur Verfügung stehen, da es an einem ausreichenden Datenpool fehlt.

Hinzu kommt, dass die Sensorik zwar heute durch IO-Link standardisiert Daten zur Verfügung stellt, aber diese kaum noch über die alten Wege im Feld, z. B. über eine SPS, verarbeitet werden können. Untersuchungen der ifm electronic gmbh zufolge, betragen die von einem einzigen IO-Link-Sensor zur Verfügung gestellten Daten 0,18 TB pro Jahr. Die Auswerteeinheit eines Schwingungssensors dagegen stellt – ungefiltert – bereits 1,3 TB pro Jahr zur Verfügung. Sollen auf die Rohdaten Auswertealgorithmen in der Software aufgesetzt werden, wie es die Prognose für die Instandhaltung verlangt, so müssen diese Daten transportiert und gespeichert werden. Abgesehen von guter Datenbanklogistik und hoher Übertragungsgeschwindigkeit, die diese Datenmengen verlangen, ist der Weg über SPS und OPC dadurch nahezu ausgeschlossen.

Mit Industrie 4.0 ist dafür der „Y-Weg" geschaffen worden, in der Abbildung ein Gateway der ifm electronic gmbh als Beispiel.

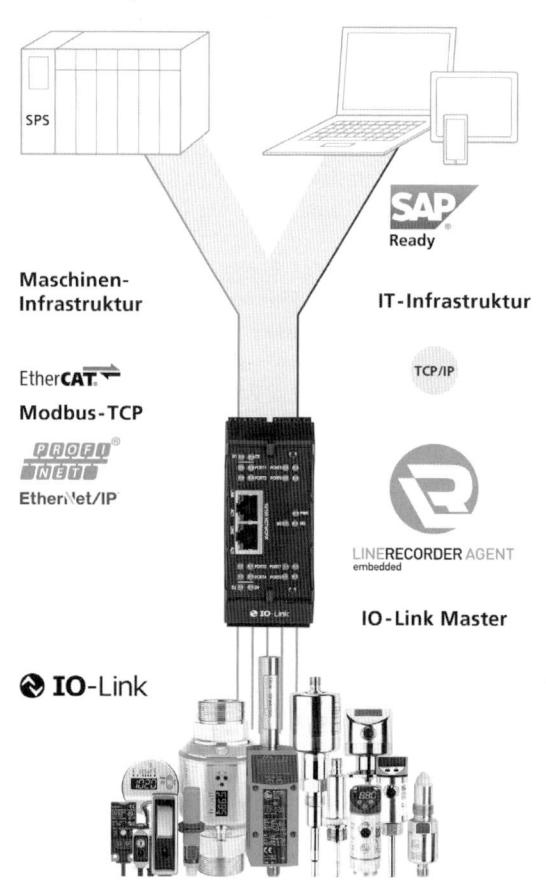

Bild 3 Y-Weg: Sensorik-Daten für die Steuerung der Maschine und die Zustandsüberwachung

Die Darstellung zeigt die Schaffung einer direkten Verbindung der Sensorik mit der IT-Welt. Während die Steuerung weiterhin die für die Funktion der Maschine wichtigen Daten in der erforderlichen Schnelligkeit erhält, wird hier mithilfe des „LR Agent Embedded" die gesamte Information über TCP/ IP an Datenbanken und Softwarelösungen, insbesondere SAP, weitergereicht. Die Kosten der Anbindung an die IT-Welt reduzieren sich somit auf das entsprechende Gateway.

IT-Kompetenz in Produktion und Instandhaltung

Die Anbindung von Sensorik an die IT-Welt ist auch deswegen so teuer, weil sowohl die IT-Kompetenz auf der Seite der Produktion und Instandhaltung als auch die Produktionskompetenz auf der Seite der IT eher gering sind. Diesen Umstand illustriert das Bild eines Instandhalters, an der Maschine stehend, der versucht, einem IT-Consultant am anderen Ende der Telefonleitung zu erklären, welcher Sensor welche Daten an welchen Platz auf welche Datenbank legt und wie diese Daten zu deuten sind.

Auf der anderen Seite ist es sicher illusorisch anzunehmen, dass mit Industrie 4.0 und Predictive Maintenance Mitarbeiter der Produktion und Instandhaltung zu IT-Experten werden können. In der Vergangenheit musste der Instandhalter bereits neben der Mechanik- auch Elektronikkompetenz aufbauen. Das Ergebnis war unter anderem der Ausbildungsgang zum Mechatroniker.

Eine mögliche Lösung für die fehlende IT-Kompetenz ist die Digitalisierung der Fabrik bis hin zur menschenleeren Produktion. Auf der Managementebene bedarf es dann an zentraler Stelle nicht nur ausreichender Information, sondern auch der Entscheidung, weit weg von dem tatsächlichen Geschehen. Die Digitalisierung der Fabrik ignoriert damit in der Tradition des Computer Integrated Manufacturing der 80er-Jahre die Komplexität der Problem- und Interessenlagen zwischen den einzelnen Maschinen und ihren Bedienern. Die menschenleere Fabrik fordert das hierarchische Prinzip, bei dem ein Manager das Gesamtsystem steuert. Diese Zentralisierung der Entscheidung scheitert aber gerade deswegen, weil Prozesskomplexität und -dynamik mit informationstechnisch implementierten, deterministischen Modellen und Algorithmen abgebildet werden. Software und Programme erweisen sich bei hoher Komplexität der Produktionsprozesse und dynamischem Umfeld als kontraproduktiv.

Erst Kommunikation und Kollaboration zwischen autonomen Einheiten, die Bediener und Instandhalter mit „ihren" Maschinen bilden, können bei einem gemeinsamen Produktionsziel unterschiedlichste Situationen verarbeiten, ohne die Komplexität des Gesamtsystems im Auge haben zu müssen. Der Maschinenbediener wird also mit Industrie 4.0 zum Entscheider. Erst hierüber wird der für Industrie 4.0 vorausgesagte dramatische Anstieg der Kollaborationsproduktivität tatsächlich erreicht.

Das bedeutet aber auch, dass der Maschinenbediener sich in Zukunft mit Softwareanwendungen auseinandersetzt. Der flexibel agierende und auf Basis von diesen „Apps" vor Ort entscheidende Facharbeiter ist das Bild der Industrie-4.0-Zukunft[1]. Dies gilt ähnlich auch für die Instandhaltung und bedeutet auch, dass die Instandhaltung an der Maschine und auf transportablen PCs Informationen zu den Zuständen von Maschinen erhält. Die mobile Lösung macht vor Ort an der Maschine tiefere Analysen möglich. Diese Informationen sind so aufzubereiten, dass kein tieferes IT-Know-how verlangt wird. Die Benutzerfreundlichkeit muss ein ähnliches Niveau wie für den privaten PC- oder Tablet-Nutzer erreichen. Ausgedehnte

---
[1] Vgl. (Howald u. Kopp, 2015)

Schulungen für Softwareanwendungen sind ebenso wenig effizient wie eine ausgedehnte Inbetriebnahme aufwändiger Softwarelösungen.

Tabelle 1 Kollaboration bei Industrie 4.0 und Predictive Maintenance

Mensch	Industrie 4.0	Predictive Maintenance
hochsensitives Nervensystem	hochauflösende Sensorik, Big Data	netzbasierte, vollständige Information über Maschinenzustände
planen und entscheiden	Vorschlag von Maßnahmen	Vorschlag für Maßnahmen, Analysetools für Entscheidungsunterstützung
Kollaboration	Mensch-Maschine-Interaktion: - mobil - Plug-and-Play	enthierarchisierte Instandhaltung, Apps für jede Maschinenkomponente

Ein Beispiel für eine solche webfähige Lösung ist der LR SmartObserver, der auf dem LR Agent Embedded oder/und auf einer auf dem PC implementierten Schnittstelle, dem LR Agent CP, basiert. Der LR SmartObserver ist eine Lösung, die auf die Instandhaltung zugeschnitten ist. Gleichzeitig reicht der LR Agent CP durch die in der Schnittstelle enthaltene Original-SAP-Software die Informationen auch an übergeordnete SAP-Systeme wie MII weiter, von denen aus beispielsweise die Instandhaltungsplanung „gefüttert" werden kann (SAP EAM).

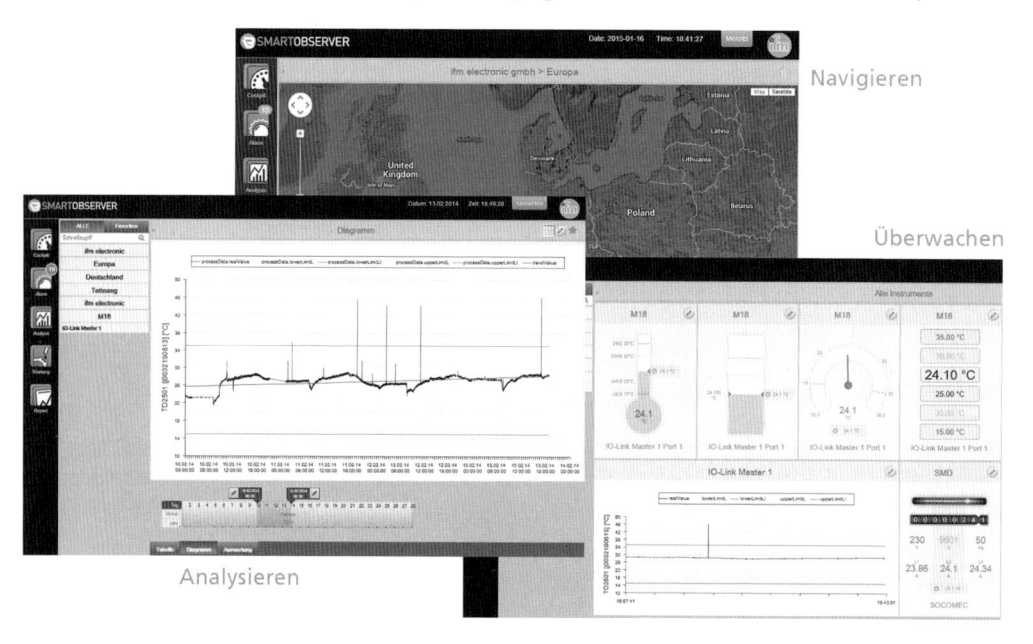

Bild 4 Linerecorder SmartObserver

Günstige Konnektivität wird nicht nur durch den LR Agent CP oder den LR Agent Embedded geschaffen. Um Predictive Maintenance auch für den Maschinenbauer zu ermöglichen, dessen Maschine bereits bei seinem Kunden betrieben wird, gibt es über den LR Agent Embedded auch einen Zugang zu SAP-basierten Ferndiagnose-Netzwerken des Maschinenbauers (SAP-IoT).

Hier wie im Datenpool des produzierenden Unternehmens können nun Algorithmen entwickelt werden, die eine genauere Prognose von Maschinenausfällen, also Predictive Maintenance, erlauben.

Organisatorische Veränderungen in der Instandhaltung

Durch Verfügbarkeit vieler Angaben über den Maschinenzustand ist die Transparenz für Instandhaltungs- und Produktionsmitarbeiter so groß, dass Entscheidungen dort getroffen werden können, wo sie umgesetzt werden. Maschinenbediener und Instandhalter bekommen die Möglichkeit, im Sinne einer integrierten Instandhaltung zu agieren[1].

Die Forderung von Lean Management und TPM, Produktionsmitarbeiter Instandhaltungsaufgaben übernehmen zu lassen, wurde in der Vergangenheit nur in geringem Maße, z. B. für die Maschinenreinigung, umgesetzt. Hier spielen fehlende Qualifikationen genauso wie fehlende Anreize eine große Rolle. Kann der Maschinenbediener an der Maschine in Zukunft deren Zustand erkennen und die Konsequenzen unterschiedlicher Handhabung beobachten, so ist die Wahrscheinlichkeit wesentlich größer, dass er seine Handlungen danach ausrichtet und mehr über „seine" Maschinen lernt.

Gleichzeitig werden die Aufgaben im Zusammenhang mit der eigentlichen Bedienung der Maschine durch Industrie 4.0 reduziert: Rezepte werden z. B. online übertragen, Werkzeuge und Produktqualität automatisch erkannt. Ähnliches ergibt sich für den Instandhalter: Feuerwehr- und Inspektionsaufgaben reduzieren sich in dem Maße, wie intelligente Algorithmen und Analysetools vor Ort zur Verfügung stehen, um die rechtzeitige und planbare Wartung und Reparatur zu erlauben.

Literaturverzeichnis

Howald, J., Kopp, R. (10. April 2015): Industrie 4.0 und die Zukunft der Arbeit. *Frankfurter Allgemeine Zeitung*, S. V6

Moubray, J.: *RCM – Die hohe Schule der Zuverlässigkeit von Produkten und Systemen.* Landsberg: Moderne Industrie, 1996

Schuh, G., Kampker, A. u. Odak, R.: *Verfügbarkeitsorientierte Instandhaltung.* Aachen: Apprimus, 2009

Schuh, G., Kuhn, A. u. Stahl, B.: *Nachhaltige Instandhaltung: Trends, Potenziale und Handlungsfelder nachhaltiger Instandhaltung.* Frankfurt am Main: VDMA-Verlag, 2006

---

[1] Vgl. (Schuh, Kampker u. Odak, Verfügbarkeitsorientierte Instandhaltung, 2009), S. 32ff.

Von der Anlage via Predictive-Maintenance-Gateway in die Cloud

von *Klaus-Dieter Walter*

In Maschinen und Anlagen schlummern wertvolle Daten. Ergänzt man die in den Steuerungen bereits vorhandenen Daten um weitere, von zusätzlich installierten Sensoren gewonnene, lassen sich bereits heute ein Cloud-basiertes Condition Monitoring sowie vorausschauende Wartungs- und Servicekonzepte per Predictive Maintenance realisieren.

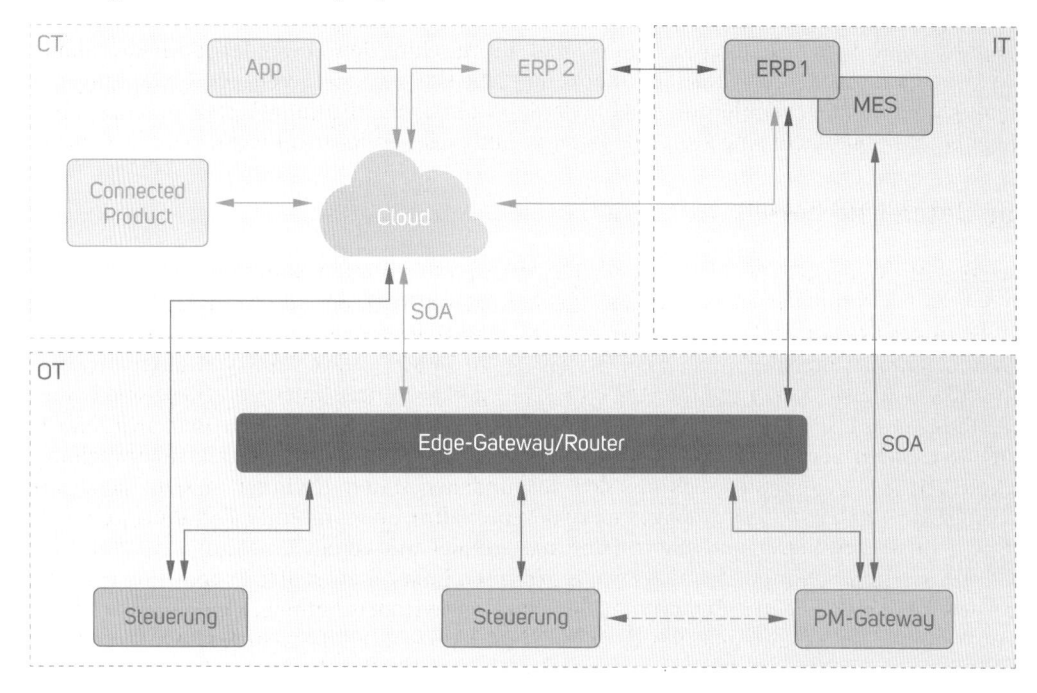

Bild 1 Die Kommunikationsbeziehungen einer Industrie-4.0-basierten Smart Factory lassen sich in drei Domains (OT = Operational Technology, CT = Cloud Technology, IT = Information Technology) gliedern. Ein Predictive-Maintenance-Gateway wird typischerweise direkt in der OT-Domain eingesetzt. Aktuelle Zustandsdaten und die Ergebnisse einer Datenanalyse werden mithilfe von OPC UA als SOA-Schnittstelle (Serviceorientierte Architektur) anderen Anwendungen, zum Beispiel einer MES-Applikation in der IT-Domain, zur Verfügung gestellt

Auf die Frage, warum die jeweils angebotenen Maschinen und Anlagen nicht von Haus aus mit einer modernen Cloud-basierten Zustandsüberwachung oder zumindest mit dafür geeigneten Datenschnittstellen ausgerüstet werden, geben Anbieter in der Regel eine von zwei identischen Antworten:

1. Die dafür erforderliche Sensorik und Datentechnik ist zu teuer. Durch den höheren Verkaufspreis würde sich die Wettbewerbsfähigkeit der eigenen Produkte reduzieren.
2. Bei einer Maschine bzw. Anlage fallen vor Ort sehr viele Daten an. Diese kann man nicht per M2M über ein Mobilfunknetz oder den Netzzugang des Betreibers in die Cloud transportieren.

Hin und wieder wird noch angemerkt, dass vor allem Kunden aus dem Automobilbereich die Cloud-Anbindung einer Maschine nicht gestatten. Auch Bedenken zur Datensicherheit beim Cloud-Einsatz werden geäußert. Über die Umsetzung der Industrie-4.0-Ideen sollten diese Argumente demnächst aber wohl der Vergangenheit angehören. Schließlich wird es ohne Cloud weder die Industrie 4.0 noch die Smart Factory geben.

Über die beiden häufigsten Antworten kann man sicherlich ausgiebig diskutieren. Die These der reduzierten Wettbewerbsfähigkeit durch Integration zusätzlicher Datentechnik und damit einhergehender höherer Herstellungskosten traf in der Vergangenheit sicher zu. Inzwischen ist das Gegenteil der Fall: Eine wettbewerbsfähige Maschine benötigt eine Industrie-4.0-fähige Datenschnittstelle, die sich auch für die Zustandsüberwachung und vorausschauende Wartungskonzepte eignet. Des Weiteren unterstützt die Maschine den Anwender dabei, ungeplante Maschinenstillstände zu vermeiden, den Energiebedarf zu optimieren, die Einhaltung der Produktqualität zu gewährleisten und die Betriebs- und Instandhaltungskosten zu senken. Darüber hinaus ermöglicht eine geeignete Datenschnittstelle serviceorientierte Geschäftsmodelle.

Die Daten sind bereits vorhanden

Der Bedarf an zusätzlicher Sensorik für ein effektives Condition Monitoring in Maschinen und Anlagen verursacht in der Tat zusätzliche Kosten. Durch den Hype um das Internet der Dinge in der Konsumerelektronik und anderen Marktsegmenten werden geeignete Sensoren allerdings immer preiswerter. Darüber hinaus liegen in den meisten Anlagen durch die zum Einsatz kommende Steuerung (SPS) bereits sehr viele geeignete Daten vor. Diese sind bisher allerdings in der SPS verborgen bzw. isoliert. In einem ersten Schritt sollte man sich Zugriff auf diese Daten verschaffen und im Detail klären, welche – für die Zustandsüberwachung relevanten – Informationen sich aus den vorhandenen Daten gewinnen lassen. Hierzu als Beispiel ein pneumatisches Subsystem zum Materialtransport in einer Fertigungszelle: Es besteht im Wesentlichen aus einem Führungszylinder mit einem Druckluft-bewegten und SPS-gesteuerten Schlitten, der sich jeweils zwischen linker und rechter Endposition hin und her bewegt. An den beiden Endpunkten des Führungszylinders befindet sich ein Näherungssensor mit einem Schaltpunkt, um der SPS (Siemens S7-1200) die aktuelle Endposition des Schlittens anzuzeigen (Positionen X1 und X4 in Bild 2). Nur durch den LAN-Zugriff per RFC1006-Protokoll (ISO-on-TCP) auf die beiden S7-1200-Eingänge für X1 und X4 lassen sich bereits folgende für ein Condition Monitoring relevante Informationen gewinnen:

- Bisherige Gesamtstrecke des Schlittens: Der Schlitten auf dem Führungszylinder hat eine maximal Laufleistung, zum Beispiel 3 000 km. Durch das Zählen der erreichten Endpositionen X1 und X4 lässt die sich Gesamtstrecke errechnen und eine Aussage zur möglichen Restlaufleistung ableiten.
- Genaue Anzahl aller Ventilbetätigungen in der Ventilinsel: Für alle zum pneumatischen Subsystem gehörenden Ventile können anhand der Endpositionen X1 und X4 die Anzahl der Ventilschaltvorgänge gezählt und die gemäß Datenblatt mögliche Restlebensdauer errechnet werden.
- Zeitspanne für die Schlittenbewegung von links nach rechts und umgekehrt: Über die Zeitmessungen zwischen den Betätigungen der Schaltkontakte an den Endposition X1 und X4 lässt sich beispielsweise ein Überdruck (Schlitten zu schnell), ein Unterdruck oder eine mechanische Überlastung (Schlitten zu langsam) sowie Verschleiß an Schlitten und Führungszylinder erkennen.

- Stoßdämpfernutzung: Durch Errechnen der Schlittengeschwindigkeit und das Zählen der Schlittenbewegungen zwischen den Endpunkten X1 und X4 ist die Auffahrgeschwindigkeit sowie die maximale Energieaufnahme pro Hub und pro Stunde grob bestimmbar. Diese Daten reichen allerdings in der Praxis nicht aus, um die Restlebensdauer eines Stoßdämpfers zu ermitteln.

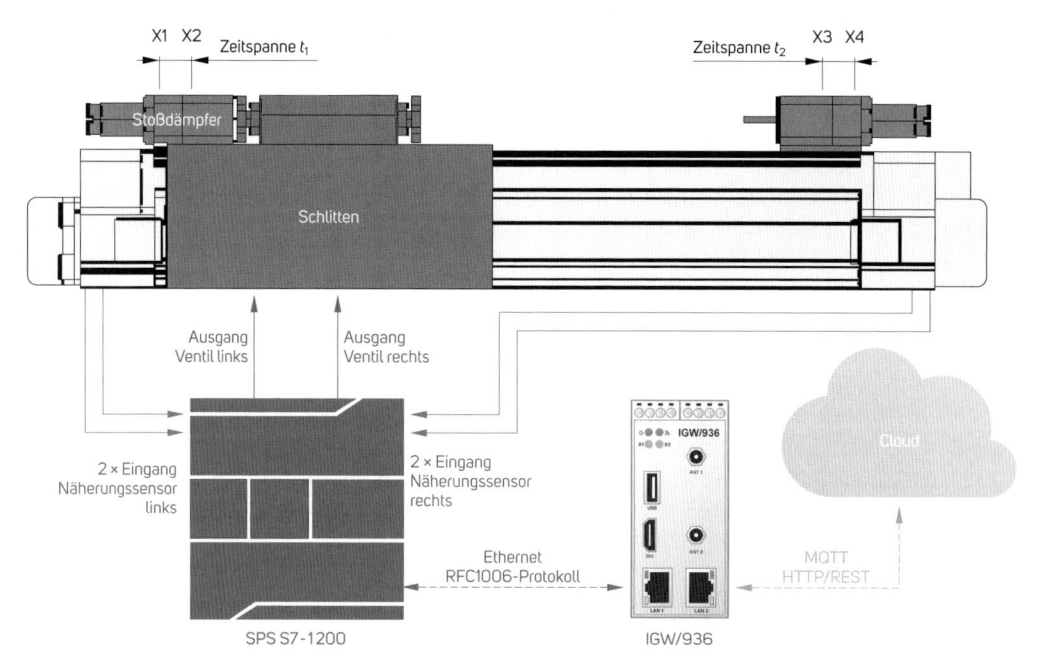

Bild 2 Bei einem pneumatischen Subsystem zum Materialtransport in einer Fertigungszelle, zum Beispiel einem Führungszylinder mit einem Druckluft-bewegten und SPS-gesteuerten Schlitten, lassen sich durch Cloud-basiertes Condition Monitoring und den damit möglichen Service- und Wartungskonzepten die Ausfallzeiten der gesamten Baugruppe reduzieren und die Lebensdauer steigern. Ein Teil der dafür benötigten Daten steht in der SPS bereits zur Verfügung. Die zusätzlich erforderlichen Sensoren verursachen lediglich geringe Mehrkosten. Das Einsammeln der Daten, Datenfusion und Weitergabe an die Cloud erfolgen mithilfe eines Predictive-Maintenance-Gateways.

Zusätzliche Sensoren für die Datenfusion

Alle Zeitmessungen und Berechnungen zur Schlittengeschwindigkeit sind relativ ungenau, solange nur die digitalen Näherungssensorsignale der Endpunkte X1 und X4 zur Verfügung stehen. In der Schlittenlaufzeit zwischen diesen Endpunkten sind auch die von verschiedenen Parametern abhängigen Dämpfungsphasen der Stoßdämpfer-Hubstrecken (Zeitspannen t_1 und t_2 in Bild 2) enthalten. Insofern wird der Schaltzeitpunkt der Näherungssensoren an X1 und X4 immer um die nicht konstante Energieabsorptionszeit der Stoßdämpfer verzögert. Die beiden Stoßdämpfer an den Schlittenenden sind aber ebenso die kritischen Komponenten des gesamten pneumatischen Subsystems. Reicht die Dämpfung nicht mehr aus, fährt der Schlitten ungebremst an den Anschlag des Führungszylinders. Dadurch kann es zu irreparablen Schäden am gesamten Subsystem kommen. Insofern ist es sinnvoll, den Zustand der

Stoßdämpfer in das Cloud-basierte Condition Monitoring einzubeziehen und hierfür zusätzliche Sensoren zu installieren.

Soll nun die Wirkung der Stoßdämpfer zur Zustandsüberwachung gemessen werden, sollten die einfachen Näherungssensoren mit je einem Schaltkontakt durch eine spezielle Variante mit zwei Schaltkontakten ersetzt werden. Der räumliche Abstand zwischen den beiden Schaltern in einem Näherungssensor wird bei der Inbetriebnahme in einen direkten räumlichen Zusammenhang zur Stoßdämpfer-Hubstrecke gesetzt. Diese Erweiterung ergibt mit X2 (Anfang der Hubstrecke linker Stoßdämpfer) und X3 (Anfang der Hubstrecke rechter Stoßdämpfer) zwei neue Punkte auf der X-Achse. Da X1 und X4 nicht nur den Schlittenendpunkten auf dem Führungszylinder, sondern auch dem jeweiligen Ende der Stoßdämpfer-Hubstrecken entsprechen, lassen sich nun die Zeitspannen t_1 (Hubzeit linker Stoßdämpfer) und t_2 (Hubzeit rechter Stoßdämpfer) für jede Schlittenbewegung millisekundengenau ermitteln. Diese Hubzeiten werden sich bei längerer Betriebsdauer und damit einhergehendem nachlassendem Stoßdämpferöldruck verändern und immer kleiner werden.

Um für den Führungszylinder eine vorausschauende Wartung zu ermöglichen, ist es wichtig, alle Daten, die sich per RFC 1006-Protokoll über die Ein- und Ausgänge der SPS erfassen bzw. errechnen lassen, in bestimmten Zeitabständen an einen Cloud-Service zu übertragen und dort zu speichern. Um der Problematik mit den zu großen Datenmengen zu begegnen, die per Mobilfunknetz oder Betreiber-Netzzugang an die Cloud weitergegeben werden, ist eine Datenvorverarbeitung hilfreich. So kann eine geeignete Mittelwertbildung für t_1 und t_2 über eine bestimmte Zeitspanne von zum Beispiel 2 h zu lediglich zwei t_1/t_2-Werten führen, die an den Cloud-Service gesendet werden, obwohl in dieser Zeitspanne insgesamt einige tausend Messwerte angefallen sind.

Zukunftsvorhersage als Service

Trendvorhersagen durch Auswertungen größerer Datenmengen werden im IT-Umfeld schon seit Jahren unter dem Sammelbegriff „Predictive Analytics" praktiziert. Aus diesem Grund gibt es in verschiedenen Cloud-Serviceplattformen hoch entwickelte und praxiserprobte Dienste, die sich auch zur Vorhersage der Ausfallwahrscheinlichkeit einzelner Maschinenkomponenten und somit zum Festlegen geeigneter Wartungstermine bzw. als Basis proaktiver Servicekonzepte eignen. Sie fallen in die Kategorie der Software-as-a-Service (SaaS)-Angebote und stehen über verschiedene Cloud- und IoT-Serviceplattformen zur Verfügung.

Um prädiktive IT-Analyseservices für Predictive Maintenance zu nutzen, müssen – wie zuvor für das pneumatische Subsystem beschrieben – vor Ort geeignete Daten erfasst bzw. ermittelt, in die Cloud transportiert, mit einem Zeitstempel versehen und in einer Datenbank gespeichert werden. Eine einheitliche Datenstruktur ist dabei nicht erforderlich. In der Cloud stehen sogenannte „NoSQL"-Datenbanken als Service zur Verfügung. Diese dokumentenorientierten Datenbanken speichern unstrukturierte Daten in JSON-Strukturen.

Die Trendvorhersagequalität einer Predictive Maintenance-Lösung hängt zum einen von der Menge der Historiendaten ab, die in der Cloud zur Verfügung stehen, um per Machine Learning ein geeignetes Vorhersagemodell zu erzeugen. Zum anderen spielt die Datenqualität eine große Rolle. Je mehr Umgebungsdaten für eine Datenfusion verfügbar sind, desto präziser ist die Vorhersage. Aus diesem Grund können für das pneumatische Subsystem auch Druck, Umgebungs- und Bauteiltemperaturen – ja sogar der tägliche Wetterbericht – in die Datenerfassung einbezogen werden. Eine Korrelation der unterschiedlichen Daten muss für den menschlichen Betrachter nicht einmal erkennbar sein. Diese Zusammenhänge aufzuzeigen, weiter zu analysieren und die hieraus gewonnenen Erkenntnisse zur Beschreibung des Wartungszustands bzw. Abnutzungsgrads einer Maschine zu nutzen, wird sich zukünftig als neues Geschäftsmodell in diversen Branchen etablieren.

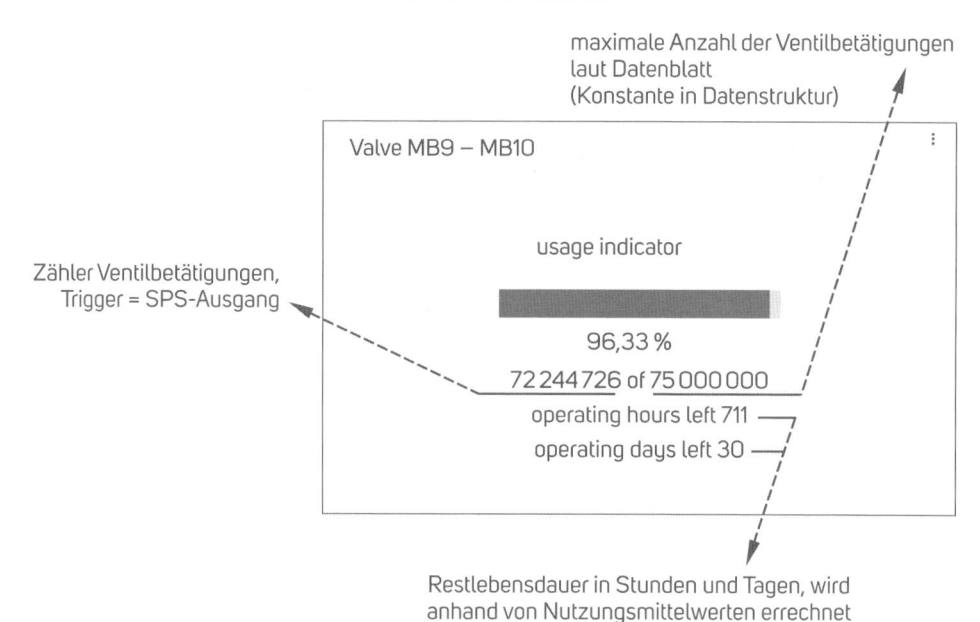

```
                                    maximale Anzahl der Ventilbetätigungen
                                    laut Datenblatt
                                    (Konstante in Datenstruktur)

    ┌─────────────────────────────────────────┐
    │  Valve MB9 – MB10                       │
    │                                         │
    │           usage indicator               │
    │         ▬▬▬▬▬▬▬▬▬▬▬▬                   │
    │             96,33 %                     │
    │         72 244 726 of 75 000 000        │
    │         operating hours left 711        │
    │         operating days left 30          │
    │                                         │
    └─────────────────────────────────────────┘

Zähler Ventilbetätigungen,
Trigger = SPS-Ausgang

                    Restlebensdauer in Stunden und Tagen, wird
                    anhand von Nutzungsmittelwerten errechnet
```

Bild 3 Die in einer Cloud-Datenbank gespeicherten Zustandsdaten lassen sich über ein Condition Monitoring Dash Board jederzeit betrachten. In den einzelnen Informationskacheln werden Echtzeit-Zustandsdaten zu wichtigen Baugruppen und Komponenten angezeigt. Die jeweils verbleibende Restlaufzeit einer Komponente wird zu einem errechnet und zum anderen als Fazit einer prädiktiven Datenanalyse ermittelt. Damit lassen sich auch Wartungs- und Servicetermine automatisch in die Terminkalender der zuständigen Mitarbeiter eintragen.

Industrial Cloud Communication vom Sensor bis in die Cloud

von *Ronald Heinze*

Für Industrie-4.0-Anwendungen muss eine nahtlose Integration vom Sensor bis in die Cloud sichergestellt werden. Mit „netIOT" stellt Hilscher dafür die komplette Infrastruktur zur Verfügung, die vom intelligenten Chip „netX" über das Edge-Gateway bis zu Services in der IT-Ebene reicht. Mit Cloud-Lösungen kann – basierend auf den zur Verfügung gestellten Daten – eine neue Qualität in der Produktionsoptimierung erreicht werden.

Bild 1 Komplettes Angebot für die Industrial Cloud Communication

Industrie 4.0 und die digitale Transformation sind die Trendthemen unserer Zeit. „Inzwischen geht es immer öfter um den praktischen Nutzen und die reale Umsetzung entsprechender Projekte in der Produktion", betont Stefan Körte, Geschäftsbereichsleiter Vertrieb und Marketing bei Hilscher.

Nur durch das nahtlose Zusammenspiel von allen Ressourcen einer Fabrik vom Sensor in der Produktion bis zur Management-Software in der Geschäftsführung wird die Grundlage für eine höhere Wertschöpfung geschaffen. Die Voraussetzung dafür ist eine komplette Vernetzung aller Automatisierungsgeräte in der Produktionsebene (OT) mit der klassischen IT-Ebene jeder Produktionsfirma. Daher setzt die IoT-Kommunikation schon im Feldgerät an, das seine Daten der überlagerten IT-Infrastruktur zugänglich macht. Dementsprechend wächst die Nachfrage, Daten aus der Feldebene direkt bis in die Cloud zu übertragen. Dies krempelt vorhandene Automatisierungsstrukturen komplett um.

„Wir sorgen mit unserer Industrial Cloud Communication für die nahtlose Kommunikation vom Sensor oder Aktor bis in die Cloud", berichtet S. Körte. Die interessanten Informationen, aus denen später ein Mehrwert generiert werden soll, also die Datenbasis für MES, ERP und

Analytics, werden in den Sensoren der Feldgeräte erzeugt. Die „netX"-Technologie für die industrielle Realtime-Ethernet-Kommunikation wurde daher um die IoT-Protokolle OPC UA sowie MQTT erweitert und mit der integrierten „netIOT"-Cloud-Kommunikation zu einem weiteren Bestandteil der Kommunikationskette. Zusammen mit dem „netIOT"-Edge-Gateway wird damit die Kommunikation vom Sensor in die Cloud zur Realität.

Der Vorteil der „netIOT"-Infrastuktur besteht laut S. Körte unter anderem darin, Industrie 4.0 stufenweise nach den Wünschen der Kunden auszubauen: „Möglich sind eine sukzessive Umsetzung und ein schrittweiser Aufbau unter Erhaltung der vorhandenen Produktionsanlagen, was eine hohe Investitionssicherheit bietet." Es entsteht ein direkter Nutzen für Hersteller, Maschinenbauer und Systemanbieter. Außerdem lassen sich Sicherheitsmechanismen gegen unbefugten Zugriff und Manipulation auf diesem Wege in die Automatisierungsebene integrieren.

Bild 2 Stefan Körte ist Geschäftsbereichsleiter Vertrieb und Produktion bei Hilscher.

IoT-Kommunikationschip für die Sensor-Aktor-Ebene

Der erste Schritt der Kommunikationskette beginnt also im Sensor bzw. im Aktor. Beim Entwurf eines Embedded Systems sind die richtigen Entscheidungen bezüglich des Netzwerk-Controllers und der Performance-Klasse genauso wichtig wie die Auswahl eines vorzertifizierten Softwareprotokoll-Stacks. „Unsere ‚netX'-Familie bietet dank eines skalierbaren und innovativen Plattformkonzepts für jeden Einsatzfall die geeignete Lösung", sagt der Sales & Marketing Director. „Mit einem Chip werden alle wichtigen Echtzeit-Ethernet- und traditionellen Feldbussysteme abgedeckt." Hilscher stellt als ein Partner die durchgängige Hard- und Softwareplattform für alle wichtigen Industrieprotokolle bereit und bietet für die Anwender das gesamte erforderliche Know-how. Dabei bietet die „netX"-Plattform nicht nur Echtzeitkommunikation, sondern kann auch für Visualisierung und Datenvorverarbeitung in den Geräten genutzt werden.

Die kürzlich vorgestellte neue „netX"-Generation ist für die IoT-Nutzung optimiert. Neben den heute etablierten Protokollen können diese Bausteine parallel die Anforderungen der IoT-Protokolle OPC UA sowie MQTT handhaben und bieten mit ihrer Zweiprozessor-Architektur genug Power und Flexibilität, um zukünftige Anforderungen für Security-Routinen oder neuen Protokolle, wie Ethernet TSN, zu meistern. Da es einen Prozessor exklusiv für die Applikationssoftware der Anwender gibt, steht der Anwendung von Embedded Linux als Softwarebasis für kundeneigene Programme nichts im Weg. Der „netX 4000", ein hochintegrierter Master-Chip für alle Anforderungen von Realtime-Ethernet und IoT, erlaubt eine hohe Integration auf kleiner Fläche. Die Automatisierungsplattform vereint einer ARM-Cortex-A9-Dual-Core-CPU mit einer Infrastruktur für hoch anspruchsvolle Nutzeranforderungen und einer ARM Cortex-R7-CPU mit einer zugrunde liegenden „netX"-Technologie für harte Echtzeitanwendungen und industrielle Kommunikationsaufgaben.

Der „netX 90" ist ein Kommunikations-ASIC mit Slave-Stacks für alle Feldgeräte mit IoT on Board. Die separate Kommunikations-CPU ist als applikationsunabhängige Echtzeit-Kommunikation ausgelegt. Auch hier sind die Security-Funktionen integriert. „Eine besondere Rolle spielt dabei ‚netPROXY', eine geräteorientierte Objektschnittstelle zwischen Kommunikation und Applikation", fährt S. Körte fort. „Diese beschreibt ein abstraktes Modell für die Datenübergabe von einem Gerät zum jeweils gewählten Realtime Ethernet innerhalb einer Kundenapplikation." Damit wird oberhalb des Protokoll-Stacks ein generisches Daten- und Dienstmodell als Applikationsschnittstelle eingezogen. Der Anwender kennt seine Gerätedaten und konfiguriert danach das generische Datenmodel. Mit einer einmaligen Zuordnung der Daten hat der Anwender dann Zugriff auf alle Netzwerke. Die „netPROXY"-Technologie übernimmt es, die einzelnen Werte in die Netzwerke zu übersetzen. Der Aufwand für den Anwender minimiert sich und nebenbei fallen noch Funktionen für den automatischen Gerätetest ab.

Noch einfachere Integration mit Slave-Anschaltung

Mit OPC UA und MQTT wird der Kommunikationschip „netX" zum „netIOT". Der Vorteil ist, dass sich auch die aktuellen „netX"-ASIC per Firmware-Download mit IoT-Kommunikation erweitern lassen und in alle Feldgeräte integriert werden können. Die bestehende Konstruktion und Architektur bleibt erhalten und doch sind die Geräte und Anlagen zukunftssicher durch die im „netX" integrierte IoT-Kommunikation. Erste Geräte mit Profinet-Anschluss und OPC-UA-Kommunikation werden bereits auf der Messe in Nürnberg vorgestellt.

Die Integration von Netzwerktechnologie in Geräte der Automatisierung erfolgt bei mittlerem und hohem Volumen auf Basis der Chiplösung „netX". Dabei erfolgt die komplette Entwicklung der Kommunikationsanschaltung durch den Kunden. Die schnelle und sichere Alternative zur Eigenentwicklung heißt „netRAPID". Mit „netRAPID tiny" stellt Hilscher auf der Messe eine komplette Slave-Anschaltung auf kleinster Fläche vor. Dieses fertig lötbare „netX"-Design lässt sich wie ein einzelnes Bauteil handhaben und stellt eine echte Alternative zur Eigenentwicklung für alle führenden Netzwerkprotokolle dar. Die Host-Anbindung erfolgt über Dual-Port-Memory oder SPI. Mit OPC UA oder MQTT auf der Anschaltung hat das Modul zusätzlich die IoT-Kommunikation gleich mit an Bord.

Bild 3 „netX 90" ist ein Kommunikations-ASIC mit Slave-Stacks für alle Feldgeräte mit IoT on Board und „netX 4000" ist ein hochintegrierter Master-Chip für alle Anforderungen von Realtime-Ethernet und IoT.

Industrial Cloud Communication bedeutet, dass auf der existierenden Kommunikationsinfrastruktur der Werkshalle die Industrie 4.0 bzw. Industrial Internet Informationen parallel und nahezu rückwirkungsfrei zu den Real-Time-Ethernet-Daten übertragen werden und anschließend über „netIOT Edge Gateways" gesammelt, verdichtet und an die IT-Infrastruktur übergeben werden. Damit kann jede Applikation auf die Daten der Automatisierungsgeräte zugreifen, egal ob in einer klassischen IT- oder Cloud-Plattform.

Edge-Gateways als Zugang zur Cloud

Das „netIOT Edge Gateway" baut den Zugang zum Netzwerk bzw. zur Cloud auf. Die Gateways koppeln Automatisierungsnetzwerke, zum Beispiel Profinet, Ethernet/IP und Ethercat, sicher an eine Cloud. Eingebunden in die Realtime-Ethernet-Systeme der Steuerungen stehen sie als E/A-Feldgeräte im zyklischen Datenaustausch mit der SPS und kommunizieren darüber hinaus mit IoT-fähigen Feldgeräten direkt. Die so in Echtzeit ausgetauschten Schlüsseldaten der Feldebene werden vom Edge-Gateway den Cloud-Applikationen zur Verfügung gestellt. Entsprechende Sicherheitsmechanismen sind integriert. Außerdem bietet das Gateway einen lokalen Dienstzugang als App-Schnittstelle auf das Netzwerk und die daran angeschlossenen Geräte. „Unser ‚netIOT Edge Gateway' fungiert auch als zentraler Konfigurationszugang", erläutert S. Körte. „Über Smartphone haben Anwender zum Beispiel Zugriff auf die Sensoren." „netIOT" Service besteht aus Software-Interfaces für verschiedene Clouds, Tools, Apps, zum Beispiel Cloud-Applikationen für die Netzwerkdiagnose.

Bild 4 Komplette, IoT-fähige Profinet-Slave-Anschaltung auf kleinster Fläche

Webserver, OPC UA oder MQTT erlauben vom Edge-Gateway aus den Zugriff auf die in die IT-Anwendung übertragenen Gerätedaten. Bereits seit einiger Zeit wird dabei die Cloud Plattform Bluemix von IBM und die Hana Cloud von SAP unterstützt. „Dies findet nicht nur hohe Akzeptanz bei den Geräteherstellern für die Automatisierung, sondern bildet auch gleich den Brückenschlag zur IT-Welt", ist der Hilscher-Manager sicher. So sind die Hattersheimer in der Lage, den bidirektionalen Zugang von Sensoren- oder Stellantriebsdaten an die SAP-Plattform und das SAP Asset Intelligence Network über das „netIOT Edge Gateway" bereitzustellen.

„Die Produktionstechnologie kann durch die zentrale Verwaltung aller Ressourcen und der Auswertung der Daten von Automatisierungsgeräten die vorbeugende Wartung optimiert werden", erläutert S. Körte die Vorteile. „Die Gerätehersteller können gleichzeitig die Nutzung und den Betrieb ihrer Produkte im Feld überwachen und verbessern. Es können neue Geschäftsmodelle implementiert werden, beispielsweise Pay-per-Use und funktionsabhängige Abrechnungsmodelle."

Zudem ist der Zugang des SAP Asset Intelligence Network bis hinunter in das Feld möglich, was während der Montage, der Wartung und des Betriebs des Produktionssystems die automatisierte Verwaltung aller Geräte im Fertigungsprozess erlaubt. „Die Mitarbeiter der Produktion haben damit einen stetigen Zugriff auf alle relevanten Daten der einzelnen Bauteile und Maschinen", fügt der Automatisierungsspezialist an. „Die Wartungszyklen werden vereinfacht. Das lästige Suchen nach dem richtigen Ersatzteil entfällt vollständig."

Der digitale Zwilling in der Cloud

Zur Hannover-Messe 2017 zeigen SAP und Hilscher bereits konkrete Use-Cases und Projekte. Eine wichtige Rolle spielt dabei das AIN als Wertschöpfungsnetzwerk für Assets (Geräte) aus dem Shopfloor (der Produktionsumgebung). „Das Netzwerk verknüpft sämtliche Geschäftspartner und deren betriebswirtschaftlichen Prozesse und Systeme", weiß S. Körte. „Nun folgt auch die bisher noch fehlende Verbindung zur Automatisierungsebene." Diese zeigt Hilscher zusammen mit SAP, Endress+Hauser und Pepperl+Fuchs auf seinem Messestand in zwei Use-Cases, zum einen für die Fertigungs- und zum anderen für die Prozessautomation.

Die bidirektionale Kommunikation zwischen Shopfloor-Ebene und AIN übernimmt in beiden Fällen das „netIOT Edge Gateway". Das Gateway wertet als Busteilnehmer die Kommunikation des Netzwerks aus, ermittelt so die aktuelle Netztopologie und vergleicht sie mit der Soll- bzw. Referenzarchitektur im SAP Asset Intelligence Network. Jeder Netzteilnehmer hat eine eigene ID, aus der die Instanz der Komponente gebildet wird. Ist ein Bauteil noch nicht im AIN vorhanden, zum Beispiel durch einen Austausch einer Komponente durch eine ähnliche, kann das Edge-Gateway die neue Instanz direkt im AIN anlegen und bereits erste Informationen durch das Auslesen der Gerätebeschreibungsdatei hinzufügen.

Der Integrationsaufwand für den Anwender wird damit drastisch reduziert. „Im AIN werden digitale Zwillinge der Teilnehmer aus der Automatisierungsebene generiert, verwaltet und aktuell gehalten", erläutert S. Körte. Alle Änderungen in der Produktionsebene sind somit auch sofort im AIN beim digitalen Zwilling generiert. Die Instanzen werden mit den Typinformationen ergänzt, die von PLM- oder Engineering-Systemen stammen.

„Mit den Daten des digitalen Abbilds können alle Automatisierungsgeräte vom SAP Asset Intelligence Network aus auch mit aktuellen Daten versorgt werden, zum Beispiel für die Konfiguration bei einem Gerätetausch", fährt der Automatisierungsspezialist fort. „Der digitale Zwilling in der Cloud verwaltet und bildet die Daten der Automatisierungsgeräte der Fertigungsanlage exakt ab." Außerdem müssen alle relevanten Daten vollständig und aktuell bleiben, in dem das AIN die Daten ständig mit denen der realen Anlage abgleicht. Unter dieser Voraussetzung können Schwachstellen aufgespürt und die Produktionsprozesse permanent optimiert werden.

Fazit

„Mit dem Angebot der ‚netIOT' Industrial Cloud Communication ist eine wesentliche Voraussetzung für die digitale Transformation und für die Umsetzung von Industrie 4.0 geschaffen", schließt S. Körte ab. In der Cloud kann dann basierend auf den Daten die Produktionseffektivität erhöht werden. Auf Messen zeigt Hilscher konkrete Use-Cases und Projekte für die Umsetzung von Industrie 4.0.

Mit lernenden Systemen zur kognitiven Fertigung

von *Melanie Schauber, Renate Stuecka*

Unternehmen überall auf der Welt suchen kontinuierlich nach neuen Möglichkeiten, ihre Produktion zu optimieren, Kunden und Marktentwicklungen besser zu verstehen sowie die Sicherheit ihrer eigenen IT-Systeme zu verbessern. Big Data- und Analytics-Lösungen sowie kognitive Systeme bieten hierfür heute ein umfassendes Spektrum an Möglichkeiten, Produktions- und andere relevante Daten auszuwerten und neue Erkenntnisse aus ihnen zu gewinnen. Ein enormes Plus ist dabei insbesondere ihre Fähigkeit, auch auf extrem große Datenmengen aus multiplen internen wie externen Quellen zuzugreifen, sie gezielt zu analysieren und neue Einsichten daraus abzuleiten. Der Vorteil: Notwendige Maßnahmen können schneller eingeleitet werden, wenn die Ergebnisse der Analyse von Unternehmensdatenströmen und Kundeninformationen direkt mit den Produktionssystemen sowie Geschäftsprozessen in Vertrieb, Marketing und Beschaffung verbunden werden. Der Einsatz von kognitiven Fähigkeiten ermöglicht darüber hinaus die kontinuierliche Optimierung unter Einbeziehung von Erfahrungen – egal wo sie auf der Welt gemacht werden.

Von Daten zum Wissen

Die Basis für Industrie 4.0 sind Daten, die in den Produktionsprozessen gesammelt und ausgewertet werden. Der Knackpunkt bisher: Daten werden von Maschinen und in Prozessen zwar bereits seit Längerem und in großem Umfang generiert, doch sie fristen meist ein ungenutztes und isoliertes Dasein im Speicher einzelner Maschinen, bis sie von neuen Daten überschrieben werden. Es besteht also dringender Handlungsbedarf, diese Daten aus den Maschinen zu extrahieren, im Kontext der Produktion zu korrelieren, um daraus Wissen zu generieren: über potenzielle Produktionsausfälle, sich anbahnende Qualitätsprobleme, Ausschuss oder mögliche Engpässe.

Wenn die Daten von allen Maschinen im Produktionskontext mit weiteren potenziellen Einflusswerten wie Umgebungsdaten, Bestellungen, Maschinentopologien, Geodaten kombiniert werden, kann eine übergreifende Analyse auf Basis verschiedener komplexer Lernmethoden stattfinden. Ziel ist es, einerseits mehr Transparenz zu schaffen und andererseits auf Basis von Mustererkennung, Klassifikations-, Segmentierungs- und statistischen Methoden Wissen über mögliche Korrelationen zu erlangen. Ein wichtiger Aspekt dabei ist, die Analysephase möglichst nah am beobachteten Objekt durchzuführen, entweder an der Maschine oder sogar in der Maschine selbst – als Teil eines intelligenten Cyber-physischen Systems.

Genau dies ist in vielen Fabrikhallen bisher meist noch nicht möglich. Gegenwärtig führen oft alle Geräte als proprietäre Systeme ihr Eigenleben. Abhilfe schafft hier der Einsatz von Standardsoftware, mit deren Hilfe die Konfiguration auch unterschiedlicher Systeme vereinheitlicht und sämtliche Informationen für Mensch und Maschine bereitgestellt werden können.

Die bereits 2015 auf der Hannover Messe vorgestellte Industrie-4.0-Anlage der Technologie-Initiative SmartFactory[KL] zeigt, wie das funktioniert: Alle Einzelanlagen der Modellfabrik, an der sich insgesamt 17 Unternehmen beteiligt haben, können, unabhängig von Fabrikat und Standard, in jeder Kombination miteinander vernetzt arbeiten und ihre Daten für entsprechende Analysen bereitgestellt werden.

Damit rücken ganz unterschiedliche Szenarien für die Umsetzung von Industrie-4.0-Projekten in greifbare Nähe, wobei grundsätzlich in zwei Richtungen gedacht werden kann: Zum einen wird durch die nahtlose Integration der Daten vom ERP-System bis in die Fertigung und durch die Kommunikation der Fertigungsmodule untereinander die Herstellung von hochgradig individualisierten Produkten – die Losgröße 1 – möglich: Maximale Flexibilität zu Konditionen der Massenherstellung. Andererseits geht es um neue oder erweiterte Services durch die Nutzung und Auswertung von Maschinendaten. Das Stichwort hier lautet Internet of Things (IoT) oder Industrial Internet. Gleichzeitig sind diese Maschinendaten in Kombination mit den genannten klassischen Big-Data-Informationen die Basis für das, was unter dem Begriff „Cognitive Computing" den Umgang mit und den Einsatz von Informationstechnologie fundamental verändern wird.

Von Big Data & Analytics zu kognitiven Systemen

Mit dem IBM System „Watson", das im Jahr 2011 gleich zwei Allzeitmeister der US-amerikanischen Quizshow Jeopardy! besiegte, begann eine neue Ära des Cognitive Computing. Inzwischen sind Systeme wie Watson unternehmenstauglich geworden, die Nachfrage nach lernenden Systemen in der Wirtschaft steigt. Ihre Kernkompetenz liegt in der Fähigkeit, sehr schnell gewaltige strukturierte und unstrukturierte Datenmengen auf bestimmte Muster hin zu überprüfen und Hypothesen zu erstellen. Diese Systeme können darüber hinaus natürliche Sprache verstehen und sind fähig, im Dialogverfahren zusätzliche Erkenntnistiefe zu erreichen. Diese Eigenschaften machen sie als Idealtypus eines kognitiven Systems zu veritablen Assistenten für Unternehmen aus allen Branchen, die mit Hilfe der zusätzlichen Erkenntnisse ihre Position im Markt ausbauen wollen und die dabei ihr Wissen permanent vertiefen. In der Finanzbranche profitieren davon insbesondere das Investmentbanking, die Vermögensberatung oder der Handel mit Finanztiteln. Denn der spezifische Vorteil kognitiver Systeme ist ihre Fähigkeit, bei komplexen Fragestellungen einen größeren Kontext an Informationen in die Herleitung der Antwort einzubeziehen, wie etwa Analysen der aktuellen Marktlage, die konkrete Kundenhistorie oder die verfügbaren Angebote von Finanzinstituten.

Ein enormes Plus ist darüber hinaus ihre Lernfähigkeit in Kombination mit natürlicher Spracherkennung. In der Praxis bedeutet dies: Das System spricht und versteht natürliche Sprache und erklärt in verständlichen Worten, warum welche Dinge passieren oder passieren könnten. Durch den interaktiven Umgang mit den Ergebnissen können dabei immer genauere Fragen gestellt und immer detailliertere Antworten gefunden werden – das System lernt also ebenso dazu wie der Nutzer.

Dabei agieren die besten kognitiven Systeme nicht wie Suchmaschinen, deren Algorithmus auf eine bestimmte Anfrage immer wieder das gleiche Ergebnis auf Grundlage der jeweils zur Verfügung stehenden Daten liefert. Systeme wie Watson sind vielmehr in der Lage, eigenständig den Kontext von Anfragen bei der Generierung von Hypothesen einfließen zu lassen. Damit können auch komplexe Fragestellungen neu bewertet und beantwortet werden.

Im Rahmen eines Pilotprojekts bei einem der größten Landtechnik-Hersteller wurde ein erster Prototyp für ein kognitives Werkerassistenzsystem mit Hilfe von IBM Watson entwickelt.

In dem Projekt ging es um die Frage, inwieweit kognitive, lernende Systeme heute in der Lage sind, dem Werker in der Fabrik wichtige Hilfestellungen bei Wartungsarbeiten für Maschinen und Anlagen sowie Problemlösungsvorschläge bei Störungen zu bieten. Hierzu konnte IBM bereits ein anschauliches Wartungsszenario präsentieren:

Ein Werker in der Produktion meldet per Knopfdruck einen Fehler. Dieser Fehler wird nun einem freien Wartungsmitarbeiter in einer Smartphone-Anwendung zugeordnet. Indem der Wartungsmitarbeiter ein Foto von der fehlerhaften Maschine aufnimmt, erkennt Watson, um welche Maschine es sich handelt. Anschließend wird der Fehler im Dialog mit Watson diskutiert und Watson benennt Maßnahmen zur Behebung des Fehlers. Dieser Wandel vom klassischen Human Machine Interface zu einer Konversation in natürlicher Sprache über eine Smartphone-App ist ein wesentlicher Schritt hin zu einer sogenannten Cognitive Factory.

Solche kognitiven Anwendungen sind heute dank der frei zugänglichen Watson Schnittstellen schnell und einfach zu implementieren – der erste Prototyp dieses Watson Maintenance Advisors wurde in wenigen Tagen entwickelt. Inzwischen steht diese Watson-App jedem Kunden oder Partner zur Verfügung, um sie an den eigenen Bedarf anzupassen. Die Anwendung wird auf der Cloud-Plattform IBM Bluemix per Knopfdruck aktiviert und über das Hochladen von Bildern und Textdokumenten auf den eigenen Anwendungsfall trainiert.

Dem Fehler auf der Spur:
Die Rolle kognitiver Systeme in der Endmontage

Ein weiteres Einsatzszenario ist die Fahrzeugmontage in der Automobilproduktion. Hier schlägt die „Stunde der Wahrheit" meist bei der „Hochzeit" von Chassis und Karosserie. Denn auch Roboter und Maschinen arbeiten nicht immer fehlerfrei. Wenn sie Fehler machen, werden diese „Maschinen-Fehler" normalerweise in Fehlercodes erfasst. Diese Fehlercodes können allerdings in der manuellen Nachbearbeitung, beim Zusammenfügen von Chassis und Karosserie, nicht immer eindeutig zugeordnet werden. Facharbeiter und Monteure müssen oft selbst herausfinden, an welcher Stelle im hochautomatisierten Produktionsprozess welcher Fehler passiert ist und diese bei der – auch heute noch überwiegend manuellen – Endmontage beseitigen. Um das schneller und punktgenauer erledigen zu können, ist der Einsatz von Big Data & Analytics und kognitiven Systemen außerordentlich hilfreich. Sie helfen dabei, Fehler zu identifizieren, zu korrigieren und zu dokumentieren.

Bei der Endmontage treffen zudem fast immer strukturierte Daten in Form von Fehlercodes auf unstrukturierte Daten in Form von handschriftlichen Dokumentationsberichten, die im Zuge der Nachbearbeitung von den Monteuren in Prosa, also oft auch mit unterschiedlicher Wortwahl, verfasst werden. Damit entstehen Interpretationsspielräume; eine systematische Auswertung, auch im Sinne der Weitergabe von Erkenntnissen an andere Fabriken, war damit bisher kaum möglich. Ein selbstlernendes, kognitives System kann hier den Zusammenhang zwischen Fehlercodes und der Dokumentation zur Nachbearbeitung schnell und möglichst exakt herzustellen. Im konkreten Fall hat sich ein bedeutender deutscher Automobilbauer dabei für den Einsatz des IBM Watson Explorer entschieden. Das lernende System kann beispielsweise Korrelationsanalysen zwischen Fehlercodes und Dokumentationsberichten erstellen. Diese besondere Fähigkeit der Kombination semantischer und numerischer Analysen hilft, Fehler schneller zu identifizieren und damit die Qualität innerhalb der Produktionsprozesse zu verbessern sowie die zeitlich eng gesetzten Produktionsvorgaben einzuhalten.

Korrelationen erkennen und interpretieren

Diese Kombination der Auswertung von strukturierten (Fehlercodes) und unstrukturierten Daten (Berichte) durch ein kognitives System beherrscht gegenwärtig nur die Watson-Technologie. Damit wird es möglich, die Fehler und Fehlercodes eindeutig zuzuordnen und zu interpretieren, ihr Entstehen in der Prozesskette zurückzuverfolgen und die Fehler schließlich auch zu beseitigen.

Der Einsatz solch intelligenter, lernender Systeme bei der Montage von Fahrzeugen ist zweifellos ein Meilenstein für das Qualitätsmanagement. Denn die Identifikation von Fehlerursachen in den hochautomatisierten Produktionsprozessen wird maßgeblich beschleunigt und die oft sehr aufwändige manuelle Nachbearbeitung kann damit auf ein Minimum reduziert werden. Zudem sind die dadurch gewonnen Erkenntnisse sehr schnell auch auf andere Fertigungsstandorte übertragbar.

Einsatzort Security Intelligence

Während die klassische Unternehmens-IT über die vergangenen Jahre hinweg immer besser ausgestattet wurde, um auf Sicherheitsvorfälle zu reagieren, gestaltet sich die Absicherung industrieller Infrastrukturen meist sehr viel schwieriger. Mit der Umsetzung von Industrie-4.0- und Internet-of-Things-Projekten rollt daher die nächste große Welle an Sicherheitsherausforderungen auf die Unternehmen zu. Laut den Analysten von IDC werden bis zum Jahr 2020 mehr als 30 Milliarden Geräte an das „Internet of Things" (IoT) angeschlossen sein, ein guter Teil davon im Rahmen von Industrie-4.0-Projekten. Bei unzureichenden Sicherheitsmaßnahmen öffnen sie quasi die Scheunentore für bisher nicht gekannte Sicherheitsbedrohungen.

Dies gilt insbesondere dann, wenn ältere Maschinen im Spiel sind und Maschinen im Zuge von Industrie 4.0 direkt an das Internet angekoppelt werden. Laut der aktuellen Untersuchung „2015 Cost of Data Breach Study" des auf die Themen Datenschutz und Datensicherheit spezialisierten Ponemon-Instituts werden Cyber-Angriffe im Durchschnitt erst nach 242 Tagen erkannt, was zu dramatischen Folgen in der industriellen Fertigung führen kann. Denn es macht einen Riesenunterschied, ob ein E-Mail-Server für vier Stunden nicht mehr arbeitet oder ob das System der Fahrzeugschlüssel-Codierung ausfällt, was sehr schnell zu Produktionsproblemen in der Fertigung führt. Oder der Lackierroboter manipuliert wird, der als Folge zu dünne Lackschichten aufträgt, was wiederum noch Jahre später zu Rückrufen führen kann. Hinzu kommt: Moderne Angriffe sind komplex, verschlüsselt, verschachtelt, nutzen „legitime" Kommunikationswege und sind sozusagen minimal invasiv.

Die Umsetzung von Industrie-4.0-Konzepten verlangt daher eine neue Sicherheitsstrategie, die mehrere Schritte umfasst:

1. Harmonisierung klassischer und industrieller Sicherheitsmaßnahmen,
2. kontinuierliches Sicherheits-Monitoring auch in Kontroll- und Prozessnetzen, sowie
3. Risikoanalysen und Forensik in Echtzeit.

Auch hierbei ergeben sich enorme Vorteile durch den Einsatz intelligenter, mit kognitiven Fähigkeiten ausgestatteter Analysetools. Solche Analytics-basierten Sicherheitslösungen, auch bekannt unter dem Begriff SIEM (Sicherheitsinformations- und Ereignismanagement), überwachen und identifizieren verdächtige Aktivitäten und fassen Einzelereignisse – die für sich genommen nicht immer bedrohlich sein müssen – zu nachvollziehbaren Angriffsketten zusammen. Die dafür notwendigen Informationen holen sie sich aus einer Vielzahl von Quellen, Systemen und anderen Sicherheitslösungen, die im Unternehmen aktiv sind. Sie identifizieren interne und externe Angriffe sowie Betrugsversuche und liefern Risikovorhersagen. Damit können in den meisten Fällen Attacken erkannt und abgewendet werden noch bevor sie Schaden anrichten.

Fazit: Die Einsatzbereiche von analytischen und kognitiven Systemen sind so vielfältig wie die Fragestellungen, die in den Unternehmen täglich gelöst werden müssen. Sie werden damit zu wertvollen Assistenten für die Vorbereitung von Entscheidungen, die Diagnose von Problemen und deren Beseitigung. Sie können und werden aber niemals die menschliche Entscheidung ersetzen.

Connected Logistics – Optimierung der Wertschöpfungskette

von *Markus Rosemann*

Logistik: hochrelevant für Industrie 4.0

Die vierte industrielle Revolution hat ihren Auslöser in der Ausbreitung des Internets der Dinge. Aber ist dies ausschließlich ein Thema für die Produktion in Form der „Smart Factory" und „Cyber-Physikalischen Produktionssystemen"? Oder wirken nicht auch andere Unternehmens- und Wirtschaftsbereiche als Beschleuniger dieser Entwicklung, zum Beispiel die Logistik? Schon im Oktober 2012 weisen die Umsetzungsempfehlungen für Industrie 4.0 im Abschlussbericht des Arbeitskreises Industrie 4.0, Forschungsunion Wirtschaft und Wissenschaft darauf hin: *„Vor allem im Handel und in der Logistik gibt es längst ‚intelligente' und vernetzte Objekte (etwa mittels RFID-Technologie). Zunehmend wird dabei das digitale Produktgedächtnis der Objekte auch für die Prozessoptimierung genutzt, etwa beim Warenfluss".* Mit dem Konzept der Industrie 4.0 verbindet sich somit eine ganzheitliche Idee. Sie kombiniert Produktdesign, Produktion, Logistik und Vermarktung und koppelt sie durch den *„konsequenten Einsatz der Informationstechnik miteinander".* Der Anwendungsfall ist dabei die sich selbst organisierende, adaptive Logistik, die in Echtzeit steuerbare Wertschöpfungsnetze schafft. Welche Herausforderungen und Potenziale ergeben sich dabei für Unternehmen, die immer größerer Komplexität und stetig steigenden Kundenerwartungen begegnen müssen?

Neue Herausforderungen für die Logistik – und altbekannte

Die logistischen Kernaufgaben lassen sich als das Management von Prozessen rund um die Warenverteilung umreißen. Das gilt sowohl für die Herstellung von Gütern im Rahmen der Produktionsversorgung mit Rohmaterialien als auch von Endprodukten in den Handel und zum Endverbraucher. Das Ziel ist dabei, den Kundenservice mit den Kosten für die Lieferung in Balance zu halten, um schnell, effizient und letztlich auch nachhaltig zu agieren. Dies erfordert die Koordination und Orchestrierung über die gesamte Wertschöpfungskette hinweg, betrifft also Hersteller genauso wie Verlader, Spediteure, unterschiedliche Verkehrsträger, den Handel und die eingesetzten Ressourcen. Diese „klassische" Aufgabe der Logistik liegt dabei vor allem in der Kosteneffizienz: Je nach Branche machen die Logistikkosten bis zu 13 % des Umsatzes aus. Die größten Kostenblöcke entfallen dabei auf Transport- und Lagerkosten – und das in zunehmendem Umfang. Produktivitätssteigerung ist also ein „Muss" für die Branche, um mit der Entwicklung Schritt zu halten. Dabei sinkt die Leistungsfähigkeit der Logistik sogar, denn die Produktivitätszuwächse werden durch die steigende Komplexität überkompensiert. Die Fokussierung auf die Kosteneffizienz reicht nicht mehr aus, um die logistischen Aufgaben zu bewältigen. Eine Reihe von Trends führt zu Veränderungen und lässt die Komplexität der Abläufe dramatisch zunehmen. Eine Studie des BVL (*Embracing Global Logistics Complexity to Drive Market Advantage, 2013, www.bvl.de*) nennt neben dem Kostendruck vor allem steigende Kundenerwartungen, die immer weitergehende Vernetzung der Unternehmen, die Globalisierung und letztlich eine deutlich gestiegene Volatilität des Geschäftsumfelds. Sie sind die maßgeblichen Gründe dafür, dass die Performance der Logistik nachlässt. Die Urbanisierung und die damit einhergehende Be- und Überlastung der Infrastruktur vor allem im Bereich der innerstädtischen Versorgung stellt eine weitere Herausforderung dar.

Die Kundenerwartungen sind dabei heute um ein vielfaches höher; Verbraucher und Firmenkunden erwarten eine Lieferung ihrer Waren „nach Wunsch" – mit hoher Flexibilität und am liebsten kundenspezifisch. Die immer stärkere Individualisierung bis hin zum individuellen „Customizing" der Produkte führt zu kleineren Losgrößen. Sie verstärken die Komplexität der fragmentierten Supply Chains. Der stark wachsende E-Commerce im Handel, aber auch im Großhandel, im Konsumgüterbereich und auch im B2B-Geschäft schrauben die Erwartungen weiter in die Höhe.

Ein Online-Einkauf ist einfach – ganz anders die korrekte Lieferung der Ware, die zuverlässig, günstig, in hoher Qualität, flexibel und letztlich auch noch nachhaltig und umweltschonend erfolgen soll, so der Kundenanspruch. Dieser Anspruch an die Warendistribution führt zu einer veränderten Funktion der Logistik in der gesamten Wertschöpfungskette – einer Funktion, die über die traditionellen Aufgaben des Versands und der Abwicklung von Lager- und Transportdienstleistungen hinausgeht. Logistikdienstleister können und müssen heute Aufgaben übernehmen, die traditionell in der Hand von Herstellern oder dem Handel lagen. Nur so kann sich die Logistik größere Anteile der Wertschöpfungskette sichern. Die sich ändernde Struktur der Logistik bietet Unternehmen auch die Chance, sich über logistische Leistung zu differenzieren und spezifische Services anzubieten. Dies können Aufgaben in der Produktion, aber auch in der Beratung ihrer Kunden sein. In der Delphi-Studie *Delivering Tomorrow – Customer Needs in 2020 and Beyond* der Deutschen Post AG (Hrsg.) wird festgestellt, dass „Logistikfirmen nicht mehr allein *Carrier* sind, sondern ihr Aufgabenspektrum in der Value Chain ausweiten, in Forschung und Entwicklung investieren sowie industrielle Fertigung, Wartung und andere Aufgaben übernehmen. Wichtig wird dabei vor allem die adaptive Steuerung der Logistik, um sich neuen Bedingungen anzupassen und in der jeweiligen Situation adäquat zu agieren. So ergibt sich auch ein Gegentrend zum verstärkten Outsourcing in der Logistik: Immer mehr Unternehmen führen logistische Leistungen wieder selbst durch, um der wachsenden Komplexität Herr zu werden – so stellen es die Branchenanalysten SCM World in ihrer Studie *The Chief Supply Chain Officer Report 2014* fest.

Chancen für die Logistik durch Industrie 4.0

Wesentliche Lösungsansätze zur Bewältigung der Komplexität und ihrer Nutzung für die Differenzierung im Wettbewerb sind die erhöhte Transparenz von verteilten Prozessen und Materialbeständen in der Supply Chain sowie die zunehmende Automatisierung von logistischen Abläufen. Durch die zunehmende Vernetzung von Produktion, Logistik, Dienstleistungen, Engineering und dem digitalen Produktgedächtnis wird es nun möglich, Materialfluss und Datenfluss zu synchronisieren. Die Chance für Logistik entsteht dabei durch den Bezug von massenhaft vorhandenen Daten von Sensoren, aus Telematiksystemen oder von RFID-getaggten Produkten auf den Kontext von Geschäftsprozessen. Erst dadurch wird es möglich, den Materialfluss zu vereinfachen und zu priorisieren. Die Anwendungsfälle für GPS-getaggte und sensorüberwachte Container und LKWs sind dabei breit gefächert[1]:

- *Sendungsverfolgung:* Über die Nutzung der GPS-Einsatzmöglichkeiten im LKW können Fuhrparkbetreiber autorisierten Partnern aktuelle Tracking-Informationen zur derzeitigen Position oder der erwarteten Ankunftszeit der Sendung mitteilen.

---

[1] vgl. auch: *http://www.clresearch.com/research/detail.cfm?guid=E2541ADB-3048-79ED-9921-B519A1C5676E*

- *Routenoptimierung:* Lokationsinformationen können mit weiteren Daten kombiniert werden – wie etwa zu Verkehrslage, Transitzeiten oder neuen Aufträgen, um eine kontinuierliche Routenoptimierung in Echtzeit zu ermöglichen.
- *Stauvermeidung:* Eine intelligente Infrastruktur für Häfen, Zulieferfahrzeuge oder intermodale Rangierbahnhöfe kann die Verfügbarkeit von Ladehilfsmitteln und die Terminierung der Abholung optimieren, Fahrzeuge leiten und die Durchlaufzeiten beschleunigen. So lassen sich Staus rund um Häfen, Bahnverladestationen oder anderen Engpässen reduzieren.
- *Sicherheit:* Sensoren können Alarmmeldungen generieren, wenn verplombte Container oder Fahrzeugtüren unerwartet geöffnet werden. Außerdem können LKWs überwacht werden und ebenfalls Warnungen senden, sobald sie einen definierten Korridor um eine vorgegebene Route verlassen.
- *Wartung:* LKWs können vorhersagen, wenn Teile ersetzt werden sollten oder Wartung erfordern. Ebenso lässt sich das Fahrverhalten kontrollieren und anpassen, um Stress und Verschleiß zu reduzieren.
- *Betriebssicherheit:* Manche Betriebssicherheitsanwendungen im Kontext des Internet of Things sind so etabliert wie etwa Antiblockiersysteme oder Kollisionswarnsysteme. Auch für die Betriebssicherheit lässt sich das Fahrverhalten überwachen. Geschwindigkeitsübertretungen, abruptes Bremsen oder unökonomische Fahrweise lassen sich wirksam vermeiden.
- *Spritsparen:* Es gibt eine Reihe von Anwendungsfällen, die Verbrauchsreduktion ermöglichen. Durch die oben genannten Fälle lassen sich i. d. R. auch effizientere Verbrauchswerte erzielen – durch Vermeidung suboptimaler Fahrweisen, Reduzierung von Wartezeiten, Überwachung des Fahrzeugzustands oder Optimierung von Schaltzeitpunkten.
- *Dezentralisierung von Entscheidungsgewalt durch lokale Intelligenz:* Unabhängigkeit von permanenter Vernetzung und Erreichbarkeit, aber auch die Verlagerung der Steuerung an den Ort des Geschehens.

Relevant ist dabei die Verknüpfung von Fahrzeug und Auftragsdaten. Ein einfaches Beispiel aus der Lebensmittellogistik: Ein durch Sensoren überwachter und vernetzter Kühlcontainer sendet im Falle von Abweichungen der Temperatur vom Sollwert nicht nur Alarmmeldungen zur Unterbrechung der Kühlkette. Vielmehr kann direkt ein Bezug zum betroffenen Kundenauftrag und den entsprechenden Materialien hergestellt werden. Damit besteht nun die Möglichkeit, die tatsächliche Auswirkung auf den Geschäftsprozess zu analysieren und entsprechend aufzulösen – etwa durch alternative Disposition, durch Veränderung der Qualitätseinstufung oder Mindesthaltbarkeit der Produkte und letztlich durch Information des Kunden. Auf diese Weise lassen sich Echtzeitdaten für die Steuerung von Geschäftsprozessen verwenden. Durch die Kombination der Informationen zur Lokation, Zustand und anderen physischen Bedingungen mit den Informationen zum Kunden, Warenempfänger, Terminen, den zu liefernden Produkten und den vertraglichen Rahmenbedingungen, wie sie im Transportauftrag, Kundenauftrag oder der Bestellung hinterlegt sind, ergeben sich völlig neue Möglichkeiten für effizientere und letztlich effektivere Distributionslogistik. So werden In-Transit-Bestände verfolgbar und Handelsunternehmen erhalten eine vollständige *Bestandskontrolle* über die durchgängige Transparenz der Artikel – von der Fabrik bis hin zum Point-of-Sale.

Eine weitere Chance für die Verbesserung logistischer Abläufe durch Industrie 4.0 ergibt sich durch die zunehmende Automatisierung und die Nutzung neuer Technologien für Produktivitätssteigerungen. Dabei ist aufgrund der sich rapide verändernden Kundenanforderungen und der Volatilität der Nachfrage vor allem eine höhere Anpassungsfähigkeit erforderlich. Während viele Läger hochautomatisiert mit fest verbauter Fördertechnik betrieben werden und entsprechend starre Abläufe erfordern, ermöglicht etwa der Einsatz von intelligenten Kommissionierrobotern oder die Verwendung von Datenbrillen zur Steuerung zusätzlicher Aktivitäten der Lagerarbeiter eine viel größere Flexibilität. Auch hier ist die Durchgängigkeit der Geschäftsprozesse wieder entscheidend: Durch die Verbindung von Materialfluss und Kontextinformation wird die Transparenz für alle Beteiligten erhöht, der Gesamtprozess adaptiv steuerbar und letztlich auch effektiver durchgeführt.

Umsetzung im Internet aller Dinge

Mit dem Internet der Dinge und der Anwendung im Rahmen der Industrie 4.0 steigt die Menge der Daten, die von vernetzten Geräten und Maschinen geliefert werden, exponentiell an. So werden nach heutiger Schätzung etwa der Investmentbank Morgan Stanley bis zum Jahr 2020 ganze 75 Milliarden Geräte mit dem Internet verbunden und 2,5 Milliarden Menschen in sozialen Netzwerken aktiv sein. Die immer intelligenteren Einheiten führen zu vielen dezentraleren Prozessen – ein Kernelement des Industrie-4.0-Konzepts. Die Echtzeit-Daten und Informationen aus den Cyber-Physikalischen Systemen lassen sich aber nur dann zur Entscheidungsfindung und -unterstützung im Rahmen von Geschäftsprozessen nutzen, wenn sie in den relevanten Businesskontext gebracht werden. Erst dann sind sie für Analyse, Simulation und letztlich der Ausführung der angemessenen Reaktion nutzbar. Dazu bedarf es einer Plattform, die Massendaten mit den Geschäftsdokumenten und -prozessen verknüpft und damit sowohl zugänglich als auch verständlich macht. Erst dieser Erkenntnisgewinn, die Identifizierung von Trends und das Herausfiltern von relevanten Informationen liefern den Mehrwert von Produktivitätssteigerung und verbessertem Kundenservice. SAP bietet daher eine Plattform für die Integration des Internet of Things und entsprechende Applikationen an, um die Big-Data-Mengen in Geschäftsprozessen nutzen zu können.

SAP Connected Logistics sind Anwendungen für Transportmanagement, Lagerverwaltung und Track & Trace im Logistiknetzwerk auf Basis der Supply-Chain-Execution-Plattform. Sie ermöglichen die Nutzung von Big Data für logistische Anwendungen in der Industrie 4.0. *Connected* Logistics ist dabei auf verschiedenen Ebenen zu verstehen: verknüpft mit den Geschäftsprozessen der klassischen SAP-Lösungen, vernetzt mit der Wertschöpfungskette, die hier eher ein logistisches Netzwerk darstellt, und verbunden mit den Geräten und Maschinen im Internet der Dinge. Für die Lagerverwaltung wären das die Automatisierung und Validierung von Prozessen durch Handhelds wie etwa Funkscanner für Barcodes oder RFID-Tags, Spracherkennung, Augmented Reality für Datenbrillen bei der Kommissionierung oder bei der Erbringung von logistischen Zusatzleistungen sowie die direkte Verbindung von Businessapplikationen zur Automatisierungstechnik als Materialflussrechner oder zu Manufacturing-Execution-Systemen (MES). Im Rahmen der Transportabwicklung ermöglicht *Connected Logistics* die Transparenz zum Status von Sendungen und Ladungen, die aktuell durchgeführt werden. Außerdem erlaubt es die planerische Anpassung des Prozesses sowie eine entsprechende Kommunikation mit dem Fahrer zur sofortigen Umsetzung der Änderungen. Im Logistiknetzwerk wird es damit möglich, Prozesse über ihren gesamten Lebenszyklus zu verfolgen, Ausnahmesituationen entsprechend zeitnah aufzuzeigen und zu bearbeiten, bevor sie kritisch werden.

Wie die intelligente Steuerung von Logistikprozessen in der Realität durch Industrie 4.0 ermöglicht wird und welche Optimierungspotenziale realisiert werden, zeigt das Beispiel der

Implementierung von *Connected Logistics,* speziell hier mit *SAP Networked Logistics Hub* im Hamburger Hafen. Als wichtigster deutscher Seehafen und zweitgrößter Hafen Europas stellt Hamburg einen wichtigen Knotenpunkt im globalen Logistiknetz dar. Betrieben von der Hamburg Port Authority (HPA), der Hamburger Hafengesellschaft, werden mehr als 145 Millionen Tonnen Waren im Jahr umgeschlagen; von Autos bis zu Kaffee und Containern. Da der Hamburger Hafen seine Infrastruktur aufgrund seiner Lage nicht im erforderlichen Maße erweitern kann, ist eine intelligente und vernetzte Steuerung der Warenflüsse notwendig, um den gestiegenen Bedarf an Handelsvolumen zu bewältigen. Ermöglicht wird dies durch den Einsatz von Connected Logistics auf Basis der *SAP HANA Cloud Platform*, mittels derer die HPA Verkehrsdaten, lokale Sensorwerte, Daten von Speditionen, Depot- und Chassisvermietern sowie Parkplatzbetreibern konsolidieren und allen Beteiligten im Hafen in Form einer Cloud-Lösung in Echtzeit zur Verfügung stellen kann. Das Ergebnis ist ein konsolidiertes Bild der Gesamtsituation zum Verkehrsaufkommen im und rund um den Hafen, das eine effizientere Frachtabwicklung ermöglicht. Durch die gestiegene Effizienz in der Abwicklung erweitert sich die Kapazität des Hafens. Damit erweitert sich auch die Möglichkeit, mehr Güter für mehr Kunden umzuschlagen. Das schlägt sich nicht zuletzt in den Kennzahlen nieder: Verdopplung des Frachtaufkommens, höherer Durchsatz für die Speditionen sowie verringerte Wartezeiten für LKWs am Hafen.

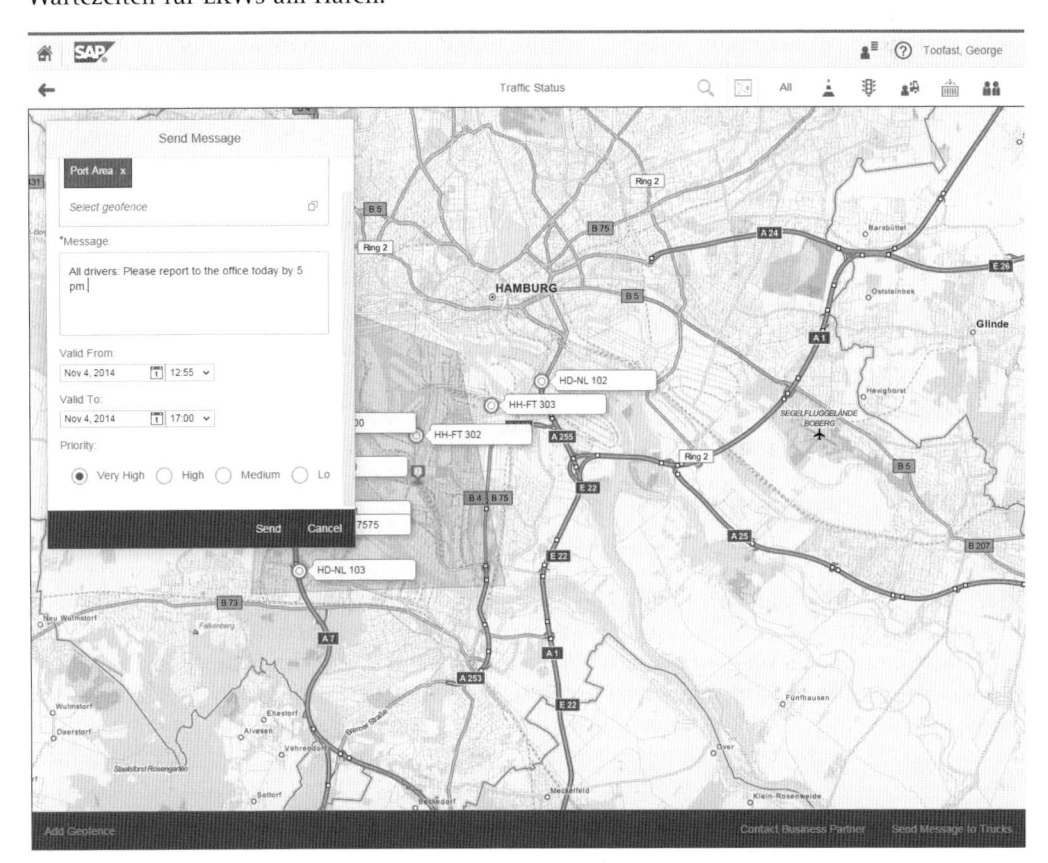

Bild 1 Verkehrssituation am Hamburger Hafen im SAP Networked Logistics Hub

Aber auch für andere Bereiche der Logistik ergeben sich Potenziale durch die Verknüpfung von Waren- und Informationsfluss, etwa im Einzelhandel und in der Handelslogistik. So ermöglicht der Einsatz von RFIDs der spanischen Bekleidungskette Zara die Verfolgung von Beständen vom Hersteller bis zum Point-of-Sale durch ein durchgängiges, mikroprozessorbasiertes Taggingsystem. Zara verspricht sich von „Fast Fashion" eine schnellere Supply Chain sowie einen verbesserten Kundenservice. So kann bei gestiegener Nachfrage nach einer speziellen Größe oder einem bestimmten Modell in einer Filiale schnell der Bestand in Nachbarfilialen aufgefüllt werden, um die Verkaufszahlen zu maximieren (vgl. Sarah Morris, Reuters, 2014). Insbesondere mit immer kürzeren Produktlebenszyklen und steigender Frequenz von neuen Kollektionen ist die *Realtime*-Fähigkeit der Handelslogistik ein zentrales Mandat für einen erfolgreichen Retailer. Mit *SAP Connected Retail* werden zudem neue Szenarien im Einzelhandel erschlossen, die ein automatisiertes Merchandising ermöglichen wie etwa *Smart Vending*, automatisierte Regale und Kühltheken sowie das Auffüllen smarter Kühlschränke, die den tatsächlichen Bedarf und Bestand melden.

Fazit

Die Synchronisierung von Informations- und Warenflüssen durch die Geschäftsanwendungen der Industrie 4.0 erschließt große Potenziale für Produktivitätssteigerungen in der Logistik. Aufgrund der stetig steigenden Komplexität logistischer Netzwerke besteht gerade hierin ein Ausweg, Unternehmen Differenzierungsmöglichkeiten aufzuzeigen und Kundenerwartungen nicht nur zu bedienen, sondern sogar zu übertreffen und gleichzeitig durch Automatisierung Effizienzgewinne zu erzielen. Schon heute sind viele Szenarien bereits realisiert; der Übergang zur Industrie 4.0 ist demnach keine Revolution sondern eine schrittweise Transformation in ein Internet aller Dinge – für Business.

Quellen und weiterführende Informationen

http://www.sap.com/iot

http://www.sap.com/scm

SAP Solution Explorer: *https://solutionexplorer.sap.com/solexp/ui/vlm/default/vlm/default-lob-99/default-bpr-259*

Delivering Tomorrow, Customer Needs in 2020 and Beyond. A Global Delphi Study. Deutsche Post AG (Hrsg.) 2009. *http://www.dpdhl.com/content/dam/dpdhl/logistik_populaer/trends/delphi-studie_deutsch.pdf*

Embracing Global Logistics Complexity to Drive Market Advantage, 2013, *www.bvl.de*

Sarah Morris, Zara's tagging system means even faster fashion, Reuters, 15.7.2014, *http://uk.reuters.com/article/2014/07/15/uk-inditex-zara-idUKKBN0FK1NJ20140715*

The Chief Supply Chain Officer Report 2014. Pulse of the Profession. SCM World (Hrsg.), 2014

MES als Dreh- und Angelpunkt für Industrie 4.0

von *Ronald Heinze*

Mit der Rolle von Manufacturing Execution Systems (MES) als Dreh- und Angelpunkt für Industrie 4.0 setzt sich eine Expertenrunde auseinander, welche die führenden Verbände für dieses Thema – MES D.A.CH Verband, VDI, VDMA und ZVEI – repräsentiert.

Bild 1 Podiumsdiskussion mit Dr. Kym Watson, Dr. Martina Weidner, Dr. Marcus Adams und Marcus Niebecker (v.l.n.r.) – moderiert von der Redaktion des Digital Factory Journal

Digitalisierung und digitale Transformation sind allgegenwärtig. Datenaustausch findet überall statt, alles wird vernetzt. Die klassische Automatisierungspyramide soll keine Rolle mehr spielen. Werden MES-Lösungen in einem solchen Szenario noch benötigt? „MES wird es sicher weiterhin geben", ist Martina Weidner überzeugt. „Aber sie werden eine neue Rolle einnehmen." MES beschreibt künftig nicht mehr eine monolithische Anwendung mit definierten Funktionen und Merkmalen, sondern wird für die Aufgabe stehen, über die Grenzen von Funktionsbereichen, Prozessen, Anwendungen und technischen Systemen hinaus vernetzt die Durchführung von Fertigung und Montage sicherzustellen – auf Basis der Vorgaben aus Engineering und Planung und unter Nutzung moderner Kommunikations- und Integrationsmethoden und -technologien.

MES werden die Orchestrierung des Gesamtprozesses übernehmen, ausführungsnah, als Koordinator zwischen den verschiedenen Bereichen, Systemen und Technologien, die für die Produktion wichtig sind und deren Ablauf beeinflussen. „Eine große Herausforderung ist das Umdenken in den Köpfen", setzt die SAP-Expertin fort. OT/IT-Konvergenz ist weitaus mehr als technische Schnittstellen oder die maschinennahe Bereitstellung betriebswirtschaftlicher Funktionen.

Paradigmenwechsel bei MES

MES sind mehr denn je notwendig, denn die Produktion wird zukünftig – auch im Zusammenhang mit Industrie 4.0 – dadurch charakterisiert sein, dass sehr viel mehr Daten entstehen und zugeordnet werden müssen", ist Dr. Marcus Adams überzeugt. „Es wird ein wesentlicher Vorteil für die Unternehmen sein, aus den gewonnenen, auch zunächst unspezifizierten Daten z. B. Erkenntnisse zu gewinnen, die Rückschlüsse auf die Qualität der Produkte zulassen. Das gilt für beliebige Zeitpunkte, auch deutlich nach der Erhebung." Das Bewusstsein für die Wichtigkeit von Produktionsdaten und deren Erfassung und Sammlung ist inzwischen erheblich gestiegen. „Produzierende Unternehmen haben das Interesse, diesen Datenschatz zu heben", fügt der ZVEI-Mann an.

„Der Paradigmenwechsel besteht darin, dass MES nicht mehr nur als rein operative Systeme an der „Tag-Heute-Linie" gesehen werden, die Informationen bereitstellen und aufnehmen", meint dazu Marcus Niebecker. „Die Entwicklung geht weg von starren Systemen und hin zu Systemen zur Datenerfassung, die Daten als Dienstleister bereitstellen und ihnen sozusagen ein Zuhause geben – auch für die sogenannten Verwaltungsschalen." Mit der Einbindung in ein MES können Industriekomponenten wie Kompressoren zu Industrie-4.0-Komponenten werden. „Die Daten, die der Kompressor liefert, müssen so aufbereitet und bereitgestellt werden, dass jegliche anderen Systeme auf diese Daten zugreifen und sie weiterverarbeiten können", setzt er fort. „MES-Lösungen bekommen eine zum Teil andere Bedeutung: mehr in Richtung ‚Jobs behind' – also außerhalb der eigentlichen Fertigung."

„Die Kernaufgaben von MES werden sicher in der Fertigungstechnik bleiben", betont Dr. Kym Watson. „Neben der reinen Steuerung der Abläufe wird es ein Qualitätsmanagement und ein Management der Betriebsmittel geben, in dem Industrie-4.0-Funktionalitäten angesiedelt sind. Das ist nicht mehr so einfach zuordenbar wie in der Vergangenheit, da gleiche Daten in mehreren Verwaltungsschalen oder auf mehreren Ebenen der Automatisierungspyramide benötigt werden."

Doch wie können MES-Lösungen auch zu neuen Geschäftsmodellen beitragen? „Ein wichtiger Punkt ist, Daten nicht nur einfach zu sammeln und anzuhäufen, sondern die gesammelten Daten zu interpretieren", antwortet M. Niebecker. „Dazu müssen die MES-Lösungen lernen, aus Rückschlüssen Vorschläge zu entwickeln – ein erster Schritt zur Optimierung. Daten müssen immer in Korrelation zu anderen Daten gestellt werden, um den Gesamtprozess zu optimieren." Bisher werden die Daten auf der Automatisierungsebene und unabhängig davon auf der MES-Ebene erfasst. „Diese Daten werden aber kaum in Bezug zueinander gesetzt", setzt M. Niebecker fort. „Eine Herausforderung ist es, diese Daten miteinander zu korrelieren, um die Produktion in ihrer Gesamtheit zu erfassen und Abläufe zu verbessern."

MES als wichtiger Baustein für datenorientierte Geschäftsmodelle

„Wenn wir über neue Geschäftsmodelle sprechen, dann reden wir doch vor Allem über Markt, Marketing und Vertrieb als treibende und die Marschrichtung bestimmende Kräfte – auch wenn die Produktion das nicht so gerne hört", betont M. Weidner. Als Beispiel nennt sie Kaeser Kompressoren, die nun „nicht mehr Maschinen, sondern die Zusicherung verkaufen, dass komprimierte Luft zur Verfügung steht." Bezahlt wird für Kubikmeter komprimierter Luft – ein neues Geschäftsmodell. „Losgöße 1 ist im Maschinenbau keinesfalls neu", berichtet sie weiter. „Interessanter ist da schon die zunehmende Variantenvielfalt in der Massenproduktion und – damit einhergehend – immer kleinere Losgrößen bis hin zur Losgröße 1." Argumente aus der Produktion, dass „erstmal die SPS umprogrammiert werden muss, können zukünftig nicht mehr akzeptiert werden." Flexibilität und schnelle Reaktionsfähigkeit sind gefordert. „Sämtliche Einstellungen und Konfigurationen – die Rezeptur der Fertigung – müssen weitestgehend parallel zum laufenden Betrieb vorbereitet und ausgetestet werden können", erklärt die SAP-Expertin. Vor Allem die Eliminierung von Business Logik aus der Automatisierung sowie eine umfassende vertikale und horizontale Integration auf Basis offener Systeme und Kommunikationsstandards werden die Flexibilisierung der Produktion maßgeblich fördern. „Nur so kann die Produktion neuen Geschäftsmodellen hinsichtlich Reaktionsfähigkeit und Wirtschaftlichkeit standhalten", schließt sie an.

Für Dr. M. Adams ist wichtig, dass die anfallenden Daten nicht nur weiterverarbeitet, sondern auch in die Produktion zurückgeführt werden: „Wenn der Regelkreis geschlossen ist und Störgrößen mit einbezogen werden, gibt es die Chance, dass die Planung eine neue Qualität erhält und sich dynamisch an die Gegebenheiten anpasst." Neue Geschäftsmodelle ergeben sich z. B. auch, wenn Stromverbraucher und Energieversorger zusammengeschlossen werden, um eine bessere Balance hinsichtlich Netzauslastung zu erreichen. Voraussetzung dafür ist die Dynamisierung der Produktion und der Planung. „Die meisten Geschäftsmodelle sind datenorientiert, daher sind ja MES dafür bestens geeignet", bestätigt Dr. K. Watson. „Aber eine wichtige Forderung aus dem Industrie-4.0-Kontext ist die Flexibilisierung der gesamten Abläufe, inklusive der Planung. Ein MES muss flexibel anpassbar sein, sonst wird es zum Engpass."

Standardisierte Herangehensweise

Industrie 4.0 funktioniert nicht ohne Datenaustausch und dieser muss standardisiert sein. Für M. Weidner ist Standardisierung nicht einfach nur ein notwendiges Übel: Offene Standards sind eine Grundvoraussetzung. „Echter Mehrwert entsteht erst, wenn der Anwender mit den Daten frei arbeiten kann", betont sie. „Standards wie OPC UA sollen die Kommunikation in der Fertigung vereinfachen." „Wir haben es bis heute nicht geschafft, auf allen Ebenen der Automatisierung eine tatsächliche Durchgängigkeit der Daten zu bieten", unterstreicht Dr. M. Adams. „Die Chance, die Industrie 4.0 hier bietet, ist das Belassen der Komplexität einer Komponente innerhalb der Verwaltungsschale und das Herausgeben der Informationen nach außen, die für angrenzende und umgebende Systeme tatsächlich wichtig sind." Er schließt an: „Da sehen wir uns als AG MES innerhalb des ZVEI in der Pflicht und haben uns dieser Aufgabe gestellt." Derzeit werden z. B. Verwaltungsschalen für MES-Komponenten als virtuelle Objekte entwickelt. In einem zweiten Schritt wird dafür gesorgt, dass für die Daten, die dort entstehen, ein eindeutiger, unternehmensweit verwendbarer Schlüssel zur Verfügung steht – für Dr. M. Adams ein Gewinn an Durchgängigkeit und Flexibilität.

Dr. K. Watson erinnert an das Problem der Semantik und nennt weitere Standards wie AutomationML für das Engineering: „Die Ingenieure müssen von den Anstrengungen der IT-Fachleute hinsichtlich der Semantik profitieren können. Die Verarbeitung und Abbildung von Informationen – auch von einem Modell auf das andere – ist eine wichtige Aufgabe, die gelöst werden muss."

M. Niebecker verweist auf die momentanen Schwierigkeiten der Anbindung von MES an Maschinen und Anlagen: „Wir als MES-Anbieter erleben in der Praxis, dass wir permanent Maschinen und Anlagen anbinden müssen. Das können klassische Einzelmaschinen sein, aber auch ganze Produktionsanlagen. Mittlerweile wird ein Paradoxon sichtbar, dass man sich bei einer komplexen Produktionsanlage einfacher mit Daten versorgen kann, als bei einer einfachen Werkzeugmaschine." Die klassische Werkzeugmaschine hat in der Regel nur eine unzureichende Kommunikationsfähigkeit. Es muss viel Energie aufgebracht werden, um relevante Daten aus diesen Maschinen zu bekommen. „Produktionsnahe IT und Instandhaltung schreiben gemeinsam in einem Kraftakt eigene Programmbausteine für ihre Steuerungen oder es müssen die jeweiligen Kommunikations-Komponenten der Maschinenhersteller genutzt werden", schließt er an. „Dabei wird klar, dass ein Umdenken erforderlich ist." Industrie 4.0 ist eine Chance, um einen Standard zu etablieren, der erheblich zur Vereinfachung der Kommunikation auf allen Ebenen und zwischen allen Ebenen beiträgt. Ein erster wichtiger Schritt ist die Etablierung von OPC UA, um relevante Daten austauschen zu können. SAP engagiert sich in der OPC Foundation, aber auch der Einfluss von SAP hat Grenzen. „Der Druck muss vom Kunden kommen", so M. Weidner. „Die Anwender müssen lernen, ihre Anforderungen an die Kommunikationsfähigkeit der Automatisierung anders zu formulieren. Bei der Anschaffung einer Maschine muss vor Bestellung klar sein, welche Art der Anbindungen und des Datenaustauschs benötigt werden. Das ist vor Allem eine Frage der Planung der Produktion und der Abläufe in einer Fabrik." „Wir Hersteller können nur Voraussetzungen schaffen und auf die Vorteile von OPC UA verweisen", pflichtet Dr. M. Adams dem bei. „OPC UA legt keine Datenstrukturen fest, sondern ist offen. Wir werden daher branchenspezifische Profile entwickeln und spezifizieren und dafür entsprechende Standards aufbauen müssen." So wird es die Aufgabe von Verwaltungsschalen sein, dass MES-Komponenten einfacher untereinander Informationen austauschen können. Diese Profile werden laut Dr. M. Adams nicht nur die Protokolle beschreiben, sondern auch die Eigenschaften von Funktionen und die Semantik der Daten. Vergleichbar ist das mit der Situation vor 15 bis 20 Jahren, wo sich die Maschinenbauer über spezielle Schnittstellen von Steuerungen an Feldbusse anschließen mussten. Allerdings werden jetzt nicht nur physische Objekte, wie ein Antrieb, sondern auch virtuelle Objekte, die die Funktionen einer Maschine oder Anlage beschreiben, eingeschlossen.

Für Dr. K. Watson spielt neben OPC UA auch AutomationML eine wichtige Rolle: „Beide Standards müssen möglichst effizient zusammenarbeiten." Wichtig ist es, ein Schnittstellenchaos wie in den 1980er- und 1990er-Jahren zu verhindern.

Ohne Cloud kein MES?

„Cloud-Lösungen sind nicht zwingend, da immer die spezifischen Anforderungen der jeweiligen Produktion berücksichtigt werden müssen", betont M. Weidner. „Bei hochautomatisierten, sehr kurz getakteten Montagelinien wird z. B. eine Steuerung aus der Cloud heraus nicht funktionieren." Latenzzeiten von 50 ms für eine Strecke sind selbst bei guten Netzwerken üblich. Laut M. Weidner müssen einige MES-Funktionen im Werk bleiben, allein um einen ausfallsicheren Betrieb zu garantieren. „Für die Speicherung von vielen Daten, z. B. zu Analysezwecken, stellt die Cloud das ideale Medium dar", schließt die SAP-Spezialistin an. „In einer Produktion mit sehr vielen manuellen Produktionsschritten kann die Cloud-Lösung ebenso sinnvoll sein. ‚Alles in die Cloud!' ist kein Paradigma, man muss von Anwendungsfall zu Anwendungsfall entscheiden, wo eine Cloud-Anbindung Sinn ergibt."

„Die Frage nach der Cloud wird in der Praxis oft von der lokalen IT-Abteilung gestellt, da diese dann keine Hardware und Services bereitstellen muss", ergänzt M. Niebecker. „Die Frage bleibt: Sind die Daten in der Cloud gemeint oder die Funktionen – Software as a Services oder Data as a Services?" Aufgrund der günstigen Speicherkapazität in der Cloud und der aufwendigen Reorganisation der Hardwarestruktur in den Unternehmen tendiert er dazu, die Cloud zur Datenspeicherung zu nutzen. Es bleibt aber trotzdem eine Einzelfallentscheidung: Daten z. B. für die Echtzeitalarmierung bleiben beim Anwender, unkritische Daten für Langzeitanalysen können in der Cloud abgelegt werden. Die Proxia-MES-Lösung weiß etwa nicht nur, welche Daten sie erfasst hat, sondern auch den Ort der Speicherung. „Der Bediener kann sich seine Daten jederzeit zurückholen und ihm kann es letztendlich egal sein, ob die Daten lokal oder in der Cloud gespeichert sind", so M. Niebecker. „Auch ein Mischbetrieb ist möglich." Dr. M. Adams bestätigt dies: „Es ist wichtig, das für sich richtige Konzept zu finden. Ein Automobilhersteller wird sicher keine sicherheitsrelevanten Daten in der Cloud ablegen, denn es geht nicht nur um die Sicherheit der Cloud, sondern auch um die Sicherheit der Wege dorthin. Themen wie Big Data, also das reine Sammeln vieler, eher unkritischer Daten, lassen sich aber in der Cloud abbilden."

Sicherheit an erster Stelle

„Wenn die Produktion meint, dass ihre Daten lokal besonders sicher seien, ist das ein Trugschluss", warnt M. Weidmann. „Denn wenn jemand an sie heran will, wird er einen Weg finden." Die Produktion könne von der Business IT lernen, in der es seit vielen Jahren sichere, gehostete System gibt. Mit den in der Cloud für Analysezwecke gespeicherten Daten könne in der Regel auch nur der Daten-Eigentümer etwas anfangen, da nur er ihre Herkunft und ihren geschäftlichen Zusammenhang kennt. „Die Diskussion über Sicherheit ist sicherlich berechtigt, aber sie darf nicht dazu dienen, neue Konzepte pauschal zu verteufeln", setzt die SAP-Spezialistin fort. „Mit vier oder fünf Datenpunkten kann niemand Rückschlüsse auf einen Prozess oder ein Produkt und das Design führen."

„Einige Clouds sind sicherer als vorhandene IT-Umgebungen", bestätigt M. Niebecker. Zur Sicherheit gehört seiner Meinung nach auch, das Unternehmen zu bewerten, welches die Daten hosten soll. „Sicherheit ist nicht nur die Tür, die ich abschließe, und das Fenster, das ich verriegele. Was passiert, wenn mir der Grund, auf dem mein Haus steht, auf einmal nicht mehr gehört?", beschreibt er den Rahmen. Auch müssen die Nutzungsrechte der Daten geklärt sein. M. Weidner spricht sich ebenfalls dafür aus, dies vernünftig zu hinterfragen und zu regeln: „SAP bietet entsprechende Cloud-Landschaften an, ist aber nur der Treuhänder der Daten, nicht der Eigentümer. Des Weiteren können unsere Kunden mit uns vertraglich vereinbaren, dass ihre Daten nur auf Servern in Deutschland gehalten werden. Es ist nicht so, dass jeder beliebig auf Daten in einer Cloud zugreifen kann."

„Wir IT-Unternehmen tun unser Bestes – auch im Hinblick auf Sicherheit und Verschlüsselung", schließt der PSI-Geschäftsführer Dr. M. Adams an. „Man darf aber nicht vergessen: Die Cloud ist ein Konzept, das auf unterschiedliche Orte und Systeme in der Welt zugreift und aufbaut. Jede Verschlüsselungstechnik ist entschlüsselbar. Jedes Unternehmen muss sich überlegen, wie es seine Cloud gestaltet. Das fängt bei der Kommunikation zur Cloud an und hört beim Speicherplatz nicht auf. Die Cloud als solche braucht man nicht in Frage stellen, man muss sich immer überlegen, was man damit macht."

Industrie-4.0-Beispiele aus der Praxis

„Wir haben mehrere Forschungs- und Kundenprojekte, in denen wir Unternehmen dahingehend beraten, wie sie ihre Industrie-4.0-Roadmap auf den Weg bringen können", berichtet Dr. K. Watson. Für ihn sind Smart Factory Web, die Vernetzung von Fabriken zur Realisierung einer flexiblen Fertigung und die Mensch-Maschine-Interaktion spannende Themen, bei denen MES zum Einsatz kommen.

Dr. M. Adams nennt als Projekt die „Einbeziehung der Energie in die Produktionsplanung", welches PSI zusammen mit Partnern bearbeitet: „Hier geht es zunächst darum, Potenziale zu ermitteln, z. B. welche Industrien in Frage kommen. Wir fangen mit energieintensiven Unternehmen aus der Aluminium- und Stahl-Branche oder der Petrochemie an." Für diese Unternehmen wird die Frage, wann was bei welchem Energieangebot produziert wird, immer wichtiger.

„Wir haben mit unserem Kunden Festo für die automatisierte Montage ein Konzept aufgesetzt, bei dem im Umfeld hochvarianter Produkte und für eine Auftragslosgöße von 1 unser MES die komplette Orchestrierung nach dem Prinzip „Built-as-Designed" übernimmt – u. a. die Montagereihenfolge in Abhängigkeit von der Materialverfügbarkeit, die Bereitstellung aus dem MES von variantenabhängigen Parametern für jede einzelne Stations-SPS zum Zeitpunkt der Ausführung oder die Workflow-Steuerung innerhalb der Montagelinie auf Basis von Qualitätsentscheidungen", weiß M. Weidner aus ihrer praktischen Erfahrung. In einem vergleichbaren Szenario auf einer Beckhoff-XTS-Linie wurde dabei eine Zykluszeit im Bereich des synchronen Service-Call von unter 40 ms realisiert. Ein gutes Beispiel für den Nutzen von Industrie 4.0, Flexibilisierung und MES.

Die Teilnehmer der Expertenrunde

Dr. Martina Weidner, Senior Solution Advisor Manufacturing im Kompetenzcenter Industrie 4.0 und IoT der Deutschen Landesgesellschaft von SAP, Mitarbeit im VDMA-AK MES.

Dr. Kym Watson vom Fraunhofer-Institut IOSB, Karlsruhe, stellvertretender Leiter der Abteilung Informationsmanagement und Leittechnik, der auch Aktivitäten im Bereich Industrie 4.0 betreut und das Smart Factory Web, ein Testbed des Industrial Internet Consortiums (IIC), leitet.

Dr. Marcus Adams, Geschäftsführer der PSI Mines & Roads GmbH, die sich mit Leitsystemen für die Produktion befasst, und Vorsitzender der Arbeitsgemeinschaft MES im ZVEI sowie Sekretär des CENELEC-Komitees TC65x, das sich mit IT-Standardisierungs-Themen in der Automatisierung beschäftigt.

Marcus Niebecker, Produktmanager bei der Proxia Software AG, Mitglied im MES D.A.CH Verband.

Entwicklungstrends bei Manufacturing Execution Systems (MES)

von *Dr.-Ing. Olaf Sauer*

Funktionen produktionsnaher IT- oder Manufacturing Execution Systeme sind und bleiben auch in der Industrie 4.0 unverzichtbar. Dieser Beitrag zeigt schlaglichtartig einige Entwicklungsrichtungen auf.

Es zeichnet sich ab, dass sich die bisherigen Ebenen der bekannten Automatisierungspyramide auflösen [1] und ein neues Informationsmodell für die Industrie 4.0 erforderlich wird. Dafür sind verschiedene Basistechnologien verantwortlich. Internet der Dinge, Cyber-Physical-Systems und eingebettete Systeme haben die konsequente Durchdringung aller Ebenen der bisherigen Automatisierungspyramide mit Internet-Technologien und zugehörigen Standards zur Folge. Immer intelligentere Geräte mit eigenen Kapazitäten zur Kommunikation und Datenverarbeitung sorgen dafür, dass einige MES-Funktionen, z. B. die Berechnung von Kennzahlen, auf die Geräteebene verlagert werden können. IP-Fähigkeiten auf eingebetteten Systemen machen einfache Geräte nun zu Knoten im Internet, die sich selbst vernetzen und mit anderen Teilnehmern kommunizieren und Daten austauschen. Auch Big Data und Hauptspeicherdatenbanken gehören zu diesen Basistechnologien: Auf der bisherigen ERP-Ebene existieren Bestrebungen, direkt auf Online-Daten aus Fertigungsprozessen zuzugreifen, diese zu verarbeiten und daraus geschäftsrelevante Informationen zu generieren. In-Memory-Datenbanken leisten dieser Entwicklung insofern Vorschub, als dass sie die geforderte Geschwindigkeit zur Verarbeitung großer Datenmengen bieten. Weiterhin ist die IP-basierte Kommunikation zu nennen: Echtzeit-Ethernet als industrielle Kommunikation ermöglicht die Fortsetzung des in den Bürobereichen ohnehin verwendeten Ethernet bis in die Feldebene und schafft damit erstmals eine durchgängige physikalische Kommunikationsstruktur. Echtzeit-Ethernet sorgt für flexiblen und durchgängigen Datenaustausch.

Serviceorientierung

Die bisher eher monolithisch anmutenden MES wandeln sich hin zu Service-orientierten Architekturen. Neue Anbieter produktionsnaher IT-Systeme am Markt entwickeln ihre Werkzeuge direkt nach dem Paradigma der Serviceorientierung. Dabei lassen sich grob die folgenden Architekturkomponenten unterscheiden:

- APPs: Applikationen mit eigener Benutzeroberfläche, aber keiner oder nur sehr eingeschränkter eigener Datenhaltung, die auf mobilen Endgeräten genutzt werden können. Beispiele für produktionsnahe APPs sind KPI-APPs zur Visualisierung von Kennzahlen wie Verfügbarkeit oder OEE oder Gantt-Chart-APPs zur Visualisierung von Auftragsreihenfolgen als Ergebnis einer Fertigungsfeinplanung.
- MES-Services: Unter einem Service verstehen wir im folgenden eine Einheit mit einer konkreten Funktion und eindeutigen Ein- und Ausgangsparametern [2]. Einzelne Funktionen können als Services bereitgestellt werden oder Services fassen mehrere Funktionen zusammen.

- Manufacturing Service Bus: Über diesen Bus kommunizieren die Services untereinander. Dieser Service Bus ist eine der Kernkomponenten der zukünftigen Service-orientierten Architektur und dient als Integrationsebene, um das Zusammenspiel der Services zu realisieren. Auch in den heutigen MES existieren diese Komponenten schon, allerdings zugeschnitten auf den jeweiligen Hersteller. Service-Busse, mit denen sich MES-Services unterschiedlicher Softwareanbieter verbinden können, gibt es noch nicht.
- Integrationsservices: Diese Services werden zwingend benötigt, um die Verbindung zwischen MES-Service und den Maschinen, Anlagen und anderen Einrichtungen der Fabrik zu schaffen.

Cloud Computing

Der grundsätzliche Ansatz von Cloud Computing liegt darin, dass Rechenleistung, IKT-Systeme und ihre Funktionalitäten nicht beim Anwender lokal installiert sind, sondern aus einem externen Rechenzentrum nach Bedarf bezogen werden. Kombiniert mit dem oben beschriebenen Trend der Serviceorientierung ergibt sich eine beispielhafte Grobarchitektur, wie sie in Bild 1 dargestellt ist.

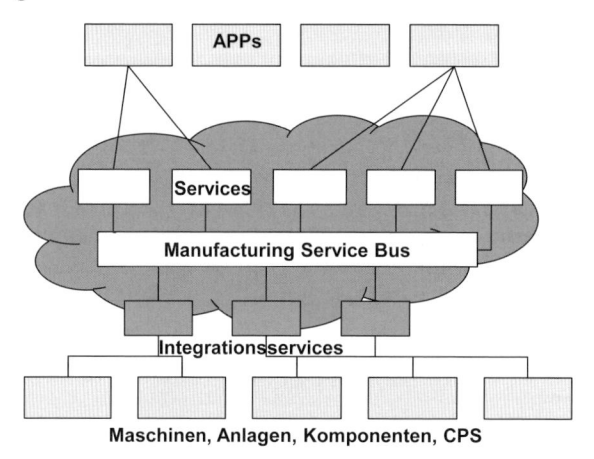

Bild 1 Beispiel für eine zukünftige MES-Architektur

Interoperabilität und Plug-and-Work-Fähigkeit

Industrie 4.0 propagiert die Vision der flexiblen, adaptiven Produktion. Intelligente Komponenten „kennen" ihre Fähigkeiten und „wissen", in welche Anlagen sie eingebaut werden können. Gegebenenfalls ändern sie Konfigurationseinstellungen selbstständig, um sich an die Fertigungsaufgabe und auch an die Anlage, in die sie eingebaut werden, anpassen zu können. Voraussetzungen für diese Adaptivität sind unter anderem:

- Standardisierte Kommunikation vom eingebetteten System bis ins MES: Dazu wurde bereits der Nachweis erbracht, dass OPC-UA über eine sehr hohe funktionale Skalierungsfähigkeit verfügt, so dass es mit nur 15 kByte Speicherbedarf auch in kleinste eingebettete Systeme integriert werden kann [3].

- Standardisierte Selbstbeschreibung der Fähigkeiten der Geräte: Dazu werden Eigenschaften und Fähigkeiten direkt auf den Geräten gespeichert. Parallel zur physischen Integration stehen sie damit über eine Schnittstelle direkt in der Steuerung zur Verfügung. Die Gerätehersteller ermitteln vorab die hierzu benötigten Informationen und hinterlegen sie auf den Bauteilen, und zwar in einer standardisierten Beschreibung, die von der Maschinensteuerung oder einem überlagerten MES ausgelesen und korrekt interpretiert werden kann. Eine Möglichkeit solcher einheitlicher Beschreibungen ist AutomationML. Um die Begriffe der Selbstbeschreibung zu standardisieren, hat der VDI die Richtlinie 5600, Blatt 3, erarbeitet [4]. Dort sind die Inhalte von Datenpunkten beschrieben, die zwischen Steuerung und überlagerten MES ausgetauscht werden. Einen Standard schafft hierfür auch die neue Initiative „Universal Machine Connectivity for MES" (UMCM) des MES-D.A.CH.-Verbands.
- Sicherheit (Security), z. B. in dem Sinne, dass keine unberechtigten Teilnehmer oder Geräte in die Produktionsanlage eingebaut werden. Dabei sind Sicherheitsmechanismen, wie Authentifizierung und Autorisierung (Rechteverwaltung), in die Architektur produktionsnaher IKT von vornherein zu integrieren: Über die Werkzeuge und Entwicklungsumgebungen, die beispielsweise AutomationML-kompatible Objekte erzeugen können, wird sichergestellt, dass sensible Daten im frühestmöglichen Stadium gegen Angriffe durch Abhören und Modifikation geschützt werden können.

Condition Monitoring und MES verschmelzen

Die Produktivität eines Produktionssystems wird maßgeblich durch die produzierte Menge von i.O.-Teilen und die Verfügbarkeit von Produktionsanlagen bestimmt. Um die Verfügbarkeit zu verbessern, rücken neue Strategien zur Wartung und Instandhaltung von Anlagen unterstützt durch Condition Monitoring in den Fokus des Interesses. Statt einfacher korrektiver Instandhaltung geht der Trend hin zu Systemen, die vorausschauend bereits Wartungs- und weitere Handlungsvorschläge unterbreiten (Bild 2).

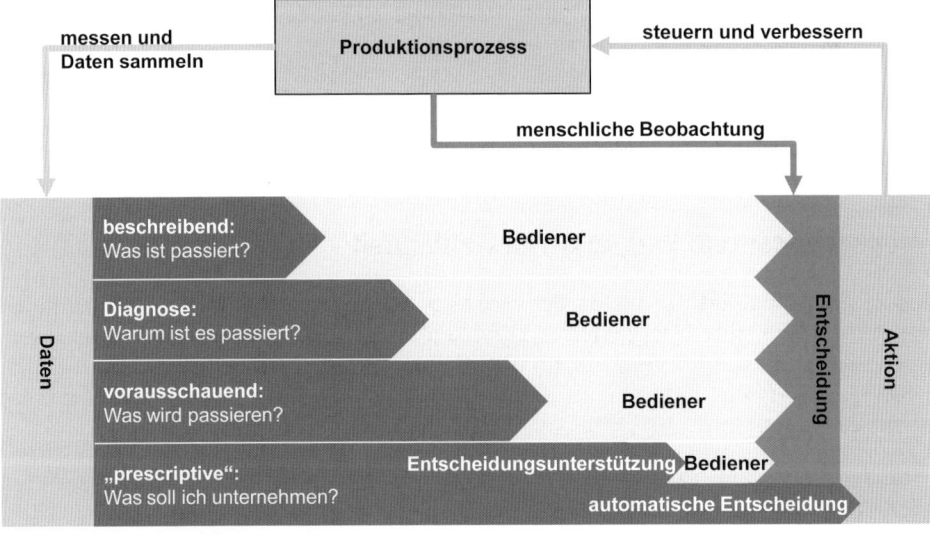

Bild 2 Von korrektiver Wartung zu „Prescriptive Maintenance" [5]

Auf Basis der heute ohnehin vorhandenen Funktion der Maschinendatenerfassung ist davon auszugehen, dass MES zukünftig zustandsüberwachende Funktionen, Diagnosefunktionen und entscheidungsunterstützende Funktionen anbieten, so dass Maschinenbediener die Verfügbarkeit von Maschinen und Anlagen schnell und gezielt aufrecht erhalten können.

Software-basierte Dienstleistungen nehmen zu

MES-Anbietern eröffnen sich mit der durch Industrie 4.0 ausgelösten Entwicklung neue Chancen, ihr Know-how auf andere Anwendungsfelder auszudehnen: Rund um die Produktion und ihre Ausrüster werden datenbasierte Dienstleistungen zunehmen, z. B. Fernwartung, Verfügbarkeitsgarantien, Mobile Clients zum Zugriff auf Maschinendaten, Konnektoren für bestimmte Maschinentypen etc. Viele MES-Anbieter verfügen über langjährige Erfahrungen, mit denen sie die Ausrüster von Produktionssystemen dabei unterstützen können, solche softwarebasierten Dienstleistungen zu spezifizieren und zu implementieren.

Neue Technologien zur Interaktion von Mensch und Maschine

Statt Bildschirm, Tastatur und Maus werden in Zukunft (auch) Gesteninteraktion, Spracherkennung und weitere neue Technologien in der Fabrik eingesetzt und damit heutige Fixpunkte in der Fertigung aufgelöst, die z. B. durch Terminals zum Rückmelden von Arbeitsgängen, zur Meldung von Qualitätsergebnissen oder zur Anzeige von Maschinenzuständen gegeben sind. Damit werden intuitive Mensch-Maschine-Schnittstellen geschaffen, die trotzdem für das raue industrielle Umfeld geeignet sind. Durch den Technologie-Push aus der Consumer-Elektronik stehen jetzt günstige Sensoren und Geräte zur Interaktion zur Verfügung, die auch in der Fabrik der Zukunft eingesetzt werden. Jüngstes Beispiel ist die Google-Brille, die es erlaubt, Maschinenzustände, Arbeitsgänge oder Verfahrensanweisungen direkt in die Brille zu projizieren.

Literatur

[1] Vogel-Heuser, B.; Kegel, G.; Bender, K.; Wucherer, K.: Global information architecture for industrial automation. atp 1-2.2009, S. 108-115

[2] Bauernhansl, Th. (Hrsg.): Virtual Fort Knox. Abschlussbericht, Stuttgart: Juni 2013

[3] Imtiaz, J.; Jasperneite, J.: Scalability of OPC-UA Down to the Chip Level Enables "Internet of Things", 11th International IEEE Conference on Industrial Informatics, Bochum, Germany, 2013

[4] VDI 5600, Blatt 3: Fertigungsmanagementsysteme (MES): Logische Schnittstelle zur Maschinen- und Anlagensteuerung. Berlin: Beuth-Verlag, Juli 2013

[5] Linden, A.: Big Data: Alles Hype! Oder Nicht? Gartner45 Webinar vom 28.11.2013

Das Engineering der Dinge

von *Johanna Kiesel*

Das Thema Industrie 4.0 ist mittlerweile weltweit etabliert: Von der deutschen „Plattform Industrie 4.0" über das chinesische „Made in China 2025" bis zum „Industrial Internet Consortium" in den USA; angekommen in den Unternehmen ist es aber nur punktuell. Zwar erkennen immer mehr von ihnen die Chancen digitaler, vernetzter Produktionsprozesse, doch viele haben noch reichlich Klärungsbedarf, auch bei der Frage, welche Konsequenzen sich für das Engineering ergeben.

Das Internet der Dinge (IoT) sorgt für einen Rollenwandel bei Anlagenplanern und -betreibern. In der künftigen Industrie-4.0-Realität haben sie es mit autonomen, lernenden Geräten und Komponenten zu tun. Übergeordnete, anweisende Instanzen? Zentrale Steuerungen, die Informationen abfragen, verarbeiten und weitergeben? Das wird zumindest teilweise Geschichte sein, wenn Maschinen und Produkte selbstständig miteinander agieren.

Damit geben Anlagenbetreiber Verantwortung aus der Hand. Und Entwickler bekommen sie dazu. Sie müssen autarke Systeme entwerfen, die flexibel auf sich ändernde Situationen reagieren und eigenständig kommunizieren. Das erfordert Mechanismen, die das „Handeln" einer Fertigungsstation sicher und verlässlich machen, aber ohne zu starke Reglementierung. Denn es ist unmöglich, alle künftigen Situationen aller beteiligten (selbst autarken) Komponenten vorherzusehen. Leitsysteme werden zu Analysetools. Ihre Effektivität hängt davon ab, wie gut sie eingehende Informationen in Beziehung zu den richtigen Geräten und Funktionen setzen und interpretieren.

Anforderungen aus zwei Welten

Zum einen müssen sich also Anlage und Analysesystem verstehen, zum Beispiel für Predictive Maintenance (PdM). Zum anderen sind die Anforderungen an das Engineering von Geräten enorm erhöht, vor allem von frei beweglichen: Die Planung intelligenterer Teilkomponenten mit immer mehr Sensorik und Aktorik stellt höchste Ansprüche an das Daten- und Änderungsmanagement. Da Komponenten sich hierarchisch zu kommunizierenden „Organismen" zusammensetzen, ist es zudem unerlässlich, sie funktionsorientiert in größeren Zusammenhängen engineeren zu können.

Durchgängig vernetzt

„Grundsätzlich gilt: Nur wirklich durchgängiges, vernetztes Engineering mit möglichst wenig Systembrüchen kann den kommenden Anforderungen gerecht werden. Ganzheitliche, digitale Maschinen- und Anlagenmodelle, die über den gesamten Lebenszyklus hinweg System- und Disziplin-übergreifend Daten zur Verfügung stellen, sind unerlässlich", sagt Reinhard Knapp, Leiter der Strategieentwicklung bei der Aucotec AG. Das Unternehmen entwickelt seit über 30 Jahren CAE-Software und hat mit digitalen Anlagenmodellen mehr Erfahrung als die meisten Anbieter. Bereits vor gut zwölf Jahren begann dort die Geschichte eines der ersten datenbankbasierten, funktionsorientierten und interdisziplinären Systeme, der Plattform Engineering Base (EB). Sie ist heute in verschiedenen Industrien zu Hause und verknüpft Planungsprozesse in der Bordnetzentwicklung von Serienfahrzeugen ebenso wie beim Bau von Satelliten, Sondermaschinen, Energieversorgungsnetzen oder Chemie- und anderen Großanlagen.

„Über eine zentrale Datenhaltung hinaus muss das Engineering sehr spezielle Aufgaben lösen, die Industrie 4.0 stellt", weiß R. Knapp. Zum Beispiel die Individualisierung der Produkte und Produktion („Losgröße 1") unter Bedingungen der Serienfertigung, vernetzte Produktionsprozesse mit zentraler Überwachung sowie den Umgang mit manuell nicht zu bewältigenden Datenmengen („Big Data"), etwa aus der Kommunikation zwischen Maschinen und Produkten oder IT-Anwendungen wie PdM.

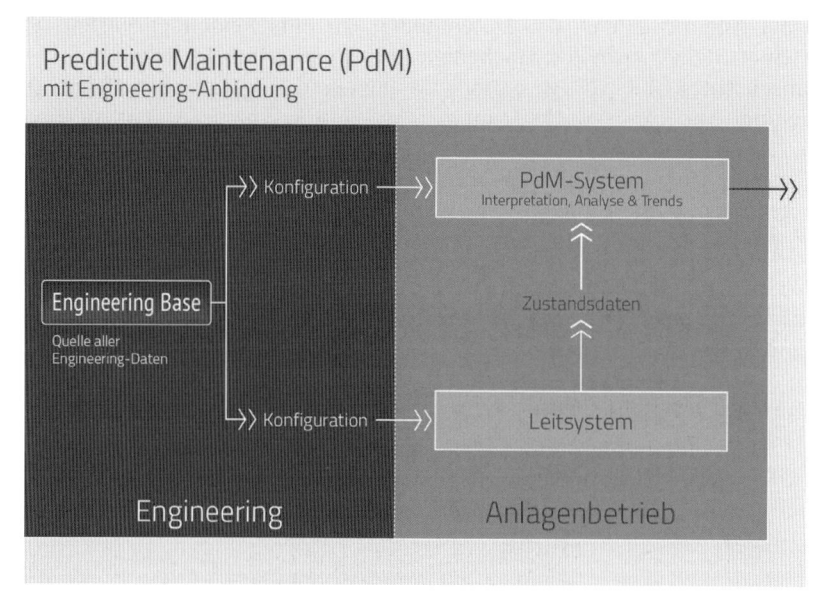

Bild 1 Predictive Maintenance (PdM) mit Engineering-Anbindung

Losgröße 1

Für das Engineering ist Losgröße 1 schon lange ein Thema. „Im Anlagenbau gleicht kaum eine Anlage der anderen. Und natürlich haben ihre Planer den Anspruch, diese Individualität so effizient wie möglich, also zu Serienfertigungs-Bedingungen, zu erreichen", erklärt der Leiter der Strategieentwicklung. Maschinenbauern geht es genauso. Sie wollen und müssen individuelle Kundenwünsche mit höchstmöglicher Standardisierung erfüllen. „Je mehr Industrie 4.0 in den Anlagen steckt, desto notwendiger wird Standardisierung, denn die Komplexität erhöht sich enorm. Die lässt sich nur mit durchdachter Modularität und praxisgerechten, effizient handhabbaren Baukästen bewältigen", so R. Knapp.

Mit den Lösungen in EB, das als einziges CAE-System auf jahrzehntelangen Erfahrungen sowohl im Anlagen- als auch Maschinenbau basiert, lässt sich die nach oben quasi unbegrenzte Komponentenvielfalt von Anlagen ebenso einfach zusammenstellen wie sämtliche Varianten einer Maschinen-Maximalausstattung (150-%-Ansatz). Konsistent und schnell entstehen maßgeschneiderte Produkte mit Losgröße 1. Wiederverwendbare, funktionsorientierte Vorlagen („Typicals") machen dabei den effizienzbringenden Standardisierungsaspekt aus. Ihre Menge bleibt dank eines einzigartigen, zentral verwalteten Varianten- und Optionen-Managements selbst für Industrie-4.0-Verhältnisse übersichtlich.

Vernetzt arbeiten, zentral ändern

Jeder Engineering-Schritt jedes Bearbeiters wird in der zentralen Datenbank der Engineering-Plattform hinterlegt und ist sofort in allen Dokumentationssichten, wie Explorer, Grafik oder Tabelle, präsent. Nachtragen, Mehrfacheingaben und damit vielfache Fehlerquellen entfallen.

Vor allem bei Änderungen ist das Datenmodell ein entscheidender Vorteil: Sie werden zentral an einer Stelle erarbeitet, erscheinen aber unmittelbar in jeder der oft vielfachen Repräsentanzen eines Objekts. „So entfällt die langwierige Suche nach Objekt-Duplikaten. Das beschleunigt Änderungsvorgänge immens", erklärt R. Knapp. Außerdem sorge ein ausgeklügeltes Änderungsmanagement für ihre einfache Verfolgbarkeit und Nachvollziehbarkeit durch die gesamte Dokumentationskette. „Das allgegenwärtige Risiko, Folgeänderungen zu vergessen, Revisionsstände zu verwechseln oder neue Status ungeprüft zu lassen, kann man damit getrost vergessen", sagt der Engineering-Stratege.

So bleibt IoT-gerechtes, vernetztes Arbeiten konsistent und übersichtlich. Alle Beteiligten haben stets den aktuellen Stand einer Anlage vor Augen, und bei Nutzung des Web Communication Servers von EB gilt dies, egal wo und wie ein Nutzer zugreift.

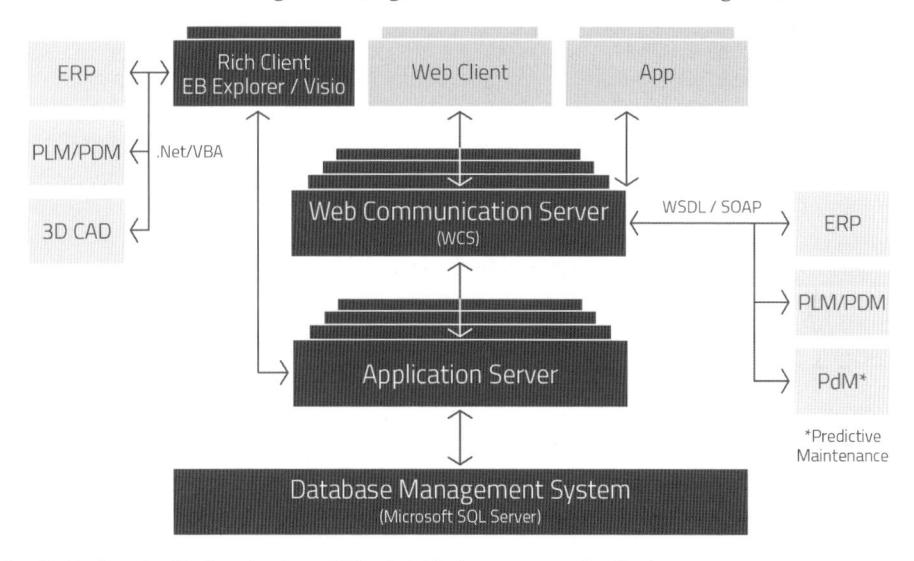

Bild 2 Architektur der Engineering Base (EB) mit Anbindung externer Applikationen

Keine Grenzen für „Big Data"

Als weiteres „Markenzeichen" von Industrie 4.0 gelten gigantische Datenmengen, die nicht nur aus der Anlagen-Komplexität erwachsen, sondern auch aus kommunizierenden Maschinen und Produkten oder aus Zustandsanalysen für die Wartung. EBs Antwort darauf ist zum einen eine Architektur mit im Prinzip unendlich erweiterbarer Datenbank, zum anderen eine Offenheit, die nicht nur die eigenen Engineering-Daten, sondern auch heterogene, ans Engineering angeschlossene Informationen einbetten oder per Hyperlink zur Verfügung stellen kann. Schlichtes Archivieren von Daten war gestern. Hier werden Big Data keine Grenzen gesetzt – und Big-Data-Applikationen müssen nicht mehr händisch „gefüttert" werden.

Vorausschauende Wartung – kein Hexenwerk

Wie sich bei der Konfiguration von PdM-Lösungen durch die Anbindung des Engineering-Systems viel Zeit sparen und Fehler verhindern lassen, konnte bereits gezeigt werden. Dazu versorgt EB als zentrale Quelle sowohl PdM als auch das Leitsystem mit allen relevanten Daten. Die enge Anbindung ist nur möglich, weil EB abstrakte Objekte abbilden kann, zum Beispiel untergeordnete Messgrößen, die in Stromlaufplänen oder P&ID gar nicht auftauchen.

Um aus Anlagen-Livedaten optimierte Wartungsintervalle zu errechnen und drohende Ausfälle melden zu können, muss das PdM zunächst verstehen, dass der Wert x zu Signal y zum Beispiel einen bestimmten Druck an einem bestimmten Sensor bedeutet und nicht etwa eine Temperatur. „Mit der Aucotec-Lösung erhält das PdM sein Engineering-Wissen direkt aus EB. Bislang mussten diese Informationen über mühselig zu füllende Listen und diverse Interfaces eingelesen werden – für häufig 50 000 und mehr Leitsystemsignale ein erheblicher Aufwand", erklärt R. Knapp.

Datenqualität zahlt sich aus

Damit bietet die Plattform eine übergreifende Effizienz, die deutlich mehr Aspekte des Lebenszyklus von Maschinen und Anlagen berücksichtigt als herkömmliche CAE-Systeme. Als Ursprung aller Anlagendaten und als Quelle auch für nachgelagerte Prozesse wie PdM zahlt sich das Investieren in Datenqualität gleich mehrfach aus – im Zeitalter von Industrie 4.0 notwendiger denn je!

3 Standardisierung

Olaf Graeser
Industrie 4.0 erfordert digitale Richtlinien

Inge Hübner
Referenzarchitekturmodell Industrie 4.0 (RAMI 4.0)

Roland Heidel, Udo Döbrich
Industrie 4.0, RAMI 4.0 und Industrie-4.0-Komponente:
Ohne Normung geht es nicht

Stefan Hoppe
Der Schlüssel für Industrie 4.0:
Semantische Interoperabilität vom Sensor bis in die Cloud

Ronald Heinze
eCl@ss – Produktdatenstandard für die Industrie-4.0-Ontologie

Prof. Dr.-Ing. Arndt Lüder, Nicole Schmidt
Herstellerunabhängiger Austausch von Entwurfsdaten für Steuerungssysteme
mittels AutomationML

Industrie 4.0 erfordert digitale Richtlinien

von *Olaf Graeser*

Die Digitalisierung von Komponenten, Maschinen, Anlagen und Fabriken eröffnet neue Möglichkeiten. Ihre digitale Beschreibung kann beispielsweise herangezogen werden, um den Bauartnachweis und die EG-Konformitätsbewertung zu optimieren. Das reduziert nicht nur den Arbeitsaufwand, sondern zeigt frühzeitig Probleme auf, die vor der Herstellung des Produkts behoben werden können.

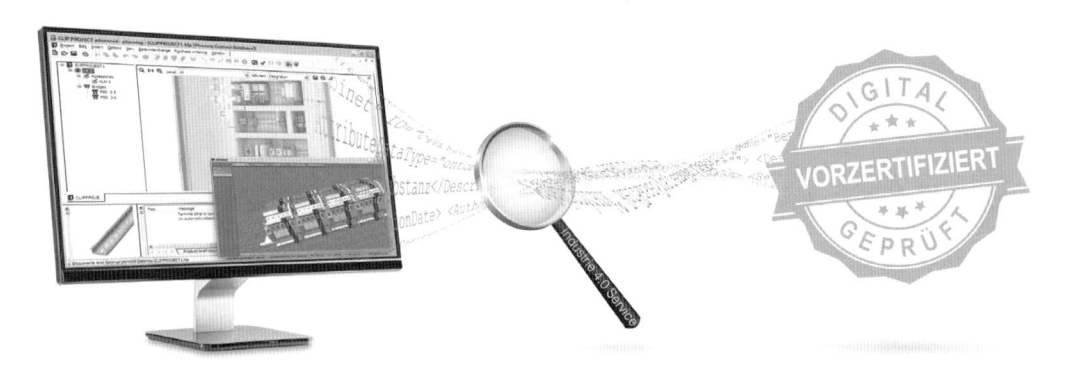

Bild 1 Digitale Modelle können anhand digitaler Normen auf ihre Normkonformität geprüft werden.

Das Zukunftsprojekt Industrie 4.0 beschäftigt sich mit vielen Handlungsfeldern. In allen Bereichen kommunizieren unterschiedliche intelligente technische Systeme miteinander, die den Ebenen der klassischen Automatisierungspyramide und darüber hinausgehenden Schichten zugeordnet werden können. In diesem Zusammenhang wird von der Digitalisierung der Wirtschaft gesprochen. Zur Erreichung dieses Ziels sind Industriekomponenten, Fertigungsanlagen und sogar ganze Fabriken digital zu beschreiben. Das gilt auch für die Produkte, die in den digitalen Fabriken produziert werden. Die standardisierten, digitalen und teilweise sehr komplexen Modelle der Dinge (im Sinne des Internet of Things) tragen dazu bei, dass die intelligenten technischen Systeme der Industrie 4.0 selbstständig Entscheidungen treffen, Fertigungspläne generieren und den Menschen zum richtigen Zeitpunkt die Informationen zur Verfügung stellen können, die für die zu verrichtende Tätigkeit notwendig sind. Darüber hinaus entstehen neue Möglichkeiten, deren Umsetzung mit einfachen Stücklisten und meist heterogenen Produktdaten bislang nicht denkbar war.

Vielfältige manuelle Tätigkeiten

Soll beispielsweise ein Schaltschrank in Umlauf gebracht werden, erfordert dies eine EG-Konformitätserklärung. Sie bildet die Grundlage für die CE-Kennzeichnung des Produkts. In der Konformitätserklärung werden die zu berücksichtigenden Richtlinien sowie die Normen aufgelistet, die zur Einhaltung der Richtlinien angewendet worden sind. Die zusätzlich anzufertigende EG-Konformitätsbewertung legt dar, aus welchem Grund die einzelnen Richtlinien und Normen herangezogen wurden. In die Bewertung fließen zudem die Berechnungen und Prüfungen ein, anhand derer das Vorliegen der EG-Konformität beurteilt worden ist. Ferner wird hier die von den Richtlinien verlangte Risikobeurteilung durchgeführt.

Als eine der typischerweise verwendeten Normen sei die DIN EN 61439-1:2012-06 (VDE 0660-600-1) „Niederspannungs-Schaltgerätekombinationen – Teil 1: Allgemeine Festlegungen" angeführt, die einen sogenannten Bauartnachweis bedingt. Dabei belegt der Hersteller anhand verschiedener Einzelnachweise, dass er die Bauanforderungen und somit die Normkonformität des Produkts erfüllt. Der Bauartnachweis wird heute größtenteils durch manuelle Arbeitsaufwände erbracht. Beispielsweise verrichtet der Hersteller unterschiedliche Messungen, wie die betriebsfrequente Spannungsfestigkeit, und dokumentiert diese. Außerdem stellt er sicher, dass alle verbauten Komponenten die Anforderungen an Luft- und Kriechstrecken einhalten. Darüber hinaus werden Berechnungen, zum Beispiel für den Nachweis der Erwärmung, vorgenommen und es finden Sichtprüfungen statt, die den normgerechten Einbau von Betriebsmitteln kontrollieren. Im letzten Schritt müssen der Bauartnachweis und die EG-Konformitätsbewertung von einem Mitarbeiter des Herstellers unterzeichnet werden.

Domänenübergreifende automatisierte Prüfung

Im Kontext der Digitalisierung der Wirtschaft entstehen umfassende und aussagekräftige Modelle der Produkte. Daher stellt sich die Frage, ob nicht Teile des Bauartnachweises und der EG-Konformitätsbewertung bereits am digitalen Modell durchgeführt werden können, also bevor das reale Produkt gefertigt wird. Insbesondere bei komplexen Losgröße-Eins-Produkten, wie Schaltgerätekombinationen, umgangssprachlich Schaltschränke, lassen sich auf diese Weise Probleme frühzeitig erkennen und deshalb einfacher und kostengünstiger beheben.

Die Idee, die Projektierungsarbeiten während des Engineering zu kontrollieren, ist nicht neu. Schon heute sind die Engineering-Tools mit entsprechenden, an den Normen angelehnten Prüffunktionen ausgestattet. Aufgrund ihrer Spezialisierung auf eine Engineering-Aufgabe können die einzelnen Softwarewerkzeuge jedoch nur domänenspezifische Begutachtungen realisieren. Zudem kann der Anwender nicht davon ausgehen, dass die Kontrollen den Anforderungen der Richtlinien und Normen vollständig genügen. Prüfungen an digitalen Modellen sind somit aber bereits grundsätzlich möglich. Ziel muss nun sein, diese domänenübergreifend und strikt auf Normenkonformität ausgelegt vorzunehmen. Dabei ist die Kontrolle nicht auf die Engineering-Tools beschränkt, sondern auch als selbstständige Software oder Webservice umsetzbar. Das setzt allerdings voraus, dass die Prüfsoftware das Modell einlesen und verstehen kann. Ein einheitliches und standardisiertes Austauschformat würde dies erlauben.

Digital vorzertifizierte Produkte

Im Kooperationsprojekt „Smart Engineering and Production 4.0 (SEAP 4.0)" haben die Unternehmen Eplan, Phoenix Contact und Rittal ein solches Szenario erprobt. Als Ergebnis des durchgängigen Engineering einer Schaltgerätekombination entsteht im SEAP-Projekt ein sogenannter virtueller Prototyp. Hierbei handelt es sich um ein hierarchisches Datenmodell des zu fertigenden Schaltschranks als Kombination des Datenaustauch-Formats „AutomationML" und des Klassifizierungsstandards „ecl@ss". Der virtuelle Prototyp beinhaltet alle im Engineering-Prozess erzeugten Informationen und bündelt diese zu einer umfangreichen Beschreibung, wie sie möglicherweise in Industrie-4.0-Anwendungen als Produkt-Selbstbeschreibung in der Verwaltungsschale zum Einsatz kommen kann. Die Beschreibung setzt sich aus einer ausführlichen Darstellung der verwendeten Komponenten („ecl@ss"-Anteil) und deren Kombination („AutomationML"-Anteil) zusammen. Sie enthält Informationen unter anderem darüber, wo sich die Komponenten räumlich befinden sowie wie sie ausgerichtet, beschriftet und elektrisch miteinander verbunden sind.

Die Betrachtung der DIN EN 61439 zeigt, dass ein Teil der Fragestellungen aus der Norm anhand des virtuellen Prototyps beantwortet werden kann. Als einfache Beispiele seien die Prüfung von Komponenten und Bedienelementen hinsichtlich ihrer Zugänglichkeit, die syntaktische Kontrolle der Betriebsmittelkennzeichnungen, der Nachweis der Erwärmung sowie die Einhaltung von Luft- und Kriechstrecken angeführt. Der größere Teil, der sich aus der DIN EN 61439 ergebenden Anforderungen lässt sich jedoch nur anhand des fertigen Produkts prüfen. Die Partner schlagen deshalb vor, dass am digitalen Modell so viele Kontrollen wie möglich durchgeführt werden. Wurden diese Tests bestanden, gilt das Modell als „digital vorzertifiziert". Das fertige Produkt muss dann lediglich die fehlenden Prüfungen durchlaufen.

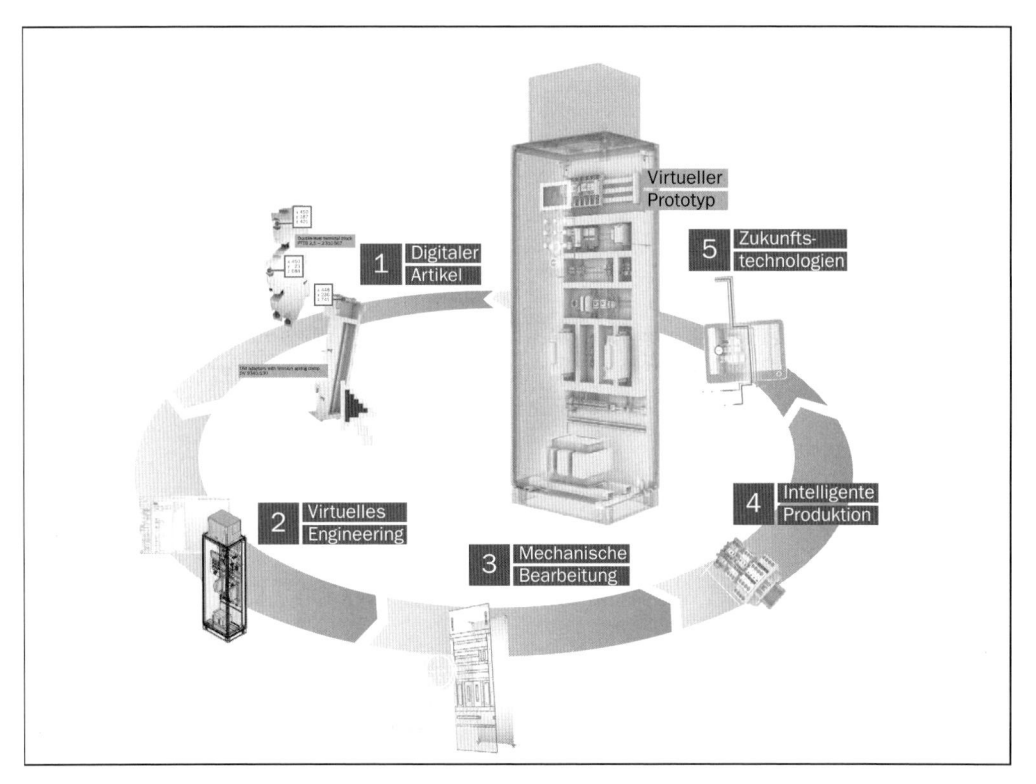

Bild 2 Das Technologie-Netzwerk „Smart Engineering and Production 4.0 (SEAP 4.0)" beschäftigt sich mit dem durchgängigen Engineering im Umfeld von Industrie 4.0.

Industrie 4.0 erfordert digitale Richtlinien

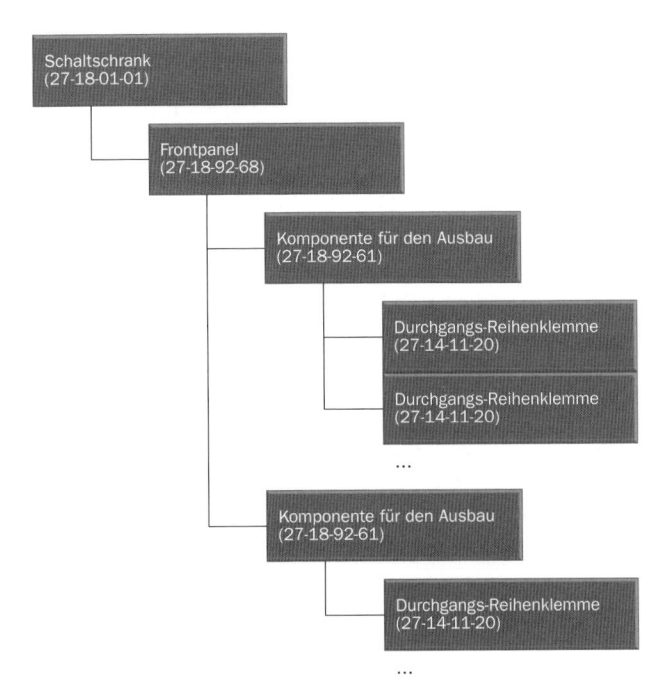

Bild 3 Die digitale Selbstbeschreibung einer Industrie-4.0-Komponente kann durch ein hierarchisches Modell auf Basis der Standards „AutomationML" und „eCl@ss" erfolgen.

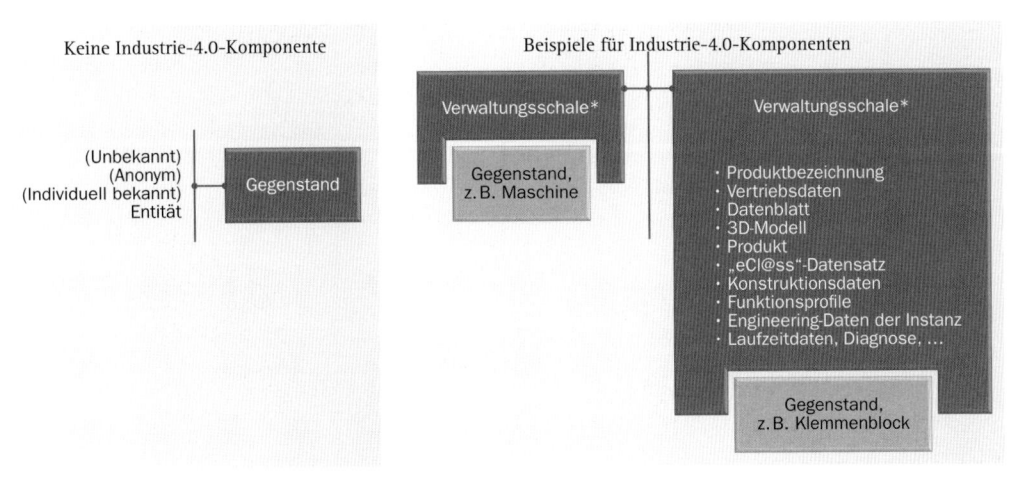

* Schnittstelle/Datenformate Industrie-4.0-konform ausgeführt
Quelle: Auf Basis der Beschreibung Industrie-4.0-Komponente der Plattform Industrie 4.0

Bild 4 Jede Industrie-4.0-Komponente verfügt über eine Verwaltungsschale, die Informationen über das physikalische Gegenstück beinhaltet.

Kein Interpretationsspielraum

Im Hinblick auf ihre Nutzung in der digitalen Welt weisen aktuelle Normen eine Schwäche auf, denn sie sind von Menschen für Menschen geschrieben. Daraus resultieren unklar formulierte Stellen in den Texten, die Interpretationsspielraum bieten. Als Beispiel aus der DIN EN 61439 sei der Abschnitt 10.2.7 „Aufschriften" genannt: „Nach der Prüfung muss die Aufschrift mit normaler oder korrigierter Sicht ohne zusätzliche Vergrößerung lesbar sein". Derartige Vorgaben lassen sich automatisiert nicht überwachen. Dies ist deshalb der Fall, weil es keine Definition für Qualitätsparameter gibt, anhand derer bestimmt werden kann, inwiefern eine Beschriftung als lesbar gilt oder nicht.

Somit stellt sich die Frage, ob sich Normen – und ihr Entstehungsprozess – nicht ebenfalls im Zuge der Digitalisierung der Wirtschaft verändern müssen. Als Ergebnis könnten digitale Normen entstehen, die keinen Interpretationsspielraum eröffnen und daher automatisiert verwendbar sind. Die oben genannte Prüfsoftware könnte digitale Normen als Regelwerk nutzen, auf deren Basis sie Prüfungen für digitale Modelle generieren. Darüber hinaus wäre es möglich, eine weitere Auswahl an Kontrollen, die nur am fertigen Produkt realisierbar sind, zu automatisieren. Als Beispiel seien elektrische Messungen oder die optische Prüfung der Beschriftungen angeführt. Derzeit liegt noch keine Norm für den Einsatz im Umfeld von Industrie-4.0-Anwendungen vor. Ferner ist nicht klar, wie diese Regelwerke ausgestaltet werden. Dennoch lässt sich absehen, dass die Industrie entsprechende Normen für die Losgröße-Eins-Fertigung benötigen wird und diese dann mit einem standardisierten Industrie-4.0-Datenformat werden arbeiten müssen. Die am Kooperationsprojekt „Smart Engineering and Production 4.0" beteiligten Unternehmen haben deshalb bereits Kontakt mit der deutschen Normungsorganisation DKE (Deutsche Kommission Elektrotechnik Elektronik Informationstechnik in DIN und VDE) aufgenommen und entwickeln gemeinsam mit ihr mögliche Zukunftsszenarien.

Referenzarchitekturmodell Industrie 4.0 (RAMI 4.0)

von *Inge Hübner*

Auf der Hannover Messe 2015 wurde die bisherige Verbändeplattform offiziell der neuen, politischen Führung übergeben. Mit dabei: ein Ergebnisbericht der Plattform Industrie 4.0. Als wichtige Ergebnisse der zweijährigen Arbeit enthält er auch Details zum Referenzarchitekturmodell 4.0 (RAMI 4.0) und zur Industrie-4.0-Komponente. Aber was steckt eigentlich genau hinter diesen beiden Begriffen?

Zu den großen Herausforderungen der Industrie 4.0 gehört, die Anforderungen aus Elektrotechnik, Maschinenbau und IT zusammenzuführen. Vor diesem Ziel haben sich die drei Verbände Bitkom, VDMA und ZVEI vor zwei Jahren zu einer Zusammenarbeit entschlossen und dazu die Plattform Industrie 4.0 ins Leben gerufen. Als wichtig erachteten es alle Beteiligten, in einer Referenzarchitektur von Industrie 4.0 die unterschiedlichen Aspekte in einem gemeinsamen Modell zusammenzuführen [1].

Die Ausgangssituation

Ausgangsbasis der Betrachtungen ist die Eingruppierung von Industrie 4.0 als Spezialisierung des „Internet of Things and Services". Insgesamt werden ca. 15 Branchen in die Überlegungen einbezogen. Ein Referenzarchitekturmodell sollte es nun ermöglichen, Aufgaben und Abläufe in überschaubare Teile zu zerlegen und einen Sachverhalt so anschaulich zu machen, dass eine Diskussion, zum Beispiel bezüglich Normierung und Standardisierung, möglich wird. Dabei sollte mit so wenig wie möglich Standards ausgekommen werden.

Die Schichten des RAMI 4.0

Das von den Verbänden erarbeitete und zur Hannover Messe 2015 vorgestellte Referenzarchitekturmodell Industrie 4.0 (RAMI 4.0) ist dreidimensional angelegt. So befanden die Experten, dass sich damit der I4.0-Raum am besten darstellen lässt. Grundsätzlich orientiert es sich in seinen Grundzügen am Smart Grid Architecture Model (SGAM), weil dies einen guten ersten Ansatz zur Darstellung der I4.0-Sachlage ermöglicht: Es behandelt das Stromnetz von der Erzeugung über die Übertragung und Verteilung bis zum Verbraucher. Bei Industrie 4.0 stehen Produktentwicklungs- und Produktionsszenarien im Mittelpunkt. Das heißt, es muss beschrieben werden, wie Entwicklungsprozesse, Produktionslinien, Fertigungsmaschinen, Feldgeräte und die Produkte selbst beschaffen sind bzw. funktionieren. Um sowohl Maschinen als auch Komponenten und Fabriken besser beschreiben zu können, wurde gegenüber SGAM dessen Component Layer durch einen Asset Layer ersetzt, als untere Schicht in das Modell eingefügt und darüber der Integration Layer neu hinzugefügt. Dieser ermöglicht die digitale Umsetzung der Assets für die virtuelle Repräsentation. Der Communication Layer behandelt Protokolle und Übertragung von Daten und Dateien, der Information Layer beinhaltet die relevanten Daten, der Functional Layer alle notwendigen (formal beschriebenen) Funktionen und im Business Layer ist der relevante Geschäftsprozess abgebildet. Diese Einteilung entspricht der Denkweise der IT bei der Clusterung komplexer Projekte in überschaubare Teileinheiten.

Die dritte Achse des RAMI 4.0 beschreibt die funktionale Einordnung einer Sachlage innerhalb der Industrie 4.0. Dabei geht es nicht um eine Implementierung, es geht allein um funktionale Zuordnungen. Für die Einordnung innerhalb einer Fabrik orientiert sich das Referenzarchitekturmodell für diese Achse an den Normen IEC 62264 und IEC 61512. Für eine einheitliche Betrachtung über möglichst viele Branchen von Prozessindustrie bis zur Fabrikautomation wurden aus den dort aufgeführten Optionen die Begriffe „Enterprise", „Work Unit", „Station" und „Control Device" verwendet. Ferner wurde das „Field Device" hinzugefügt. Es stellt die funktionale Ebene eines intelligenten Feldgeräts, zum Beispiel eines intelligenten Sensors, dar. Da auch das herzustellende Produkt selbst für die Betrachtungen wichtig ist, wurde es als „Product" ebenfalls gelistet. Zudem wurde am oberen Ende der Hierarchy Levels eine Ergänzung vorgenommen. So stellen die beiden erwähnten Normen nur die Ebenen innerhalb einer Fabrik dar. Industrie 4.0 beschreibt aber auch den Fabrikverbund, die Zusammenarbeit mit externen Engineering-Büros, Zulieferern und Kunden usw. Dieser Aspekt wird in der „Connected World" berücksichtigt.

Der Ansatz erlaubt auch die sinnvolle Kapselung von Funktionalitäten. Somit sind die Voraussetzungen geschaffen, mittels des Referenzarchitekturmodells hoch flexible Konzepte zu beschreiben und zu realisieren. Dabei erlaubt das Modell die schrittweise Migration aus der heutigen in die I4.0-Welt und die Definition von Anwendungsdomänen mit speziellen Vorgaben und Anforderungen.

Das Referenzarchitekturmodell RAMI 4.0 wurde nun als DIN SPEC 91345 der Standardisierung zugeführt.

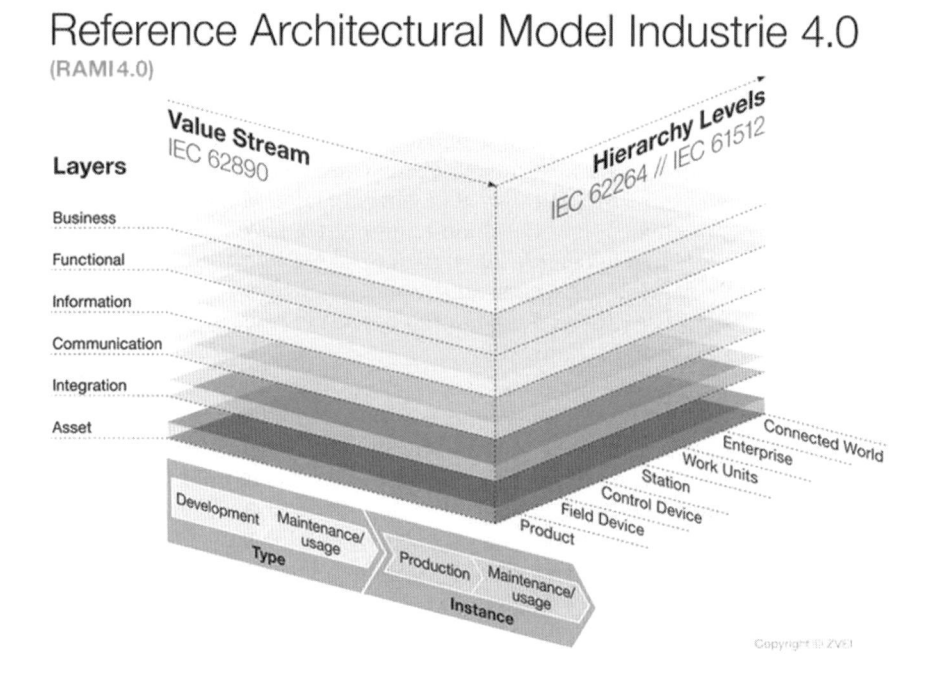

Bild 1 Das dreidimensionale Referenzarchitekturmodell 4.0 (RAMI 4.0)

Nutzen von RAMI 4.0 und die nächsten Schritte

Der ZVEI [2] beschreibt RAMI 4.0 als 3D-Landkarte für Industrie-4.0-Lösungen. So gibt das Modell eine Orientierung, auf der die Anforderungen der Anwenderindustrien gemeinsam mit national und international vorhandenen Standards aufgetragen werden, um Industrie 4.0 zu definieren und weiterzuentwickeln. Überschneidungen ebenso wie Lücken in der Standardisierung werden dadurch aufgedeckt. Mit RAMI 4.0 wurde also ein branchenübergreifendes Modell geschaffen, das nun als Diskussionsgrundlage in den einzelnen Gremien dient. Es schafft ein gemeinsames Verständnis für Standards, Normen und praktische Fallstudien.

Als nächste Schritte gilt es laut ZVEI, Normen und Standards bei der Identifikation zu identifizieren. So nimmt die Identifikation eine Schlüsselrolle ein, damit sich Dinge selbstständig in der vernetzen Produktion finden. Ein weiterer wichtiger Aspekt ist der herstellerübergreifende Datenaustausch, der die Kommunikation zwischen Maschinen oder Werkstücken und Maschinen ermöglicht. Hier muss eine einheitliche Semantik inklusive Syntax für die Daten geschaffen werden. Und auch wichtige Dienste, wie Zeitsynchronisation, Echtzeitfähigkeit oder Ausfallsicherheit von Industrie-4.0-Komponenten, müssen definiert werden.

Was die Industrie-4.0-Kommunikation anbelangt, bewegt man sich nicht auf einer grünen Wiese: Viele Kommunikationsverbindungen und Protokolle gibt es bereits, zum Beispiel ethernetbasierte Bussystem oder OPC UA. Nun gilt es, deren Tauglichkeit zu prüfen und Standards zu schaffen.

Die Industrie-4.0-Komponente

Ein weiteres Ergebnis der Arbeit der Verbändeplattform ist das Referenzmodell für die Industrie-4.0-Komponente. Die Version 1.0 ist die erste von mehreren Verfeinerungen, die in unterjährigen Zeitabständen veröffentlich werden sollen.

Die I4.0-Komponente ordnet sich in die Schichten des RAMI 4.0 ein. Sie ist ein Modell, das Eigenschaften von cyber-physischen Systemen – reale Objekte der Produktion, die mit virtuellen Objekten und Prozessen vernetzt sind – genauer beschrieben. Über sie sind verschiedene Positionen des Life-Cycle und Value-Streams ebenso wie verschiedene Hierarchieebenen abbildbar. Dabei kann sie ein Produktionssystem, eine einzelne Maschine oder Station oder auch eine Baugruppe innerhalb einer Maschine repräsentieren. Wichtig für eine Hardware- oder Softwarekomponente, um I4.0-fähig zu werden, sind die Kommunikationsfähigkeit der realen Objekte und die zugehörigen Daten und Funktionen. Das Modell beschreibt so die Voraussetzungen für Industrie-4.0-konforme Kommunikation zwischen den einzelnen Hard- und Softwarekomponenten in der Produktion.

Eine wichtige Voraussetzung dafür ist, dass Industrie-4.0-Komponenten über ihren kompletten Lebenszyklus hinweg alle relevanten Daten in einem elektronischen, abgesicherten Container sammeln, mit sich tragen und den am Wertschöpfungsprozess beteiligten Unternehmen zur Verfügung stellen [3]. Dieser elektronische Container wird im Modell als „Verwaltungsschale" bezeichnet. In ihr ist somit das virtuelle Abbild der Hard- und Softwarekomponente gespeichert. Innerhalb einer vernetzten Produktion ergeben sich damit vollkommen neue Möglichkeiten. Und für alle am Wertschöpfungsprozess beteiligten Unternehmen resultiert daraus Mehrwert.

Mehrwert für Unternehmen

Den aus der I4.0-Komponente für Unternehmen entstehenden Mehrwert hat der ZVEI in einer Übersicht zusammengefasst:

Die Verwaltungsschale beinhaltet eine Vielzahl an Daten und Informationen, die von Herstellern bereitgestellt werden. Das sind beispielsweise CAD-Daten, Anschlussbilder oder Handbücher. Diese können von Systemintegratoren und Betreiber von Fabriken und Anlagen um wichtige weitere Informationen, zum Beispiel solche zur Wartung oder Verschaltung mit anderen Hard- und Softwarekomponenten, ergänzt werden. Außerdem werden in der Verwaltungsschale Funktionen bereitgestellt. Diese umfassen beispielsweise Planung, Projektierung, Konfiguration, Bedienung, Wartung und komplexe Funktionen der Geschäftslogik.

Die Daten und Funktionen sind auf der Komponente selbst, im Unternehmensnetzwerk oder auch darüber hinaus in der Cloud verfügbar. Der Mehrwert ergibt sich nun daraus, dass Informationen nur einmal gespeichert und über IT-Dienste für jeden Nutzer und Anwendungsfall transparent bereitgestellt werden können. Durch die Kombination von Industrie-4.0-konformen Kommunikationsprotokollen und der Idee der Verwaltungsschale erfolgt die horizontale und vertikale Integration der Produktion. Als Resultat stehen Informationen auf diese Weise sowohl für das Engineering als auch für den Betrieb und die Wartung lückenlos zur Verfügung.

Für den Erfolg von Industrie 4.0 ist wesentlich, dass nicht nur ganze Maschinen, sondern auch Informationen zu wichtigen Maschinenteilen und -komponenten in der Verwaltungsschale mitgeführt werden. So bestimmen beispielsweise elektrische Achsen wesentlich die Qualität der Maschinenfunktion. Auch sie sollen zukünftig direkt von zentralen Wartungssystemen erfasst werden können. Gleiches gilt in der Automatisierungstechnik auch für Produktionskomponenten, die über keine eigene Datenschnittstelle verfügen. Ein Klemmenblock trägt beispielsweise in der Verwaltungsschale Informationen darüber, was wann und zu welchem Zweck angeschlossen wurde. So wird jedes Teil zu einem smarten Teil der vernetzten Produktion.

Bild 2 Das Modell der Industrie-4.0-Komponente

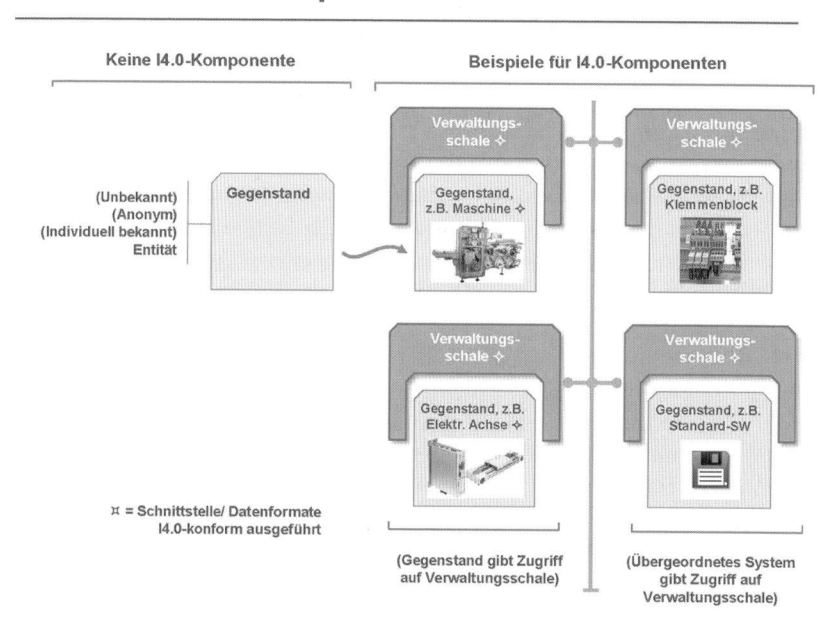

Nutzen für Unternehmen

Die in der Verwaltungsschale gespeicherten Daten lassen sich beliebig ergänzen. Hersteller und Systemintegratoren können smarte Dienste realisieren, indem sie neue Informationen, Wissensmodelle und fachliche Funktionen schaffen. Auf diese Weise können die Daten in einem Informationsnetz wie dem Internet vielen Anwendern zur Verfügung gestellt werden. Dadurch wird die digitale oder smarte Fabrik Realität.

Die Industrie-4.0-Komponente dient somit den Unternehmen dazu, ihre Hard- und Softwarekomponenten Industrie-4.0-fähig zu entwickeln.

Literatur

[1] Bitkom, VDMA, ZVEI: Umsetzungsstrategie Industrie 4.0, Ergebnisbericht der Plattform Industrie 4.0

[2] Hankel, M.: Industrie 4.0: Das Referenzarchitekturmodell Industrie 4.0 (RAMI 4.0). ZVEI-Papier (April 2015)

[3] Hoffmeister, M.: Industrie 4.0: Die Industrie 4.0-Komponente. ZVEI-Papier (April 2015)

Beispiele für eine Industrie-4.0-Komponente

In ihrer I4.0-Grafik (siehe Bild 2) haben die Experten vier Beispiele für eine I4.0-Komponente mitgeliefert:

Eine ganze Maschine kann vor allem aufgrund ihrer Steuerung als I4.0-Komponente ausgeführt werden. Die I4.0-Komponenten-Ausführung übernimmt dann beispielsweise der Maschinenhersteller.

Auch eine strategisch wichtige Baugruppe von einem Zulieferer, zum Beispiel eine elektrische Achse, kann als eigenständige I4.0-Komponente aufgefasst werden, um sie beispielsweise von Asset-Management- und Wartungssystemen eigenständig zu erfassen. Die Ausführung der I4.0-Komponente kann dabei der Komponentenhersteller übernehmen.

Ebenso ist es möglich, einzelne konstruierte Baugruppen (um den Begriff Komponente zu vermeiden) der Maschinen als I4.0-Komponente aufzufassen. Beispielsweise ist es für einen Klemmenblock wichtig, die Beschaltung mit einzelnen Signalen festzuhalten und über den Lebenszyklus der Maschine aktuell zu halten. Diese Ausführung der I4.0-Komponente übernimmt dann beispielsweise der Elektro-Planer und Elektriker.

Letztlich kann eine bereitgestellte Software ein wichtiges Asset eines Produktionssystems und somit eine I4.0-Komponente darstellen. Eine solche Standardsoftware könnte ein eigenständiges Planungs- oder Engineering-Werkzeug sein, das heute oder in Zukunft für den Betrieb der Fertigung wichtig ist. Auch ist es denkbar, dass ein Zulieferer eine Bibliothek, die erweiterte Funktionen zu seinen Produkten bereitstellt, als reine Software verkaufen möchte. Diese Ausführung der I4.0-Komponente übernähme dann beispielsweise der Bereitsteller der Software; eine Verteilung auf einzelne IEC-61131-Steuerungen würde dann von den verschiedenen I4.0-Systemen geleistet.

Industrie 4.0, RAMI 4.0 und Industrie-4.0-Komponente: Ohne Normung geht es nicht

von *Roland Heidel, Udo Döbrich*

Ob in der Werbung oder auf der Messe: Viele Firmen werben bereits mit Industrie-4.0-Produkten oder zumindest Industrie 4.0 ähnlichen Produkten. Dies kann sich aber nur auf Teillösungen beziehen, wie sie schon länger auch außerhalb von Industrie 4.0 diskutiert und firmenspezifisch realisiert sind. Industrie-4.0-fähig können aber nur Produkte sein, die z. B. den Kriterien der Plattform Industrie 4.0 für das Jahr 2017 und den Folgejahren [13] entsprechen. Technisch gesehen befinden wir uns am Anfang einer bedeutenden technischen Entwicklung, bei der nicht zuletzt auch die Normung eine wichtige Rolle spielt.

Prinzipiell gibt es bei der Spezifikation einer Architektur zwei Herangehensweisen, die sinnvollerweise miteinander kombiniert werden:

- Spezifikation „Top-down", mit u. a. Festlegung von „Viewpoints", z. B. nach der Norm zur Architektur von Softwareprojekten ISO 42010 „Systems and software engineering architecture description",
- Spezifikation „Bottom-up" zur Identifizierung der Kerntechnologien unter Bezugnahme bereits bestehender Modelle und Konzepte, sinnvollerweise aus bereits bestehenden Normen.

Verantwortliche Arbeit im Rahmen von Industrie 4.0 bedeutet, dass ein *Migrationspfad* zwischen der „alten" Industrie-3.0-Welt und der neuen 4.0-Welt eröffnet wird. Das ist bei einer Herangehensweise nach der Top-down-Methode nicht unbedingt gegeben, da beim Top-down-Entwurf die Gefahr besteht durch ungeschickte Festlegungen unbeabsichtigt bestehende Methoden und Lösungen auszuschließen und damit Migrationsmöglichkeiten zu „verbauen". Das wäre u. U. mit sehr hohem Änderungsbedarf bei einer sehr großen Zahl heutiger Produkte verbunden, was den Übergang vom bestehenden Investment in die Industrie-4.0-Welt deutlich erschweren würde.

Im Plattformprojekt „Industrie 4.0" hat man sich daher im ersten Schritt für den Bottom-up-Ansatz entschieden, um zu verhindern, eine mit bisherigen Lösungen inkompatible neue Lösungswelt zu schaffen. In einem weiteren Schritt wird die inhaltlich umfassende Beschreibung der Referenzarchitektur „Top-down" erfolgen.

Industrie 4.0 als Teil des Internets der Dinge

Doch was verbirgt sich konzeptuell hinter Industrie 4.0? Da ist zunächst die inzwischen unbestrittene Erkenntnis, dass Industrie 4.0 eine Ausprägung des Internets of Things (IoT) darstellt.

Während im Internet der Dinge aus Aufwands- und Kostengründen ein in der Konsumwelt ausreichender, eher niedriger Detaillierungsgrad bei der IT-Modellierung der Dinge diskutiert wird, kommt man bei Industrieanlagen ohne einen relativ hohen Detaillierungsgrad nicht aus. Denn im Umfeld von Industrie 4.0 *kooperieren bzw. kollaborieren* die Gegenstände, in Industrie 4.0 „Assets" genannt, miteinander [1] und kommunizieren nicht nur, wie das häufig bezüglich des Internets der Dinge beschrieben wird. Kooperierende Assets müssen ihr jeweiliges „Gegenüber" bis zu einem gewissen Grad „kennen", müssen dessen Eigenschaften in der Kooperation berücksichtigen und kommen daher ohne eine der Kooperation vorausgehende Prüfung der als virtuelle Beschreibung verfügbaren Eigenschaften des jeweiligen Gegenübers nicht aus.

Dabei bezieht sich der Begriff „Grad" allgemein auf die Detailtiefe zur virtuellen Abbildung von *Assets*, also z. B. Assets einer Fertigungsanlage. Unter „Abbildung" wird dabei die bestimmten Regeln folgende virtuelle Darstellung von Assets der physischen Welt in einer Datenverarbeitungsanlage verstanden, in Industrie 4.0 also die Abbildung von Bestandteilen (im Folgenden allgemein „Assets" genannt) einer Fertigungsanlage einschließlich ihrer selbst in Form von Datensätzen und Algorithmen.

In der Fertigungstechnik ist das zu fertigende Teil heute kein Bestandteil des automatisierungstechnisch gesteuerten Fertigungsprozesses. Dem Teil „geschieht" in einer Anlage etwas, was zum Schluss in das gefertigte Produkt mündet. Die Daten zum Fertigungsablauf werden parallel von Fertigungsstation zu Fertigungsstation weitergegeben und dabei anwendungsspezifisch modifiziert bzw. ergänzt. Die Assets einer Anlage kennen heute ihre Beschreibungsdaten nicht. Industrie 4.0 geht nun davon aus, dass alle Assets einer Anlage einschließlich des zu fertigenden Teils mittels Datensätzen und Algorithmen Zugang zu Informationen über sich *selbst* besitzen und den anderen Assets in Form virtueller Eigenschaftsbeschreibungen zur Verfügung stellen, die diese wiederum nutzen. Das ist grundlegend neu, denn Eigenschaftsbeschreibungen und Anweisungen zur Nutzung von Gegenständen waren bislang in Handbüchern oder Datenblättern *getrennt* von den Gegenständen abgelegt und i. A. auch nicht datentechnisch zugänglich. Denn selbst wenn ein Handbuch im PDF-Format digital abgelegt ist, bleibt der Inhalt einem Rechner verborgen, weil er die im Text enthaltenen Begriffe gar nicht kennt.

Die technische Entwicklung im Verlauf der letzten Jahre zeigt schematisch Bild 1. Jedem relevanten Asset ist direkt eine datentechnische Beschreibung, eine sog. Verwaltungsschale, zugeordnet (ein Asset mit Verwaltungsschale wird I4.0-Komponente genannt). Die Begriffe zur Beschreibung der Assets sind einschließlich ihrer Semantik fest im Industrie-4.0-Kontext vereinbart, für alle Assets (z. B. Maschinen) verständlich und zugreifbar. Hierzu bedarf es eines Vokabulars bzw. einer Grammatik. Die Begriffe eines solchen Vokabulars müssen zumindest in einer technischen Domain eindeutig sein. In Industrie 4.0 ist diese Domain die Automatisierungstechnik.

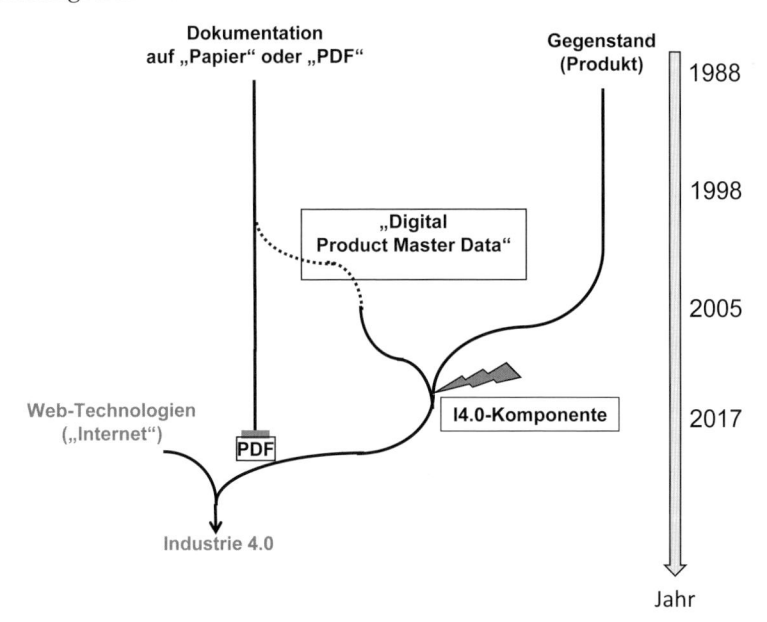

Bild 1 Gegenstand und seine datentechnische Beschreibung finden zueinander

Grundsätzlich gilt für jedes Asset in Industrie 4.0:

- Ein Asset kann eine Idee, eine Software, ein Archiv oder ein beliebiges physisches Ding sein (ist also nicht an seine physische Existenz gebunden).
- Jedes Asset hat einen Lebenszyklus.
- Jede Information hat einen Träger.
- Ein Asset ist in der virtuellen Welt durch die Informationen in seiner Verwaltungsschale beschrieben.
- Ein Asset kann mehrere virtuelle, gemäß den Regeln von Industrie 4.0 spezifizierte Verwaltungsschalen (= I4.0-Komponenten) für verschiedene Zwecke besitzen.
- Durch die Kombination von Assets entsteht ein neues Asset mit neuen Eigenschaften.
- Ein Asset ist in einem Prozess mittels Zeit, Ort und Zustand charakterisiert.
- Die Beschreibung der Eigenschaften eines Assets erfolgt mittels eines Industrie-4.0-Vokabulars, das aus einer Sammlung von Begriffen besteht, die *Merkmale* (Properties) genannt werden.

Beispiele für Assets im Kontext von Industrie 4.0 sind

- Anlagengegenstände und Anlagen-Einzelteile,
- elektronische Baugruppen
- Teilsysteme und Systeme
- Maschinen
- Anlagen und Anlagenverbünde,

aber auch

- Konzepte und Ideen,
- Pläne
- Archive
- Programme.

Genau genommen müsste gemäß IEC Vocabulary IEV 351 ein Gegenstand „Gegenstand der Betrachtung" genannt werden. Aus Vereinfachungsgründen verwenden wir aber in diesem Artikel die Verkürzung „Gegenstand", in seiner Industrie-4.0-Ausprägung den Begriff „Asset".

Die I4.0-Komponente

Es ist unschwer zu erkennen, dass das geforderte einheitliche Industrie 4.0 spezifische Vokabular ohne Normung nicht realisierbar ist; und dies in zweierlei Hinsicht:

1. Die Bedeutung eines Begriffs muss definiert sein. Ein Begriff darf in einer technischen Domain nur einmal vorkommen. In Deutschland stellt eCl@ss e.V. mit mehr als 20 Geschäftsfeldern, wovon eines die Automatisierungstechnik ist (Sachgruppe 27), eine ca. 18.000 Merkmale umfassende Bibliothek zur Verfügung. Auch in IEC ist eine Sammlung

zu verschiedenen Produktgruppen, u. a. auch zu automatisierungstechnischen Produkten in Form des „Common Data Dictionary" CDD verfügbar [7].
2. Die datentechnische Repräsentation der Begriffe eines Vokabulars muss gemeinsamen Regeln folgen, damit ein Asset den Begriff überhaupt erkennt. Hier ist die IEC 61360 mit ihrem Pendant ISO 13584-42 die bevorzugte Wahl. Solche Begriffe werden in IEC und ISO „Merkmale" (Properties) genannt. Merkmale in eCl@ss und in IEC sind bezüglich ihrer datentechnischen Repräsentation nach IEC 61360-1/2 spezifiziert, Merkmale von ISO-Arbeitsgruppen nutzen oft ISO 13584-42 mit nachgewiesen *identischem* Ergebnis.

Die virtuelle Repräsentation erfolgt nach Bild 2 in Industrie 4.0 durch Zuordnung eines Assets zu mindestens einer Verwaltungsschale.

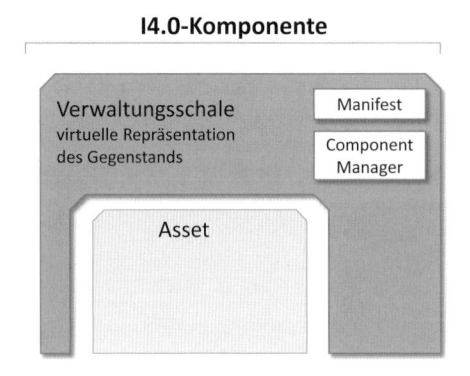

Bild 2   Jedes relevante Asset in Industrie 4.0 besitzt eine virtuelle Repräsentation in Form einer datentechnischen Verwaltungsschale (Bild: Plattform Industrie 4.0 [1]).

Die „virtuelle" Repräsentation eines Assets muss selbstverständlich datentechnisch strukturiert sein. Sie besteht mindestens aus einer Sammlung von den die jeweiligen Assets beschreibenden Merkmalen. Ein Asset kann mit den Merkmalen eines anderen Assets aber nur etwas anfangen, wenn er auch dessen *datentechnisches Format* zu interpretieren versteht. Damit sind folgende Grundvoraussetzungen für eine Industrie-4.0-konforme Verwaltungsschale als virtueller Teil der Industrie-4.0-Komponente zu vermerken:

- Die Verwaltungsschale einer I4.0-Komponente enthält eine Sammlung der das spezifische Asset repräsentierenden Informationen auf Basis des Industrie-4.0-Vokabulars.
- Die Informationen besitzen das Industrie-4.0-spezifische Format und sind nach RAMI 4.0 strukturiert.

Beides zusammen ermöglicht den eindeutigen Zugriff einer Industrie-4.0-Komponente auf die Verwaltungsschale einer anderen. Das Manifest der Verwaltungsschale dient dazu, deren Informationen über das Industrie 4.0 Application Program Interface (API) zugreifbar zu machen. Die Organisation der Verwaltungsschale erfolgt durch den Component Manager.

Auch heute besitzen viele Produkte schon eine Art von Verwaltungsschale in Form firmenspezifischer beschreibender Datensätze, z. B. als Katalogdaten, ohne dass diese bislang „Verwaltungsschale" genannt wurde. Wie Bild 3 zeigt kann sich ein einfacher Migrationspfad ergeben, wenn heutige Datensätze entweder an die Regeln von Industrie 4.0 angepasst werden, oder eine eigene Industrie-4.0-Verwaltungsschale neben der bisherigen erstellt wird.

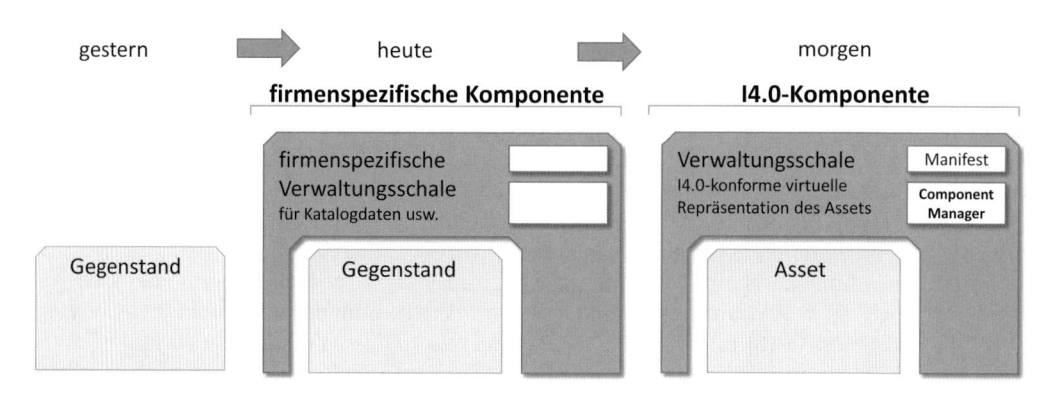

Bild 3 Der Migrationspfad vom einfachen Gegenstand (Produkt) zur I4.0-Komponente: Der Gegenstand bleibt immer derselbe.

> Die virtuelle Repräsentation eines Assets wird im Kontext von Industrie 4.0 „Verwaltungsschale" (Administration Shell) genannt (Bild 3). Beide zusammen bilden die I 4.0-Komponente.

Die Arbeitsgruppe VDI/GMA 7.21 befasste sich schon früh mit den theoretischen Grundlagen zur I4.0-Komponente. Schließlich musste zunächst erst einmal geklärt werden, was ein so profanes Ding wie ein „Gegenstand" in der Welt der IT bedeutet. Dabei wurde folgende Festlegung getroffen (Bild 4, [1] auf Basis [4]).

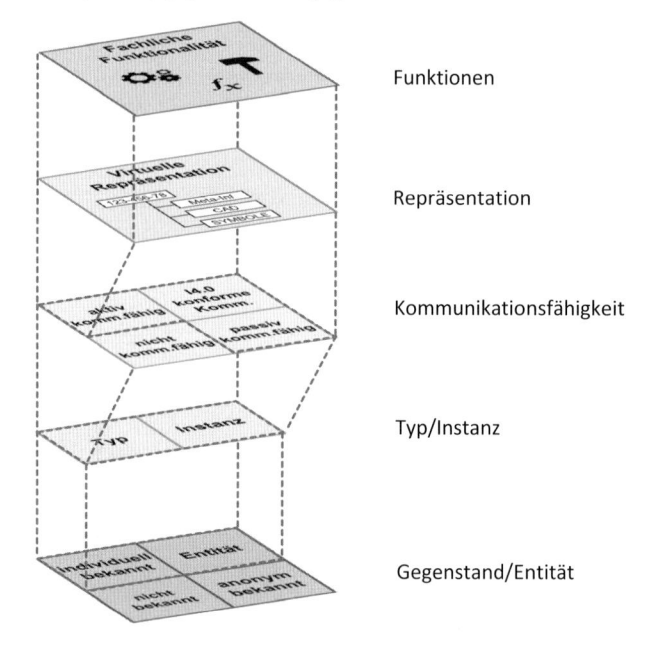

Bild 4 Datentechnischer Hintergrund der Industrie-4.0-Komponente (Bild: VDI [4])

Gemäß Bild 4 ist in Industrie 4.0 ein Gegenstand eine Entität (Asset), die entweder als Typ oder Instanz existiert, passiv oder aktiv[1]) Industrie-4.0-konform kommunikationsfähig ist und eine virtuelle Repräsentation mit formal beschriebenen Funktionen nach Industrie-4.0-Regeln besitzt. Repräsentation und Funktionen residieren in der Verwaltungsschale der I4.0-Komponente. Diese Verwaltungsschale kann, muss aber nicht mechanisch mit dem Asset verbunden sein. Vielmehr wird der häufigere Fall der sein, dass die Verwaltungsschale in einer bzw. in Teilen auch in mehreren Datenbanken gespeichert ist, dabei aber *zwingend untrennbar* mit dem Asset mittels einer eindeutigen Referenz verbunden ist. Das ist eine informationstechnische Herausforderung nicht zuletzt auch im Hinblick auf die Security. Die Gesamtheit aller Verwaltungsschalen mit ihren Verbindungen wird im I4.0 Repository abgebildet. IEC 62794 [6] und IEC 62832 [5] sprechen im Hinblick auf die Digitale Fabrik (DF) vom DF-Repository (Bild 5). Ein wesentlicher Teil des Inhalts der IEC 62832 basiert auf Arbeitsergebnissen aus den Jahren ab 2000 [12]. Dabei handelt es sich um ein logisches Gebilde, die Informationen können an beliebigen Orten gespeichert sein. Ein solches Repository besteht also aus Verwaltungsschalen verschiedener eingesetzter Assets, die wahlfrei in RFID-Chips, als Barcode, oder in Datenbanken usw. hinterlegt sind. Die einzige Forderung ist, dass die Verbindung der Verwaltungsschale zum Asset logisch unauflösbar ist.

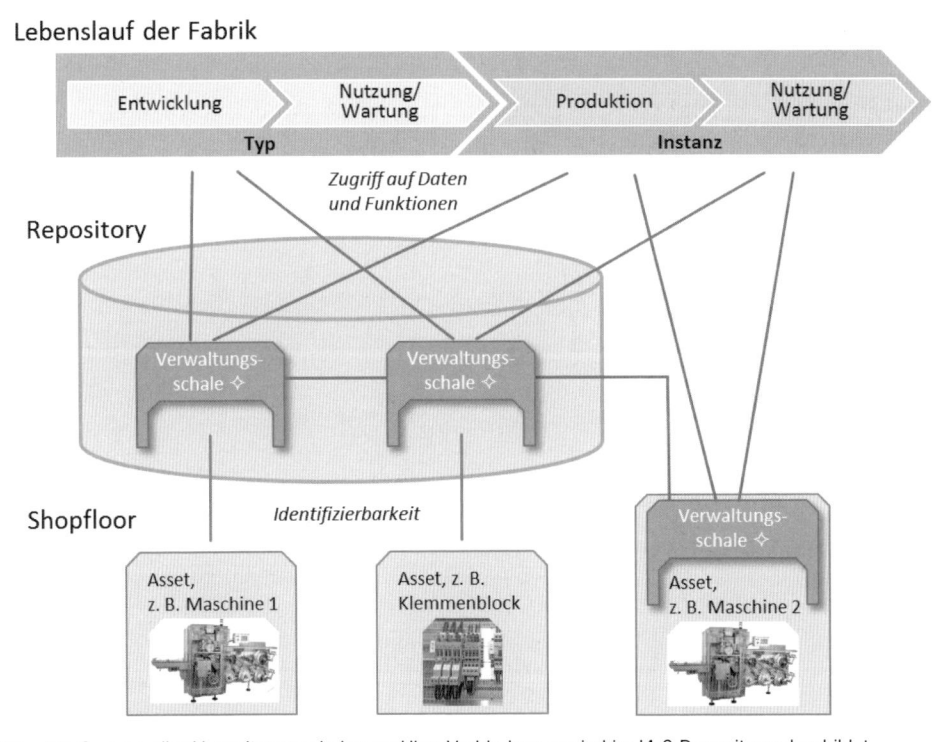

Bild 5 Die Summe aller Verwaltungsschalen *und* ihre Verbindungen sind im I4.0 Repository abgebildet (*Quelle:* Plattform Industrie 4.0 [1]).

---

[1]) Aktive Kommunikationsfähigkeit liegt vor, wenn der reale Gegenstand eine reale Kommunikationsschnittstelle für den Zugriff auf seine Verwaltungsschaleninformationen zur Verfügung stellt. Passive Kommunikationsfähigkeit bedeutet, dass ein Zugang zu Verwaltungsschaleninformationen eines Gegenstands besteht, ohne dass der reale Gegenstand selbst hierfür eine Zugriffsmöglichkeit anbietet.

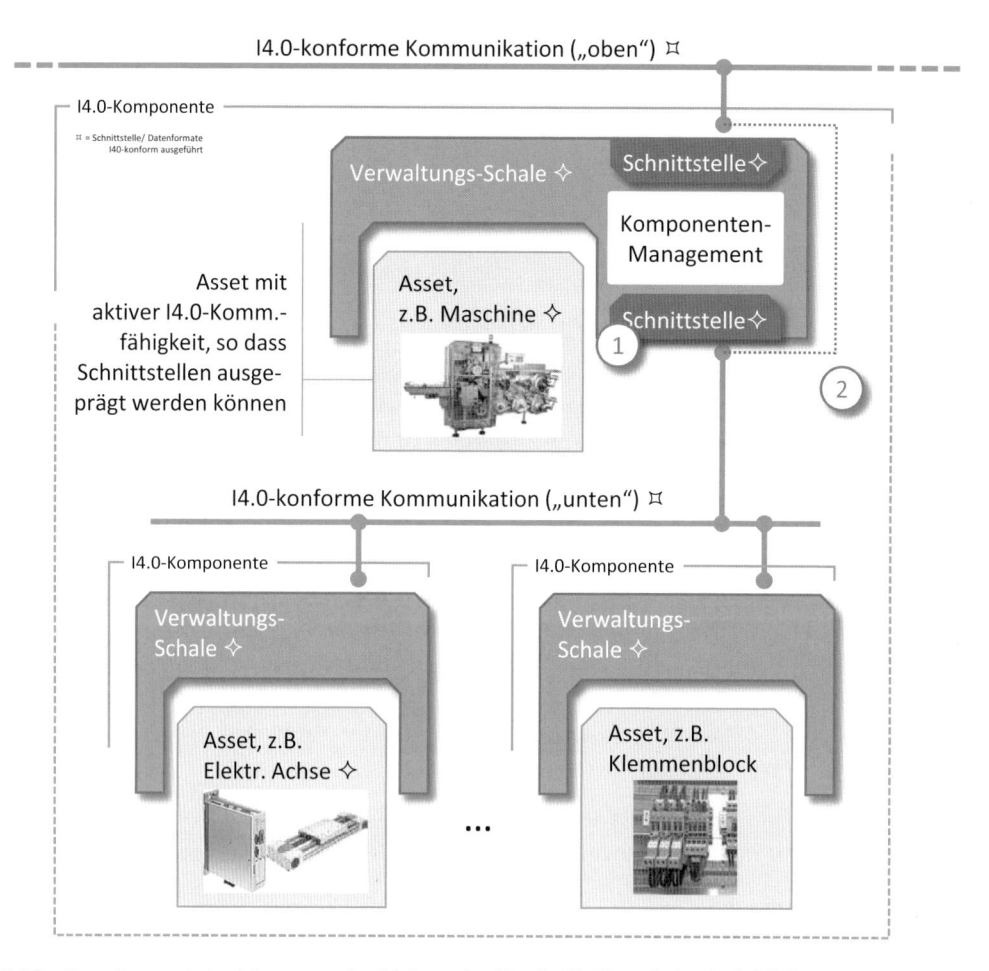

Bild 6 Verwaltungsschalen können geschachtelt werden (*Quelle:* Plattform Industrie 4.0 [1]).

Ein Asset kann für unterschiedliche Zwecke auch mehr als eine Verwaltungsschale besitzen. Er muss aber mindestens eine besitzen, damit er in der Informationswelt existent ist. Da ein Asset aus anderen Assets zusammengesetzt sein kann, sind Hierarchien von Verwaltungsschalen (Schachtelung) möglich und auch erforderlich (Bild 6). Dabei gilt, dass ein aus Assets zusammengesetztes Gebilde ein eigenständiges neues Asset darstellt, das wiederum eine eigenständige Verwaltungsschale besitzt, also eine eigenständige I4.0-Komponente darstellt, welche die durch die Kombination der Assets entstandenen neuen Eigenschaften des entstandenen neuen Assets repräsentieren (Bild 7).

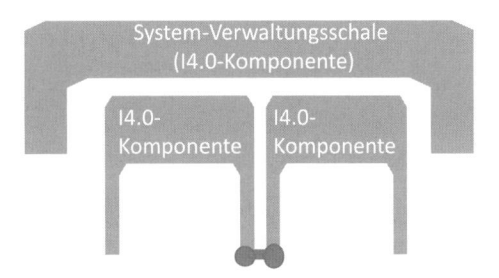

Bild 7 Mindestens zwei miteinander verbundene I4.0-Verwaltungsschalen repräsentieren ein eigenes Asset (I4.0-System) mit eigener Verwaltungsschale (eigene I4.0-Komponente).

Soweit zum prinzipiellen Aufbau einer I4.0-Komponente, die zu der Hannovermesse 2016 erschienen ist und seit Juli 2016 auch in englischer Sprache vorliegt.

Wenden wir uns nun der Struktur der Verwaltungsschale im Detail zu. Wie bereits erwähnt besteht sie mindestens aus einem Verzeichnis über die von ihr bereitgestellten Informationen. Dieses Verzeichnis wird Manifest genannt. Mindestens die Liste der eingetragenen Merkmale mit ihren Merkmals*werten* ist mittels einer Schnittstelle (Application Program Interface API) zugreifbar. Sowohl die Struktur der Verwaltungsschale, als auch der Zugriff auf deren Informationen muss in der Industrie-4.0-Welt einheitlich und damit *genormt* sein.

Die Arbeiten zur Struktur der Verwaltungsschale laufen gegenwärtig. Schon jetzt kristallisieren sich Details heraus. Gemäß der das Dokument IEC 62832 erstellenden Arbeitsgruppe IEC TC65 WG16 ist die Verwaltungsschale (dort „DF Asset" genannt) in zwei Sektionen aufgeteilt, und zwar in (Bild 8):

- DF Asset Body mit allen Informationen über den Gegenstand *selbst* und
- DF Asset Header mit allen Informationen, was mit dem Gegenstand *geschieht*.

Der Gegenstand selbst wird in IEC „PS Asset" genannt. Bild 8 zeigt eine Gegenüberstellung des DF Asset aus IEC 62832 und der I4.0 Verwaltungsschale. Wie man sieht ist die I4.0 Verwaltungsschale direkt aus dem DF Asset der IEC abgeleitet. Auch sie ist daher in Header und Body strukturiert.

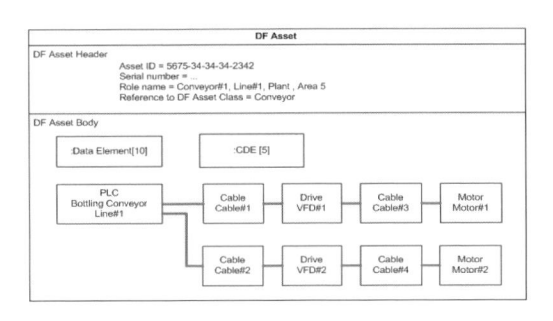

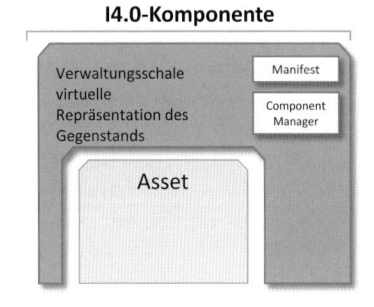

Bild 8 Gegenüberstellung des DF Asset aus IEC 62832 und der I4.0-Komponente

Die Arbeiten zur I4.0-Verwaltungsschale konzentrieren sich gegenwärtig auf deren Detailstruktur. Geplant ist eine Strukturierung nach Lebensphasen und Anwendungsdomains, z. B. für den „operationalen Betrieb", „Engineering", „Inbetriebnahme", „Wartung", aber auch in Bezug auf Assets, die bestimmte Eigenschaften einer Anlage charakterisieren. Hierzu gehören Security, Funktionale Sicherheit, Zertifikate zur Maschinensicherheit, zum Explosionsschutz u. ä. Solche Informationen müssen auch formal beschrieben und mit eindeutiger Semantik versehen sein, damit sie anderen Assets, z. B. Maschinen untereinander, zugänglich werden.

Dies ist eine nicht zu unterschätzende Herausforderung für die Normung. Und zwar sowohl bei der Auswahl bestehender Normenkonzepte bzw. Normen, bei deren Ergänzung und Erweiterung als auch bei der Erstellung neuer durch die Anforderungen aus Industrie 4.0 bedingter Normen und Standards. Wie Bild 9 zeigt unterscheidet man drei Typen (in Anlehnung an M. Hoffmeister):

- „Harte Normen und Standards" (IEC, ISO, ...),
- konsensuale Standards (IETF, W3C, ...),
- Domain- und firmenspezifische Standards.

Es wird darauf ankommen den „richtigen Mix" von Normen und Standards zu finden, der einerseits klare Grundregeln vorgibt, aber andererseits auch genügend Flexibilität aufweist, um die Anwendbarkeit des I4.0-Konzepts und dessen weitere Entwicklung nicht zu behindern.

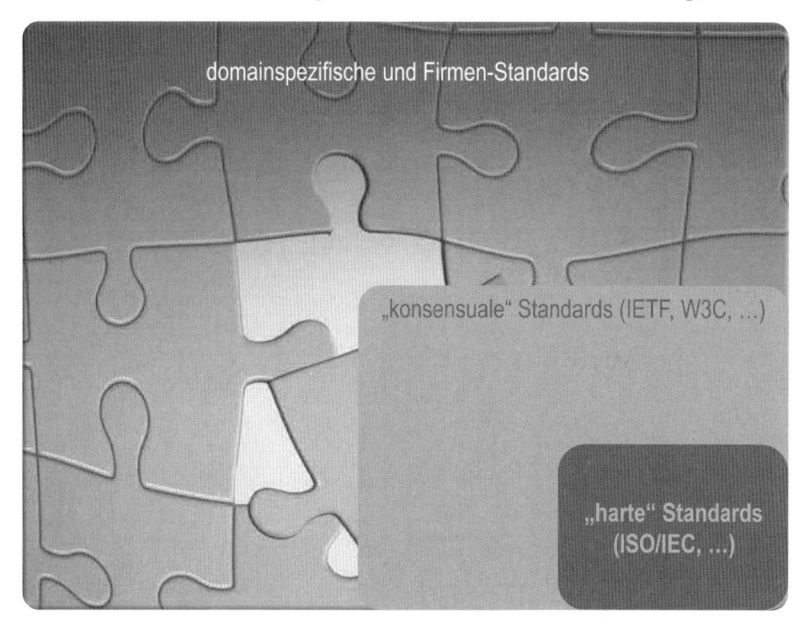

Bild 9 Unterschiedliche Typen von Normen und Standards (in Abwandlung von M. Hoffmeister)

Das Referenz Architektur Modell von Industrie 4.0 (RAMI 4.0)

Das Referenzarchitekturmodell RAMI 4.0 ist im vorhergehenden Artikel ausführlich beschrieben. Bezüglich seiner Nutzung sei aber noch auf einen besonderen Aspekt hingewiesen:

RAMI 4.0 dient auch der sachgerechten Aufteilung, Organisation und Steuerung eines Wertschöpfungsprozesses und in weiterer Auslegung eines beliebigen I4.0-Prozesses. Üblich sind heute Prozessdarstellungen im Zeitablauf mittels Prozessschritten mit den dafür Verantwortlichen („Owner") wie in Bild 10 dargestellt.

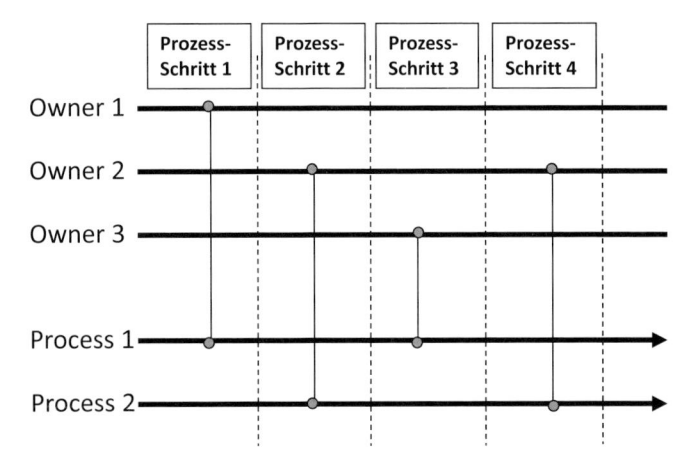

Bild 10 Einfache Prozessdarstellung mit Verantwortlichen

Für betriebswirtschaftliche Zwecke mag dies ausreichen. Sobald jedoch die Mittel zur Realisierung eines Prozesses einbezogen werden sollen, fehlt dieser Darstellung die Beschreibung dieser Mittel als weitere Dimension. Mit RAMI 4.0 wird diese eingeführt. Dabei sind die Mittel zur leichteren Handhabung in Kategorien gegliedert, die im Modell „Layer" heißen.

Dadurch lässt sich ein Wertschöpfungsprozess in sinnvolle Teilaspekte zerlegen. Die Layer repräsentieren die Mittel zur Realisierung des Wertschöpfungsprozesses, also Methoden, Funktionen und Informationen. Mehr zu Wertschöpfungs-Ketten und -Prozessen in [3]

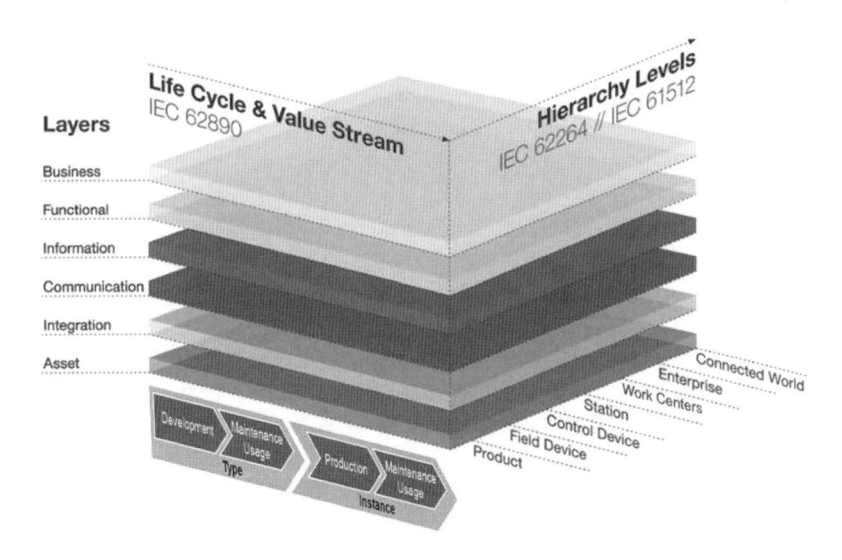

Bild 11 Referenz-Architektur-Modell Industrie 4.0 (RAMI 4.0) (*Quelle:* Plattform Industrie 4.0 [1])

Normung im Umfeld von Industrie 4.0

Wie also sieht nun der künftige Normungsbedarf im Umfeld von Industrie 4.0 aus? Eine wichtige Quelle hierzu ist die Roadmap Industrie 4.0 der DKE [2], die kontinuierlich weiterentwickelt und im Jahr 2018 in einer neuen Version erscheinen wird. Beginnen wir mit RAMI 4.0.

Der **Business Layer** gemäß dem RAMI-4.0-Schichtenmodell enthält Geschäftslogik und Gebote bzw. Restriktionen jeder Art. Um diese heute meist in Prosa formulierten Informationen einem Asset zugänglich zu machen muss eine Methodik gefunden und genormt werden, wie Geschäftslogiken, Gebote und Regeln formal beschrieben werden und wie deren datentechnische Repräsentation in Industrie 4.0 beschaffen ist. Dies muss per globaler Vereinbarung in Industrie 4.0 erfolgen, ist mithin ein klassisches Thema für die Normung.

Ähnliches gilt für den **Functional Layer**, der die formal beschriebenen, einem bestimmten Wertschöpfungsprozess zugeordneten Funktionen repräsentiert. Während zur Steuerung der Prozesse genügend Normen vorhanden sind (z. B. IEC 61131, IEC 61804 usw.) sind zwar Normen für (Anwendungs-)Prozessfunktionen vorhanden, jedoch nicht in allgemein maschinenverarbeitbarer Form. Man denke an Beschreibungen, z. B. zu Fertigungsverfahren, wie sie DIN 8580 enthält, die aber nicht formal maschinenverarbeitbar vorliegen, weil diesbezüglich bislang auch keine Notwendigkeit bestand. Hier besteht erheblicher Entwicklungs- und Normungsbedarf.

Die Regeln zur Entscheidung bezüglich des Starts eines Wertschöpfungsprozesses anhand bestimmter Kriterien dürften den USPs der einzelnen Herstellern vorbehalten sein. Diese sind also keine Kandidaten für die Normung.

Dies gilt nicht für unterlagerte Prozesse zur *Steuerung* der Wertschöpfungsprozess*abläufe*, z. B. SPS-Funktionsbausteine (IEC 61131-x), Drehzahlregelungen, Prozessregelungen usw. Hier ist schon viel in Form bestehender Normen vorhanden, handelt es sich dabei doch meist um Abläufe, wie sie heute üblich sind. Für gegenüber heute erweiterte Fertigungsabläufe im Kontext von Industrie 4.0 dürfte die eine oder andere Norm zu modifizieren sein, ggf. sind auch neue Normen erforderlich. Dies gilt z. B. für den Fall, dass sich Maschinen auf Initiative des zu fertigenden Teils („Product") zu einer temporären Fertigungslinie zusammenfinden.

Im **Information Layer** werden alle (anwendungs-)prozessrelevanten Informationen gehalten. Hier werden genormte Datenformate eine wichtige Rolle spielen. Solche Datenformate sind zwar in Teilen schon genormt, z. B. für den operationalen Betrieb in Form von Profilen der Nutzerorganisationen. Dies dürfte aber nicht ausreichend sein.

Im **Communication Layer** werden die in einer Installation *auszutauschenden* Informationen bezüglich Format, Beschaffenheit und Semantik beschrieben. Es wird einen Satz typischer Industrie-4.0-Basis-Nachrichten in Form von serviceorientierten Lösungen (SOA) geben, der genormt sein muss.

Bleibt bezüglich RAMI 4.0 noch der **Integration Layer** als virtueller Repräsentant der dinglichen Welt. Damit er ein virtuelles Abbild einer realen Installation zur Verfügung stellen kann, müssen in ihm die virtuellen Repräsentationen aller Assets dieser Installation mit ihren Verbindungen untereinander abgelegt sein. Hier kann man z. B. auf die Arbeiten zur IEC 62832 zurückgreifen.

Was die Strukturierung eines Unternehmens angeht sind IEC 62264 zusammen mit IEC 61512 die Basis wie dies in der Darstellung von RAMI 4.0 in Bild 11 auch deutlich zum Ausdruck kommt. Das Konzept für das Life Cycle Management kann dem Entwurf der IEC 62890 entnommen werden.

Bei der **I4.0-Komponente** schließlich steht bei der Normung die Verwaltungsschale im Mittelpunkt. Eine signifikante Rolle werden Produktdaten in Form von in einem genormten I4.0-Vokabular abgelegten Merkmalen spielen, da diese die Eigenschaften einer I4.0-Komponente charakterisieren und damit anderen I4.0-Komponenten erlauben, Kooperationsmöglichkeiten zu prüfen bzw. Kooperationen einzugehen [9]. Die dadurch erreichbare Interoperabilität ist in [11] näher beschrieben.

Bereits berücksichtigt sind bei der I4.0-Komponente wesentliche Eckpunkte des DF Asset aus IEC 62832 (Digital Factory) und zu Merkmalen (Regeln zur Spezifikation von Merkmalen nach IEC 61360 bzw. IEC 13584-42). Das gilt auch für Normen wie IEC 61987 [10] zu Merkmalen der Sensorik und Aktorik, bzw. IEC 62683 ed. 3 Amendment 1 zu Merkmalen von Niederspannungsschaltgeräten, die in eCl@ss [8] vollständig enthalten sind. Es fehlen noch Festlegungen zur Identifikation von Assets (Verwaltungsschalen) und zu Merkmalen verschiedener Technologiefelder, wie Funktionale Sicherheit, Security, Zuverlässigkeit, Condition Monitoring u. v. m., bei denen eine Normauswahl getroffen werden muss. Zur Detaildarstellung insbesondere mechanischer Eigenschaften ist die STEP-Welt (ISO 10303) prädestiniert, zur Identifikation könnten ISO/IEC 11179-6 bzw. Arbeiten zum elektronischen Typenschild (DIN 66277), eingereicht zur europäischen Normung in CEN/CENELEC TC225, hilfreich sein. Als Schnittstelle (API) zur Verwaltungsschale bietet sich OPC UA an, das aktuell in 13 Teilen als IEC 62541 genormt ist. Zum Engineering, d. h. zur Verbindung von Verwaltungsschalen zu einer Installation (Anlage), kann Automation ML (IEC 62714) einen wesentlichen Beitrag leisten. Drahtlose und drahtgebundene zuverlässige realtime-fähige Übertragungstechnik kann von IEEE übernommen werden (z. B. IEEE 802.x), wobei die Anforderungen aus Industrie 4.0 in die jeweiligen Arbeitsgruppen unbedingt eingebracht werden müssen, damit sichergestellt wird, dass das Normungsergebnis in Industrie 4.0 genutzt werden kann. Dies gilt auch für die Weiterentwicklung von Weitverkehrsverbindungen. Zur Industrie-4.0-gerechten Steuerung von Prozessen kann PLCopen in Form von Standardbibliotheken beitragen. Fast alle genannten Technologien sind in Deutschland in Form von Konsortien beheimatet (Bild 12).

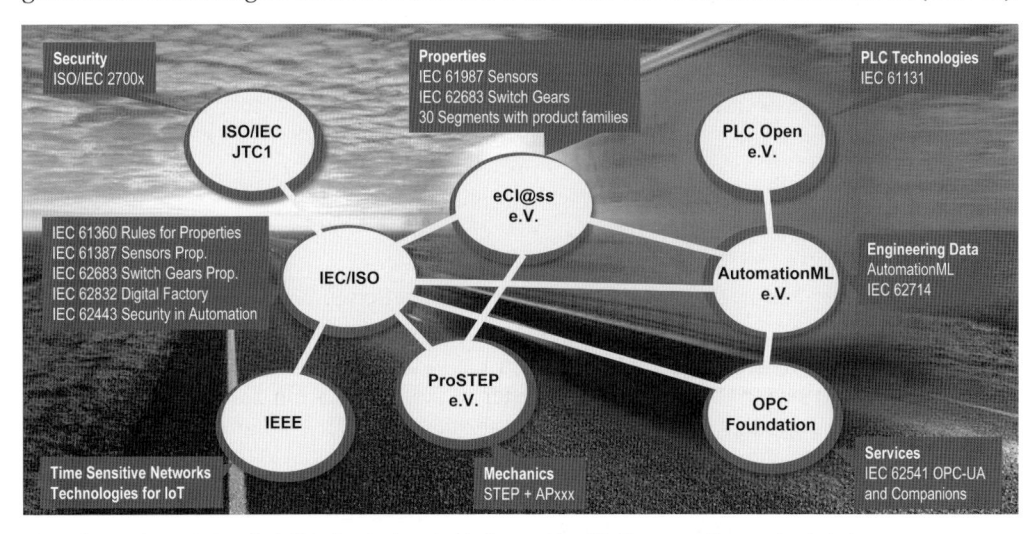

Bild 12 Wichtige Industrie-4.0-Technologien sind in Deutschland in Form von Konsortien beheimatet.

Insgesamt bilden sich nach Bild 13 vier Technologiefelder heraus, die inhaltlich zu bearbeiten und die Ergebnisse aufeinander abzustimmen sind. In jedem dieser Technologiefelder sind Modelle zu identifizieren und zu spezifizieren. Eine nicht vollständige Auswahl solcher Modelle zeigt Bild 14.

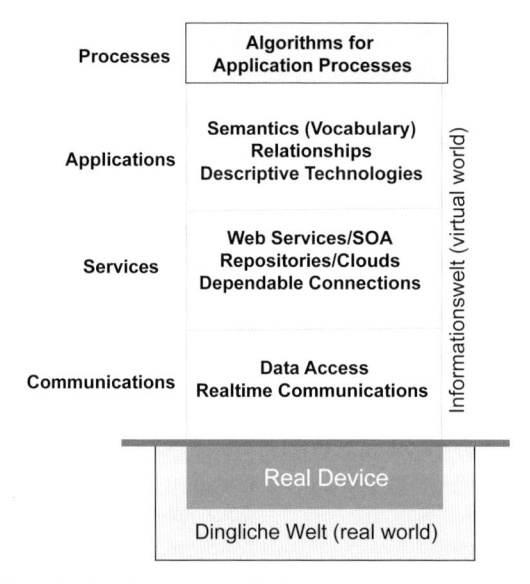

Bild 13 In Industrie 4.0 bilden sich vier Technologiefelder heraus.

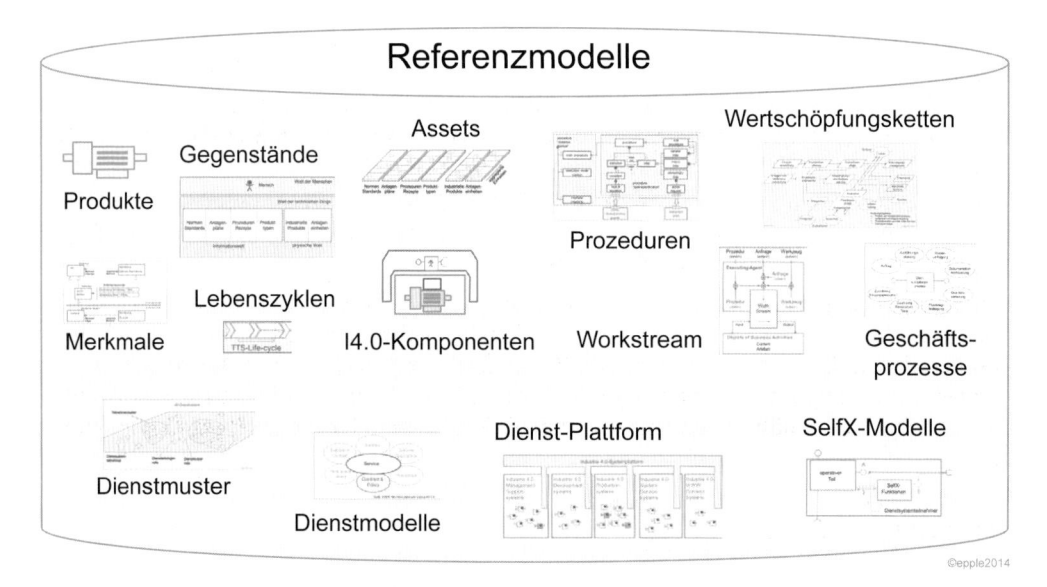

Bild 14 Eine Auswahl an Industrie-4.0-relevanten Modellen (*Quelle:* U. Epple, 2014)

Zusammenfassung und Ausblick

Das Schlagwort Industrie 4.0 hat mittlerweile sogar Zugang in regionale Zeitungen und Zeitschriften gefunden. Dahinter verbirgt sich der nächste Technologieschub nicht nur in der Automatisierungstechnik, der sich durch intensive und vor allem systematische Nutzung der Informationstechnologie (IT) auszeichnet. Dabei werden bereits bestehende und bewährte Konzepte systematisiert, erweitert, modifiziert und miteinander verbunden. Denn Industrie 4.0 ist technisch gesehen bezüglich Ideen und Realisierungsgrad keineswegs so neu, wie es in Veröffentlichungen oft dargestellt wird. Es sei hier nur an die 21 Profile der Profibus-Nutzerorganisation erinnert, die seit mehr als einem Jahrzehnt die herstellerübergreifende Kooperation automatisierungstechnischer Komponenten im *operativen* Betrieb ermöglichen. Neu ist aber die konsequente und aufeinander abgestimmte Nutzung starker Lösungen besonders auch aus der Informations-Technologie in *allen* Phasen einer Anlage und in *allen* Phasen der Anwendungsprozesse.

Viele Firmen verfügen heute schon über Datensätze für Katalogdaten und mehr. Damit haben sie bereits private Verwaltungsschalen für ihre Produkte realisiert. Künftig diese Verwaltungsschale anzupassen oder eine solche zusätzlich nach den Regeln der I4.0 Komponente zu definieren, dürfte so schwer nicht sein. Und dies gilt dann auch für die „Befüllung" des RAMI4.0-Integration Layer, der in großen Teilen die virtuelle Repräsentation einer Anlage übernimmt.

Durch den Zwang zu engerer Vernetzung bislang getrennt operierender Domänen enthält Industrie 4.0 eine signifikante Kooperationskomponente, die herstellereigene integrierte Lösungen mit ihren aufeinander abgestimmten Produktfamilien einerseits zur Öffnung zwingen wird. Durch die geschaffene Infrastruktur werden andererseits aber auch neue Assetkombinationen, also Kooperationen, auf *Anwendungsebene* möglich gemacht. Dabei sind theoretisch eine Unmenge sinnloser oder wenig erfolgversprechender Kombinationen von Assetkooperationen denkbar. Die Kunst für alle wird darin bestehen, die sinnvollen und geschäftlich vielversprechenden Assetkooperations-Kombinationen zu ermitteln. Die hiermit generierten „echten" Industrie 4.0 Use Cases werden die durch sinnvolle Kombination erzeugten Kooperations-Lösungen bestimmter Industrie-4.0-Assets sein.

Der Schlüssel des Industrie-4.0-Konzepts liegt also in der Schaffung einer herstellerübergreifenden Infrastruktur zur *Kooperation von Assets*, konkret von Automatisierungsanlagen, Teilanlagen, Maschinen und deren Bestandteilen.

Auch wenn Industrie-4.0-ähnliche (Teil-)Lösungen mit hohem Aufwand heute schon firmenspezifisch realisiert sind, so sind sie eher als Beweis für die grundsätzliche Machbarkeit des Industrie-4.0-Konzepts zu sehen. Die Herausforderung bei Industrie 4.0 wird sein, den Breiteneinsatz bezüglich Minimierung von Aufwand und Kosten im Interesse aller Kunden voranzutreiben. Dem nähern wir uns u. a. mit RAMI 4.0 und der Industrie-4.0-Komponente stetig.

Literaturverzeichnis

[1] Umsetzungsstrategie Industrie 4.0, Plattform Industrie 4.0; *http://www.plattform-i40.de/umsetzungsstrategie-industrie-40-0*

[2] Die deutsche Normungs-Roadmap Industrie 4.0, Version 2, DKE 2016; *https://www.dke.de/de/std/Industrie40/Seiten/RoadmapIndustrie40.aspx*

[3] VDI/VDE-Gesellschaft Mess- und Automatisierungstechnik: Statusbericht; Industrie 4.0; Wertschöpfungsketten. Düsseldorf: VDI e. V., April 2014

[4] VDI/VDE-Gesellschaft Mess- und Automatisierungstechnik: Statusbericht; Industrie 4.0; Gegenstände, Entitäten, Komponenten. Düsseldorf: VDI e. V., April 2014

[5] IEC Genf, IEC 62832, Industrial-process measurement, control and automation; Reference model for representation of production facilities

[6] IEC Genf, IEC TR 62794, Industrial-process measurement, control and automation; Generic reference model for the Digital Factory and automation assets

[7] IEC Genf: IEC 61360 -1 to 4 – Standard data element types with associated classification scheme for electric components und IEC CDD; *http://std.iec.ch/iec61360*

[8] eCl@ss Klassifikation und Datenbank Version 9.0 / Alle Klassen und Merkmale Stand 2013, eCl@ss e.V.; *http://www.eclass.eu*

[9] Springer-Verlag 2012, Informatik Spectrum, Datengetriebene Programmsysteme, Band 35, 2012, Heft 3, S.190-203, Udo Döbrich, Roland Heidel

[10] IEC, Genf, IEC 61987-10, Industrial-process measurement and control – Data structures and elements in process equipment catalogues – Part 10: Lists of Properties for Industrial-Process Measurement and Control for Electronic Data Exchange: Fundamentals

[11] Oldenburg Wissenschaftsverlag 2011, Automatisierungstechnik (AT), Merkmale als Grundlage der Interoperabilität technischer Systeme, Band 59 Heft 7, S.440-450, Ulrich Epple (RWTH Aachen)

[12] A Generic Reference Model for the Description of Plants and Products; Springer-Verlag Berlin Heidelberg New York 2003; ISBN 3-540-40169-5; Seiten 143-146, Udo Döbrich, Roland Heidel

[13] Leitfaden ‚Welche Kriterien müssen Industrie-4.0-Produkte erfüllen?', ZVEi e. V., November 2016; http://www.zvei.org/Verband/Publikationen/Seiten/Welche-Kriterien-muessen-Industrie-4.0-Produkte-erfuellen.aspx

Der Schlüssel für Industrie 4.0: Semantische Interoperabilität vom Sensor bis in die Cloud

von *Stefan Hoppe*

Als Folge der Digitalisierung werden in der digitalen Fabrik Maschinen, Sensoren und Werkstücke bis in die Datenbrillen miteinander vernetzt. Die Kommunikationsplattform OPC Unified Architecture (OPC UA) ist als internationale Norm IEC 62541 die Empfehlung, welche im RAMI 4.0 (Reference Architecture Model Industrie 4.0) für die durchgängige Kommunikation gelistet wird. Im Leitfaden „Welche Kriterien müssen Industrie-4.0-Produkte erfüllen" der Industrie-4.0-Plattform ist OPC UA als zwingend erforderlich gelistet, um den Einstiegslevel „Industrie 4.0 Basic" führen zu dürfen.

Für die durchgängige Kommunikation – horizontal zwischen Maschinen untereinander aber auch vertikal vom Sensor und Aktor bis in die IT-Welt – stellt OPC Unified Architecture (OPC UA) die ideale Plattform dar: Quasi als „sicherer USB-Stecker" für den Datenaustausch liefert OPC UA alles, was ein Geräte- und Dienstanbieter benötigt: Interoperabilität bedeutet, dass alle Geräte und Dienste eigenständig miteinander kommunizieren können, unabhängig vom Hersteller, vom Betriebssystem, von der Hierarchie und der Topologie. Die angebotene Funktionalität von Geräten sollte auslesbar sein – aber nicht für jedermann. Das erfordert Sicherheitsfunktionen mit Authentifizierung und Verschlüsselung direkt im Gerät. Bei Ausfall der Datenverbindung sollten die Daten nicht verloren sein, sondern automatisch für eine Weile gepuffert werden. Jeder redet mit jedem – ist das nicht genau das „Internet der Dinge" (IoT)?

Warum reicht „IoT" nicht aus?

Die großen IT-Firmen Microsoft, Oracle und IBM haben sicherlich sehr frühzeitig den Wert von Daten als „Währung der Zukunft" entdeckt: Das Sammeln und Auswerten von Daten ist aus IT-Sicht die Basis neuer Geschäftsmodelle in ihren Cloud-Lösungen; daher liefern auch alle IT-Firmen ihr eigenes IT-Protokoll für die Weiterleitung in ihre Cloud-Systeme: Microsoft verpackt das favorisierte AMQP[1] in eine IoT-Library ebenso wie IBM das MQTT[2], und auch Oracle bietet „sein eigenes" IoT-Protokoll an. Die einmalige Integration dieser IoT-Lösungen in Geräte für das Pushen eines festgelegten Datensatzes ist sicherlich einfach: Die Maschinen melden sich dann eigenständig in ihrer Cloud an und liefern zyklisch einen Datenblob mit dem vorher fest definierten Inhalt an die entsprechende Empfangsroutine in der Cloud zur Weiterverarbeitung der Daten. Diese IoT-Lösungen bieten dem Maschinenbauer, auf Grund der unterschiedlichen Protokolle der Cloud-Anbieter, jedoch nicht die für die Smart Factory notwendige Interoperabilität. Ebenso kann mit den Cloud-IoT-Lösungen kein einfaches Engineering für verschiedene Szenarien umgesetzt werden: Dazu müssten Maschinen und Dienste ferner direkt (M2M) miteinander sprechen und auch die Bedeutung von Daten und Informationen automatisch austauschen können. Der Maschinenbauer möchte außerdem

---

[1] Advanced Message Queuing Protocol
[2] Message Queue Telemetry Transport

jederzeit die Datenhoheit besitzen, also selber festlegen oder mit dem Betreiber auch monetär aushandeln, wer welche Daten abgreifen darf.

Welche Daten und Dienste liefert ein Gerät oder eine Maschine?

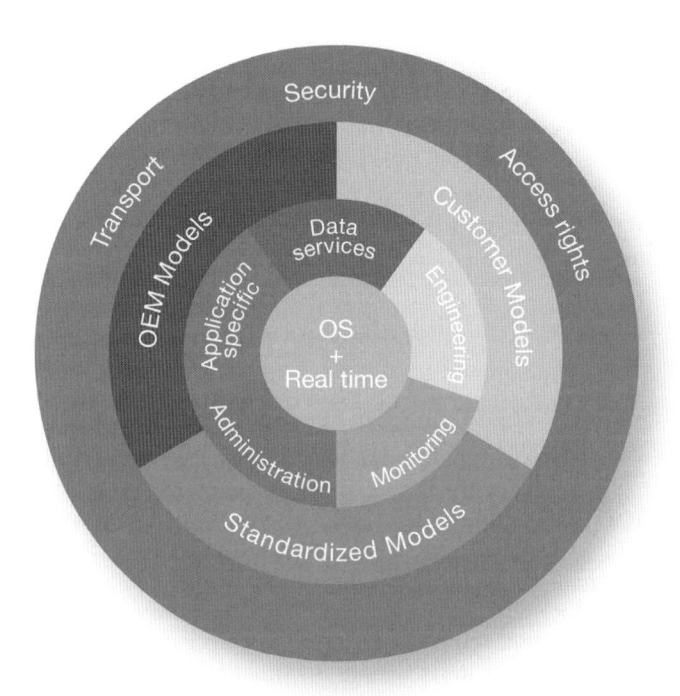

Bild 1   Die Sicht eines Geräteherstellers (z. B. einer Spülmaschine) und die eines Maschinenbauers (z. B. einer Verpackungsmaschine) ist abstrahiert gesehen eigentlich identisch und entspricht einem Schalenmodell.

Security, Zugriffsrechte, Transport

Von „außen" betrachtet soll aus der Kommunikationssicht der Zugriff auf Daten und Dienste der Maschine zunächst vollkommen sicher im Sinne der IT-Sicherheit definiert sein. OPC UA bietet hier nicht nur die gängigen IT-Mechanismen zur Authentifizierung, Signierung und Verschlüsselung im Zugriff. Zusätzlich bleibt der Maschinenbauer der „Herr seiner Daten", da er die Sichtbarkeit und Zugriffsrechte auf jedes einzelne Datum vorgeben und jedem Dienst entsprechende Rollen konfigurieren kann.

Um diese Daten nun auszutauschen, vereinigt OPC UA zwei Mechanismen für die Umsetzung unterschiedlicher Szenarien:

- Ein Client-Server Model, in dem OPC UA-Clients die dedizierten Dienste des OPC-UA-Servers nutzen und

- ein Publisher-Subscriber Model, bei dem ein OPC-UA-Server konfigurierbare Untermengen von Informationen an eine beliebige Anzahl Zuhörer verfügbar macht.

Beide Mechanismen sind losgelöst vom eigentlichen Protokoll und daher stehen TCP und HTTPS für die Client-Server und UDP und AMQP und MQTT für das Subscriber Model zur Verfügung. Definitiv benötigt man beide Varianten: 1) Den Peer-to-Peer-Kontext für den sicheren, bestätigten Transport – aber mit Einschränkungen in der Anzahl der Verbindungen. 2) Die Broadcast-Verteilung an alle unter dem Aspekt „Fire and forget" als unbestätigter Informationsaustausch. OPC UA bietet beide Mechanismen.

Die Frage „OPC UA oder AMQP oder MQTT" stellt sich somit aus OPC Foundation Sicht nicht – auch OPC UA nutzt diese Protokolle. OPC UA ist eben nicht „nur Protokoll", sondern eine Architektur, welche sich auf die Anforderungen des Markts erweitern lässt: Ein Update auf einen neueren OPC-UA-Stack belässt alle Dienste, Daten und Informationsmodelle wie bisher im Zugriff, liefert aber neuere, unterlagerte Protokollübertragungen.

Wichtiger als der Transportweg ist die Informationsmodellierung und die Einigung auf die Bedeutung der Daten als dem eigentlichen Schlüssel für Industrie 4.0.

Modellierung

Maschinen müssen ihre Daten und Dienste maschinenlesbar anbieten, wenn Maschinen und Dienste miteinander sprechen sollen und auch das Engineering durch den Menschen möglichst einfach vonstattengehen soll: z. B. „Ich bin eine Verpackungsmaschine mit den Diensten xyz" oder „Ich bin ein RFID-Reader". Die semantische Festlegung der Schnittstellen kann von den entsprechenden Fachverbänden mit OPC UA modelliert werden. Als Beispiel haben die Unternehmen HARTING und Siemens dies für die AutoID-Industrie vorangetrieben und in nur einem Jahr die Spezifikation der Schnittstelle aber auch die Umsetzung realisiert: OPC-UA-Server, integriert in ihre RFID-Reader, konnte als wichtiger Interoperabilitätsstandard auf der Hannover Messe 2015 als Umsetzung gezeigt werden. Aus der SPS-Steuerung von BECKHOFF, der Visualisierung von ICS und dem Cloud-Gateway von C-Labs konnte mit extrem einfachem Engineering der identische Zugriff auf die Geräte beider Hersteller umgesetzt werden. Dies verdeutlichte die Minimierung des Integrationsaufwands der AutoID-Komponenten in den Prozess. Wenn RFID-Reader unterschiedlicher Hersteller ein identisches Interface bieten – bleibt dann die Differenzierung der Geräte nicht auf der Strecke? Die Antwort lautet: Nein. Denn neben dem standardisierten Informationsmodell kann jeder Gerätehersteller seine eigenen Modelle quasi als „Extra" parallel anbieten. Diese Kombination aus genormtem „Geräte-Standard" und der „Geräte-Individualität" ist sinnvoll und ideal geeignet, um miteinander konkurrierenden Geräteherstellern die Chance zu geben sich zu einigen, jedoch trotzdem ihren Mehrwert nach außen abgreifbar zur Verfügung zu stellen. Wichtig bleibt aber: Auf alle Schnittstellen – die standardisierten und die herstellerspezifischen – greift ein OPC-UA-Client mit dem gleichen Mechanismus zu.

Diese Schicht der Modellierung der Daten und Dienste ist der eigentliche Schlüssel für Industrie 4.0 und der wesentliche Unterschied zum „nur IoT-Daten Pushen" in die Cloud: Erkannt haben das diverse Organisationen und haben so ihre marktspezifischen Informationsmodelle mit OPC UA modelliert.

Bild 2 Diverse Organisationen haben alleine oder mit Hilfe der OPC Foundation die Semantik für Schnittstellen per OPC UA festgelegt.

Dienste

Unabhängig von der Bestimmung des Geräts oder der Maschine sind bestimmte Dienste immer vorhanden; nur einige sollen hier vorgestellt werden:

Daten-Dienste liefern heute an Visualisierungen die benötigen „Live-Daten" (die IT-Welt spricht hier von Realtime-Daten – nicht zu verwechseln mit deterministischen Daten aus der harten Echtzeit) der Maschine. Auch historische Daten aus der Vergangenheit oder Alarme, wenn bestimmte Wertlevel über- oder unterschritten werden, gehören in diese Kategorie der Dienste.

Administrations-Dienste wirken eher auf die Funktionalität der Geräte: Eine SPS-Steuerung kann darüber definiert zwischen „Stopp"- und „Start"-Zustand geschaltet werden (dieser Dienst wurde z. B. von der PLCopen & OPCF-Arbeitsgruppe definiert), um z. B. neue Logik-Ablaufprogramme per OPC- UA-Filetransfer in die Steuerung zu transferieren. Eine Verteilung einer überarbeiteten SPS-Logik in viele weltweit verteilte Anwendungen, wie Windturbinen, ist damit einfach und vor allem sicher realisierbar. Das Senden und Laden von Dateien dient auch dezentralen SmartMeter-Anwendungen.

Monitoring-Dienste können zu jedem Zeitpunkt Informationen über das Gerät selber liefern, z. B. die Temperatur der CPU oder deren Auslastung, die Lüfterdrehzahl usw.

Applikations-Dienste bzw. Maschinendienste: Der Geräte- bzw. Maschinenbauer kann hier einfach seine eigenen Dienste nach außen definieren – in verketteten Maschinen in der Holzbranche z. B. „Auslesen Vorschubgeschwindigkeit" oder „Betriebsbereitschaft" ebenso wie in ganz anderen Branchen etwa einer intelligenten Kamera den Befehl „Bild aufnehmen und auswerten" zu übermitteln.

Betriebssystem und Realtime

Welches Betriebssystem in einer Maschine werkelt oder ob gegebenenfalls eine spezielle Echtzeitrealisierung implementiert ist, spielt keine Rolle aus Sicht einer externen Geräte- und Maschinenkommunikation: Nichts ist davon nach außen – in einem „Industrie-4.0-kompatiblen Gerät" – sichtbar. Die Auswahl eines Betriebssystems, z. B. eines Steuerungsherstellers, unterliegt anderen Kriterien und bietet die eigentliche Basis für die Differenzierung der Maschinenfunktionalität: Lange Supportverfügbarkeit, Freistellung von IP-Policies, eine exzellente Software-Toolkette für einfaches Engineering, skalierbarer Einsatz vom kleinsten Embedded-System bis in Many-Multi-Core-Systeme sind z. B. Faktoren, die den einen Steuerungshersteller vom anderen unterscheiden.

Skalierbarkeit

OPC UA ist skalierbar von kleinen Geräten bis in die IT-Ebene. Bereits im Jahr 2012 hat das Fraunhofer-Institut Lemgo einen OPC-UA-Server auf einen 10-kB-Footprint abgespeckt, um ihn in kleinsten Sensoren auf Chips zu integrieren. Im industriellen Einsatz ist ein Strom-Überwachungssensor von Fa. Areva mit OPC-UA-Funktionalität reduziert auf 240-kB-Flash- und 35-kB-RAM-Speicherauslastung.

Adaptierung

Als „Early Adopter" haben Beckhoff und Siemens den OPC-UA-Standard bereits im Jahr 2008 unterstützt und in Geräte integriert. Heute unterstützen nahezu alle SPS-, Visualisierungs- und MES- Hersteller (wie SAP im Jahr 2010) diesen Standard. Die Anbindung einer neuen Produktionsmaschine dauert somit nicht mehr Tage – mit erheblichem Integrations- und Testaufwand – sondern ist in weniger als einer Stunde umsetzbar. OPC UA wächst sowohl in kleinste Geräte aber auch in die Cloud weiter.

Microsoft hat massiv und strategisch in OPC UA investiert: Der OPC UA .NET Code der OPC Foundation wurde von Microsoft cross compilierbar erweitert und als Open Source der Foundation zurückgegeben – nun ist diese Lösung für Windows 7/8/10 aber auch für iOS, Linux und Android compilierbar. Desweiteren wurde OPC UA tief in die Microsoft Azure Cloud integriert um zwei Szenarien zu bedienen:

- D2C (Device to Cloud): Geräte pushen Telemetrie-Daten in die Cloud,
- C2D (Cloud to Device): Aus der Cloud kann man optional auf die freigegebenen Daten und Dienste im Gerät per „Control und Command" zugreifen.

Um die Evaluierung zu erleichtern, wurden im Mai 2015 die OPC-UA-Spezifikationen öffentlich verfügbar gemacht, ebenso wie die Kommunikations-Stacks. Für die professionelle OPC-UA-Integration in industrielle Produkte nutzen Firmen die marktgängigen Toolkits. Auf Grund der Relevanz von OPC UA für Industrie 4.0 hat die Foundation ein weiteres OPC-Labor in Stuttgart eröffnet, welches auch Nicht-Mitgliedern Zugang bietet.

Im Industrial Internet Consortium (IIC) ist OPC UA im „Connectivity Framework" als wichtiger Standard beschrieben, aktuell befassen sich drei Testbeds mit OPC UA. In der China-2025-Initiative sind die ersten vier OPC UA bereits im Jahr 2016 als chinesischer nationaler Standard anerkannt worden – die anderen Teilspezifikationen sollen in 2017 als solche folgen.

In der koreanischen „Manufacturing Initiative 3.0" ist OPC UA ein wichtiger Baustein um die IT- und OT-Welt zu koppeln.

Roadmap

Der Roboterhersteller KUKA hat das Potenzial von OPC UA erkannt und ist der OPC Foundation beigetreten, um diesen Standard mitgestalten zu können: Aus Sicht von KUKA muss auch eine schnellere, echtzeitfähige Kommunikation per OPC UA machbar sein, um mit einer einzigen Kommunikationslösung komplett zu skalieren: von der horizontalen Robotersteuerung zur Roboterhandsteuerung, aber auch bis in die MES- und IT-Ebene. Die Vision ist daher den Interoperabilitätsstandard OPC UA über das unterlagerte TSN (Time Sensitive Network) auch in Echtzeit austauschen zu können. Die OPC Foundation hat dazu eine Arbeitsgruppe OPC UA over TSN gestartet. Die eigentliche Herausforderung der Zukunft liegt hier aber eher in der reinen TSN-Konfiguration eines komplexen Netzwerks von TSN-Geräten von verschiedenen Herstellern. Hier gibt es keine verlässliche Roadmap und daher bewirbt die OPC Foundation das Thema aktuell noch nicht.

Fazit

Der Schlüssel für Industrie 4.0 liegt nicht in der vielfältigen Kommunikationsanbindung mit möglichst vielen Treibern (wie viele IT-Firmen das als Middleware-Anbieter meinen): Semantische Interoperabilität ist der Schlüssel – dazu müssen sich Mitbewerber zusammenschließen und ihre domänenspezifischen Daten und Dienste (das Informationsmodell) modellieren. Standardisierte und sichere Kommunikation vom Feldgerät bis in die Cloud ist keine Vision mehr, sondern umsetzbare Realität. Mit OPC UA wachsen IT und AT zusammen!

eCl@ss – Produktdatenstandard für die Industrie-4.0-Ontologie

von *Ronald Heinze*

Am Beispiel des eCl@ss-Produktdatenstandards diskutieren führende Köpfe der Industrie 4.0 Anforderungen an eine konsensuale I4.0-Semantik. Der bewährte Standard mit seinen 40.800 Produktklassen und bereits mehr als 17.000 Merkmalen ist in rund 3.200 Unternehmen erfolgreich im Einsatz und soll nun als Bestandteil der Industrie-4.0-Komponente der Lieferant konsensualer Semantik werden.

Hat eCl@ss das Potenzial, eine vollständige I4.0-Ontologie zu liefern? Welche Voraussetzungen müssen geschaffen werden, welche Anforderungen erfüllt sein? Diesen Fragen ging eine Industrie-4.0-Expertenrunde nach. Zuerst stellt sich dabei immer die Frage, was überhaupt unter Industrie 4.0 zu verstehen ist. „Industrie 4.0 ist zunächst einmal die Nutzung neuer IT-Technologien aus der Web-Welt für die Automatisierungstechnik, die zu neuen Möglichkeiten im Zusammenspiel der Komponenten einer Automatisierungsanlage führt", betont Dr. Peter Adolphs. Die Nutzung dieser Möglichkeiten biete ebenso Vorteile für Produktion und Engineering wie für das Handling von Produktionsanlagen.

Neue Geschäftsmodelle seien ein ebenso wichtiges Thema, so Dr. Michael Hoffmeister: „Wir müssen nicht unbedingt alles verändern, haben aber die Möglichkeit, neue Player einzuladen und Externe in das Wertschöpfungssystem zu integrieren. Digitale Information und Vernetzung können dann relativ schnell gemanagt werden. An dieser horizontalen Integration müssen wir arbeiten." Michael Ziesemer will das Thema „im Zusammenhang mit den heutigen Gegebenheiten" betrachtet sehen. Automatisierung mithilfe von Digitaltechnik und Software sei seit mindestens zwei Jahrzehnten etabliert. Neu sind drei Aspekte: „Wir haben heute Rechnerleistung und Speicherplatz wie nie zuvor sowie das Internet als standardisiertes Informationsmedium, auf das wir zurückgreifen können. Vieles ist datengetrieben, auch die neuen Geschäftsmodelle mit ihrer zunehmenden Veränderung vom Produkt- hin zu einem Dienstleistungsgeschäft."

Für Prof. Dr.-Ing. Arndt Lüder bedeutet Industrie 4.0 einen „Technologiesprung": „Industrie 4.0 könnte in Zukunft die automatische Integration von Fertigungssystemen zu Herstellung unbekannter Produkte auf Basis von Produkt- und Produktionssystembeschreibungen ermöglichen; sozusagen die Realisierung des Model Driven Engineering in der Produktion", ist Prof. A. Lüder überzeugt. „Aber bis dahin ist noch ein weiter Weg zu gehen." In der bisherigen Automatisierung rede man häufig davon, dass man Daten nutzt, um etwas zu automatisieren. Jetzt vollziehe man einen Sprung von Daten zu Informationen. Ein Datum wird zum Beispiel mit einer bestimmten Bedeutung transportiert: „Die gemeinsame Nutzung von Daten und ihrer Bedeutung ist ein intensiver Treiber für die erwartete Durchgängigkeit." Und Johannes Kalhoff ergänzt: „Genau das ist ein wichtiger Punkt: Informationen vernetzen sich automatisch an die verschiedenen Teilnehmer. Das ist ein Schritt weiter nach vorn, der mit CIM vor 20 Jahren begann und an Barrieren, die jetzt aufgelöst werden, zu scheitern drohte. Der Mensch mit seiner Entscheidungsverantwortung wird integriert. Die gelieferten Daten bieten die Entscheidungsgrundlage für sein individuelles, qualifiziertes Handeln und ermöglichen schnelleres Arbeiten."

Dinge und Funktionen

Was lässt sich nun unter konsensualer I4.0-Semantik verstehen? Es geht – einfach ausgedrückt – um die „Beschreibung von Dingen, die verwendet werden sollen" auf eine einheitliche Art und Weise, so J. Kalhoff weiter. Dinge könnten dabei Software oder auch Funktionen sein. „Beides – Dinge und die Funktion – werden gemeinsam beschrieben." Als griffiges Beispiel nennt er Tisch und Stuhl. Beides für sich sind Dinge, die Funktion wäre zum Beispiel, den Stuhl unter den Tisch zu stellen. Die Beschreibung der Dinge und ihrer Funktionen in einer für die automatisierte Verarbeitung geeigneten Art und Weise sei die Herausforderung der Zukunft. Dr. P. Adolphs erläutert anhand eines einfachen Beispiels: „Schließe ich einen Sensor an eine Steuerung an, beschreibt die Semantik, dass das Kabel aus einem Sensor herauskommt und an einem bestimmten Port angeschlossen werden soll. Übertragen auf Industrie 4.0 hängt der Sensor aber nicht mehr nur an einem Port einer Steuerung, sondern an einem Netz in einer Cloud. Jeder Teilnehmer kann dann im Netz oder in der Cloud Verbindung mit diesem Sensor aufnehmen." Man müsse andere und neue Wege finden und den jeweiligen Zugriff normen, so dass beliebiger Zugriff möglich werde und zum Beispiel von beliebiger Stelle auf einen beliebigen Sensor zugegriffen werden könne. Das sei die Anforderung an die Semantik.

Praktische Erfahrungen

„Erfahrung ist etwas, das man nicht hat, bis kurz nachdem man es gebraucht hätte", heißt es. Der eCl@ss-Standard ist nicht neu. „Wir haben bereits unsere gesamte Produktdatenbank nach diesem Standard strukturiert", stellt Dr. Peter Adolphs für Pepperl+Fuchs heraus. „Unsere Daten werden zum Beispiel für die Erstellung von Datenblättern gemäß dem Standard archiviert." M. Ziesemer ergänzt aus dem Blickwinkel der Prozessautomatisierung: „Es geht auf der einen Seite um die technischen Merkmale, sowohl in Richtung von Projekten und Projektierung sowie Engineering und den Bereich der Instandhaltung. Schließlich kommen Beschaffungsprozesse und die kommerzielle Seite hinzu. Erfahrungen mit einigen Kunden liegen vor und liefern eine praktische Basis, auf die man aufsetzen kann." Die Kunden seien dabei zufrieden. „Sie könnten allerdings noch zufriedener sein, wenn wir mehr Schnittstellen in den entsprechenden CAE-Tools hätten", schließt er an. Dr. M. Hoffmeister betont den Charakter des Miteinanders: Entsprechend des „Konsensualen" geht es darum, „miteinander zu schnellen Lösungen zu kommen. Das ist eine zentrale Forderung für die nächsten Jahre."

Welche Produktdaten werden konkret hinterlegt? „Produktdaten, die normalerweise in einem Datenblatt zu finden sind, werden zum Kunden im elektronischen Datenverkehr weitergegeben", erläutert Dr. M. Hoffmeister das Vorgehen am Beispiel seines Unternehmens. „Konfigurationsgenaue Daten für jedes Gerät sind nur eines der Stichworte. Die nächste Herausforderung ist zu beschreiben, wozu die Geräte geeignet sind und die Applikation exakt zu definieren. Wartung und das entsprechende Engineering sowie die Aufbereitung von CAD-Daten kommen hinzu." J. Kalhoff ergänzt: „Im Prinzip hat sich der Standard schon relativ gut durchgesetzt und beschreibt umfassend, was wir im industriellen Umfeld an Produkten auf den Markt bringen." Das eCl@ss-Konsortium deckt eine große Bandbreite von Produkten ab. Erste Applikationen zeigen den Wert der Weiternutzung der Datenketten bis hin zur Wartung.

Darüber hinaus gibt es laut Prof. A. Lüder noch weitere wichtige Aspekte: „Die im Konsens getroffenen Beschreibungen gehen über den bisherigen Anwendungsfall hinaus. Aspekte des Einkaufs und der Wartung können schon im Engineering berücksichtigt werden und an Bedeutung gewinnen. Ein Kürzel definiert und identifiziert Objekt und Bedeutung eindeutig.

In jedem weitergetragenen Datensatz kann darauf verwiesen werden und jeder, der diesen Datensatz bekommt, kann damit weiter arbeiten. Über verschiedene Hersteller und Werkzeuge hinaus können Informationen übertragen und Daten genutzt werden, ohne irgendetwas zu Papier zu bringen."

Security im Fokus

„Eine große Herausforderung bei Industrie 4.0 stellt die Security dar", unterstreicht Dr. M. Hoffmeister. „Wenn das nicht gelingt, ist das ganze Konzept gescheitert. Eine eigene Arbeitsgruppe der Plattform beschäftigt sich deshalb damit. Der Zugang zu Merkmalen bei gleichzeitiger Sicherheit und Unveränderbarkeit dieser wird ein wichtiges Thema zwischen und für die vielen unterschiedlichen Wertschöpfungspartner sein. Wir können uns die IT zum Vorbild nehmen und viele Dinge aus der Informationstechnologie übernehmen." Prof. A. Lüder stellt hierzu heraus: „Die Industrie hat die Verantwortung, sich nicht nur auf die staatlichen Stellen zu verlassen. Partner sind erforderlich, die nicht unbedingt in den etablierten Strukturen verankert sind." Er schlägt vor, das Thema Security zum Beispiel auch gemeinsam mit dem Chaos-Computer-Club zu bearbeiten.

„Semantik, deren Erstellung und die digitale Beschreibung von Produkten ist das eine", differenziert J. Kalhoff. „Auch hier haben wir Daten, die an den Kunden weitergegeben werden, und solche, die im Unternehmen bleiben. Den Kunden werden digital schneller Daten über öffentliche Schnittstellen zur Verfügung gestellt. Das Einbeziehen des Kunden mit entsprechenden IT-Mechanismen und entsprechender Semantik sowie angemessener Sicherheitsstruktur ist ein wichtiges Thema."

RAMI 4.0 – Referenzarchitekturmodell für die Zukunft

Im Zusammenhang mit Industrie 4.0 entstand die Referenzarchitektur RAMI 4.0. Dazu zunächst: „Es handelt sich um einen Versuch, die Industrie-4.0-Welt in ein Modell zu fassen und das Verständnis zu erleichtern", erläutert Dr. P. Adolphs. „Die besondere Idee ist, die Kommunikation in der Betriebsphase mit der Datenerfassung für die Lifecycle-Betrachtung zu verbinden. Dazu wurde die sogenannte I4.0-Komponente als wesentlicher Baustein definiert. Sie besteht immer aus einem Asset, einem Stück Hardware, und einem Stück zugehöriger IT, in der ein digitales Abbild der Hardware liegt. Die Kombination aus beidem definiert die I4.0-Komponente. Zwischen diesen Komponenten findet Kommunikation statt, die weit über eine Feldbus-Kommunikation hinausgeht. Es kann sich um Kommunikation während des Betriebs, aber eben auch um den Zugriff auf ein drei Jahre altes Datenblatt handeln." [1]

Eine I4.0-Komponente kann eine Maschine, ein einzelner Sensor oder ein Werkstück sein. Im Modell kann sogar eine ganze Fabrik als I4.0-Komponente betrachtet werden. Im RAMI-4.0-Modell sollen alle I4.0-Komponenten miteinander agieren und kommunizieren. Hier hat man bei der IT Anleihen genommen und betrachtet verschiedene Layer oder Ebenen, auf denen sich diese Komponenten miteinander unterhalten. Einer davon ist der Information Layer, der die Daten der Komponente, etwa den Zustand einer Maschine oder eines Sensors, enthält. „Wie die entsprechenden Daten hier abgelegt werden, wird mittels eCl@ss-Standard geregelt", setzt Dr. P. Adolphs fort. Im sogenannten Functional Layer geht man dann den umgekehrten Weg und beschreibt, wie von außen auf die I4.0-Komponente eingewirkt und zugegriffen werden kann. Das ist die Idee des Referenzmodells. Kommunikation und Zugriff erfolgen auf zwei Achsen, einmal in der Hierarchie und zum anderen in der Historie."

Wie kann die Offenheit für zukünftige Entwicklungen gewährleistet werden? Schließlich könne doch nur Vergangenes geregelt und standardisiert werden. „Wir haben ein Modell und einen Datencontainer als Verwaltungsschale", erklärt Dr. M. Hoffmeister. „Wichtig ist der Inhalt eben dieses Containers. Wir müssen über die Konzepte hinaus jetzt Inhalte definieren; die Daten müssen sich an Standards orientieren. Es muss nicht jedes Rad neu erfunden werden, aber es ist festzulegen, welche Merkmale erfüllt werden müssen – und das regelt die Semantik. Größere Datenmengen, etwa CAD-Objekte, müssen ebenso eingepasst werden. In jedem Fall muss zu jeder Zeit aus verschiedenen Sichten, etwa der des Engineerings oder der Wartung, Zugriff auf die Daten und ihre Historie möglich sein."

Prof. A. Lüder gibt in diesem Zusammenhang zu, dass nicht alle technologischen Entwicklungen vorausgeahnt werden können. Es werde immer Weiterentwicklungen geben. Aber: „Die Standards, die derzeit im I4.0-Umfeld entwickelt werden, sind alle objektorientiert und behandeln Eigenschaften, Attribute und Funktionen", so Prof. A. Lüder. „Es gibt derzeit aus meiner akademischen Sicht heraus nichts, was mit diesem Modell nicht beschrieben werden könnte." J. Kalhoff ergänzt: „Industrie 4.0 bedeutet auch Lebenszyklus-Unterstützung. Das schließt die Erweiterung eines solchen Modells ein. Auch heute haben wir schon Anlagen, die in das Modell überführt werden müssen. Wir müssen verinnerlichen, dass wir eine gute Basis für Migrationsfähigkeit geschaffen haben. Die Semantik zielt auf den Erhalt der Funktionsfähigkeit des Modells hin. Wir wollen kein Weltmodell entwickeln, das ein für allemal gültig bleibt, sondern eines, das sich auch zukünftigen Anforderungen anpasst." Dr. M. Hoffmeister greift diesen Gedanken auf: „Wir reden nicht von fixen Objekten, sondern von Erweiterungsmöglichkeiten, die jederzeit gegeben sein müssen. Auch eine Maschine in einer Fabrik wird umgebaut oder erweitert. Das semantische Modell muss hier Flexibilität gewährleisten. Gleichzeitig werden die größeren Zusammenhänge beständig aktualisiert."

„Mit RAMI 4.0 haben wir ein Kommunikationsmodell geschaffen, das sowohl den Lebenszyklus wie auch den Aspekt der aktuellen Daten berücksichtigt", ergänzt Dr. P. Adolphs. „In einer solchen Datenleiste gibt es dann Daten, die sehr früh entstehen – etwa die Abmessungen eines Sensors – und solche, die während der Laufzeit anfallen, zum Beispiel Schaltzustände. Im Referenzmodell werden alle Aspekte berücksichtigt." Die Historie im Lebenszyklus und das Kommunizieren im Ist und Jetzt sind nicht mehr getrennt, sondern zusammengefasst. Prof. A. Lüder verweist in diesem Zusammenhang auf die Bedeutung der Durchgängigkeit im Engineering: „Die standardisierte Beschreibung von eCl@ss bietet eine wesentliche Hilfe, um auch Informationen von einem frühen Entwurf der Anlagen-Grobstruktur über das CAD-Tool bis hin zum CAE und zur SPS-Programmierung zu verstehen." Er schätzt, dass der Engineering-Aufwand um 15 % bis 20 % reduziert werden kann.

Branchenübergreifendes Modell

Der implementierte Standard soll weitergepflegt werden. „Der eCl@ss e.V. selbst hat entsprechende Mechanismen implementiert, die es dem Anwender ermöglichen, seine implementierten Varianten zu pflegen", betont Prof. A. Lüder. „Mit einer neu veröffentlichten Version wird immer gleichzeitig eine Beschreibung zur Übertragung und Aktualisierung auf die aktuelle Version geliefert werden. Somit steht dem Anwender ein automatisierter Mechanismus zur Aktualisierung zur Verfügung, der mit jeder Version bereitgestellt wird."

Ausgebaut wird auch die branchenübergreifende Kommunikation: „Das Industrie-4.0-Konsortium ist dazu da, die verschiedenen Welten zusammen zu bringen", leitet J. Kalhoff ein. Es gibt eine „hohe Motivation für die IT, auf die Industrie zu schauen und zu sehen, welche

Daten und Standards hier verwendet werden." Der Sinn des sogenannten Big-Data-Konzepts begründet sich in einer einheitlichen Beschreibung für alle Standards. „Der Bedarf für die Nutzung gemeinsamer Schnittstellen wächst, auch für unsere eigenen Systeme", betont der Phoenix-Contact-Mann. „Integration in unterschiedliche Tools wird gebraucht", ist auch M. Ziesemer überzeugt. Dies beschränkt sich nicht nur auf MES- und ERP-Lösungen.

Beispielhaft ist hier auch die Kooperation zwischen AutomationML und eCl@ss genannt. „Die Kombination beider ist ein wichtiger Ansatz für das Datenmanagement in Industrie 4.0", so Prof. A. Lüder. „Beide Standards bedienen aber unterschiedliche Zielrichtungen. eCl@ss beschreibt genau eine Komponente mit ihren Eigenschaften, AutomationML beschreibt hingegen Systeme von Komponenten und ihre Zusammenhänge in ihrer Hierarchie und ihren Relationen zueinander. In AutomationML haben wir uns bewusst entschieden, keinen neuen Standard für Komponenten zu schaffen. Die gemeinsame Arbeitsgruppe von AutomationML e.V. und eCl@ss e.V. hat schon sehr viel erreicht. Gemeinsam haben wir beschrieben, wie eine eCl@ss-Klassifikation in AutomationML zur Festlegung der Semantik von Datenpunkten genutzt werden kann."

Auch hinsichtlich der Übertragung von eCl@ss-Merkmalen über OPC UA oder Prostep-Schnittstellenlösungen gebe es „kein technisches Limit", ergänzt Dr. M. Hoffmeister. „Die Kooperation von OPC UA, Automation ML und eCl@ss erhöht die Effizienz des Engineering." Die Automatisierungswelt rückt zusammen. „Die Referenzarchitektur gibt Richtung und Struktur vor", so M. Ziesemer. „Die Zusammenarbeit ist konstitutiv für Industrie 4.0. Die Blickwinkel sind vielfältig; es ist vieles entwickelt worden und muss nun genutzt werden." Ein nächster Schritt wird eine formelle Zusammenarbeit zwischen ZVEI und dem eCl@ss-Konsortium sein.

Erwartungen an eCl@ss im Zusammenhang mit I4.0

„Heute weiß noch niemand, wie Industrie 4.0 funktioniert; dazu ist das Thema zu komplex", so Dr. M. Hoffmeister. Er betont, dass es in diesem Zusammenhang wichtig sei, sich zu engagieren. „eCl@ss ist eine wunderbare Plattform, um konsensual zu Lösungen zu kommen."

Die Offenheit der Kommunikationsstandards ist eine wesentliche Voraussetzung für neue Geschäftsmodelle. „Solange Automatisierungsstandards – so wie wir es heute noch oft vorfinden – proprietär aufgebaut sind, werden wir keine wirkliche Offenheit haben", betont Dr. P. Adolphs. „Insofern ist das Finden von Standards für den semantischen Austausch eine wesentliche Voraussetzung, um mit neuen Ideen neue Services zu etablieren. Das wird uns vorantreiben und jeder iPhone-Nutzer kann das bestätigen." Ergänzend dazu führt J. Kalhoff an: „Der Nutzen bei den Apps ist so hoch, dass automatisch neue Geschäftsmodelle entstehen. Im Hinblick auf eCl@ss müssen wir den Austausch fördern und die Geschwindigkeit forcieren. Erste Schritte sind gemacht; nun gilt es, „weiße Flecken" aufzudecken und eine strukturierte Herangehensweise ist gefragt."

Schließlich führt M. Ziesemer an: „Heute erkennt man, dass eCl@ss sehr vielseitig genutzt werden kann. Was Industrie 4.0 selbst betrifft, so ist es vor zwei Jahren aus der Taufe gehoben worden und zeigt mittlerweile imponierende Auswirkungen." Er begrüßt auch den Schritt von Industrie 4.0 von der reinen Verbändeplattform in eine breitere Plattform mit der Politik, dem Wirtschafts- und Forschungsministerium und den Gewerkschaften. „Für die nächsten zwölf Monate würde ich mir wünschen, dass wir 100 unterschiedliche Anwendungen in unterschiedlichen Branchen haben", schließt er ab.

Die Expertenrunde für die konsensuale I4.0-Semantik

Michael Ziesemer ist Chief Operating Officer von Endress + Hauser und Präsident des ZVEI.

Johannes Kalhoff ist im Bereich Corporate Technology von Phoenix Contact für das Segment Industrie 4.0 zuständig und in verschiedenen Arbeitsgremien des ZVEI und der Plattform Industrie 4.0 aktiv.

Dr. Peter Adolphs ist CTO bei Pepperl+Fuchs sowie bei der Plattform Industrie 4.0 Sprecher der AG2: Referenzarchitektur, Standardisierung und Normung.

Dr. Michael Hoffmeister vom Portfoliomanagement Software bei Festo ist in verschiedenen Gremien des ZVEI und der Plattform Industrie 4.0 tätig.

Prof. Dr.-Ing. Arndt Lüder hat an der Universität Magdeburg das Lehr- und Forschungsgebiet Fabrikautomation inne und ist Vorstandsmitglied des Automation ML e.V.

Literatur

[1] http://www.vdi.de/fileadmin/vdi_de/redakteur_dateien/gma_dateien/Statusreport_Referenzmodelle_2015_v10_WEB.pdf

Herstellerunabhängiger Austausch von Entwurfsdaten für Steuerungssysteme mittels AutomationML

von *Prof. Dr.-Ing. Arndt Lüder, Nicole Schmidt*

Der verlustfreie Austausch von Entwurfsdaten zwischen verschiedenen Entwurfsprozessphasen, Entwurfswerkzeugen und zwischen Experten verschiedener Entwurfsdisziplinen hat sich zu einem wichtigen Mittel bei der Effizienzerhöhung und Qualitätssicherung im Entwurf von Produktionssystemen entwickelt. Dabei gilt es, zwei generelle Anwendungsprobleme zu lösen: die Auswahl eines geeigneten Datenaustauschformats sowie der Nachweis der praktischen Anwendbarkeit dieses Formats. Beide Probleme sollen in diesem Beitrag betrachtet und für AutomationML als Datenaustauschformat für Entwurfsdaten zum Steuerungsentwurf innerhalb des Entwurfs von Produktionssystemen beantwortet werden.

Einleitung

In Zeiten, in denen neue Produkte wie Autos, Handys, Waschmaschinen etc. stetig komplexer werden, dabei aber schneller produziert werden sollen, müssen die Produktionssysteme diesem Wandel folgen und die damit an sie gestellten Anforderungen erfüllen [1]. Diese Anforderungen gelten jedoch nicht nur für die Nutzungszeit eines Produktionssystems sondern für dessen gesamten Lebenszyklus einschließlich des Zeitraums, in dem das Produktionssystem entworfen und erstellt wird. In diesem Zeitraum arbeiten Experten unterschiedlicher Disziplinen zusammen, um ein Produktionssystem zu entwickeln und zu erschaffen, [20]:

1. das in der Lage ist, die geplanten, komplexen Produkte zu fertigen (Unternehmen produzieren für gewöhnlich nicht nur ein und dasselbe baugleiche Produkt. Sie haben Produktportfolios, bei dem die unterschiedlichen Produkte sich in ihren Features unterscheiden – aus dieser Bandbreite kann der Verbraucher dann in der Regel das passende Produkt auswählen.) und
2. das in stetig kürzer werdender Zeit erstellt oder verändert werden soll. (Die Forderung, die Produkteinführungszeit neuer Produkte zu verkürzen, d. h. die Zeit, die notwendig ist, sie auf den Markt zu bringen, ist allgegenwärtig. Der Lebenszyklus von Produkten, insbesondere die Zeitdauer, in der Produkte gewinnbringend verkauft werden können, verkürzt sich stetig. Außerdem bringt es dem Unternehmen Marktvorteile, wenn es ein neues Produkt mit neuen Features als erstes auf den Markt bringt.)

Um der ersten Anforderung gerecht zu werden, müssen flexiblere und anpassungsfähigere Produktionssysteme entworfen werden. Dies erhöht massiv die Komplexität dieser Produktionssysteme. Um mit dieser Komplexität umgehen zu können, wurden neue Entwurfsmethoden für Produktionssysteme entwickelt, die funktionalen [25, 26], mechatronischen [8] oder strukturellen Grundprinzipien [24] folgen.

Ein gebräuchlicher und viel versprechender Ansatz ist hierbei das mechatronische Denken, das einen objekt- bzw. systemorientierten Ansatz umsetzt [21, 22]. Objektorientierung ist in diesem Fall nicht im Sinne der objektorientierten Programmierung zu verstehen. Hier kommt eher die Idee des objektorientierten Design zum Tragen mit einem weiter gefassten Verständnis von

Systemorientierung. Ein Produktionssystem wird unter Verwendung von Objekten modelliert – sogenannten mechatronischen Einheiten, z. B. Robotern, Förderbändern, Motoren etc. Die während des Entwurfsprozesses entwickelten, zu den Objekten gehörenden Informationen werden diesen als eine Art digitaler Schatten (auch mechatronisches Informationsobjekt genannt) zugewiesen/zusortiert, z. B. der notwendige Arbeitsraum eines Roboters, die Abmaße eines Förderbands oder der Motortyp. Ein solches mechatronisches Informationsobjekt ist schematisch in der nachstehenden Abbildung dargestellt. Diese zeigt die Informationen, die notwendig sind, um ein Objekt im Produktionssystem umfassend zu beschreiben.

Mechanische Daten
- 3D Geometrie
- Kinematik

Technische Daten
- Material / Gewicht
- Energieversorgung
- etc.

Organisatorische Daten
- Teilenummer
- Hersteller
- etc.

Betriebswirtschaftliche Daten
- Kosten
- Flächenbedarf
- etc.

Mechatronisches Informationsobjekt

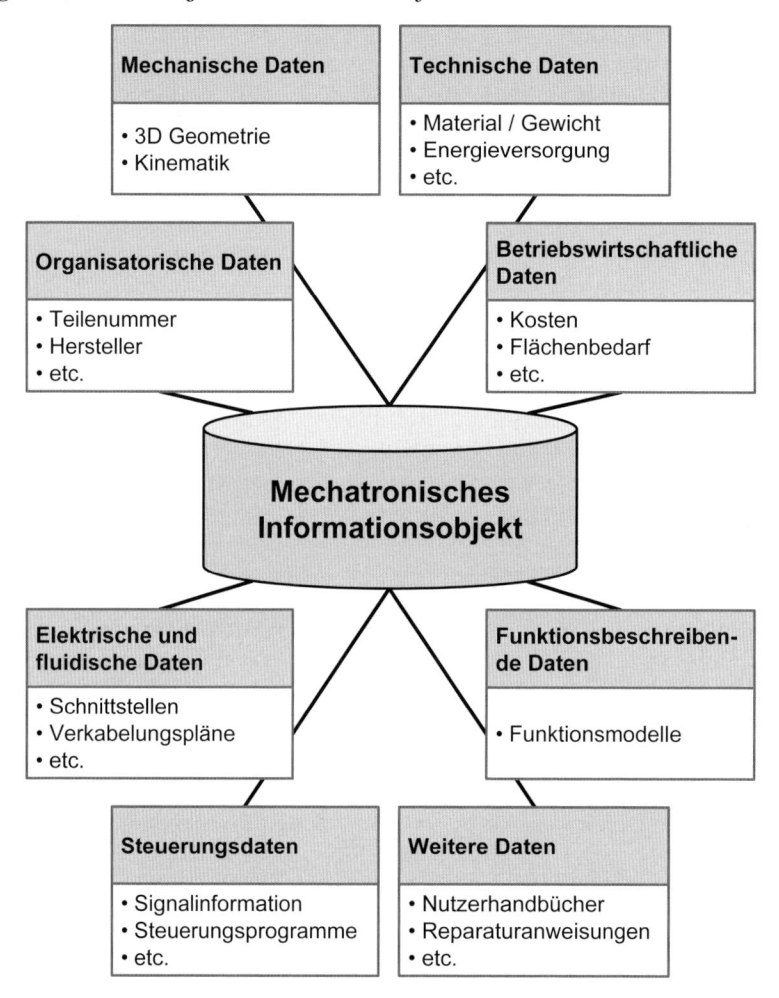

Elektrische und fluidische Daten
- Schnittstellen
- Verkabelungspläne
- etc.

Funktionsbeschreibende Daten
- Funktionsmodelle

Steuerungsdaten
- Signalinformation
- Steuerungsprogramme
- etc.

Weitere Daten
- Nutzerhandbücher
- Reparaturanweisungen
- etc.

Bild 1 Informationsmenge eines mechatronischen Informationsobjekts (nach [16])

Wird dieser Ansatz konsequent verfolgt, ist es möglich, die Daten mit Fortschreiten im Entwurfsprozess immer weiter anzureichern. In frühen Phasen des Prozesses werden die primären Objekte, die für das angedachte Produktionssystem notwendig sind, grob beschreiben zusammengeführt. Mit Fortschreiten des Prozesses ist es die Aufgabe der unterschiedlichen Experten, die grob beschriebenen Objekte auszudetaillieren, so dass Kaufteile für die Anlage bestellt werden können und das Produktionssystem letztendlich aufgebaut und in Betrieb genommen werden kann.

Auf der einen Seite ermöglicht das mechatronische Denken also eine konsistente Modellierung und Datenhaltung, was die Experten unterstützt, indem das gesamte Wissen zu einem Objekt genau an diesem gespeichert wird. Auf der anderen Seite ermöglicht der Ansatz das Speichern bzw. das Zusammenführen dieser Objekte in Bibliotheken und damit die Wiederverwendung dieser in anderen Projekten. Das kann den Entwurfprozess von Produktionssystemen beträchtlich verkürzen, wie es die VDI-Richtlinie 3695 [28] postuliert.

Mit Blick auf die zweite Anforderung kann festgestellt werden, dass der Entwurfsprozess von Produktionssystemen so kurz wie möglich gestaltet werden muss, da dieser maßgeblich die Produkteinführungszeit beeinflusst. Je schneller ein Produktionssystem also geplant und aufgebaut werden kann, desto früher kann ein Unternehmen sein Produkt auf den Markt bringen und damit an den Kunden.

Da der Entwurfsprozess von Produktionssystemen ein komplexes Zusammenspiel aus diversen Aktivitäten bzw. Designentscheidungen ist, welche von Experten unterschiedlicher Disziplinen ausgeführt bzw. getroffen werden, die jeweils eine andere Sicht auf die Objekte haben, gibt es folglich mehrere Ansätze, um diesen Prozess zu verkürzen bzw. zu optimieren. Bleibt zu entscheiden, welcher Ansatz es wert ist, konsequent verfolgt zu werden und letztendlich Geld dafür aufzuwenden, diesen umzusetzen.

2005 führte die Automatisierungsinitiative Deutscher Automobilhersteller (AIDA) eine Studie durch, in der sie den Entwurfsprozess von Produktionssystemen beginnend vom ersten Schritt, dem Auftrag, ein spezifisches Produktionssystem zu entwerfen, bis zum letzten, der Inbetriebnahme, analysierten. Die wesentliche Erkenntnis dieser Studie war, dass die Hälfte der im Entwurfsprozess anfallenden Kosten durch das eigentliche Entwerfen des Produktionssystems anfielen [23]. Angetrieben, den Ursachen dieses erheblichen Kostenfaktors auf den Grund zu gehen, startete Daimler ein Projekt, das zum Ziel hatte, genau diese Kosten zu halbieren. Ein Ergebnis des Projekts war, dass erhebliche, nicht gerechtfertigte Aufwendungen für den Datenaustausch zwischen Softwarewerkzeugen betrieben wurden. Daraufhin wurde der Datenaustausch zwischen verschiedenen Entwurfsprozessphasen, Entwurfswerkzeugen und zwischen Experten verschiedener Entwurfsdisziplinen besonders häufig betrachtet [2, 3]. Ziel war dabei eine horizontale Integration, wie sie in [4] gefordert wird.

Eine nähere Betrachtung des Datenaustauschs innerhalb des Entwurfsprozesses von Produktionssystemen enthüllt eine heterogene Softwarewerkzeuglandschaft. Bild 2 beinhaltet eine Auswahl der oft in diesem Kontext verwendeten Werkzeuge. In Abhängigkeit von der Entwurfsprozessphase und der Disziplin (CAD, CAE, Steuerungsprogrammierung etc.) sowie der Vorliebe der einzelnen Experten werden unterschiedliche Werkzeuge verwendet. In einigen Unternehmen sind auch die zu verwendenden Werkzeuge vorgeschrieben. In jedem Fall sind die unterschiedlichsten Ausprägungen von Werkzeugketten möglich: Das ist die Anzahl an Werkzeugen, die notwendig sind, um ein Produktionssystem zu entwerfen und diese Werkzeuge müssen folglich Daten austauschen. Exemplarisch kann hier die Interaktion des Steuerungsprogrammierers mit anderen beteiligten Ingenieuren genannt werden. Der Steuerungsprogrammierer erhält vom Mechanikkonstrukteur die Liste der zu verbauenden Automatisierungsgeräte (Sensoren, Aktoren und Steuerungsgeräte), der Elektroingenieur übermittelt die Beschreibung der Verkabelung dieser Geräte und der Prozessingenieur gibt vor, wie die Geräte für den Produktionsprozess anzusteuern sind. Diese Informationen braucht der Steuerungsprogrammierer, um die Projektkonfiguration, die Variablendeklaration zu erzeugen und das Verhalten zu programmieren.

Application	Subset	Tools (Examples)
CAD		• CATIA v4, v5 • Autocad • UGS • SolidWorks • PTS ProEngineer • MicroStation • Blender • 3d Max • Maya
Simulation	Material Flow Simulation	• Simple++/e-MPlant • Witness • Quest • ALB (Automatic Line Builder) Delmia
	Robot Simulation	• Cosimir • IGrip D5 • Catia v5 Robotics • Robocad
	Process Simulation	• FEM Ansys
	Electrical Simulation	• PSPICE • Electronics Workbench • Multisim
Office	Text Processing	• MS Word • OpenOffice
	Spreadsheet Analysis	• MS Excel • OpenOffice
	Presentation	• MS Powerpoint • OpenOffice
	Databases	• Access • Oracle • MS Sql
	Communication	• Email
Project Management		• MS Project • MindManager
Product Data Management (PDM)		• UGS TeamCenter • Dassault Smartteam • Dassault Enovia
Product Lifecycle Management (PLM)		• E-MPlaner • Delmia E5 DPE
Enterprise Resource Planning (ERP)		• SAP R3 • Oracle Peoplesoft • MS Navision
Reporting		• Cognos • Crystal Reports • Eclipse BIRT
Visualization	Mockup	• e-MEngineer • Many others
	Plant visualization	• JViz • OpenGT • OpenFlight
	HMI	• WinCC / WinCC Flexible • intouch
Control Programming	PLC	• STEP 7 • RSLogix • RSLinx • CoDeSys • iMap
	Robot Control	• ABB Robotstudio • KUKA SIM • Dürr 3D Onsite
CAE		• Ruplan • ePlan • Eagle • Target 3001
Process configuration		• 3D Onsite • Robotstudio • Robscan Design/Control • Bos 6000
Facility Management		• Bentley Microstation • Speedycon • Triplan • Autocad Architectural
Computerized Maintenance Management System (CMMS)		• Maximo • Datastream 7i • API Pro
Authoring		• Adobe Acrobat • Illustrator • Wiki • Excel • Sharepoint • MacroMedia
Functional Engineering		• AutomationDesigner • Cosmos • AutomationFramework

Bild 2 Auswahl der oft im Kontext des Produktionssystementwurfs verwendeten Werkzeuge (nach [13])

Viele der Softwarewerkzeuge können allerdings nicht in angemessener Art und Weise ihre Daten als Datei austauschen. Viele der dazu nutzbaren Datenformate sind nicht kompatibel, d. h. die Dateien von einem Werkzeug sind mit einem anderen, nachgeschalteten Werkzeug weder öffenbar noch importierbar. Die einzige Möglichkeit, die dann übrig bleibt, ist, die Informationen als PDF oder in Papierform auszutauschen. Allerdings bedeutet die Nutzung der sogenannten ‚Papierschnittstelle' einen enormen Aufwand für den Experten, da die Informationen aus der Datei händisch in sein Werkzeug einzutragen sind. Dieses Vorgehen ist fehleranfällig, zeitintensiv und damit kostenintensiv. Es sollte folglich bis zu einem Minimum reduziert bzw. gänzlich vermieden werden. Durch einen konsistenten und verlustfreien Datenaustausch kann der Entwurfsprozess von Produktionssystemen verkürzt und die Datenqualität erhöht werden, d. h. Fehler beim manuellen Übertragen von Daten können vermieden werden, die unter Umständen erst bei der Inbetriebnahme vor Ort entdeckt werden.

Ein möglicher und üblicher Ansatz, um der ‚Papierschnittstelle' in einer heterogenen Werkzeuglandschaft zu begegnen, ist die Erstellung von bilateralen Schnittstellen zwischen einzelnen Werkzeugen. Das ermöglicht einen schnellen Austausch von Daten, jedoch nur zwischen diesen beiden Werkzeugen. Doch wie bereits oben erläutert, sind viele Werkzeuge in dem Entwurfsprozess involviert, was beim konsequentem Verfolgen dieses Ansatzes zu vielen Konvertern führen würde, die aktualisiert werden müssen, sobald sich die Werkzeugversion ändert (siehe Bild 3 links). Aus diesem Grund stellt sich der Datenaustausch mit offenen Datenformaten als der geeignetere Ansatz dar (siehe Bild 3 rechts).

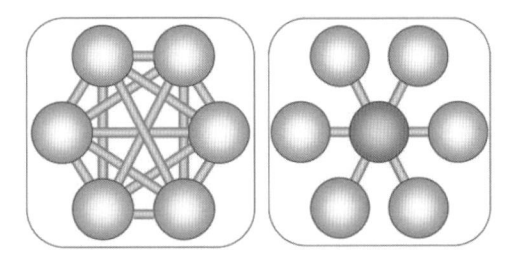

Bild 3 Schematische Darstellung der Anzahl an Schnittstellen in Werkzeugketten bei (links) bilateralem Datenaustausch und (rechts) Nutzung eines offenen Datenaustauschformats

Folglich wurden in den letzten Jahren eine Vielzahl von Datenaustauschformaten entwickelt, die das gesamte Spektrum von allgemeinen, viele Entwurfsdisziplinen und Informationsmengen umfassenden Formaten wie STEP, AutomationML oder XMI bis hin zu speziellen, für konkrete Informationsmengen optimierte Formaten wie JT, X3D oder XDDML abdecken [5, 6]. Als technologische Basis ist XML dabei stark verbreitet, da es neben der Menschenlesbarkeit auch eine automatische Verarbeitung, Erweiterbarkeit und Kombination mit anderen Formaten unterstützt. In der VDI-Richtlinie 3690 wird dazu ein praktisch anwendbarer Prozess für die Auswahl bzw. Entwicklung eines XML-basierten Datenaustauschformats für einen Anwendungsfall beschrieben [6]. Dieser Prozess soll an dieser Stelle auf die Informationen angewendet werden, die im Entwurfsprozess von Produktionssystemen zur Erstellung von Steuerungsprogrammen ausgetauscht werden müssen.

Das Datenaustauschformat AutomationML wurde in den letzten Jahren als ein Kandidat entwickelt, der zur Verbesserung von Entwurfsprozessen für Produktionssysteme genutzt werden kann. Es postuliert, alle relevanten Informationsmengen, die im Entwurfsprozess von Produktionssystemen zwischen Entwurfswerkzeugen auszutauschen sind (siehe Bild 1), abbilden zu können. Auch wenn dieser theoretischen Möglichkeit schwer widersprochen werden kann, ist bisher kein praktischer Anwendungsfall bekannt, der dieses Statement aus praktischer Sicht validiert.

Dieser Beitrag soll den beiden genannten Problemen, der Auswahl eines geeigneten Datenaustauschformats sowie der Präsentation einer praktischen Anwendung, nachgehen. Dazu werden in diesem Beitrag der allgemeine Prozess zur Auswahl bzw. Entwicklung eines Datenaustauschformats rekapituliert, der Entwurfsprozess für Produktionssysteme und die in ihm auszutauschenden Entwurfsdaten dargestellt, ein Labormodell zur praktischen Anwendung vorgestellt und die Modellierung der identifizierten Informationsmengen mit AutomationML beschrieben.

Entwicklungsprozess für ein Datenaustauschformat

Die Entwicklung eines Datenaustauschformats, nutzbar zur informationstechnischen Verbindung zwischen zwei Entwurfswerkzeugen, bedarf einer Reihe von dedizierten Entwicklungsschritten zur Definition des Formats und zur Implementierung entsprechender Schnittstellen.

Ausgangspunkt der Entwicklung eines Datenaustauschformats für einen Anwendungsfall ist immer die detaillierte Analyse des Entwurfsprozesses, in dem das Datenaustauschformt zur Anwendung kommen soll. Es ist dringend geboten, ein Verständnis für die im Entwurfsprozess auszuführenden Entwurfsaktivitäten und die für ihre Ausführung verwendeten bzw. zu verwendenden Entwurfswerkzeuge zu entwickeln. Auf dieser Basis muss die auszutauschende Datenmenge (als Abbildung der auszutauschenden Informationen) identifiziert werden. Dabei sollte der Fokus auf der Unterstützung des Entwurfsprozesses durch entsprechende Informationsmengen liegen, d. h. zum einen auf Informationen, die in mindestens zwei Entwurfsaktivitäten, die mit zwei verschiedenen Entwurfswerkzeugen ausgeführt werden, relevant sind und zum anderen auf eine mögliche, zukünftige Erweiterbarkeit um weitere Informationsmengen. Wenn die relevanten Datenmengen der beteiligten Entwurfswerkzeuge identifiziert sind, können die Anwendungsfälle des Datenaustauschs betrachtet werden. Hier sollten notwendige Pfade des Datenaustauschs zwischen Entwurfswerkzeugen entlang des Netzwerks von Entwurfsaktivitäten beschrieben und relevante Schleifen zum Roundtrip-Entwurf benannt werden.

Mit diesem Wissen über den Workflow des Entwurfsprozesses und den auszutauschenden Daten kann das eigentliche Datenaustauschformat ausgewählt oder ein neues Format entwickelt werden. Dabei sollten die relevanten Entscheider sich die Vor- und Nachteile unterschiedlicher Lösungen vergegenwärtigen. Insbesondere bieten existierende, standardisierte Datenaustauschformate und proprietäre, selbstentwickelte Datenaustauschformate unterschiedliche Einfluss- und Nutzungsmöglichkeiten. In der nachfolgenden Tabelle sind einige relevante Vor- bzw. Nachteile benannt und bewertet.

Tabelle 1 Vor- und Nachteile von standardisierten und proprietären Datenaustauschformaten

Eigenschaft	standardisierte Datenaustauschformate	proprietäre Datenaustauschformate
herstellerunabhängig	ja	nein
öffentlich verfügbar	ja	nein
kostenfrei	nein (Kosten für Standard)	nein (Lizenzkosten)
schnell und einfach anpassbar	abhängig vom Format	ja
schnell und einfach erweiterbar	abhängig vom Format	ja

Auf Basis des gewählten oder entwickelten Formats können schließlich die notwendigen Import- und Exportschnittstellen für die beteiligten Entwurfswerkzeuge implementiert werden.

Entwurfsprozess für Produktionssysteme

Entsprechend des beschriebenen Entwurfsprozesses für Datenaustauschformate ist in einem ersten Schritt der Entwurfsprozess, in dem das Datenaustauschformat genutzt werden soll, zu analysieren, in diesem Fall der Entwurfsprozess für Produktionssysteme.

Dieser Entwurfsprozess entspricht weitestgehend dem Entwurf eines technischen Systems, das als einmalige Lösung für eine technische Aufgabenstellung erstellt wird. Werden unterschiedliche Entwurfsprozesse in der Literatur [7, 8] verglichen, so kann ein Entwurfsprozess mit acht grundlegenden Entwurfsaktivitäten identifiziert werden, der zur Steuerungsprogrammierung und virtuellen Inbetriebnahme führt, wie er in Bild 4 dargestellt ist. Die einzelnen Entwurfsaktivitäten werden dabei theoretisch als Sequenz ausgeführt, besitzen jedoch jeweils eine Rückkopplung zu allen vorangegangenen Entwurfsaktivitäten zur Sicherstellung der wechselseitigen Einflüsse zwischen den betroffenen Entwurfsdisziplinen.

Der Entwurfsprozess beginnt mit dem Produktentwurf. Hier entwickeln entsprechende Produktdesigner bzw. Ingenieure mit Produktverantwortung neben der eigentlichen Spezifikation des Aussehens und der Funktion des Produkts auch die Art und Weise seiner Herstellung, d. h. die Spezifikation der Materialliste des Produkts und des Produkterstellungsprozesses. Auf dieser Basis kann in der nächsten Entwurfsaktivität ein Prozessingenieur die notwendigen Produktionsmittel und ihr Verhalten identifizieren. Er entwirft dazu die Menge der im Produktionssystem zur Anwendung kommenden Ressourcen und die auf ihnen ablaufenden Produktionsprozesse. Im mechanischen, elektrischen und Kommunikationssystementwurf werden dann die entsprechenden Produktionssystemressourcen detailliert ausgeplant, d. h. es entstehen die mechanischen, elektrischen und kommunikationssystembezogenen Planungsdokumente. Dabei definiert der mechanische Entwurf die relevanten Automatisierungsgeräte, die vom elektrischen und kommunikationssystembezogenen Entwurf verkabelt bzw. vernetzt werden. Unter Nutzung dieser Entwurfsinformationen kann in der Phase der Steuerungsprogrammierung das eigentliche Steuerungsprogramm erstellt werden. Den Abschluss bilden dann die virtuelle Inbetriebnahme und die Inbetriebnahme, in denen alle Entwurfsinformationen gemeinsam zur Anwendung kommen.

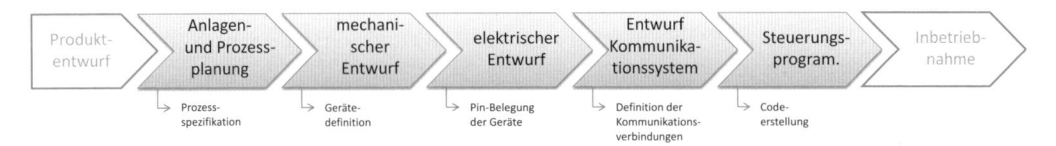

Bild 4 Verallgemeinerter Entwurfsprozess für Produktionssysteme

Notwendige Entwurfsdaten

Auf der Basis der Definition des relevanten Entwurfsprozesses können im nächsten Schritt die auszutauschenden Daten und die entsprechenden Anwendungsfälle des Datenaustauschs identifiziert werden. Betrachtet man die verschiedenen Entwurfsaktivitäten und berücksichtigt, was diese für die Implementierung von Steuerungsprogrammen an Informationen bereitstellen, so wird deutlich, dass jede Entwurfsaktivität spezifische Informationen erbringt. Zum Beispiel werden im mechanischen Entwurf (dunkelgrau in Bild 5) die Automatisierungsgeräte geplant einschließlich ihrer Position und Größe im mechanischen Aufbau. Hier erfolgen Festlegungen zu detaillierten Prozessen und deren Parametern sowie der möglichen messtechnischen Eingriffe auf diese Größen. Im elektrischen Entwurf (mittelgrau in Bild 5) werden Kabel zwischen den Automatisierungsgeräten geplant. Hier sind zum Beispiel Kabelarten und Gerätefunktionen relevant. Im Steuerungsentwurf selbst (hellgrau in Bild 5) werden Steuerungen konfiguriert, Befehlsfolgen implementiert und dazu Variablen mit speziellen Adressen verwendet. Diese

Informationsmengen sind sowohl innerhalb der Gewerke als auch interdisziplinär stark verflochten und haben vielfältige Einflüsse und Abhängigkeiten untereinander. Bild 5 zeigt die interdisziplinären Zusammenhänge und die gewerkeübergreifenden Beziehungen durch verschiedene Pfeile.

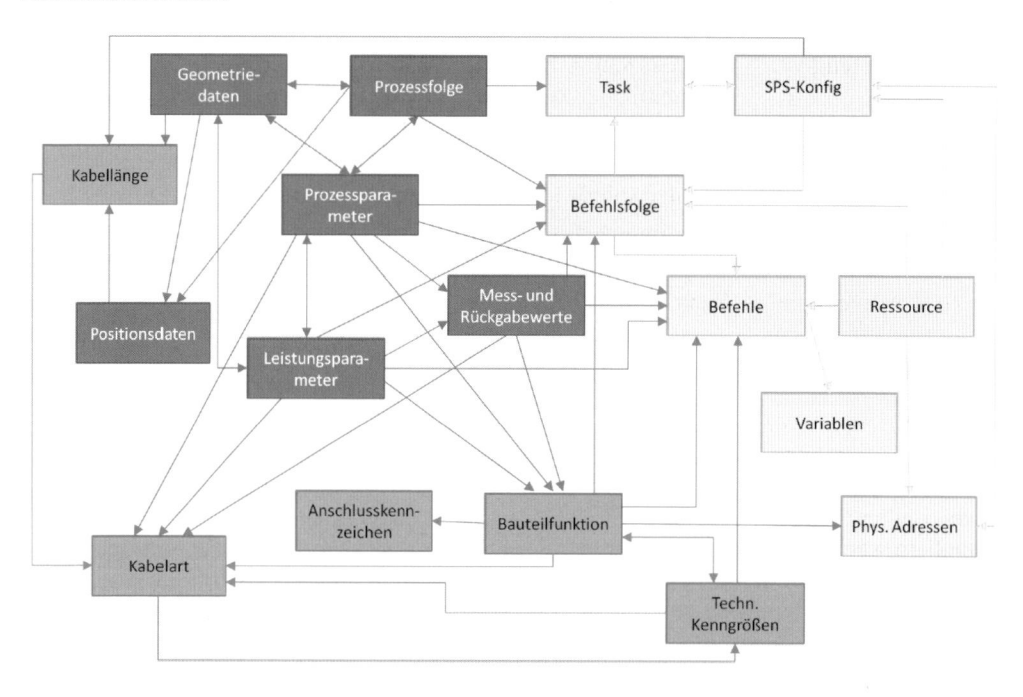

Bild 5 Informationskonzepte mit Steuerungsbezug innerhalb des Entwurfs von Produktionssystemen (Ausschnitt)

Fasst man die entsprechenden Informationen zusammen und bezieht sie auf die einzelnen Prozessaktivitäten, so ergeben sich die in Tabelle 2 dargestellten Informationsmengen, die weitergegeben werden müssen.

Tabelle 2 Für die Steuerungsprogrammierung relevante Informationsmengen der Entwurfsaktivitäten

Entwurfsaktivität	für die Steuerungsprogrammierung relevante/erzeugte Informationsmengen
Anlagen- und Prozessplanung	Hierarchie der Produktionsressourcen Hierarchie der auszuführenden Schritte der Produktionsprozesse
mechanischer Entwurf	Menge der zu verwendenden Automatisierungsgeräte und ihre charakteristischen Eigenschaften
elektrischer Entwurf	Verdrahtung der physikalischen Ein- und Ausgänge der Automatisierungsgeräte Festlegung der physikalischen Adressen für SPS-Variablen
Kommunikationssystementwurf	Verkabelung des Kommunikationssystems zwischen den Automatisierungsgeräten Festlegung der Adressen für SPS-Variablen, die über Kommunikationssysteme übertragen werden
Steuerungsprogrammierung	Steuerungsprogramm

Dementsprechend muss ein Datenaustauschformat zur Abbildung von Informationsmengen, die relevant für die Steuerungsprogrammierung in Entwurfsprozess von Produktionssystemen sind, die nachfolgenden Informationsmengen abbilden können:

Informationsmenge 1:	Anlagentopologie als Hierarchie von Ressourcen einschließlich der beinhalteten Automatisierungsgeräte,
Informationsmenge 2:	mechanische Konstruktion als Repräsentation der Geometrie und Kinematik der Ressourcen einschließlich der beinhalteten Automatisierungsgeräte und ihrer relevanten Eigenschaften,
Informationsmenge 3:	elektrische und kommunikationstechnische Verkabelung einschließlich der kabel- und gerätespezifischen Eigenschaften,
Informationsmenge 4:	Verhaltensbeschreibungen hinsichtlich zu erwartender Prozesse in der Ressourcen als gesteuertes und ungesteuertes Verhalten,
Informationsmenge 5:	Steuerungsprogramm und
Informationsmenge 6:	weitere generische Informationen wie organisatorische, technische, betriebswirtschaftliche und andere Informationen.

Es sei angemerkt, dass die genannte Menge an Entwurfsinformationen weitestgehend mit der in Bild 1 genannten Informationsmenge für mechatronische Informationsobjekte übereinstimmt. Sie muss zum einen entsprechend der in Abschnitt 3 beschriebenen Sequenz von Entwurfsaktivitäten weitergegeben werden können. Zudem muss das Parallelisieren von Entwurfsaktivitäten ermöglicht werden. Das führt zur Notwendigkeit, mehrfach nacheinander Informationen aus Entwurfswerkzeugen exportieren und in andere Entwurfswerkzeuge importieren zu können und dabei verschiedene Versionen desselben Entwurfsartefakts konsistent identifizieren und verwenden zu können. Weiterhin können im elektrischen, kommunikationstechnischen oder steuerungstechnischen Entwurf Probleme oder Inkonsistenzen des bisherigen Entwurfs identifiziert werden, die eine Überarbeitung vorheriger Entwurfsinformationen notwendig machen. Entsprechend muss ein Informationsfeedback zu früheren Entwurfsaktivitäten möglich sein. Wird das zusammengefasst, ergeben sich die folgenden zusätzlichen Anforderungen an das Datenaustauschformat:

Anforderung 1:	eindeutige Identifizierbarkeit von Entwurfsobjekten,
Anforderung 2:	Versionsmanagement von Entwurfsobjekten,
Anforderung 3:	Repräsentation von Abhängigkeiten zwischen Entwurfsobjekten und
Anforderung 4:	Repräsentation von Anforderungen an Entwurfsobjekte.

Beispielanlage

Als Beispiel zum Nachweis der praktischen Verwendbarkeit wird ein auf Fischertechnik basierendes Labormodell eines Fertigungssystems mit drei geschlossenen Kreisen von Transportmodulen (acht Drehtische, zehn Transportbänder), wie in Bild 6 dargestellt, verwendet. In jedem dieser drei Kreise befindet sich eine Bearbeitungsmaschine mit je drei Effektoren, die unterschiedliche Bearbeitungswerkzeuge darstellen. Die Sensoren und Aktoren sind auf drei verschiedenen Modbus-Buskopplern verschaltet und diskreten Signalen zugeordnet. Als Steuerung wird eine IEC 61131 basierte Soft-SPS auf Basis eines RaspberryPi verwendet.

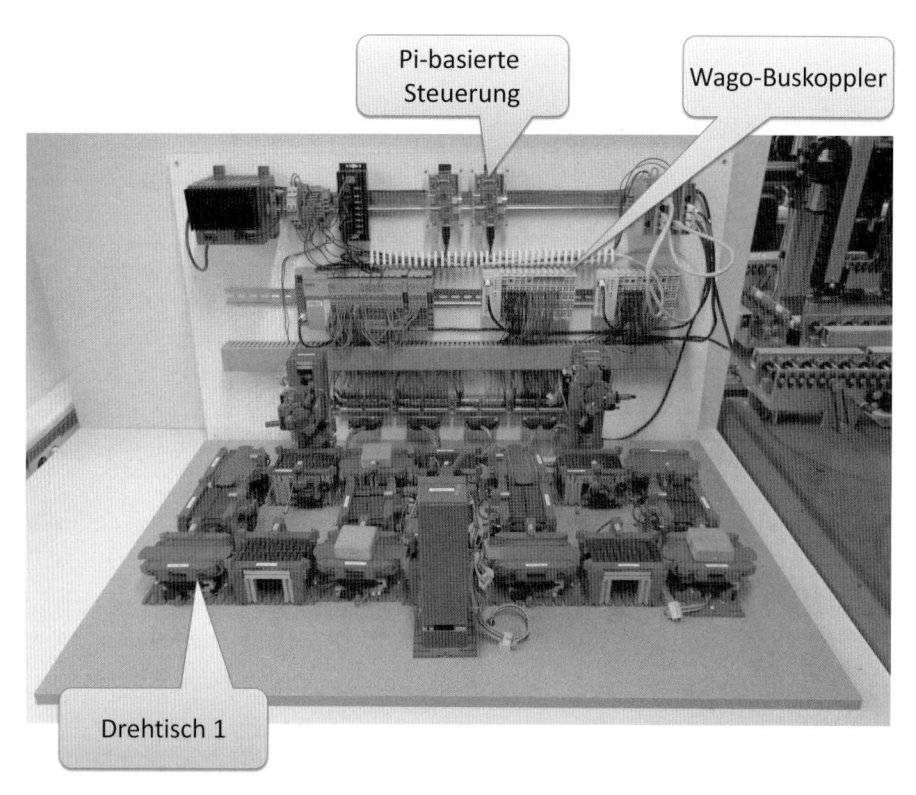

Bild 6 Verwendetes Beispielsystem – Fischertechnik-Labormodell

Für die Darstellung der relevanten Konzepte wird nur ein kleiner Ausschnitt dieses Labormodells verwendet, wie er in Bild 7 schematisch gezeigt ist. Dieser Ausschnitt beinhaltet einen Drehtisch, der zwei Geräte enthält: einen Induktivsensor zur Werkstückerkennung und einen Antrieb zur Bandbewegung. Alle anderen Elemente des Drehtischs werden vernachlässigt. Die beiden betrachteten Geräte besitzen mindestens einen Anschlusspunkt (Pin), über den sie mit einem modularen Buskoppler verdrahtet werden können. Der Buskoppler wird durch einen modularen ModbusTCP-Koppler mit zwei Eingangsscheiben und zwei Ausgangsscheiben mit je acht Klemmpunkten repräsentiert, der die notwendige Hard- und Software besitzt, um die einzelnen Klemmpunkte des Buskopplers (Pins) auf entsprechende Registereinträge in einem ModbusTCP-Server abzubilden. Über diesen Server kann eine Steuerung die entsprechenden Pins des Buskopplers lesen bzw. schreiben. Zu diesem Zweck ist der Buskoppler mit der Soft-SPS auf einem RaspberryPi per Ethernetkabel verbunden. Der RaspberryPi führt in der auf ihm laufenden Soft-SPS das Steuerungsprogramm zur Ansteuerung der Sensoren und Aktoren des Drehtischs aus. Dazu enthält das Steuerungsprogramm entsprechende Steuerungsvariablen, die über den ModbusTCP auf die Pins des Buskopplers und damit auf die Ein- und Ausgänge der Sensoren und Aktoren abgebildet sind.

Alle relevanten Objekte, die mittels AutomationML dargestellt werden sollen, sind noch einmal in einem UML-Objektdiagramm dargestellt (Bild 8). Werden sie mit den im vorigen Abschnitt genannten Informationsmengen verglichen, so sind alle notwendigen Informationen in diesem Beispiel exemplarisch enthalten.

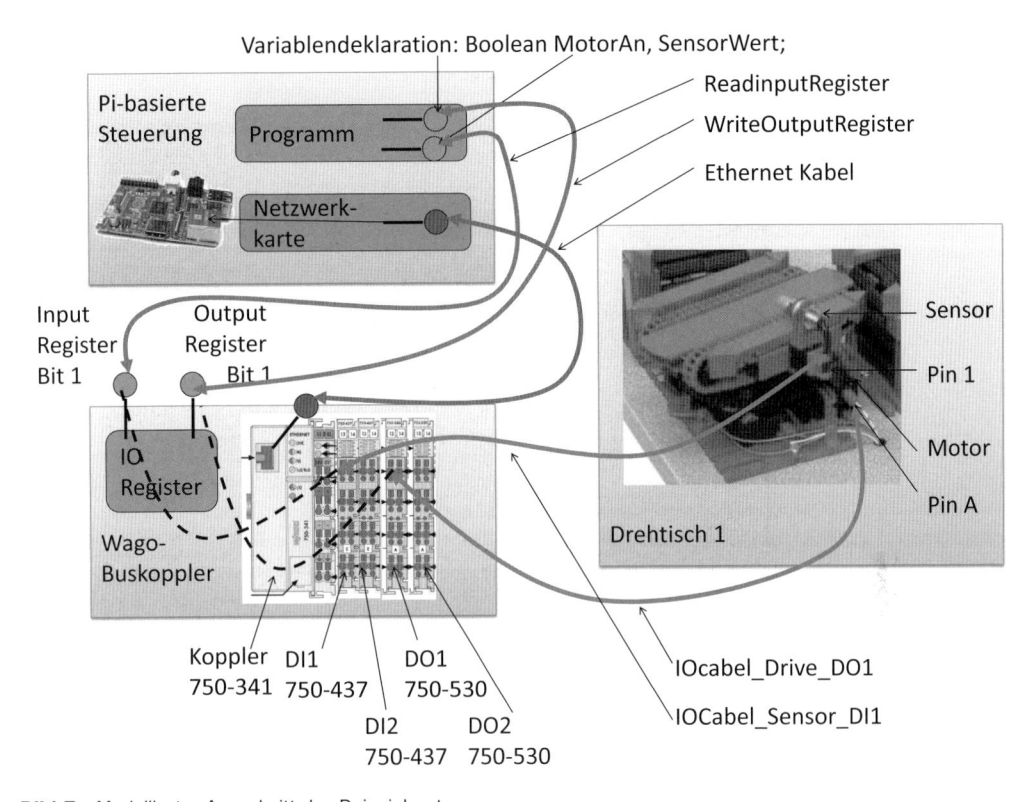

Herstellerunabhängiger Austausch von Entwurfsdaten für Steuerungssysteme mittels AutomationML 125

Bild 7 Modellierter Ausschnitt des Beispielsystems

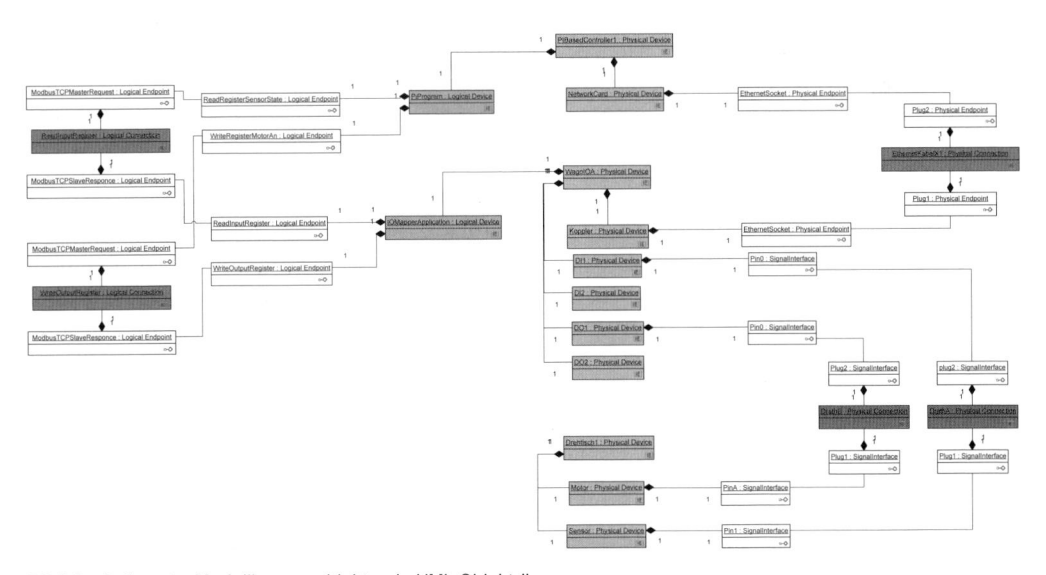

Bild 8 Relevante Modellierungsobjekte als UML-Objektdiagramm

AutomationML

Das AutomationML-Datenaustauschformat, das durch den AutomationML e. V. für den Bereich der Automatisierungstechnik entwickelt und gewartet wird, ist ein offenes, neutrales, XML basiertes und freies Datenaustauschformat, welches einen domänen- und unternehmensübergreifenden Transfer von Entwurfsdaten im Rahmen des Entwurfsprozesses von Produktionssystemen in einer heterogenen Entwurfswerkzeuglandschaft ermöglicht. Zu diesem Zweck wird AutomationML in der IEC 62714 Normenreihe [12] standardisiert.

Das Ziel von AutomationML besteht in der Kopplung von Entwurfswerkzeugen unterschiedlicher Ingenieursdisziplinen wie der Anlagenplanung, des mechanischen Entwurfs, des elektrischen Entwurfs, der Verfahrenstechnik, der HMI-Entwicklung, der Steuerungsprogrammierung, der Roboterprogrammierung usw.

AutomationML folgt bei der Modellierung von Entwurfsinformationen einem objektorientierten Ansatz und ermöglicht die Beschreibung von physischen und logischen Anlagenkomponenten als Datenobjekte, die unterschiedliche Aspekte zusammenfassen. Ein Objekt kann aus anderen Unterobjekten bestehen und kann selbst ein Teil einer größeren Struktur sein. Typische Objekte in der Fabrikautomatisierung enthalten Information über die Struktur (Topologie), Geometrie und Kinematik sowie das Verhalten.

Dabei folgt AutomationML einem modularen Aufbau und integriert und adaptiert verschiedene bereits existierende XML basierte Datenformate im sogenannten Dachformat (siehe Bild 9). Die Datenformate werden „as-is" genutzt und sind nicht für AutomationML-Anforderungen verzweigt worden. Jedoch definiert AutomationML Anwendungsregeln.

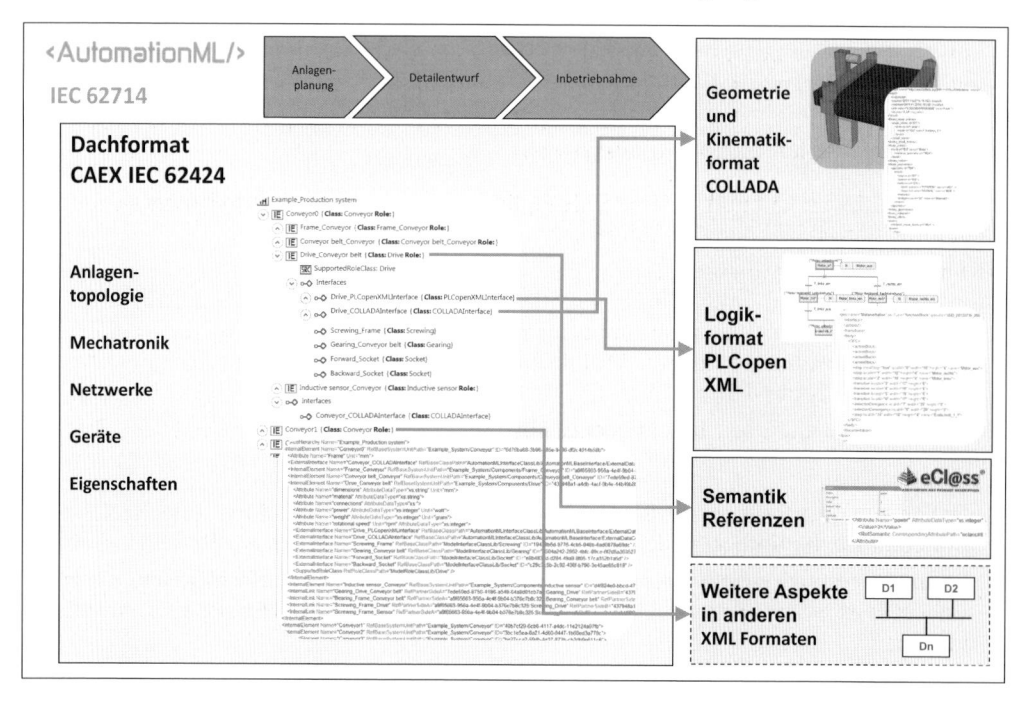

Bild 9 AutomationML – Grundstruktur

Logisch unterteilt sich AutomationML in:

- Beschreibung der Anlagestruktur und der Kommunikationssysteme, die in einer Hierarchie aus AutomationML-Objekten dargestellt und mithilfe von CAEX nach IEC 62424 beschrieben werden,
- Beschreibung der Geometrie und der Kinematik von unterschiedlichen AutomationML-Objekten, die mithilfe von COLLADA 1.4.1 und 1.5.0 (ISO/PAS 17506:2012) dargestellt werden,
- Beschreibung der Steuerung in Bezug auf logische Daten von verschiedenen AutomationML-Objekten, die mithilfe von PLCopen XML 2.0 und 2.0.1 dargestellt werden und
- Beschreibung der Beziehungen zwischen den AutomationML-Objekten und Verweisen zu Informationen, die in Dokumenten außerhalb des Dachformats gespeichert sind.

Aufgrund der unterschiedlichen Aspekte von AutomationML besteht die AutomationML-Normenreihe in der IEC 62714 aus unterschiedlichen Teilen. Dabei ist jeder Teil auf einen der inhaltlichen Aspekte von AutomationML ausgerichtet:

- IEC 62714-1: Architektur und allgemeine Anforderungen – Dieser Teil spezifiziert die allgemeine AutomationML-Architektur, die Modellierung von Entwurfsdaten, Klassen, Instanzen, Beziehungen, Verweisen, Hierarchien, grundlegenden AutomationML-Bibliotheken und erweiterten AutomationML-Konzepten. Er bildet die Grundlage für alle weiteren Teile und liefert einen Mechanismus zur Referenzierung anderer Unterformate.
- IEC 62714-2: Rollenklassenbibliotheken – Dieser Teil beinhaltet die Spezifizierung weiterer AutomationML-Bibliotheken.
- IEC 62714-3: Geometrie und Kinematik – Dieser Teil beschreibt die Modellierung von Geometrie- und Kinematikeigenschaften von Produktionssystemen und ihrer Komponenten.
- IEC 62714-4: Logik – Dieser Teil standardisiert die Modellierung von System- und Komponentenverhalten in Produktionssystemen.

Ferner sollen in der Zukunft weitere Teile ergänzt werden, um weitere Informationsmengen mit AutomationML abbilden zu können.

Das Fundament von AutomationML ist der Einsatz von CAEX als Dachformat und die Definition eines geeigneten CAEX-Profils, das alle relevanten Anforderungen von AutomationML zur Modellierung von Entwurfsinformationen eines Produktionssystems, zur Kombination der drei genannten Datenformate CAEX, COLLADA und PLCopen XML und zur Erweiterung, falls zukünftig erforderlich, erfüllt.

CAEX ermöglicht die oben beschriebene, objektorientierte Vorgehensweise (siehe Bild 10), wobei

- die Semantik des Systemobjekts unter Nutzung von Rollenklassen, die in RoleClassLibraries (Rollenklassenbibliotheken) definiert und erfasst sind, spezifiziert wird;
- die Interfaces zwischen Systemobjekten unter Nutzung von Interfaceklassen, die in InterfaceClassLibraries (Interfaceklassenbibliotheken) definiert und erfasst sind, spezifiziert werden;
- die Klassen von Systemobjekten unter Nutzung von SystemUnitKlassen (SUC), die in SystemUnitClassLibraries (SystemUnitKlassenbibliotheken) definiert und erfasst sind, spezifiziert werden;

- die einzelnen Objekte in einer (oder mehreren) InstanceHierarchies (IH) als eine Hierarchie von InternalElements (IE) unter Bezugnahme auf sowohl SystemUnitKlassen, von denen sie abgeleitet werden, als auch Rollenklassen, die ihre Semantiken bestimmen, modelliert werden. (Diese können zur Verknüpfung untereinander oder mit extern modellierten Informationen (bspw. COLLADA und PLCopen XML-Dateien) Interfaces enthalten.) und
- die Eigenschaften von Objekten, SystemUnitKlassen, Rollen und Interfaces über Attribute abgebildet werden.

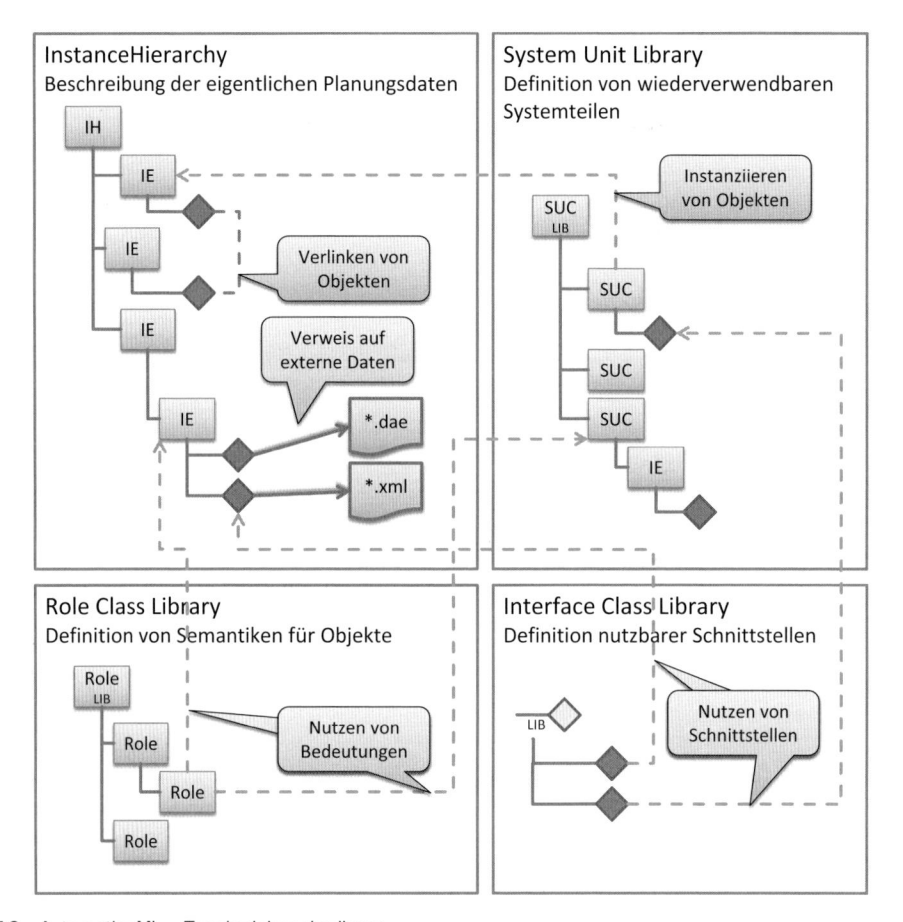

Bild 10 AutomationML – Topologiebeschreibung

Weitere wichtige Eigenschaften des AutomationML-Datenaustauschformats sind: die Trennung von Syntax und Semantik für Datenobjekte auf Basis der Bibliotheken von Rollen-, Interface- und SystemUnitKlassen und ihres Referenzierens aus der InstanceHierrachy heraus, die Bereitstellung von eindeutigen Identifikationsmöglichkeiten für alle Datenobjekte über Universally Unique Identifiers (UUID), die Bereitstellung von Versions- und Revisionsinformationen für jedes Datenobjekt durch entsprechende Attribute sowie die Möglichkeit der Datenstrukturierung über entsprechende Objekthierarchien hinaus auf Basis von Gruppen- und Facettenkonzepten sowie Spiegelobjekten (Mirrors).

Die effiziente Nutzung von AutomationML erfordert einen (mehr oder weniger implizit definierten) Nutzungsprozess mit fünf Hauptphasen, der in Bild 11 dargestellt ist. Generell setzt dieser Prozess ein detailliertes Wissen über die im betrachteten Entwurfsprozess relevanten, auszutauschenden Informationen auf Basis einer detaillierten Kenntnis der zu treffenden Entwurfsentscheidungen und der verwendeten Entwurfswerkzeuge voraus.

Der AutomationML-Nutzungsprozess beginnt mit der Entwicklung von Rollenklassenbibliotheken und der in ihnen enthaltenen Rollenklassen. Dazu müssen die für den Anwendungsfall relevanten Objekttypen vom semantischen Standpunkt aus identifiziert werden, die später durch auszutauschende Datenobjekte repräsentiert werden sollen. Parallel dazu werden die Interfaceklassenbibliotheken und der in ihnen enthaltenen Interfaceklassen erstellt. Sie beschreiben die möglichen Beziehungspunkte zwischen den einzelnen identifizierten Objekttypen, d. h. es werden die grundlegenden Modellierungskonzepte (Rolle) sowie deren Zusammenhänge (Interface) benannt. Ein Beispiel für Objekttypen bilden Automatisierungsgeräte, die eine spezifische Struktur/hierarchische Gliederung, Detaillierung und mechanische, elektrische und steuerungstechnische Schnittstellen besitzen.

Als nächstes werden wiederverwendbare Systembausteine identifiziert und als SystemUnit-Klassen mit entsprechenden Unterstrukturen, Attributen und Schnittstellen in entsprechenden Bibliotheken gesammelt. Diese können später für ein schnelles Mapping der Informationen in Exportern und Importern verwendet werden und bilden sehr häufig Produkt- bzw. Komponentenkataloge ab.

Sind alle Bibliotheken erstellt, kann mit der Modellierung der eigentlich auszutauschenden Informationen begonnen werden. Es muss dabei noch einmal darauf hingewiesen werden, dass die Rollen-, Interfaceklassen- und SystemUnitKlassenbibliotheken (bis auf entsprechende Versionierung) nur einmal vor der eigentlichen Nutzung in vielen Projekten erstellt werden und dann unverändert genutzt werden, zumindest während eines gesamten Entwurfsprojekts [18].

Weitere detaillierte Informationen zu AutomationML können dem Downloadbereich der AutomationML-Webseite unter *www.automationml.org* entnommen werden.

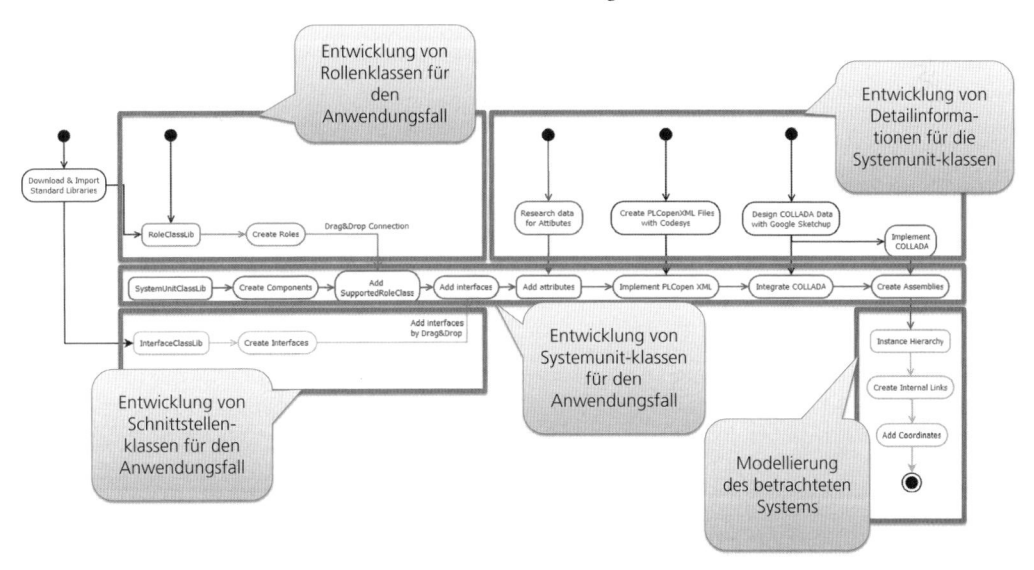

Bild 11 Impliziter AutomationML-Anwendungsprozess

Nutzung von AutomationML zur Entwurfsdatenrepräsentation

Im nachfolgenden Abschnitt sollen die Fähigkeiten von AutomationML zur Abbildung der relevanten Entwurfsdaten evaluiert werden. Dazu werden die verschiedenen, oben genannten Phasen und relevanten Entwurfsdaten eines Entwurfsprozesses überprüft und entsprechend das Beispielsystem modelliert. Auf dieser Basis wird nachgewiesen, das AutomationML zur Modellierung der interessierenden Daten anwendbar ist.

Anlagenstruktur

In der Phase der Anlagen- und Prozessplanung werden die Hierarchie der technischen Ressourcen des Produktionssystems sowie die Hierarchie der auf ihnen auszuführenden Produktionsprozesse spezifiziert. Gemäß [12] und „Whitepaper 1 – Architecture and general requirements of AutomationML" aus [14] werden diese Hierarchien als Hierarchien von *InternalElement*s innerhalb einer *InstanceHierarchy* abgebildet.

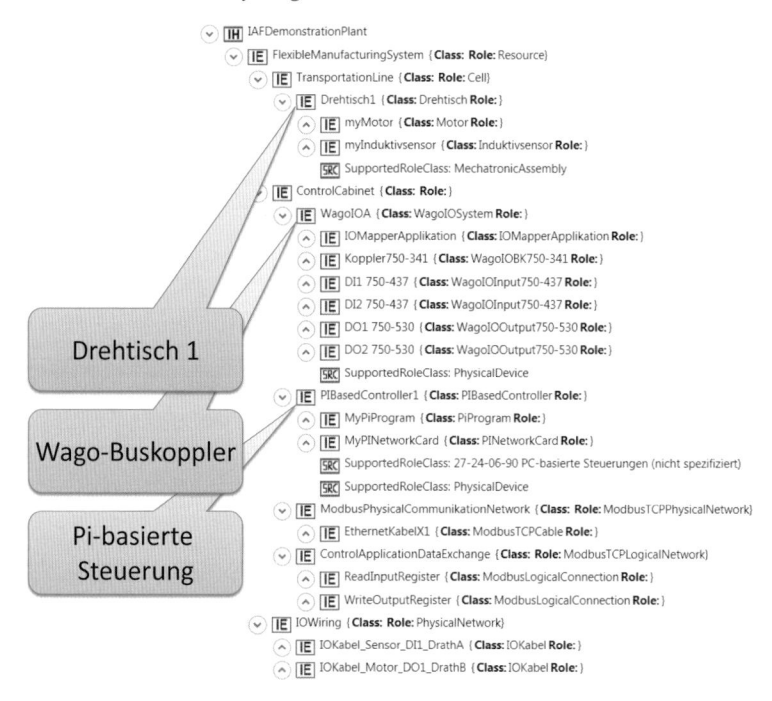

Bild 12 InstanceHierarchy der Beispielanlage

Die Bilder 12, 13 und 14 geben die *InstanceHierarchy* der Beispielanlage in Analogie zur Strukturierung des UML-Modells in Bild 8 wieder. Der betrachtete Ausschnitt des Produktionssystems im Labormaßstab besteht aus einem Teil eines Transportsystems mit einem Drehtisch, der einen Sensor und einen Motor enthält. Zudem enthält es einen Schaltschrank, in dem eine Steuerung auf Basis eines RaspberryPi sowie ein Buskoppler verbaut sind. Die RaspberryPi basierte Steuerung enthält ein Steuerungsprogramm mit einer logischen Schnittstelle zu Motor- und Sensordaten sowie einer Netzwerkkarte mit einem RJ45-Steckplatz für ein Ethernetkabel (siehe Bild 13).

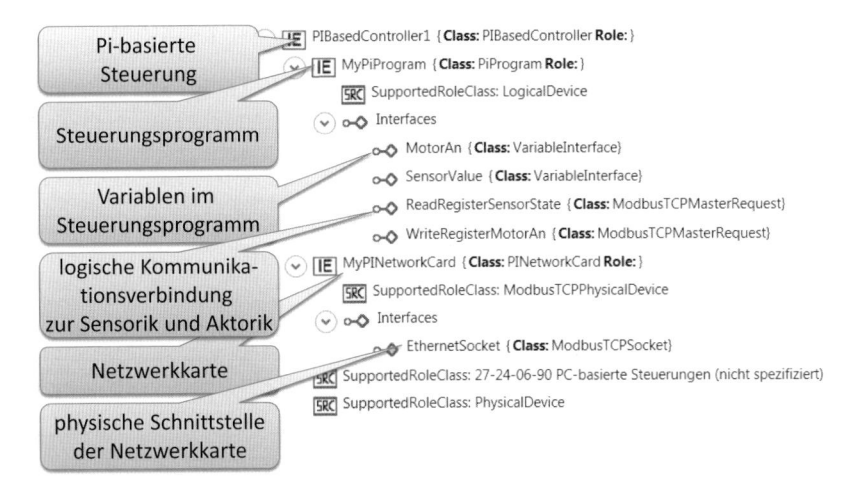

Herstellerunabhängiger Austausch von Entwurfsdaten für Steuerungssysteme mittels AutomationML 131

- **Pi-basierte Steuerung** → IE PIBasedController1 {**Class:** PIBasedController **Role:**}
  - IE MyPiProgram {**Class:** PiProgram **Role:**}
    - SRC SupportedRoleClass: LogicalDevice
- **Steuerungsprogramm** → Interfaces
  - MotorAn {**Class:** VariableInterface}
  - SensorValue {**Class:** VariableInterface}
- **Variablen im Steuerungsprogramm** → ReadRegisterSensorState {**Class:** ModbusTCPMasterRequest}
  - WriteRegisterMotorAn {**Class:** ModbusTCPMasterRequest}
- **logische Kommunikationsverbindung zur Sensorik und Aktorik** → IE MyPINetworkCard {**Class:** PINetworkCard **Role:**}
  - SRC SupportedRoleClass: ModbusTCPPhysicalDevice
  - Interfaces
- **Netzwerkkarte** → EthernetSocket {**Class:** ModbusTCPSocket}
  - SRC SupportedRoleClass: 27-24-06-90 PC-basierte Steuerungen (nicht spezifiziert)
  - SRC SupportedRoleClass: PhysicalDevice
- **physische Schnittstelle der Netzwerkkarte**

Bild 13   Strukturmodell der Steuerung

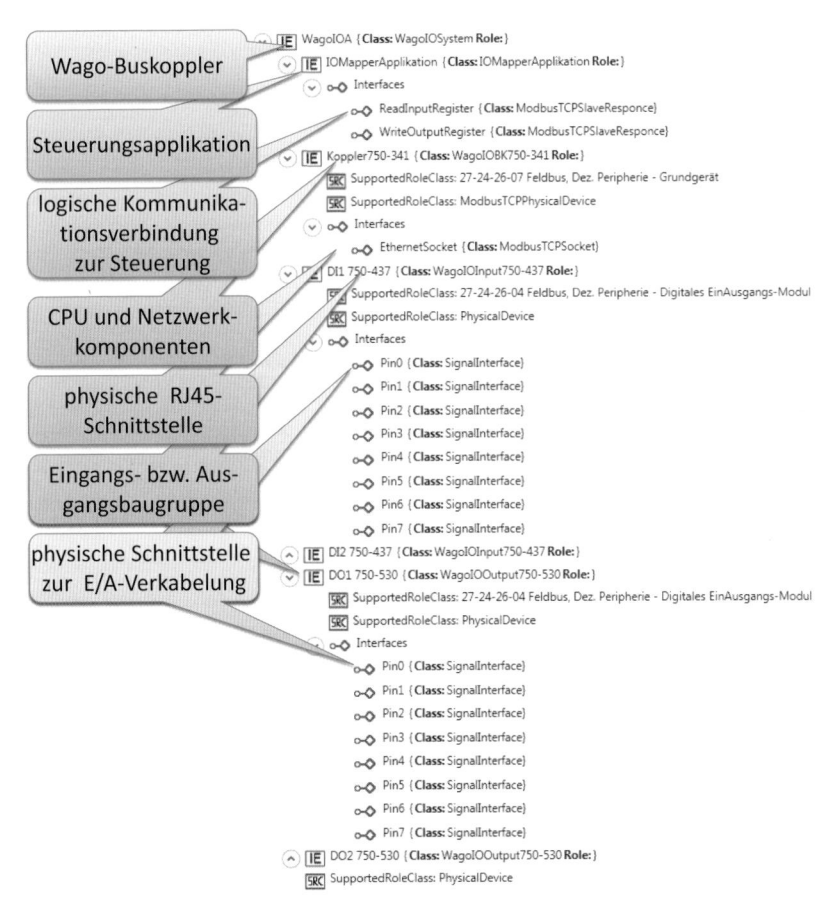

- **Wago-Buskoppler** → IE WagoIOA {**Class:** WagoIOSystem **Role:**}
  - IE IOMapperApplikation {**Class:** IOMapperApplikation **Role:**}
    - Interfaces
      - ReadInputRegister {**Class:** ModbusTCPSlaveResponce}
      - WriteOutputRegister {**Class:** ModbusTCPSlaveResponce}
- **Steuerungsapplikation** → IE Koppler750-341 {**Class:** WagoIOBK750-341 **Role:**}
  - SRC SupportedRoleClass: 27-24-26-07 Feldbus, Dez. Peripherie - Grundgerät
  - SRC SupportedRoleClass: ModbusTCPPhysicalDevice
  - Interfaces
- **logische Kommunikationsverbindung zur Steuerung** → EthernetSocket {**Class:** ModbusTCPSocket}
  - DI1 750-437 {**Class:** WagoIOInput750-437 **Role:**}
    - SRC SupportedRoleClass: 27-24-26-04 Feldbus, Dez. Peripherie - Digitales EinAusgangs-Modul
- **CPU und Netzwerkkomponenten** → SRC SupportedRoleClass: PhysicalDevice
  - Interfaces
    - Pin0 {**Class:** SignalInterface}
- **physische RJ45-Schnittstelle** → Pin1 {**Class:** SignalInterface}
  - Pin2 {**Class:** SignalInterface}
  - Pin3 {**Class:** SignalInterface}
- **Eingangs- bzw. Ausgangsbaugruppe** → Pin4 {**Class:** SignalInterface}
  - Pin5 {**Class:** SignalInterface}
  - Pin6 {**Class:** SignalInterface}
  - Pin7 {**Class:** SignalInterface}
- **physische Schnittstelle zur E/A-Verkabelung** → IE DI2 750-437 {**Class:** WagoIOInput750-437 **Role:**}
  - IE DO1 750-530 {**Class:** WagoIOOutput750-530 **Role:**}
    - SRC SupportedRoleClass: 27-24-26-04 Feldbus, Dez. Peripherie - Digitales EinAusgangs-Modul
    - SRC SupportedRoleClass: PhysicalDevice
    - Interfaces
      - Pin0 {**Class:** SignalInterface}
      - Pin1 {**Class:** SignalInterface}
      - Pin2 {**Class:** SignalInterface}
      - Pin3 {**Class:** SignalInterface}
      - Pin4 {**Class:** SignalInterface}
      - Pin5 {**Class:** SignalInterface}
      - Pin6 {**Class:** SignalInterface}
      - Pin7 {**Class:** SignalInterface}
  - IE DO2 750-530 {**Class:** WagoIOOutput750-530 **Role:**}
    - SRC SupportedRoleClass: PhysicalDevice

Bild 14   Strukturmodell des Buskopplers

Das Modell des Buskopplers beinhaltet als erstes eine Beschreibung des Steuerungsapplikationsteils des Buskopplers, der einen ModbusTCP-Server beinhaltet und die physischen Eingänge des Buskopplers auf Registerpositionen abbildet. Dieser Server stellt logische Zugriffspunkte für die entsprechenden Ein- und Ausgänge bereit. Zudem enthält der Buskoppler eine CPU- und eine Netzwerkkomponente mit einem RJ45-Steckplatz für ein Ethernetkabel. Letztlich enthält das Buskopplermodell eine Beschreibung der Ein- und Ausgangsschnittstellen für die physikalische Verkabelung des Sensors und des Motors (siehe Bild 14).

Eine ähnliche Struktur ergibt sich für den Drehtisch.

Alle genannten Modellierungselemente sind von entsprechenden SystemUnitKlassen bzw. Interfaceklassen abgeleitet und besitzen passende Rollenklassen.

Mechanischer Entwurf

In der Phase des mechanischen Entwurfs werden unter anderem die Menge der notwendigen Automatisierungsgeräte und deren charakteristische Eigenschaften spezifiziert und in eine mechanische Konstruktion integriert. In diesem Rahmen erhalten sie unter anderem eine Position in der Konstruktion. Entsprechend Whitepaper 1 aus [14] wird jedes Automatisierungsgerät wie jede andere mechanische Komponente in der *InstanceHierarchy* als ein *InternalElement* mit entsprechenden Unterstrukturen und Attributen abgebildet.

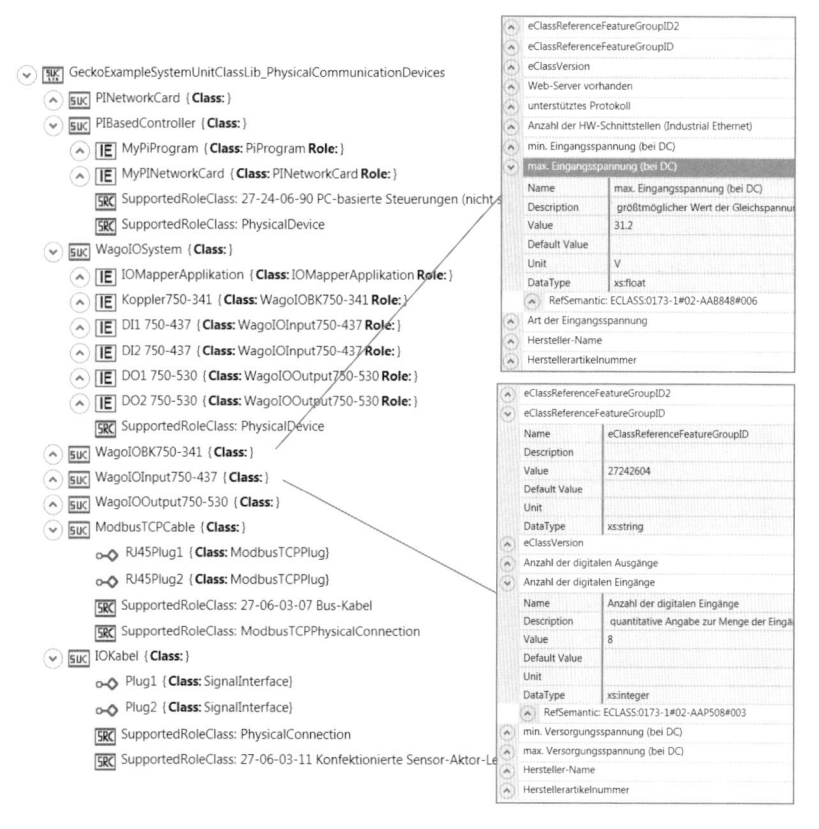

Bild 15 Gerätebeschreibung einschließlich Geräteeigenschaften

In Bild 15 sind die für das Beispielsystem relevanten SystemUnitKlassen enthalten, die die Basis für die Modellierung der Automatisierungsgeräte bilden. Hier finden sich zum Beispiel der Buskopplerkopf, der die CPU des Buskopplers und dessen Netzwerkschnittstelle enthält, die einzelnen Eingangs- und Ausgangsbaugruppen des Buskopplers sowie der Zusammenbau eines Buskopplers aus einer bestimmten Menge von Teilen einschließlich Kopplerkopf und Eingangs-/Ausgangsbaugruppen. Die einzelnen Elemente besitzen charakteristische Eigenschaften wie die maximale Ausgangsspannung für eine Ausgangsbaugruppe oder die IP-Adresse für den Kopplerkopf.

Zusätzlich zur Identifikation der eigentlichen mechanischen Komponenten einschließlich der Automatisierungsgeräte sowie ihrer charakteristischen Eigenschaften kann das Geometrie- und Kinematikmodell eines Produktionssystems abgelegt werden. Entsprechend „Whitepaper 3 – Geometry and Kinematics" aus [14] werden die dabei relevanten Informationen mittels COLLADA abgebildet und den einzelnen Komponenten (wie den Automatisierungsgeräten) über die Nutzung eines entsprechenden *ExternalInterface*s zugeordnet. Zudem kann über das *frame* Attribut die Position des Objekts festgelegt werden. Dabei ermöglicht das *frame* Attribut die Angabe der kartesischen Position im Raum sowie der Rotationen um die drei kartesischen Achsen, relativ zum Objekt eine Hierarchieebene höher in der *InstanceHierarchy*.

Elektrische Konstruktion

In der Phase des elektrischen Entwurfs entsteht die Spezifikation der elektrischen Verkabelung des Produktionssystems, d. h. es wird beschrieben, wie die elektrischen Schnittstellen der im mechanischen Entwurf festgelegten Geräte sowie weiterer im elektrischen Entwurf zu benennender Geräte mittels Kabel angeschlossen werden. Dabei werden unter anderem die Stromversorgung und die Signalverkabelung für Steuerungssignale festgelegt, was dann zu einer eindeutigen Definition der physikalischen Adressen für die einzelnen Sensoren und Aktoren in den genutzten Steuerungen führt. Entsprechend „Whitepaper – Communication" aus [14] werden für die Modellierung der elektrischen Konstruktion entsprechende Kabelobjekte genutzt, die in die *InstanceHierarchy* integriert und über entsprechende *Interface*-Objekte und *InternalLinks* mit den zu verbindenden Objekten verbunden sind.

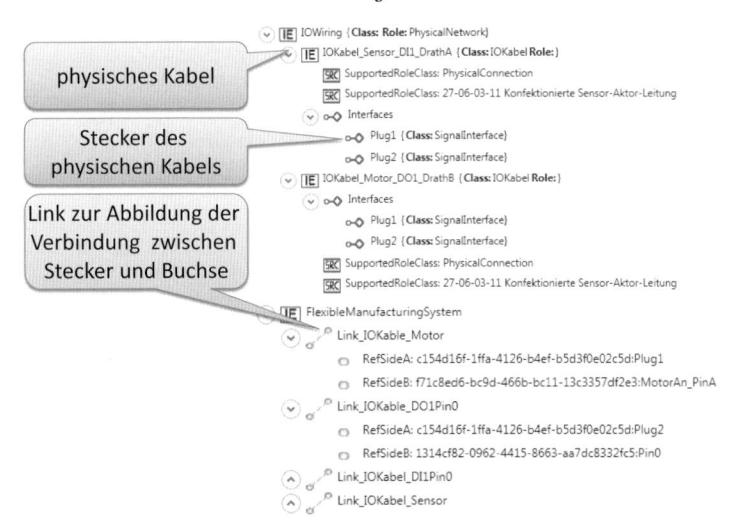

Bild 16 Modell der elektrischen Verkabelung

In Bild 16 sind die zwei Kabel dargestellt, die für die Verbindung des Sensors und des Motors zum Buskoppler im Beispielsystem notwendig sind. Hier sind für jedes Kabel zwei Stecker und für die Geräte jeweils Buchsen ersichtlich, die entsprechend mit *InternalLinks* verbunden sind. Die Kabelobjekte wie auch die Interfaces, die die Stecker und Buchsen modellieren, können dann entsprechende charakterisierende Attribute enthalten.

Kommunikationssystementwurf

Die Phase des Kommunikationssystementwurfs hat zum Ziel, die physische und logische Struktur des Kommunikationsdatenaustauschs zwischen den Automatisierungsgeräten (Steuerungen, Sensoren und Aktoren) zu entwerfen. Entsprechend „Whitepaper – Communication" aus [14] werden dazu zwei Mengen von Modellierungsobjekten in der *InstanceHierarchy* verwendet, die die logische und die physische Vernetzung von Applikationen und Geräten repräsentieren (siehe auch [15]).

Wie in Bild 17 deutlich wird, beschreibt die logische Ebene den Austausch von Mengen von Variablen zwischen den einzelnen Applikationen des Automatisierungssystems, im Beispielsystem entsprechend zwischen der Steuerungsapplikation im RaspberryPi und dem ModbusTCP-Server im Buskoppler. Hier werden entsprechende logische Verbindungen über entsprechende *InternalElements* für diese Verbindungen modelliert, die über passende *Interface*-Objekte und *InternalLinks* mit den Applikationsobjekten in Verbindung stehen. Die Verbindungsobjekte können charakteristische Eigenschaften enthalten (abgebildet als Attribute). Im Beispielsystem könnte das die gewünschte Kommunikationsfrequenz sein. Zudem enthalten die, die logischen Verbindungen beschreibenden, Objekte *InternalElements*, die die auszutauschenden Kommunikationspakete für die entsprechenden Verbindungen darstellen.

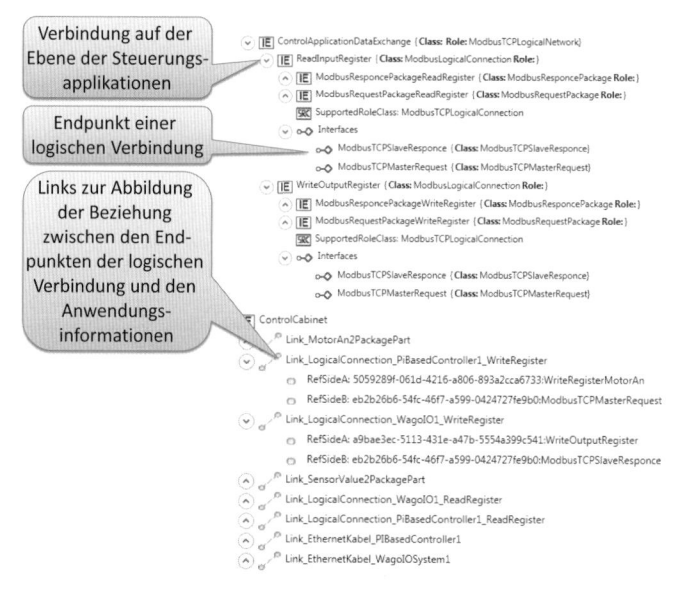

Bild 17 Modell der logischen Ebene des Kommunikationssystems

Die Datenpaketobjekte enthalten die notwendigen Informationen zur genauen Beschreibung von Struktur und Eigenschaften der Datenpakete. Dazu können sie Attribute enthalten, die essenzielle Paketinformationen wie Headerdesign und Headerbestandteile enthalten, aber auch *Interfaces*, die die einzelnen ausgetauschten Variablen repräsentieren (siehe Bild 18). Diese Interfaces können dann mit *InternalLinks* an die Variablen in den einzelnen Applikationsteilen gebunden werden. Damit wird die Abbildung der Variablen zwischen Sender und Empfänger verdeutlicht.

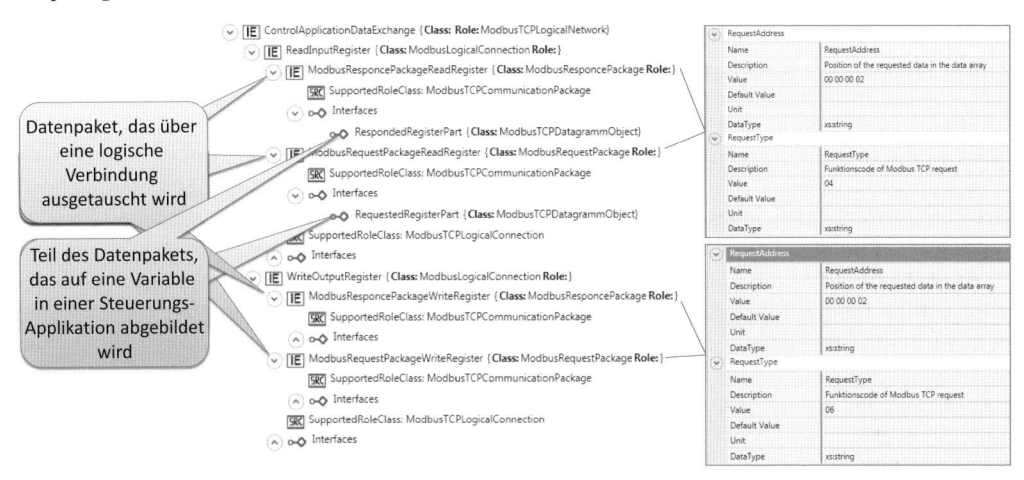

Bild 18 Modell der Datenpakete der logischen Ebene des Kommunikationssystems

Bild 19 zeigt nun ein Beispiel für die Modellierung der physischen Kommunikationsverkabelung. In Analogie zu Bild 16 sind hier die physischen Kabel als *InternalElements* modelliert, die über *Interfaces*, die die Stecker und Buchsen abbilden, und *InternalLinks* mit den entsprechenden Kommunikationsgeräten verbunden werden können. Auch hier werden die Kabeleigenschaften wie Schutzklasse, Dokumentation oder maximale Übertragungsrate über entsprechende Attribute modelliert.

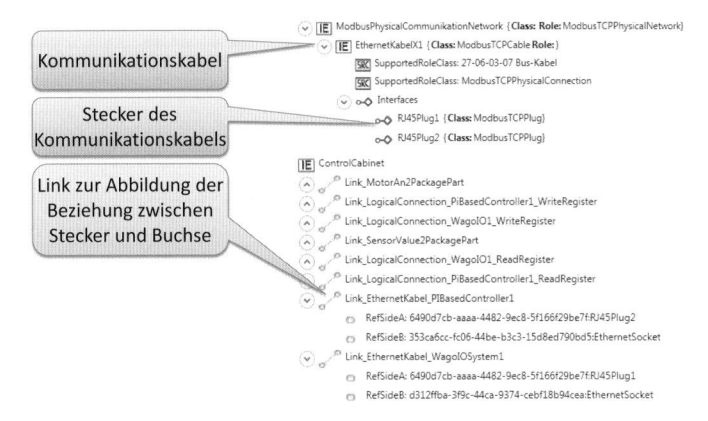

Bild 19 Modell der Ebene der physischen Verkabelung des Kommunikationssystems

Steuerungsprogramm und Verhaltensmodelle

In der Phase der Steuerungsprogrammierung wird das eigentliche Steuerungsprogramm erstellt. Dabei wird auf Verhaltensmodelle unterschiedlicher Detaillierungsstufen wie Gantt Charts,

Impulsdiagramme, Automatenmodelle oder fertige Steuerungsprogrammbausteine zurückgegriffen. Entsprechend „Whitepaper 4 – Logic Description" aus [14] werden Verhaltensmodelle mittels PLCopen XML repräsentiert und über entsprechende *ExternalInterfaces* an die, die Geräte beschreibenden *InternalElements* angebunden. Dabei wird unterschieden, ob auf eine einzelne Variable der Applikationen oder auf einen gesamten Programmbaustein verwiesen werden soll. Das ermöglicht die Unterscheidung zwischen vollständigen Verhaltenselementen und Variablen zu physischen Ein- und Ausgängen bzw. Variablen zu Kommunikationsdaten (siehe auch [16]).

Unterstützung des Einkaufs

Für die Phase der Inbetriebnahme des Produktionssystems wird die Liste der zu beschaffenden Automatisierungskomponenten benötigt. Diese Liste ist im Rahmen der Gerätedefinition im mechanischen und elektrischen Entwurf entstanden und ggf. im Kommunikationssystementwurf und der Steuerungsprogrammierung erweitert worden. Sie muss alle Informationen enthalten, die für die korrekte Beschaffung der einzelnen Elemente des Automatisierungssystems einschließlich Geräten und Verbindungselementen (Kabel, Klemmen etc.) notwendig sind.

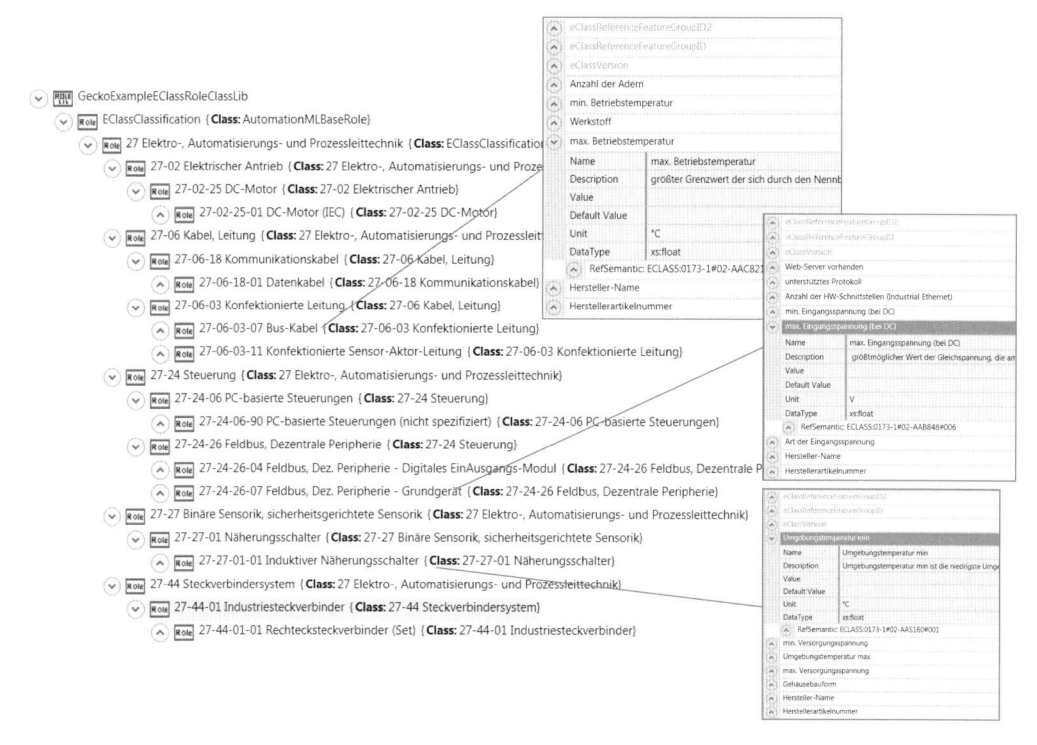

Bild 20 Rollenklassenbibliothek zur Modellierung eines eCl@ss-Katalogs

Hier setzt ein vom AutomationML e. V. gemeinsam mit dem eCl@ss e. V. entwickeltes Whitepaper zur Integration von eCl@ss in AutomationML an, das festlegt, wie die notwendigen Informationen in AutomationML modelliert werden können. Entsprechend dem Anspruch des AutomationML e. V., bestehende Standards einzubinden, nutzt AutomationML an dieser Stelle den eCl@ss-Standard. In dem genannten Whitepaper wird die Zuordnung von Semantikdefinitionen aus Katalogstandards wie eCl@ss zu den einzelnen Modellierungselementen der AutomationML beschrieben (siehe [14]). Dazu stellt es zum einen den Prozess der Erzeugung einer Rollenklassenbibliothek zu einem gegebenen eCl@ss-Katalog und dessen Nutzung zur Semantikidentifikation für SystemUnitKlassen und *InternalElements* sowie zur eindeutigen Festlegung von Objekteigenschaften wie Herstellernamen, herstellerbezogenen Bestellnummern usw. (siehe Bild 20) dar. Zum anderen spezifiziert es die Nutzung der IRDI zur eindeutigen Identifikation der Bedeutung eines Attributs als Objekteigenschaft. Details zur Integration von eCl@ss in AutomationML können in [17] nachgelesen werden.

Informationsgewinnung zur Steuerungsprogrammierung durch den Importer eines Entwurfswerkzeugs

Entsprechend der oben beschriebenen Modellierungsmöglichkeiten kann ein Werkzeug zur Steuerungsprogrammierung oder ein Werkzeug zur virtuellen Inbetriebnahme über einen passenden AutomationML-Importer die nachfolgenden Informationen einlesen:

- Beschreibung und Identifikation von Automatisierungsgeräten, die im Produktionssystem verwendet werden,
- Anwendungsspezifika der Automatisierungsgeräte einschließlich notwendiger Steuerungsvariablen und Anwendungsparametern,
- Spezifikation verwendeter physikalischer Adressen für Steuerungsvariablen zum Zugriff auf parallel verdrahtete Automatisierungsgeräte,
- Spezifikation verwendeter Adressen für Steuerungsvariablen zum Zugriff auf Automatisierungsgeräte, die über Kommunikationssysteme angesteuert werden können,
- Steuerungsprogramm zur eigentlichen Steuerung des Produktionssystems zugeordnet zu den einzelnen Automatisierungsgeräten und
- Verhaltensmodelle einzelner Systemkomponenten.

Wird diese Liste betrachtet, so wird deutlich, dass AutomationML die gesamte Hardwarekonfiguration eines Automatisierungssystems beschreiben und damit verlustfrei austauschbar machen kann. Damit ist es ein Kandidat für die Lösung des in den Abschnitten 3 und 4 beschriebenen Datenaustauschproblems.

AutomationML-Standardisierungsprozess

Die beschriebenen Modellierungsmöglichkeiten sind innerhalb des AutomationML e. V., der DKE und der IEC (als Standardisierungsgremien) nicht in einem Stück entstanden. Dabei ist dem AutomationML e. V. besonders wichtig, den Umfang der abgebildeten Daten schrittweise zu vergrößern und den Anwendern damit die Möglichkeit zu geben, ebenfalls schrittweise seine Exporter und Importer zu entwickeln.

Wie bereits oben erwähnt setzt AutomationML dafür auf eine Trennung der Standardisierung von Syntax und Semantik. Die Syntax der Datendarstellung ist über das XMLbasierte Format CAEX gegeben, wohingegen die Semantik der einzelnen Datenobjekte durch die Festlegung von Rollen- und Interfaceklassen (sowie zum Teil durch SystemUnitKlassen) erfolgt.

Diese basiert auf dem häufig anzutreffenden Deadlock der Standardisierung [27]. Für eine erfolgreiche Standardisierung benötigen die mit der Standardisierung beauftragten Arbeitsgruppen Feedback aus der praktischen Anwendung der zu entwickelnden Standards.

Bei Datenaustauschformaten heißt dies, dass erste Prototypen basierend auf dem Standard umgesetzt und getestet werden sollten, um entsprechende Anwendungserfahrungen zurückzuspielen. Dies kann dann zur Verbesserung des Standards hinsichtlich Anwendbarkeit genutzt werden. Jedoch stellt diese Werkzeugentwicklung einen nicht zu unterschätzenden finanziellen Aufwand dar. Entsprechend sind Werkzeughersteller bestrebt, die finale Version des Standards abzuwarten, bevor sie mit einer Implementierung beginnen. Das führt zu wechselseitigem Warten und ggf. zur Nichtanwendung des Standards .

Um dies zu vermeiden, werden bei AutomationML schrittweise jeweils kompatible Spezifikationen geschaffen, die Teile der notwendigen Datenmenge bereits standardisiert nutzbar und andere Teile als proprietäre Daten integrierbar machen. Ein gutes Beispiel bezogen auf die Abbildung der für den Steuerungsentwurf relevanten Planungsdaten ist hier die Application Recommendation (AR) – Automation Project Configuration (siehe [14]).

Die AR – Automation Project Configuration spezifiziert eine erste Datenmenge für den Informationsaustausch zwischen MCAD, ECAD und Steuerungsprogrammierwerkzeugen und deckt damit einen Teil der oben genannten Entwurfskette ab. Für ihre Erstellung wurden Entwurfswerkzeuge unterschiedlicher Hersteller analysiert und eine Menge von gemeinsamen Modellierungskonzepten identifiziert, die in den analysierten Werkzeugen gemeinsam verwendet werden. Die wichtigsten Elemente dieser Modellierungskonzeptmenge sind Konzepte wie das Automatisierungsprojekt und seine Projektstrukturen (Ordner), das Automatisierungsgerät mit seiner geräteinternen Komponentenhierarchie, die automatisierungsrelevante Variable in einem Gerät und der zu ihr zugehörige physische Übertragungskanal sowie die Komponenten des Kommunikationssystems, die für ein Automatisierungsgerät relevant sind.

Diese Konzepte wurden dann jeweils in Rollen- und Interfaceklassen mit ihren entsprechenden Attributen übersetzt. Die Ergebnisse sind in den Bildern 21 und 22 dargestellt.

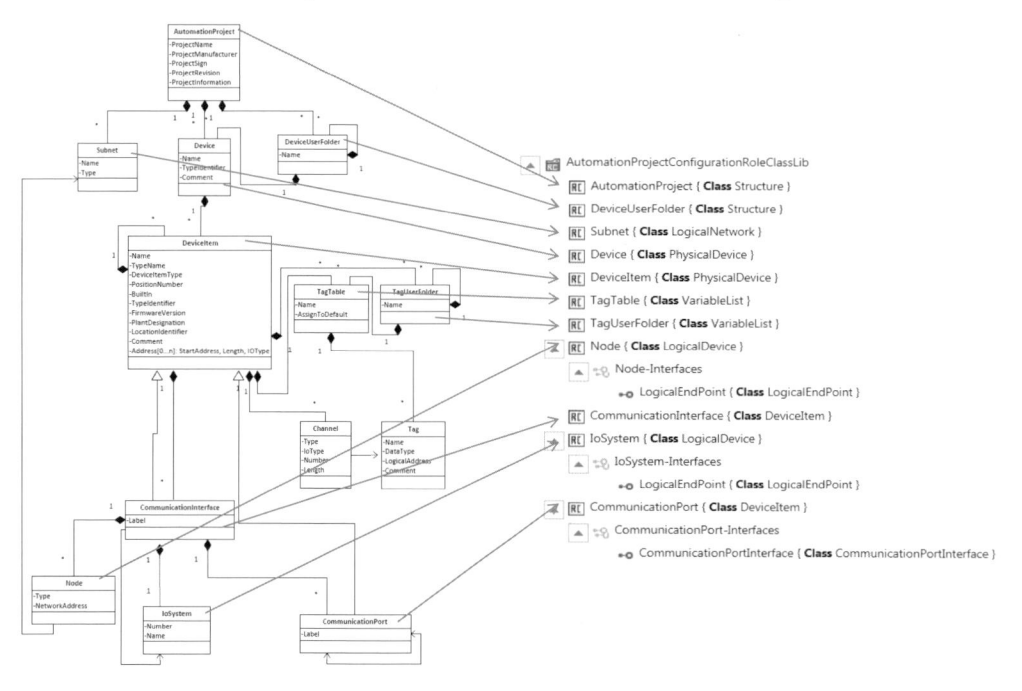

Bild 21 Rollenklassenbibliothek der Application Recommendation – Automation Project Configuration

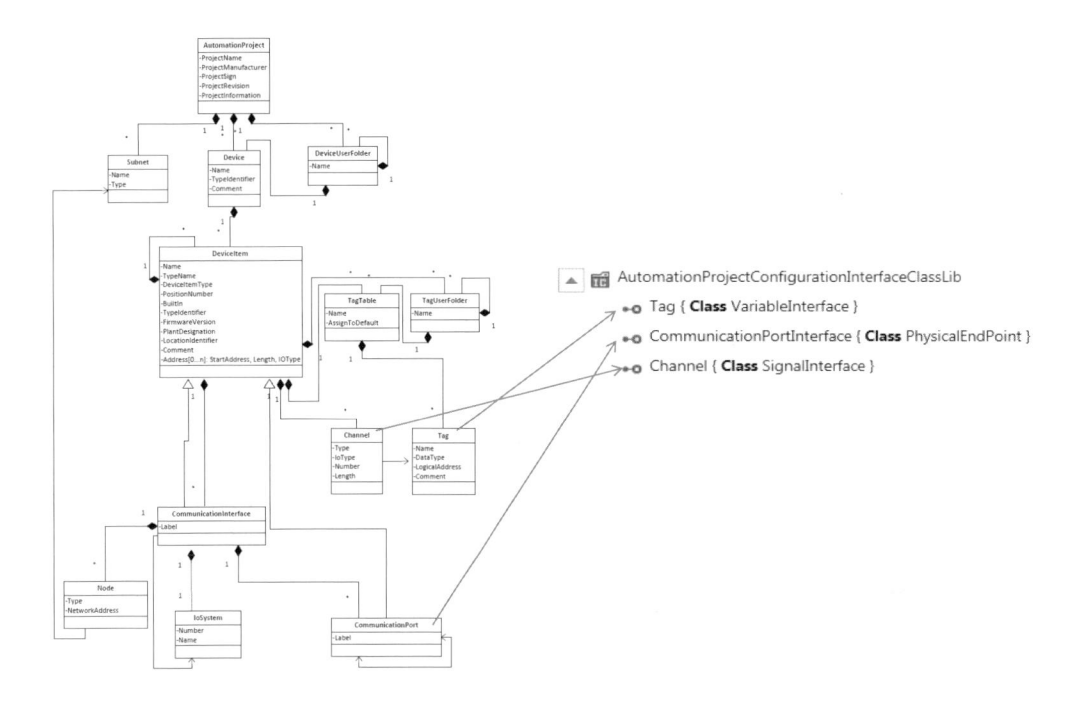

Bild 22 Interfaceklassenbibliothek der Application Recommendation – Automation Project Configuration

Die damit spezifizierten Rollen- und Interfaceklassen können nun in den Abschnitten 7.2, 7.3 und 7.5 verwendet werden, um einen ersten Datenaustausch zu realisieren.

Zusammenfassung

In diesem Beitrag wurde zum einen eine Methode beschrieben, mit deren Hilfe ein Datenaustauschformat für einen speziellen Anwendungsfall der Integration von Entwurfswerkzeugen entwickelt bzw. ausgewählt werden kann. Zum anderen wurde gezeigt, wie diese Methode auf den Anwendungsfall des verlustfreien Datenaustauschs im Entwurf von Produktionssystemen mit dem Fokus der Steuerungsprogrammierung angewendet wird. Es wurde gezeigt, dass das betrachtete Datenaustauschformat AutomationML in der Lage ist, alle im Rahmen des Entwurfs von Produktionssystemen entstehenden Informationen, die für die Steuerungsprogrammierung und den Einkauf in der Inbetriebnahme relevant sind, abzubilden. Anhand eines Beispiels wurde dabei das Modellierungsvorgehen visualisiert. Das dabei entstandene AutomationML-Projekt kann unter [19] bezogen werden.

Bisher wurde der in Abschnitt 2 beschriebene Prozess der Auswahl eines Datenaustauschformats für den Anwendungsfall des verlustfreien Datenaustauschs im Entwurf von Produktionssystemen mit dem Fokus der Steuerungsprogrammierung nur bezogen auf die ersten vier Schritte ausgeführt. Für eine vollständige Ausführung muss der Bewertungsprozess auf weitere Datenaustauschformate ausgeweitet werden, die in derselben Tiefe wie AutomationML in Abschnitt 7 betrachtet werden müssen, um vergleichbare Ergebnisse zu erhalten. Ggf. muss ein neues selbsterstelltes proprietäres Format in die Betrachtungen mit einbezogen werden. Zudem sollte in der Bewertung berücksichtigt werden, welchen Grad der Verbreitung ein Datenaustauschformat sowohl in der praktischen Anwendung als auch in verfügbaren Entwurfswerkzeugen erreicht hat.

Wie in Abschnitt 6 beschrieben wurde, besitzt AutomationML weitreichende Fähigkeiten zur Modellierung von Informationen, die im Projekt- und Datenmanagement notwendig sind. So ermöglicht AutomationML die eindeutige Objektidentifikation sowie die Angabe von Versions- und Revisionsinformationen. Damit kann AutomationML nicht nur im oben beschriebenen sequenziellen Entwurfsprozess, der eher theoretischer Natur ist, angewendet werden, sondern auch in Entwurfsprozessen mit zyklischen (rückgekoppelten) und/oder parallelem Vorgehen, in der die Wiedererkennung von Objekten und/oder die Aggregation von Informationen aus mehr als einer Datenquelle notwendig sind.

Bild 23 AutomationML-Mitglieder

Mit Blick auf die praktische Anwendung von AutomationML bietet der AutomationML e. V. bereits weitreichende technische und fachliche Unterstützung. So können Anwender bei der Implementierung von Softwareschnittstellen für Entwurfswerkzeuge auf frei verfügbare Softwarebibliotheken zurückgreifen, die das Lesen und Schreiben von AutomationML-Dateien implementieren und den Entwurfswerkzeugen ein AutomationML-kompatibles Objektmodell anbieten. Zudem stehen Softwaresysteme zur manuellen Erstellung von Anwendungsbeispielen sowie zur Überprüfung der Korrektheit von erzeugten bzw. gelesenen Dateien bezogen auf den AutomationML-Standard bereit. Dies kann von potenziellen Anwendern zur Beschleunigung der Entwicklungsprozesse sowie zur Erhöhung der erreichten Qualität von Exportern und Importern verwendet werden. Um eine entsprechende Verbreitung von Fachinformationen über die Nutzung von AutomationML zu sichern, bieten der AutomationML e. V. und seine Mitglieder weitreichende Schulungen an.

Letztlich kann festgestellt werden, dass viele Mitglieder des AutomationML e. V. ihre Entwurfswerkzeuge bereits mit entsprechenden Schnittstellen ausgestattet haben und diese in praktischen Projekten mit ökonomischem Erfolg zum verlustfreien Datenaustausch auf Basis der beschriebenen Modellierungsmethoden anwenden. Bild 23 zeigt die AutomationML-Mitglieder zum Zeitpunkt der Entstehung dieses Beitrags.

Literaturverzeichnis

[1] T. Bauernhansl, M. ten Hompel, B. Vogel-Heuser (Hrsg.): Industrie 4.0 in Produktion, Automatisierung und Logistik, Springer, 2014

[2] A. Fay, S. Biffl, D. Winkler, R. Drath, M. Barth: A method to evaluate the openness of automation tools for increased interoperability, 39th Annual Conference of the IEEE Industrial Electronics Society, IECON 2013, Wien, Österreich, November 2013, Proceedings

[3] N. Schmidt, A. Lüder, H. Steininger, S. Biffl: Analyzing Requirements on Software Tools According to the Functional Engineering Phase in the Technical Systems Engineering Process, 19th IEEE International Conference on Emerging Technologies and Factory Automation (ETFA), September 2014, Barcelona, Spanien, Proceedings

[4] acatech: Recommendations for implementing the strategic initiative INDUSTRIE 4.0, April 2013, Report, *http://www.plattform-i40.de/sites/default/files/Report_Industrie%204.0_engl_1.pdf*.

[5] A. Lüder, N. Schmidt, R. Rosendahl, M. John: Integrating different information types within AutomationML, 19th IEEE International Conference on Emerging Technologies and Factory Automation (ETFA), September 2014, Barcelona, Spanien, Proceedings

[6] Verein Deutscher Ingenieure (VDI): VDI Guideline 3690 – XML in Automation, Beuth Verlag, 2014, 3 Teile

[7] A. Lüder, N. Schmidt: A minimal tool interface for machinery and equipment engineering, 3rd AutomationML User Conference, Blomberg, Deutschland, Oktober 2014, Proceedings, *www.automationml.org*

[8] A. Lüder, M. Foehr, L. Hundt, M. Hoffmann, Y. Langer, St. Frank: Aggregation of engineering processes regarding the mechatronic approach, 16th IEEE International Conference on Emerging Technologies and Factory Automation (ETFA 2011), Toulouse, Frankreich, September 2011, Proceedings

[9] International Electrotechnical Commission: IEC 62424 – Representation of process control engineering – Requests in P&I diagrams and data exchange between P&ID tools and PCE-CAE tools, *www.iec.ch*, 2008

[10] International Organization for Standardization: ISO/PAS 17506:2012 – Industrial automation systems and integration – COLLADA digital asset schema specification for 3D visualization of industrial data, *www.iso.org*, 2012

[11] PLCopen association: PLCopen XML. *www.plcopen.org*, 2012

[12] International Electrotechnical Commission: IEC 62714 – Engineering data exchange format for use in industrial automation systems engineering – AutomationML, *www.iec.ch*, 2014

[13] R. Drath (Editor): Datenaustausch in der Anlagenplanung mit AutomationML, Springer, 2010

[14] AutomationML e.V.: AutomationML web page, *www.automationml.org*, Letzter Zugriff September 2016

[15] M. Riedl, A. Lüder, B. Heines, R. Drath: Modellierung industrieller Kommunikationssysteme mit AutomationML, atp edition, vol. 56, no. 11, pp. 44-51, 2014

[16] L. Hundt, A. Lüder: Development of a method for the implementation of interoperable tool chains applying mechatronical thinking – Use case engineering of logic control, 17th IEEE International Conference on Emerging Technologies and Factory Automation (ETFA 2012), Krakow, Polen, September 2012, Proceedings

[17] A. Lüder, N. Schmidt, O. Graeser, M. Thron, M. John: Semantikdefinition durch Integration von Klassifikationssystemen in Entwurfsdaten zum verlustfreien Datenaustausch in Werkzeugketten, 15. Automation Kongress, Baden-Baden, Germany, Juli 2014, Proceedings

[18] R. Drath: Warum ein Engineering-Weltmodell bisher nicht gelang, SPS Magazin, Whitepaper – AutomationML – Fachexperten erklären das Format, 2014, pp. 34-36, *https://www.automationml.org/ o.red.c/dateien.html*

[19] Otto-von-Guericke-University Magdeburg, IAF-BG, "ModbusTCP_Beispiel1_Drehtisch_150123. aml," *http://www.iaf-bg.ovgu.de/iniaf_media/aml2015Neu/ModbusTCP_Beispiel1_ Drehtisch_150123.aml*, Letzter Zugriff Mai 2015

[20] D. Wünsch, A. Lüder, M. Heinze: Flexibility and Re-configurability in Manufacturing by Means of Distributed Automation Systems – an Overview, in H. Kühnle (Editor): Distributed Manufacturing, Springer, London, 2010, pp. 51-70

[21] T. Wagner, C. Haußner, J. Elger, U. Löwen, A. Lüder: Engineering Processes for Decentralized Factory Automation Systems, Factory Automation 22, In-Tech, Österreich, ISBN 978-953-7619-42-8, 2010, *http://www.intechopen.com/articles/show/title/engineering-processes-for-decentralized-factory-automation-systems*

[22] M. Schleipen, M. Schenk: Intelligent environment for mechatronic, cross-discipline plant engineering, 6th IEEE International Conference on Emerging Technologies and Factory Automation (ETFA 2011), Toulouse, Frankreich, September 2011, Proceedings.

[23] A. Alonso-Garcia, A. Hirzle, A. Burkhardt: Steuerungstechnische Standards als Fundament für die Leittechnik, atp, Jahrgang 2008, Heft 9, pp. 42–47

[24] C. Maga, N. Jazdi, P. Göhner, T. Ehben, T. Tetzner, U. Löwen: Mehr Systematik für den Anlagenbau und das industrielle Lösungsgeschäft – Gesteigerte Effizienz durch Domain Engineering, at - Automatisierungstechnik, 2010, Vol. 9, pp. 524 – 532.

[25] S. Kluge: Methodik zur fähigkeitsbasierten Planung modularer Montagesysteme, Dissertation, Universität Stuttgart, Deutschland, 2011.

[26] aquimo project consortium: aquimo – Ein Leitfaden für Maschinen- und Anlagenbauer, VDMA, 2010

[27] R. Drath, M. Barth: Concept for managing multiple semantics with AutomationML - maturity level concept of semantic standardization, 17th IEEE International Conference on Emerging Technologies and Factory Automation (ETFA 2012), Krakow, Polen, September 2012, Proceedings

[28] Verein Deutscher Ingenieure: VDI Richtlinie 3695 – Engineering von Anlagen – Evaluieren und Optimieren des Engineerings, VDI Verlag, Mai 2009

4 Konsortien

Henning Banthien, Dr. Daniel Senff
Plattform Industrie 4.0 – Ein Schulterschluss von Politik, Wirtschaft, Gewerkschaften und Wissenschaft

Julie Pike
Das Industrial Internet Consortium

Thomas Lantermann
Industrial Value-Chain Initiative – Impulsgeber in Japan und Asien

Prof. Dr. Jianzhong Fu
Struktur und Rahmenbedingung der Industrie-4.0-basierten chinesischen intelligenten Produktion

Inge Hübner
Große Cloud-Player und ihre Machine-Learning-Strategien

Plattform Industrie 4.0 – Ein Schulterschluss von Politik, Wirtschaft, Gewerkschaften und Wissenschaft

von *Henning Banthien, Dr. Daniel Senff*

Der offizielle Auftakt der von Politik, Wirtschaft, Wissenschaft und Gewerkschaften getragenen Plattform Industrie 4.0 erfolgte am 14. April 2015 auf der Hannover Messe. Nach erfolgreicher Arbeit der Verbändeplattform Industrie 4.0 von BITKOM, VDMA und ZVEI, wird das Thema in der neuen Plattform Industrie 4.0 auf eine breitere gesellschaftliche und vor allem politisch-inhaltliche Basis gestellt und damit konsequent in Richtung Umsetzung weiterentwickelt. Die Plattform Industrie 4.0 setzt dabei auf den Vorarbeiten der Verbändeplattform auf, entwickelt sie weiter und verankert sie in den verschiedenen Anspruchsgruppen. Getragen durch Politik, Wirtschaft, Wissenschaft und Gewerkschaften erarbeitet die Plattform Industrie 4.0 gemeinsame und einheitliche Handlungsempfehlungen für alle relevanten sozioökonomischen Handlungsfelder. Politik, Gewerkschaften, Wirtschaft und Wissenschaft müssen die Anforderungen an eine zukunftssichere Ausbildung und Qualifizierung, an praxistaugliche Standards und Normen, an Forschung und Entwicklung, Datensicherheit und an einen verlässlichen Rechtsrahmen definieren. In der neuen Plattform Industrie 4.0 kommen damit alle relevanten gesellschaftlichen Akteure unter einem Dach zusammen, um gemeinsam die digitale Revolution erfolgreich zu gestalten. Dazu gehört auch die Entwicklung eines einheitlichen Grundverständnisses von Industrie 4.0, unter dem sich alle Akteurinnen und Akteure wiederfinden und das zusammen öffentlich sichtbar kommuniziert wird.

Industrie 4.0 ist heute das maßstabgebende Konzept für den zukünftigen Umbau der deutschen Industrie. Es gilt jetzt den Weg in die Praxis zu nehmen. Dazu bedarf es einer verstärkten Koordinierung aller Beteiligten, aber auch konkreter Beispiele aus der Praxis für die Praxis. Die Plattform Industrie 4.0 sorgt für den nötigen Schulterschluss zwischen den wichtigen Akteuren aus Politik, Wirtschaft, Gewerkschaften und Wissenschaft. Ein solcher Schulterschluss ist ein zentraler Erfolgsfaktor für innovative Antworten auf die Herausforderungen der Digitalisierung der Industrie, denn Industrie 4.0 ist eine gesamtgesellschaftliche Aufgabe. Mit der breiten Einbindung und Vernetzung der relevanten Akteurinnen und Akteure, ermöglicht die Plattform Industrie 4.0 den nötigen Austausch für die gemeinsame Erarbeitung zentraler Handlungsempfehlungen zur Schaffung geeigneter Rahmenbedingungen, um Industrie 4.0 in der industriellen Praxis Deutschlands weiter auszubauen. Auch über die nationalen Grenzen hinweg führt die Plattform Industrie 4.0 intensive Dialoge mit den relevanten Allianzen, fördert den internationalen Austausch und treibt wichtige Kooperationen voran.

Aufbau und Struktur der Plattform Industrie 4.0

Die Plattform wird getragen durch das Bundesministerium für Wirtschaft und Energie und das Bundesministerium für Bildung und Forschung. Gemeinsam mit hochrangigen Spitzenvertreterinnen und -vertretern aus Wirtschaft, Wissenschaft und Gewerkschaften bilden Bundeswirtschaftsminister Sigmar Gabriel (BMWi) und Bundesforschungsministerin Professorin Johanna Wanke (BMBF) die Leitung der Plattform. Als oberstes Entscheidungsgremium definiert die Plattformleitung die übergeordnete Zielsetzung, bestimmt die strategische Ausrichtung und die personelle Besetzung. Zudem repräsentiert sie die Plattform in der Öffentlichkeit, z. B. auf dem jährlich stattfindenden nationalen IT-Gipfel der Bundesregierung.

Leitung
BM Gabriel, BM'in Wanka
Vertreter Wirtschaft, Gewerkschaft, Wissenschaft
Politische Flankierung

Technisch-praktische Kompetenz, Entscheidung

Lenkungskreis
(Unternehmen)
- Leitung durch Unternehmer unter Beteiligung BMWi, BMBF
- AG-Leitungen und weitere Gäste/Promotoren

Industrielle Strategieentwicklung, technische Koordinierung, Entscheidung und Umsetzung

Arbeitsgruppen
- Referenzarchitekturen, Standards und Normung
- Forschung und Innovation
- Sicherheit vernetzter Systeme
- Rechtliche Rahmenbedingungen
- Arbeit, Aus-/Weiterbildung
- Weitere nach Bedarf

Arbeitseinheiten mit technisch-praktischer Kompetenz; Beteiligte Ressorts: BMWi, BMBF, BMI, BMJV, BMAS

Politische Steuerung, Gesellschaft, Multiplikatoren

Strategiekreis
(Politik, Verbände, Gewerkschaft, Wissenschaft)
- Leitung StS Machnig, StS Schütte
- Vertreter Lenkungskreis
- Vertreter Bundeskanzleramt, BMI
- Vertreter Bundesländer
- Vertreter Verbände (BDEW, BDI, BITKOM, DIHK, VDA, VDMA, ZVEI)
- Vertreter Gewerkschaft (IG Metall)
- Vertreter Wissenschaft (FhG)

Agenda-Setting, politische Steuerung, Multiplikatoren

Wissenschaftlicher Beirat

Aktivitäten am Markt

Industriekonsortien und Initiativen
Realisierung am Markt: Prüfstände, Anwendungsfälle

Internationale Standardisierung
Standardisierungsgremien (DKE u. a.), Konsortien

Geschäftsstelle als Dienstleister
Netzwerkkoordination, Organisation, Projektmanagement, interne und externe Kommunikation

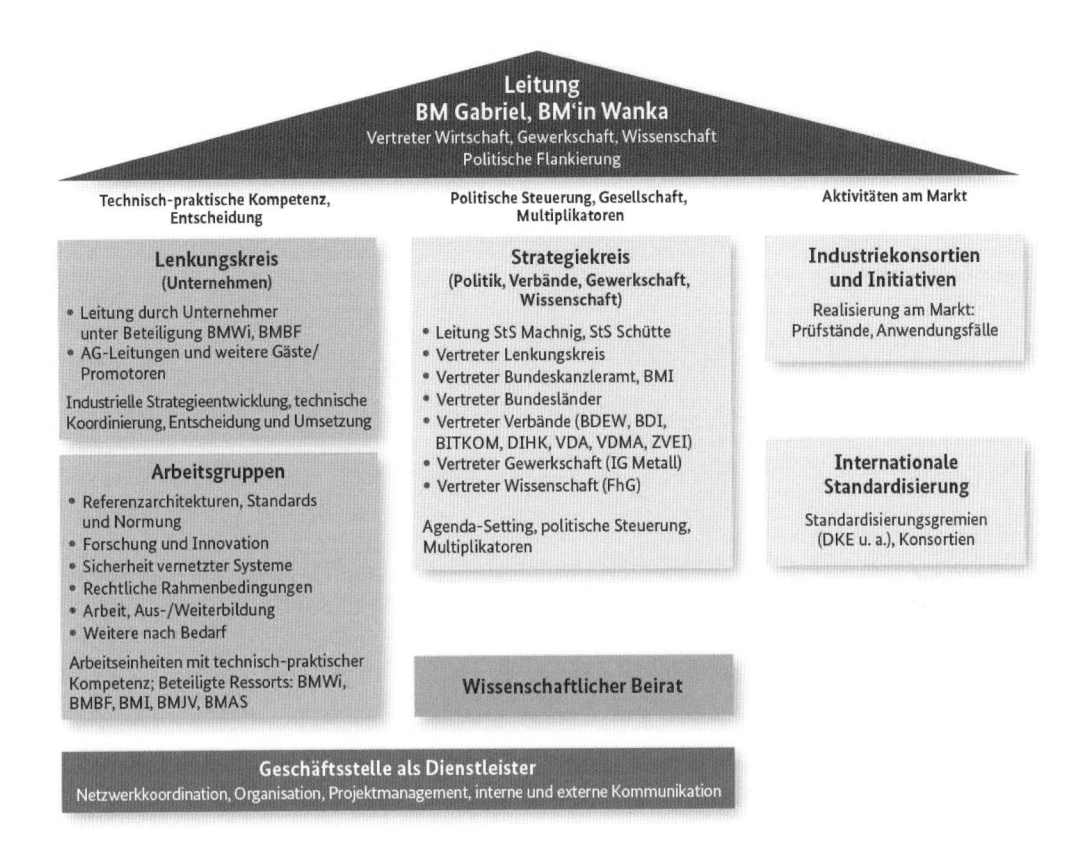

Bild 1 Organisationsstruktur der Plattform Industrie 4.0

Der Leitungsebene untergeordnet sind der Lenkungskreis und der Strategiekries die entsprechend der Leitziele der Plattform unterschiedliche Aufgabenbereiche verantworten.

Der Lenkungskreis, zusammengesetzt aus führenden Unternehmen, koordiniert und steuert die inhaltliche Arbeit der Plattform Industrie 4.0 und bündelt die Ergebnisse der themenspezifischen Arbeitsgruppen zu einem einheitlichen übergeordneten Gesamtrahmen.

Als primäres Forum der Politik, der relevanten Branchenverbände und Gewerkschaften, identifiziert der *Strategiekreis* für die mittelfristige Ausgestaltung von Industrie 4.0 relevante Themen, verantwortet die politische Meilensteinplanung und agiert als Multiplikator der Ergebnisse der Plattform in die Verbände und Wissenschaft hinein. Indem er überprüft, inwieweit die Ergebnisse bei den verschiedenen Zielgruppen ankommen, fungiert der *Strategiekreis* gleichzeitig als wichtiges Korrektiv für die fachliche Arbeit in den operativen Gremien der Plattform.

Inhaltliches Herzstück der Plattform sind die bislang fünf themenspezifischen *Arbeitsgruppen*.

Hier erarbeiten über 250 Experten und Expertinnen aus Unternehmen sowie Gewerkschaften gemeinsam mit Vertreterinnen und Vertretern relevanter Bundesministerien spezifische Lösungsansätze zu den ausgewählten Handlungsfeldern von Industrie 4.0. Sie greifen dabei nicht nur Zukunftsfragen in den Themenfeldern *Standardisierung* und *Normung* sowie *Sicherheit vernetzter Systeme* auf, sondern integrieren auch Fragen der *rechtlichen Rahmenbedingungen*,

Forschung und *Arbeit-, Aus-* und *Weiterbildung.* Unterstützt werden die Arbeitsgruppen durch den *wissenschaftlichen Beirat.* Führende Vertreterinnen und Vertreter relevanter Wissenschaftsorganisationen leisten hier wesentliche Beiträge zur Forschungsstrategie und -agenda und identifizieren Forschungseinrichtungen die aktiv an deren Umsetzung mitarbeiten.

Als zentraler Ansprechpartner koordiniert eine unabhängige *Geschäftsstelle* die Zusammenarbeit in der Plattform und orchestriert eine einheitliche Kommunikation nach innen und außen. Sie ist darüber hinaus zentrale Schnittstelle zu thematisch verwandten Initiativen im In- und Ausland.

Ziele und Maßnahmen der Plattform Industrie 4.0

Zentrales Ziel der Plattform Industrie 4.0 ist die Erarbeitung und Etablierung eines gemeinsamen Orientierungsrahmens, um bei allen involvierten Akteurinnen und Akteuren ein einheitliches Verständnis von Industrie 4.0 zu verankern und strategische Handlungsempfehlungen zur erfolgreichen Gestaltung des digitalen Wandels im Umfeld der produzierenden Industrie in Deutschland abzuleiten.

Dazu gilt es sowohl eine hohe Wirkung bei Unternehmen und ihrer Belegschaft zu entfalten, als auch eine hohe Sichtbarkeit des Nutzens von Industrie 4.0 bei allen Beteiligten und in der Öffentlichkeit zu erreichen. Ebenfalls identifiziert die Plattform Trends im Bereich der produzierenden Industrie und führt sie im Sinne eines einheitlichen Gesamtverständnisses von Industrie 4.0 zusammen.

Die zunehmende Einbindung von Anwendern in die vorgelagerten Wertschöpfungsprozesse bildet die Grundlage für neue Leistungsangebote und zukunftsfähige Geschäftsmodelle. In den letzten Jahren haben bereits zahlreiche Unternehmen den steigenden Anforderungen an Flexibilität, Individualisierung und Effizienz der produzierenden Industrie Rechnung getragen. Die Anwendung digitaler Technologien zur Vernetzung von Produktions- und Wertschöpfungsnetzwerken hat damit längst Einzug in die Praxis erlangt. Besonders für kleine und mittlere Unternehmen (KMU) bieten intelligente, digitale Produktionsverfahren große Chancen. Diese konkret werden zu lassen und für mittelständische Unternehmen greifbar zu machen ist eine zentrale Aufgabe der Plattform. Für viele, insbesondere kleine und mittelständische Unternehmen, existieren noch eine Reihe zentraler Fragestellungen die einer breiten Einführung neuer Technologien entgegen stehen. Hier gilt es für die Plattform die Hemmnisse der Unternehmen bei der Umsetzung von digitalen Lösungen in der Praxis zu identifizieren und den konkreten Mehrwert von Industrie 4.0 für alle Beteiligten sichtbar zu machen. Die Plattform bietet konkrete Services für Unternehmen und fördert die gezielte Vernetzung mit regionalen Partnern und Initiativen. Beispielsweise richtet sich die gemeinsame, deutschlandweite Veranstaltungsreihe mit den regionalen Industrie- und Handelskammern „Industrie 4.0 @ Mittelstand" direkt an KMUs, um für das Thema zu sensibilisieren und die konkreten Chancen für die Unternehmen aufzuzeigen.

Die erstmals zum IT-Gipfel 2015 von der Plattform Industrie 4.0 publizierte Online-Landkarte Industrie 4.0 (*www.plattform-i40.de/I40/Landkarte*), präsentiert über 260 Anwendungsbeispiele vernetzter und digitaler Lösungen aus der Praxis. Sie dienen dazu den Mehrwert vernetzter, digitaler Technologien in der konkreten Anwendung zu transportieren und demonstrieren deren Auswirkungen auf die Arbeit und Arbeitsorganisation. Darüber hinaus lassen sie den Nutzen aber auch die Vision einer digitalisierten Produktion in der Industrie 4.0 greifbar werden. Unternehmerinnen und Unternehmer werden auf diese Weise nicht nur für die notwendigen Anpassungen der Produktions- und Organisationsprozesse sensibilisiert, sondern die *Anwendungsbeispiele* illustrieren auch eine Umsetzungsperspektive auf dem Weg dorthin.

Die Online-Landkarte Industrie 4.0 bietet außerdem eine Übersicht praxisnaher Testumgebungen. Dort können Hersteller und Anbieter eigene Komponenten und Lösungen praxisnah testen.

Neben der Mitwirkung an der Entstehung neuer Angebote für einen einfachen Zugang zu Testumgebungen, unterstützt die Plattform Unternehmen dabei passende Informations- und Unterstützungsangebote in ihren Regionen zu finden.

Der online verfügbare „Kompass Industrie 4.0" (*http://www.plattform-i40.de/I40/Kompass*) gibt einen systematischen Überblick der Unterstützungsangebote für Unternehmen. Je nachdem, in welcher Phase der Implementierung von Industrie 4.0 sich das Unternehmen befindet, finden Interessierte das passende Unterstützungsangebot der verschiedenen Initiativen und Partner der Plattform.

Darüber hinaus bietet die Online-Bibliothek der Plattform Industrie 4.0 (*www.plattform-40.de/I40/Online-Bibliothek*) einen systematischen Einstieg in das Thema Industrie 4.0. Dort sind die Arbeitsergebnisse und Leitfäden der Plattform als Download ebenso verfügbar, wie Publikationen und Studien der Partner der Plattform.

Mit dem Ziel, bereits heute das breite Spektrum zukünftiger Fragestellungen berücksichtigen zu können, hat die Plattform gemeinsam mit ihren Partnern branchenrelevante Zukunftsszenarien entwickelt. Diese demonstrieren die Vision vollständig vernetzter Wertschöpfungsketten.

Durch die Definition visionärer Anwendungsbeispiele, können bereits heute zukünftige Fragestellungen in der Plattform berücksichtigt und konkrete Handlungsempfehlungen daraus abgeleitet werden. In den Arbeitsgruppen werden auf diesem Weg die verschiedenen Handlungsfelder von Industrie 4.0 berücksichtigt und in einen einheitlichen Gesamtzusammenhang überführt. Damit schärft die Plattform Industrie 4.0 die Vision der industriellen Produktion und der Arbeit der Zukunft. Die *Anwendungsszenarien* Industrie 4.0 verdeutlichen den Wandel in den Wertschöpfungsketten und dienen sowohl als Orientierungshilfe zur Anpassung relevanter Rahmenbedingungen als auch zur Einordnung aktueller Initiativen in einen übergeordneten Gesamtkontext. Zudem fungieren die *Anwendungsszenarien* als Verständigung über zu lösende Forschungsfragen und verbinden auf diese Weise Praxiserfordernisse mit der Weiterentwicklung von Industrie 4.0 in Forschung und Wissenschaft. Gleichermaßen dienen die Szenarien als Anknüpfungspunkt nationaler sowie internationaler Aktivitäten.

Die Digitalisierung der Industrie ist eine globale Entwicklung, weshalb übergeordnete Fragestellungen nur in einem einheitlichen, globalen Rahmen beantwortet werden können. Getragen durch den Leitgedanken, weltweit einheitliche technologische Rahmenbedingungen im Hinblick auf die industrielle Digitalisierung zu schaffen, versteht sich die die Plattform Industrie 4.0 mit diesem Ansatz als kommunikative Schnittstelle gegenüber Initiativen im europäischen, amerikanischen und asiatischen Ausland. Als zentrale Anlaufstelle und Kooperationspartner für nationale Initiativen, ist es die Aufgabe der Plattform, deren Ergebnisse zu bündeln und im gegenseitigen Austausch über die Geschäftsstelle internationalen Initiativen zugänglich zu machen. Hierbei verfolgt die Plattform Industrie 4.0 den Anspruch, nicht nur ihr starkes Netzwerk weiter auszubauen das in die breite nationale Fläche geht und den Mittelstand einbindet, sondern auch der Internationalität des Themas Industrie 4.0 weiterhin gerecht zu werden.

Fazit

Die Plattform Industrie 4.0 bringt erstmalig alle gesellschaftspolitisch relevanten Akteure unter einen Dach zusammen. Im Schulterschluss erarbeiten Politik, Wirtschaft, Wissenschaft und Gewerkschaften gemeinsam in der Plattform Industrie 4.0 die Rahmenbedingungen für eine erfolgreiche und breite Einführung von Industrie 4.0 in Deutschland. Als zentrale Schnittstelle und Netzwerkknoten bündelt die Plattform die Aktivitäten von Bund und Ländern und bringt diese in einen einheitlichen Gesamtkontext zusammen. Darüber hinaus fungiert die Plattform als zentrale Anlaufstelle für internationale Kooperationen mit Partnern aus Europa, Nordamerika und Asien. Das große nationale wie internationale Interesse an ihrer Arbeit, sowie die zahlreichen, weltweiten Kooperationsanfragen, bestätigen die Etablierung der Plattform Industrie 4.0 als internationaler Netzwerkknoten für die digitale Transformation der Produktion. Mit über 250 Teilnehmerinnen und Teilnehmern aus rund 150 Unternehmen und Organisationen hat sich die Plattform Industrie 4.0 national und international zu einem der größten Industrie-4.0-Netzwerke entwickelt. Inhaltliches Leitmotiv ist dabei die Demonstration des Mehrwerts von digitalen Lösungen in der Industrie und damit die Mobilisierung des deutschen Mittelstands. Die stetig wachsende Online-Landkarte Industrie 4.0 mit ihren über 260 Anwendungsbeispielen stellt bereits realisierte Systemlösungen für Industrie 4.0 vor. Diese tragen stark dazu bei, insbesondere bei KMU ein Verständnis für den Mehrwert von Industrie 4.0 zu erzeugen. Darauf aufbauend wurden visionäre Anwendungsszenarien für Industrie 4.0 entwickelt und analysiert, die das volle Potenzial vernetzter Wertschöpfungskette in der nahen Zukunft für spezifische Branchen und Anwendungsfälle aufzeigen. Mit der Ableitung fundierter Handlungsempfehlungen bereitet die Plattform die großflächige Implementierung dieser Szenarien vor und forciert so die breite Einführung von Industrie 4.0 in der deutschen Wirtschaft.

Das Industrial Internet Consortium

von *Julie Pike*

Stellen Sie sich eine Welt vor, in der der Betrieb von Ölplattformen aus der Ferne überwacht und der Ausfall von Teilen eines Flugzeugs vorhergesagt werden kann, bevor Verspätungen entstehen. Oder in der die industrielle Fertigung optimiert werden kann, um die finanziellen Mittel und Ressourcen zu schonen, und in der medizinische Apparate und Geräte so miteinander vernetzt werden können, dass ein umfassendes Bild vom Gesundheitszustand eines Patienten entsteht.

Diese Szenarien sind mit dem Beginn des „Industrial Internets" möglich – dem Nachfolger der industriellen Revolution und der Internetrevolution. Einem kürzlich erschienenen Bericht des Weltwirtschaftsforums zufolge glauben 72 % der befragten Marktführer, dass das „Industrial Internet" weitreichende Änderungen für die weltweite Industrie haben wird, wobei 78 % meinen, dass diese Wirkung innerhalb der nächsten 5 Jahre eintreten wird.[1] Dennoch geben erstaunliche 88 % der Befragten zu, dass ihr eigenes Unternehmen noch nicht auf diese industrielle Internetrevolution vorbereitet ist.

Das ist die Lücke, die das Industrial Internet Consortium hofft, schließen zu können.

Vorgestellt: das Industrial Internet Consortium

Das Industrial Internet Consortium wurde im März 2014 von AT&T, Cisco, General Electric (GE), IBM und Intel gegründet. Die Non-Profit-Organisation mit offener Mitgliedschaft wurde ins Leben gerufen, um Entwicklung, Anpassung und Gebrauch von miteinander verbundenen Maschinen und Geräten zu fördern, intelligente Datenanalysen voranzutreiben und dabei die Arbeitnehmer einzubinden. Das Industrial Internet Consortium fördert und koordiniert die vorrangigen Angelegenheiten und Schlüsseltechnologien des industriellen Internets. Mit dem Stand vom Frühjahr 2017 hat das Industrial Internet Consortium über 250 Migleider – z. B. aicas, Bosch, Fraunhofer, KUKA AG, M2M Alliance, SAP, Siemens, die Technische Universität Darmstadt und WIBU-SYSTEMS – aus 26 Ländern. Es ist eine globale Denkfabrik für Diskussion und Lösung der anstehenden Herausforderungen hinsichtlich Kompatibilität, Datensicherheit und Innovation.

Die Arbeitsgruppen des Industrial Internet Consortium konzentrieren sich auf besondere Herausforderungen in vielfältigen Bereichen: Technologie, Sicherheit, Testumgebungen, Geschäftsprozesse. In den bisher 3 Jahren seit seiner Gründung konnte das Konsortium Fortschritte in sämtlichen Feldern erzielen.

Die Errichtung eines „Ökosystems"

Obwohl das gesamte Industrial Internet Consortium ein durch die „Internet der Dinge"(IoT)-Experten entstandenes „Ökosystem" ist, hat das Konsortium damit begonnen, seine Kompetenz auf die Rolle des industriellen Internets in einzelnen Industriebereichen auszudehnen. Zum Beispiel war das Industrial Internet Consortium im Sommer 2015 Gastgeber für den Internet Energy Summit in Houston, Texas, USA. Der Gipfel brachte die Marktführer der Energiebranche zusammen, um zu diskutieren, in welchem Maße das industrielle Internet jeden einzelnen

---

[1] World Economic Forum: „Industrial Internet of Things: Unleashing the Potential of Connected Products and Services", Januar 2015, www3.weforum.org

Bereich der Energiebranche verändern wird – von intelligenten Energieversorgungsnetzen bis hin zu digitalen Ölfeldern. Die Veranstaltung wurde von der Arbeitsgruppe Energie des Industrial Internet Consortium organisiert und mit dem Zweck ins Leben gerufen, besonders auf die Herausforderungen und Möglichkeiten des IoT für die Energiebranche einzugehen.

Industrielle Internet-Technik und -Sicherheit

Erwähnt werden sollte, dass es sich beim Industrial Internet Consortium nicht um eine Normierungsorganisation handelt. Jedoch hat das Konsortium verschiedene Abkommen über die Zusammenarbeit mit Normierungsorganisationen und anderen bedeutenden Industrieeinrichtungen, wie z. B. DIN, OASIS, Objekt Management Group (OMG), The Open Group sowie Open Interconnect Consortium geschlossen. Mit der Entwicklung seiner Testumgebung verfolgt das Industrial Internet Consortium das Ziel, die Voraussetzungen für Standards des industriellen Internets festzulegen, die es dann den Normierungsorganisationen vorschlagen wird.

Das Konsortium hat bereits damit begonnen, einige seiner wichtigsten technischen Dokumente und Berichte öffentlich vorzustellen, einschließlich der „Industrial Internet Reference Architecture" IIRA (*http://www.iiconsortium.org/IIRA.htm*) – ein technisches Dokument, das eine gemeinsame Sprache für die Elemente des industriellen Internet-Systems und die Beziehung zwischen ihnen definiert. Diese gemeinsame Sprache hilft Entwicklern, zu entscheiden, welche Elemente sie für ihre Systeme benötigen, was eine schnellere Umsetzung möglich macht. Die „Industrial Internet Reference Architecture" hilft dabei, bestehende und neue Standards in eine gemeinsame Struktur einzufügen, was es leichter macht, Lücken zu erkennen, die geschlossen werden müssen, um die Kompatibilität zwischen den Komponenten zu gewährleisten. Das Dokument beschreibt Schlüsselmerkmale industrieller Internet-Systeme, verschiedene Aspekte, die berücksichtigt werden müssen, bevor sich eine Industrial-Internet-Lösung einsetzen lässt und eine Analyse der wichtigsten Bedenken gegen das industrielle Internet einschließlich Sicherheit und Privatsphäre, Kompatibilität und Konnektivität.

Um die Referenz-Architektur zu vervollständigen, hat das Industrial Internet Consortium ein Verzeichnis des Vokabulars des industriellen Internets veröffentlicht, der eine gemeinsame Definition für die in den Berichten und technischen Papieren des Industrial Internet Consortium (IIC) verwendeten Begriffe bietet. Wie das IIRA steht auch dieses Dokument für Interessierte zum Download bereit (*http://iiconsortium.org/vocab/index.htm*).

Die Datensicherheit steht dabei im besonderen Fokus des IIC, und die Arbeitsgruppe Sicherheit arbeitet aktiv an der Entwicklung der besten Verfahren, um die Sicherheit für angeschlossene Maschinen und Geräte uneingeschränkt zu gewährleisten.

Die Entwicklung der Testbeds für das industrielle Internet

Testumgebungen – sogenannte Testbeds – sind für die Mitglieder des IIC der Dreh- und Angelpunkt, um das industrielle Internet fit für den Praxiseinsatz zu machen.

Das erste öffentlich angekündigte Testbed, „Track and Trace", wird von den Mitgliedern Bosch, TechMahindra, National Instruments und Intel betrieben. Diese Testumgebung bringt das industrielle Internet in die Fertigung. Das Ziel ist, tragbare Elektrowerkzeuge im Fertigungs- und Wartungsbereich zu „steuern". Diese „Steuerung" beinhaltet ein effizientes Track-and-Trace hinsichtlich der Benutzung der Werkzeuge, um deren sachgemäßen Gebrauch sicherzustellen, deren Fehlgebrauch zu vermeiden sowie Daten über den Status und die Nutzung zu gewinnen.

Während des zweijährigen Projekts werden vier Mitglieder des Industrial Internet Consortium ihre Expertise in dieses Testbed einbringen: Bosch stellt die benötigte Software bereit; Cisco kümmert sich um den Aspekt der präzisen Identifikation und Lokalisierung; National Instruments wird die Elektrowerkzeuge verbinden; und TechMahindra ist verantwortlich für die Programmierung der Applikationen.

Zum einjährigen Bestehen des Industrial Internet Consortium haben die Mitglieder Real-Time Innovations, National Instruments und Cisco ihre Zusammenarbeit an dem „Communication & Control Testbed for Microgrid Applications" angekündigt. Das Ziel dieses Testumfelds besteht darin, die Realisierbarkeit eines in Echtzeit arbeitenden, sicheren Datenbusses zu erproben, welcher die Datenkommunikation von Maschine zu Maschine, der Maschine zur Kontrollebene und der Maschine zur Cloud ermöglicht. Das Testbed wird verteilte Prozess- und Steuerungsapplikationen mit intelligenten Datenanalysen kombinieren. Es wird unter realen Bedingungen im Energiebereich eingesetzt werden und dabei mit handelsüblichen Komponenten verbunden sein.

Das Testbed ist in drei Phasen eingeteilt. Im April 2015 begann Phase eins mit einer Machbarkeitsanalyse des Projekts, in der Datensicherheit und Leistungsfähigkeit geprüft werden. Phase zwei zeigt die Skalierbarkeit des „Microgrid Communication and Control Framework" in einer simulierten Umgebung. Die letzte Phase wird das Testbed in einer praxisbezogenen Applikation zeigen. Die ersten beiden Phasen werden in Westminster, Kalifornien, am Southern California Edison´s Control Lab stattfinden. Der Test zum Feldeinsatz wird auf dem CPS-Energy-„Grid-of-the-Future"-Microgrid-Testgelände in San Antonio, Texas, erfolgen.

Im Juni 2015 kündigte die EMC Corporation den „International Future Industrial Internet Testbed" (INFINITE) an, um software-basierte Infrastrukturen zu entwickeln, die das Wachstum von Produkten und Leistungen des industriellen Internets ankurbeln. Das Besondere an INFINITE ist dabei die Möglichkeit, das Netzwerk komplett zu rekonfigurieren, ohne dabei Änderungen an der Hardware oder der Skalierbarkeit vornehmen zu müssen. INFINITE nutzt Big Data nicht nur, um durch software-basiertes Networking vollständig virtuelle Domains zu schaffen, sondern auch, um verschiedene virtuelle Domains sicher über ein physisches Netzwerk laufen zu lassen. Dadurch lässt sich auf das Netzwerk von den unterschiedlichsten Zugangspunkten aus zugreifen, ohne dass dadurch die Sicherheit beeinträchtigt würde. Was noch interessanter ist: INFINITE macht es ebenfalls möglich, sich mit diesen virtuellen Domains über *mobile* Netzwerke zu verbinden.

Die INFINTE-Testumgebung wird in zwei Phasen in Irland durchlaufen. In Phase eins werden drei geographisch verschiedene Datencenter in einem neukonfigurierten EMC-Netzwerk verbunden. In Phase zwei wird INFINITE für den Anwendungsfall „Bluelight" eingesetzt. Bluelight ermöglicht Krankenwagen die sichere Verbindung mit dem System eines Krankenhauses und die Übertragung von Informationen während der Fahrt, sodass das Krankenhauspersonal optimal vorbereitet ist, die Betreuung eines Patienten zu übernehmen, sobald der Krankenwagen eintrifft.

Einen Monat nach der Ankündigung von INFINITE kündigten IBM und National Instruments an, dass sie gemeinsam am „Condition Monitoring and Predictive Maintenance Testbed" (CM/PM) arbeiten. Dabei bezieht sich „Condition Monitoring" (CM) auf den Einsatz von Sensoren in Geräten, um Daten über den Zustand der Komponente in Echtzeit zu erhalten. „Predictive Maintenance" (PM) wendet Analysemodelle und -regeln auf dies Daten an, um ein bevorstehendes Problem vorherzusehen und dann den Abteilungen Betrieb, Wartung und IT Empfehlungen zu geben, dieses zu beheben. Das CM/PM-Testbed wird aufzeigen, welchen Nutzen und welche Vorteile sich aus einer kontinuierlichen Überwachung von Maschinen und Anlagen ergeben, um dadurch frühzeitig Hinweise auf einen bevorstehenden Leistungsabfall oder einen Totalausfall zu erhalten. CM/PM wird sich dabei ebenfalls moderner Analysetechniken bedienen, um nicht nur Probleme festzustellen, sondern dem Bedienungs- und Wartungspersonal außerdem Maßnahmen zu empfehlen, wie sich diese Schwierigkeiten beheben lassen.

Mit diesem Ansatz ergeben sich neue Wege, aufgrund des Zustands von Maschinen und Anlagen – so z. B. von Turbinen und Generatoren – aber auch von Prozessen feste Wartungsintervalle durch proaktive Wartungs- und Reparaturmaßnahmen zu ersetzen, wodurch die Kosten für Wartung und Reparatur reduziert sowie Produktionsausfälle durch Gerätedefekte vermieden werden können. Außerdem lassen sich durch die Kombination der Sensordaten verschiedener Komponenten bzw. Prozesse weiterführende Erkenntnisse über die gesamten Auswirkungen defekter oder suboptimal arbeitender Geräte gewinnen. Hierdurch wird es möglich, sich abzeichnende Schwierigkeiten frühzeitig zu erkennen und zu beheben, bevor diese den Anlagenbetrieb beeinträchtigen, und damit die Qualität und Effizenz der industriellen Produktion zu verbessern.

Das neueste Testbed wurde bei der Jahresversammlung des Industrial Internet Consortium im Juli 2015 im Hauptsitz von GE Global Reseach in Niskayuna, New York, USA, angekündigt. Unter Führung von GE wird das „High-Speed Network Infrastructure"-Testbed Hochgeschwindigkeits-Glasfaserkabel installieren, um so die weitere Entwicklung des industriellen Internets zu unterstützen. Das Netzwerk wird Daten mit 100 Gigabits pro Sekunde übertragen, um die nahtlose Kommunikation von Maschine zu Maschine sowie die Datenübertragung über angebundene Steuerungssysteme, große Infrastrukturprojekte und Produktionsstätten hinweg zu ermöglichen.

Das Leistungsvermögen von 100 Gigabit erstreckt sich ebenfalls auf die Drahtlosverbindungen, wodurch im Rahmen dieses Testbeds auch mobile Nutzern von den Vorteilen eines beschleunigten Datendurchsatzes und umfangreicherer Analyseergebnisse profitieren können. Durch die Installation der Netzwerkleitungen in ihrem Global Reseach Center leistet GE, einer der Gründer des Industrial Internet Consortiums, bei diesem Projekt einen maßgeblichen Beitrag. Cisco stellt die Infrastruktur bereit, um diese Datenübertragung über weite Strecken (in diesem Fall von Kalifornien in den Staat New York) zu ermöglichen. Die Industrial-Internet-Consortium-Mitglieder Accenture und Bayshore Networks zeigen gegenwärtig die Anwendung dieser Highspeed-Netzwerk-Infrastruktur im Bereich der Energieerzeugung.

Durch diese und weitere, bisher noch nicht veröffentlichte Entwicklungen, erschließen die Mitglieder des Industrial Internet Consortiums neue Einsichten darüber, was nötig ist, um ein industrielles Internet erfolgreich aufzusetzen. Darüber hinaus erfahren sie durch ihre Testumgebungen sogar, welche Anforderungen ein künftiges „Industrielles Internet der Dinge" erfüllen muss. Jede Testumgebung und jeder Anwendungsfall liefert dabei wichtige Hinweise, um die „Industrial Internet Reference Architecture" (IIRA) weiter zu verbessern und konkret auszugestalten.

Die Zukunft des Industial Internet Consortium

Seit seiner Gründung hat das Industrial Internet Consortium einige bedeutende Meilensteine bewältigt. Unter der Führung des Lenkungsausschusses wird sich das Konsortium auch weiterhin darauf konzentrieren, die Themen Innovation und Erschließung neuer Geschäftspotenziale voranzutreiben.

Weitere Informationen über das Industrial Internet Consortium erhalten Sie unter *www.iiconsortium.org.*

Industrial Value-Chain Initiative – Impulsgeber in Japan und Asien

von *Thomas Lantermann*

Um Produktionsstandorte angesichts des zunehmenden weltweiten industriellen Wettbewerbs langfristig zu sichern, verfolgen Länder unterschiedliche Ansätze. Die USA haben beispielsweise mit dem Industrial Internet Consortium (IIC) ein nationales Netzwerk für Fertigungsinnovation ins Leben gerufen. Genauso zielt das EU-Förderprogramm Horizont 2020 (unter anderem) auf eine wettbewerbsfähige Wirtschaft ab. Zusätzlich gibt es entsprechende Initiativen in nahezu jedem EU-Land. Deutschland verfolgt dabei die Vision der Industrie 4.0 (I4.0).

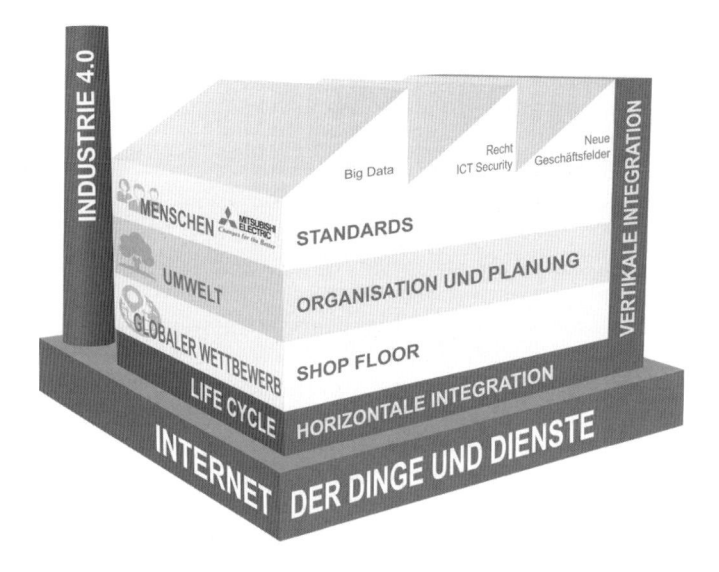

Bild 1 Die Idee der Industrie 4.0 lässt sich auf nahezu alle Bereiche der Fertigung übertragen. Grundlage sind einheitliche Kommunikationsstandards im Rahmen zunehmender Digitalisierung im Internet der Dinge und Dienste. (*Quelle:* Mitsubishi Electric Europe B.V.)

Doch was hat Asien in dieser Hinsicht zu bieten, insbesondere Japan, ein Land, das in der Vergangenheit häufig Vorreiter für industrielle Optimierungen war? Ursprünglich aus der japanischen Automobilproduktion stammende Konzepte und Prinzipien haben sich weltweit und branchenübergreifend durchgesetzt, beispielsweise das Toyota Produktionssystem (TPS), Lean Management, Total Productive Maintenance (TPM), Jidoka (intelligente Automation) mit Andon (visuelles Management), Poka Yoke (Fehlervermeidung und -vorbeugung) oder Just-in-Time mit Kanban (Pull-System).

Safety und Security bei zunehmender Vernetzung

Mit den Olympischen Spielen in Jahr 2020 kommt aus Japan ein Impulsgeber der etwas anderen Art. Betrachtet man die technischen Höchstleistungen, die mit einer solchen Großveranstaltung einhergehen, wird der Zusammenhang zur industriellen Weiterentwicklung ersichtlich. Dazu gehören auch Sicherheitsvorkehrungen der Superlative, sowohl in der realen Welt als auch im Cyber-Space.

Besonderes Augenmerk liegt in Japan beim Thema Sicherheit auf dem dort weit entwickelten Smart Grid. In dem intelligenten Stromnetz nimmt die Vernetzung der einzelnen Akteure zum Internet der Dinge (Internet of Things, IoT) stetig zu und immer mehr Daten werden in der Cloud gespeichert. Entsprechend wichtig ist der Schutz vor Angriffen von außen.

Der Schutz vor unerwünschten in- und externen Systemzugriffen ist nicht nur im Smart Grid, sondern für alle intelligenten, vernetzen Systeme höchst relevant. Das gilt ebenso in der Produktion einer „Smart Factory" im Sinne der I4.0, in der Komponenten und Maschinen über das IoT miteinander kommunizieren. Die Produktionsinfrastrukturen vor ungebetenen Zugriffen zu schützen, ist daher von eminenter Bedeutung.

Streben nach kontinuierlicher Verbesserung

Der neueste Produktions-Optimierungsansatz aus Japan nennt sich Monozukuri, zusammengesetzt aus „mono" (Waren) und „tsukuru" (Fertigung), und baut auf der allgemein in Japan geltenden Kaizen-Philosophie auf. Dahinter steht die Idee der Verbesserung der Fertigung mit dem Ziel, einwandfreie Waren effizient herzustellen und die Kundenerwartungen zu übertreffen. Die nachträgliche Optimierung der Produkte, zum Beispiel durch Methoden der schlanken Fertigung, ist weniger effektiv und daher nicht erstrebenswert.

Monozukuri sieht die Integration von Technologie und Produktion in der Zusammenarbeit mit unterschiedlichen Bereichen der Unternehmensorganisation vor. Dabei ist häufig eine umfangreiche Digitalisierung Voraussetzung. Zu den Maßnahmen im Rahmen von Monozukuri gehört beispielsweise die Verbesserung der Schnittstelle zwischen Entwicklung und Produktion, die Durchführung von Prozess-Audits und die Weiterleitung von Qualitätsdaten an die Konstruktion. Damit kommt Monozukuri dem Grundgedanken der deutschen I4.0 sehr nahe, die im Prinzip ebenfalls eine verbesserte Produktion über eine durchgehende Vernetzung im IoT anstrebt.

Zukunftsweisend: Beispiele aus der Praxis

In Asien finden sich bereits Beispiele für die erfolgreiche Umsetzung hochvernetzter, intelligenter Systeme im Sinne von I4.0. So hat Intel zusammen mit Mitsubishi Electric und Partnern der e-F@ctory Alliance die Fertigung in einer Chipfabrik in Malaysia mittels IoT optimiert. Die „Big Data Analytics"-Lösung erfasst umfangreiche Produktionsinformationen, sammelt sie in der Cloud und erlaubt eine effektive Auswertung und Analyse. Auf diese Weise konnte eine Kosteneinsparung in Höhe von mehreren Millionen US-Dollar erzielt, vorausschauende Wartung eingeführt und die Produktivität gesteigert werden [1].

Mit dem Einsatz der eigenen Automatisierungssysteme in der Servomotoren-Produktion basierend auf dem e-F@ctory-Konzept [2] am Standort Nagoya Works, Japan, kann Mitsubishi Electric die konkreten Vorteile seiner Technologien auswerten und gleichzeitig neue Optimierungskonzepte prüfen. Nach dem Poka-Yoke-Prinzip gilt in Nagoya Works die Null-Fehler-Produktion. Die Linie wird daher permanent überprüft. Intelligente Sensoren erfassen alle relevanten Daten, die in Echtzeit ausgewertet und hinsichtlich Toleranzen analysiert werden. Ferner werden über Aktuatoren die richtigen Teile zur Montage freigegeben. So kann höchste Produktqualität sichergestellt werden.

Industrieroboter bringen Qualität und Flexibilität in die Produktion. Robotertechnik aus Asien ist führend und für Europa Vorbild in punkto Technik, aber auch hinsichtlich der Integration im Werk.

So ist es nicht verwunderlich, dass die japanische Regierung die Robot Revolution Initiative (RRI) 2015 ins Leben gerufen hat. Die RRI hat zu den I4.0-Ansätzen noch die künstliche Intelligenz von Roboter zum Ziel, um hier eine weltweite Führerschaft zu erlangen.

Die Roboterdichte, d. h. Anzahl der Roboter pro 10.000 Mitarbeiter, gilt als Maß für den Automatisierungsgrad. Laut VDMA weist Deutschland im europäischen Vergleich bereits eine hohe Roboterdichte auf, die allerdings von Japan und Korea übertroffen wird. China ist der am schnellsten wachsende Robotermarkt [3]. Auch hier setzt Asien Impulse.

Blick über den Tellerrand

Gleichzeitig beobachten asiatische Länder die Entwicklungen rund um I4.0 und IIC sehr genau und suchen teilweise politische Nähe zu den Initiativen. Nicht zuletzt war China Partnerland der diesjährigen CeBIT. Insbesondere die ganzheitliche Betrachtungsweise der deutschen Plattform Industrie 4.0 durch das Referenzarchitekturmodell Industrie 4.0 (RAMI 4.0) sorgt für hohes Interesse von außerhalb. RAMI 4.0 basiert auf bereits existierenden Normen und ermöglicht die überschaubare Darstellung von Aufgaben und Abläufen sowie letztlich eine zielgerichtete Diskussion.

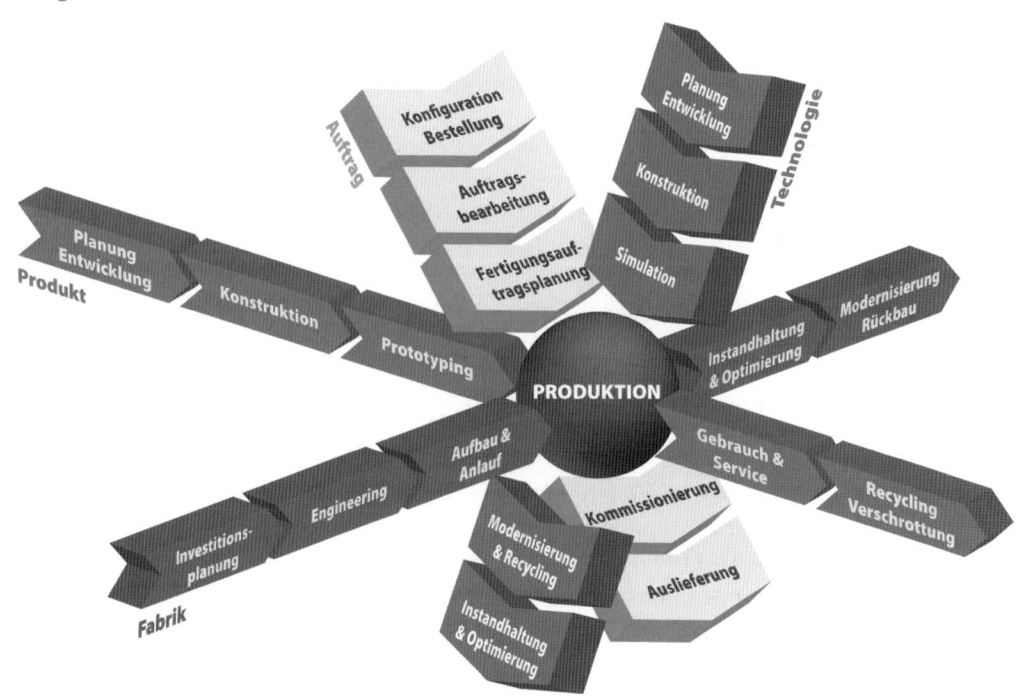

Bild 2 Das Referenzarchitekturmodell Industrie 4.0 (RAMI 4.0) betrachtet alle Aspekte der Produktion. Es ermöglicht die überschaubare Darstellung von Aufgaben und Abläufen und damit eine zielgerichtete Diskussion. (*Quelle:* Mitsubishi Electric Europe B.V.)

Japan und Deutschland verfolgen ähnliche Ansätze. Daraus könnten zahlreiche Synergieeffekte entstehen: Beides sind Hochlohnländer, exportgetrieben, müssen sich also flexibel an Marktanforderungen anpassen, haben nur wenige Rohstoffvorkommen und verfügen über vergleichbare organisatorische Strukturen und Institutionen, wie das Control System Security Center (CSSC) in Japan und das Bundesamt für Sicherheit in der Informationstechnik (BSI) in Deutschland. Dabei bauen sie auf die Hilfe des Internets, der Cloud und anderer moderner Technologien. Zudem verfolgt die Industrial Value Chain Initiative [4] der japanischen Wirtschaft und die RRI ähnliche Ziele wie das RAMI-4.0-Modell der Plattform Industrie 4.0. Hier sind zum Beispiel die Betrachtung und Simulation von Abläufen in der Logistik und der Produktion hervorzuheben.

Es ist begrüßenswert, dass sich viele große Automatisierungsanbieter in verschiedenen führenden Organisationen an der Erarbeitung von Lösungen beteiligen, um den Herausforderungen in der modernen Produktion zu begegnen.

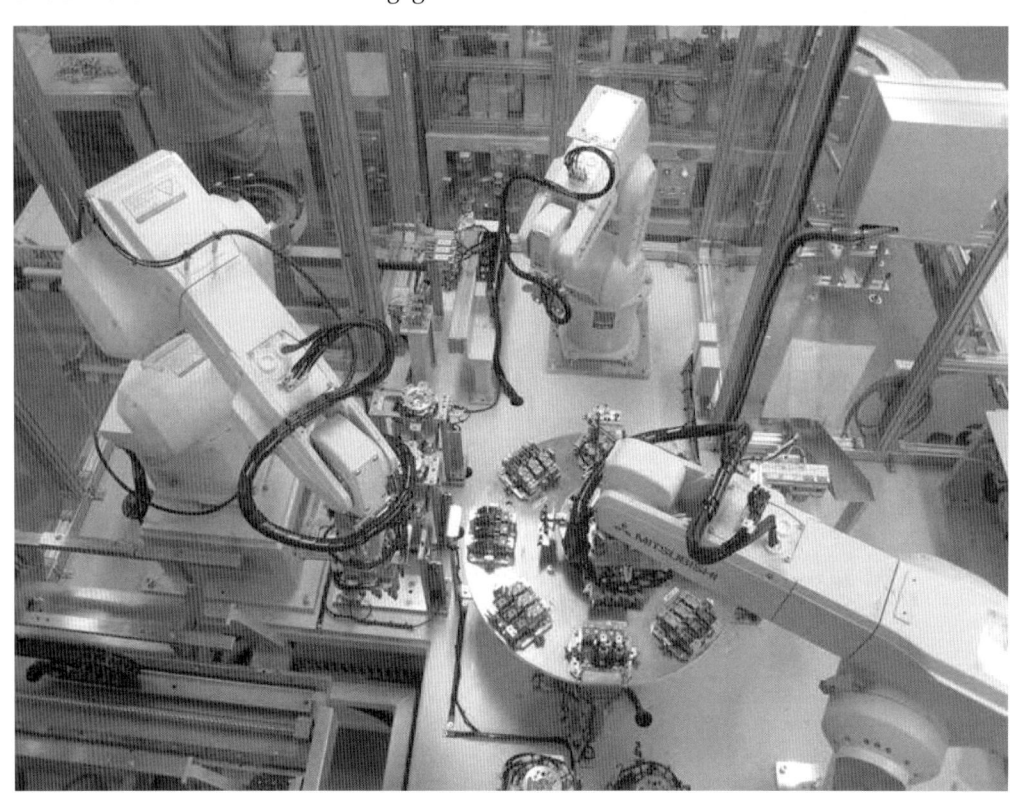

Bild 3 In der Fertigungsstraße der Leistungsschalter-Produktion von Mitsubishi Electric im japanischen Fukuyama Works sorgen insgesamt mehr als 90 Industrieroboter für höchste Qualität und Flexibilität in der Produktion. (*Quelle:* Mitsubishi Electric Corporation, Japan)

Impulse nutzen, Synergien schaffen

Olympische Spiele haben in vielen Städten die wirtschaftliche und technologische Entwicklung vorangetrieben und sich oft nachhaltig positiv ausgewirkt, beispielsweise in Seoul, Barcelona oder Peking. Bis zu den Spielen in Tokio 2020 sind es noch einige Jahre und welche Entwicklungen letztlich von Dauer sein werden, bleibt abzuwarten. Klar ist, dass gerade in einem technologisch hoch innovativen Land wie Japan das richtige Klima herrscht, um auf dem multimedialen Nährboden einer weltweiten Großveranstaltung wie den olympischen Spielen zu Zeiten der digitalen (R)evolution einschneidende Fortschritte zu erzielen, die langfristig die technologische Entwicklung auch im industriellen Bereich stark verändern werden. Neue Impulse für Zukunftstrends wie IoT, Big Data oder Cyber Security werden aus Asien kommen. Monozukuri ist ein erster Schritt. Regionen-übergreifende Kooperationen zwischen den entsprechenden Initiativen in Asien, Europa und Nordamerika können den Weg für umfassende zukunftsweisende Veränderungen ebnen.

Quellen

[1] Whitepaper „Optimizing Manufacturing with the Internet of Things", Intel Corporation, 2014, *http://newsroom.intel.com/servlet/JiveServlet/download/8414-34347/Optimizing_Manufacturing_IoT.pdf*

[2] e-F@ctory Alliance, *https://de3a.mitsubishielectric.com/fa/de/solutions/efactory*

[3] Pressemeldung „VDMA: Robotik und Automation vor großen Aufgaben", 19.05.2014, *http://rua.vdma.org/article/-/articleview/3936490*

[4] Industrial Value Chain Initiative, *http://www.iv-i.org* (Die Informationen auf der Webseite lagen zum Zeitpunkt des Artikels nur in japanischer Form vor. Unverbindliche Übersetzung zur Erläuterung: Industrial Value Chain Initiative: Diese japanische Initiative beschreibt die Optimierungsmöglichkeiten in der Produktion und Logistik durch das IoT.)

Struktur und Rahmenbedingung der Industrie-4.0-basierten chinesischen intelligenten Produktion

von *Prof. Dr. Jianzhong Fu*[1]

Allgemeines

„Made in China 2025" ist eine Initiative der chinesischen Regierung mit dem strategischen Ziel, die chinesische Volkswirtschaft für die Herausforderungen durch den internationalen Wettbewerb zu stärken. Diese Initiative ist das chinesische Pendant zu der deutschen Industrie 4.0 und fokussiert in entsprechender Intensität die Aufstellung einer intelligenten Produktion und Logistik. Das Leitziel von „Made in China 2025" ist der große Sprung weg von der „Werkbank der Welt" hin zur führenden Industrienation. Dazu gehört auch das Ziel, nicht nur die Produktion flexibler und kundenorientierter zu gestalten, sondern auch die Produkte in ihrer Qualität und Funktionalität auf ein höheres Level zu bringen. Die Erreichung des Ziels steht für die chinesische Regierung außer Frage, jedoch soll diese Entwicklung weiter beschleunigt werden. Um dieses Ziel zu erreichen, strebt die chinesische Regierung insbesondere an, die Entwicklung der „smarten Produkte" und der „smarten Produktionsanlagen" voranzutreiben.

Im Einzelnen geht es der chinesischen Regierung darum, die Produktionsdigitalisierung und -vernetzung zu fordern und zu fördern, um dadurch die Fertigungsprozesse insgesamt intelligenter zu machen. Der dafür nötige Aufbau neuer Technologien und Branchen, beispielsweise das industrielle Internet, wird hierfür als maßgeblich erachtet, um das Niveau intelligenter Abläufe in Forschung, Produktion, Management und Service schrittweise zu erhöhen.

Nach Maßgabe dieser Regierungsinitiative sind die konkreten Ziele zwischen den Jahren 2015 und 2020 zur Digitalisierung der traditionellen Produktionsindustrie voranzutreiben und für die führenden Branchen komplett umzusetzen. Zu den dazugehörigen Zwischenzielen gehören die allgemeine Verbreitung der Digitalisierung und Vernetzung der Produktion sowie die Demonstration mit Hilfe ausgewählter Modellfabriken.

Die Zielerreichung des chinesischen Konzepts einer Smart Factory wird durch die chinesische Interpretation einer Systemarchitektur für die intelligente Produktion in vier Level verfolgt:

1. Intelligente Einheiten (z. B. Maschinen, Werkstücke, Transportmittel)
2. Intelligente Prozesse in der Produktion und Logistik
3. Kundenindividuelle Produktion von der Losgröße 1 bis zur hochskalierbaren Massenproduktion
4. Schaffung neuer Remote-Services und damit verbundener Geschäftsmodelle basierend auf der Vernetzung (z. B. Fernsteuerung/-wartung)

Die Initiative „Made in China 2025" sieht eine explizite Vorlauf- und Hochlaufphase vor. Während wir uns um Jahr 2017 noch in der Vorlaufphase befinden, in der erste Konzepte erarbeitet und erprobt werden, ist für die Zeitspanne von 2020 bis 2025 die intensive Durchsetzung

---

[1] Übersetzung durch *Miao Song, Benjamin Aunkofer*

der Maßnahmen zur intelligenten Produktion vorgesehen. In dieser Intensiv-Phase sollen die Bemühungen zur Standardisierung und Etablierung der Kerntechnologien für intelligente Produktion im Generellen sowie zum industriellen Internet und der Informationssicherheit im Speziellen erheblich verstärkt werden. Diese „heiße Phase" der Initiative sieht vor, die neue, praxisorientierte Struktur einer intelligenten Produktion in den chinesischen Markt zu implementieren und die damit vorausgesetzten Schlüsselindustrien in eine ausgereifte Umsetzung zu bringen.

Kernaufgaben zur Förderung der intelligenten Produktion

Kernaufgabenplanung zur Beförderung der intelligenten Produktion (2015–2020)

Bewältigung der Kerntechnologie und -ausrüstung	Verstärkung der Grundlagen der intelligenten Produktion	Heranziehen der neuen Modelle der intelligenten Produktion	Kernapplikationsbranche
High-End computergesteuerte Maschinen und Industrieroboter; Ausrüstung für additive Fertigung; Ausrüstung für intelligente Sensorik und Steuerung; Ausrüstung für intelligente Prüfung und Montage; Ausrüstung für intelligente Logistik und Lagermanagement	Aufbau des Standardsystems für die intelligente Produktion; Erhöhung der Unterstützungsfähigkeit von der Software für die intelligente Produktion; Aufbau der Grundlagen des industriellen Internets und Aufbau des Systems der Datensicherheit	Intelligente Einheiten; Intelligente Prozesse; Hochgradige vernetzte Prozesse (IoT); Kundenindividuelle, skalierbare Produktion; Intelligente Fernwartung und weitere Services; Neue Informationstechnologien	High-End computergesteuerte Maschinen und Industrieroboter; Luft- und Raumfahrzeuge; Meerestechnik und High-End-Schiffe; High-End Schienenverkehrstechnik; Energiesparende Fahrzeuge und Fahrzeuge mit Antrieben neuer Energien; Elektrische Ausrüstung; Landwirtschaftsmaschinen; Neue Werkstoffe; Bio-Medizin und High-End medizinische Geräte
Erfüllungsrate im chinesischen Markt über 50%	Erfüllungsrate im chinesischen Markt über 30%	Senkung der Herstellungskoten um 30%, Kürzung der Produktionszyklen um 30%, Senkung der Fehlerrate der Produktion um 30%	Steuerung der Kern-Fertigungsprozesse über 50%, erhebliche Erhöhung die intelligenten Produktion bei den 10 Kern-Applikationsbranchen und Fertigstellung über 60 Arten der Integration der Produktionsausrüstung für die intelligente Produktion

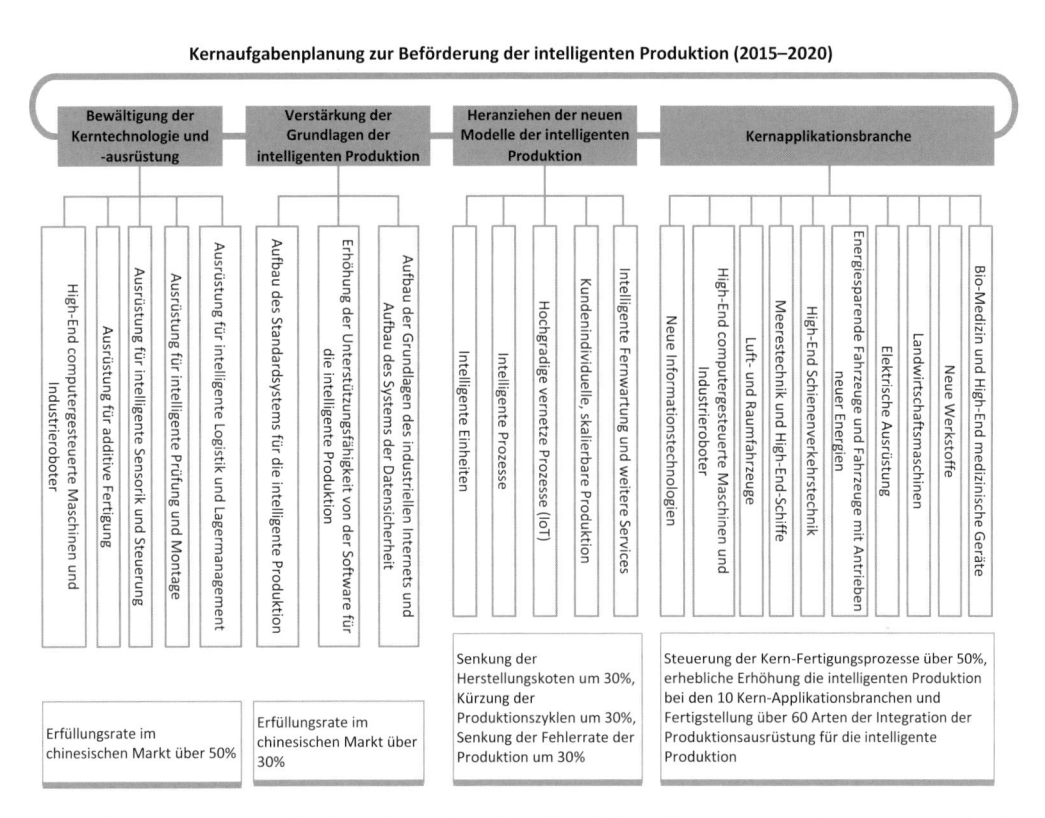

Bild 1 Kernaufgabenplanung für die intelligente Produktion bis 2020: Intelligent-autonome Steuerung der maßgeblichen Fertigungsprozesse zu 50 %, erhebliche Erhöhung der intelligenten Produktion in den 10 wesentlichen Anwendungsbereichen sowie Realisierung von mehr als 60 Anwendungsfällen der intelligenten Produktion

Systemarchitektur der intelligenten Produktion

Die Systemarchitektur der intelligenten Produktion besteht aus drei Achsen:

- Lebenszyklen
- Systemhierarchie
- Intelligenz / intelligente Funktionalität

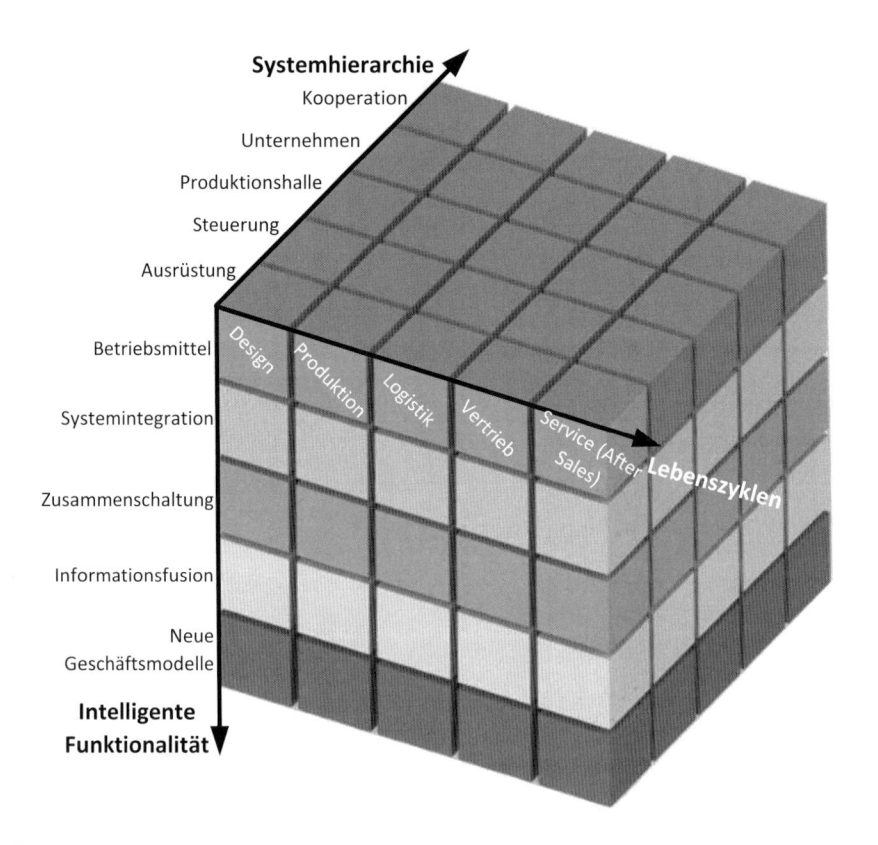

Bild 2 Systemarchitektur der intelligenten Produktion [1]

Lebenszyklen

Die Lebenszyklen sind die horizontalen Abschnitte in der Systemarchitektur für das chinesische Pendant zur Industrie 4.0. Diese Einteilungen stellen die Teile der Wertschöpfungskette dar, die aus Produktdesign, Produktion, Logistik, Vertrieb und darauffolgende Aktivitäten (After Sales) bestehen und eng miteinander verbunden sind und sich gegenseitig beeinflussen. Zwar mögen die Lebenszyklen der unterschiedlichen Branchen sehr unterschiedlich sein, jedoch kann eine solche grobe Einteilung der Lebenszyklen in der produzierenden Industrie als kleinster gemeinsamer Nenner betrachtet werden.

Systemhierarchie

Die diagonalen Systemschichten bestehen aus fünf Schichten als Abstraktion der Granularität der intelligenten Produktion, angefangen von dem einzelnen Produktionsbetrieb bis hin zur chinesischen Volkswirtschaft.

(1) Die erste Schicht „Ausrüstung" bezieht sich auf die Ebene der höchsten Granularität, nämlich der mit den für die intelligente Produktion nötigen Einzeleinheiten, wie Sensoren, Messgeräte, Barcode-Schreiber/-Leser, RFID, aber auch Werkstücke und Transportmittel. Diese Schicht stellt die Technologie-Basis für die Produktion eines Unternehmens dar.

(2) Die Steuerschicht beinhaltet alle computergesteuerten Module zur Steuerung der Produktionsvorgänge, wie SPS-Systeme, SCADA-Software, DCS-Systeme und Feldbus-Komponenten.
(3) Die Schicht der Produktionshalle, Werkstatt oder Fabrik steht für das Produktionsmanagement der Produktionsbetriebe und betrifft systemseitig insbesondere das Manufacturing Execution System (MES).
(4) Die Unternehmensschicht bezieht sich auf die nächst höhere Ebene und betrifft insbesondere Enterprise-Resource-Planning-Systeme (ERP), Product Lifecycle Management (PLM), Supply Chain Management (SCM) und Customer Relationship Management (CRM).
(5) Die Kooperationsschicht ist jene, die die Kooperation unterschiedlicher Unternehmen auf der „Industrial Chain" darstellt. Diese Schicht spielt sich auf volkswirtschaftlicher Ebene ab und meint insbesondere die Zusammenarbeit der Industrieunternehmen bei der Produktentwicklung, der intelligenten, vernetzten Produktion und Logistik sowie der Teilung von Prozessabschnitten gemeinschaftlicher Geschäftsmodelle.

Intelligente Funktionalität

Die vertikale Abstraktion der Systemarchitektur bezieht sich auf die Intelligenz und Funktionalität der industriellen Anwendung.
(1) Die erste Ebene ist die der Betriebsmittel und Produktionsmitarbeiter. Dazu zählen insbesondere die Maschinen, jedoch auch jegliche Betriebsstoffe, Energie und Ergebnisse geistiger Ingenieursleistungen (Baupläne etc.) sowie Mitarbeiter-Qualifikationen.
(2) Auf der zweiten Ebene geht es um die Integration aller Einheiten der Produktion. Damit ist die Informationsintegration der Prozessaktivitäten und der dort eingesetzten Rohmaterialien, Energiequellen, Maschinen und Anlagen sowie weiterer Ressourcen der Produktion durch QR-Codes, RFID und anderer elektronischer Verfahren des Informationsaustauschs gemeint. Ziel ist es, vom unidirektionalen Fließband hin zur integrativen und mehrdirektionalen Produktion zu gelangen.
(3) Die Schicht der Zusammenschaltung ist die Ebene, auf der die Produktionsmittel miteinander über kabelgebundene oder kabellose Telekommunikationssysteme gekoppelt werden (Maschinen zu Maschinen, Maschinen zu Steuersystemen, Unternehmen zu Unternehmen).
(4) Auf der Schicht der Informationsfusion spielen sich aktuelle Trendthemen wie Big Data und Cloud-Computing sowie weitere Themen der neuen Informationstechnologien ab, mit dem Ziel der Informationsbereitstellung zwischen Produktionsbetrieben sowie zwischen Industrieunternehmen oder ganzen Industrieclustern. Die Datensicherheit ist eine Herausforderung, die insbesondere auf dieser Schicht eine entscheidende Rolle spielt.
(5) Die oberste Schicht ist die der neuen Geschäftsmodelle, beispielsweise im Kontext der Fernsteuerung, Fernwartung oder der Kundenindividualität in der Gestaltung von Produkten und Prozessen.

Beispiele

Die Systemarchitektur der intelligenten Produktion definiert über die zuvor beschriebenen drei Dimensionen eine Übersicht der intelligenten Produktion. Für ein besseres Verständnis zur Architektur werden in diesem Abschnitt 3 Beispiele zu SPS-Systemen, industrieller Robotik und industriellem Internet vorgestellt.

SPS-Systeme

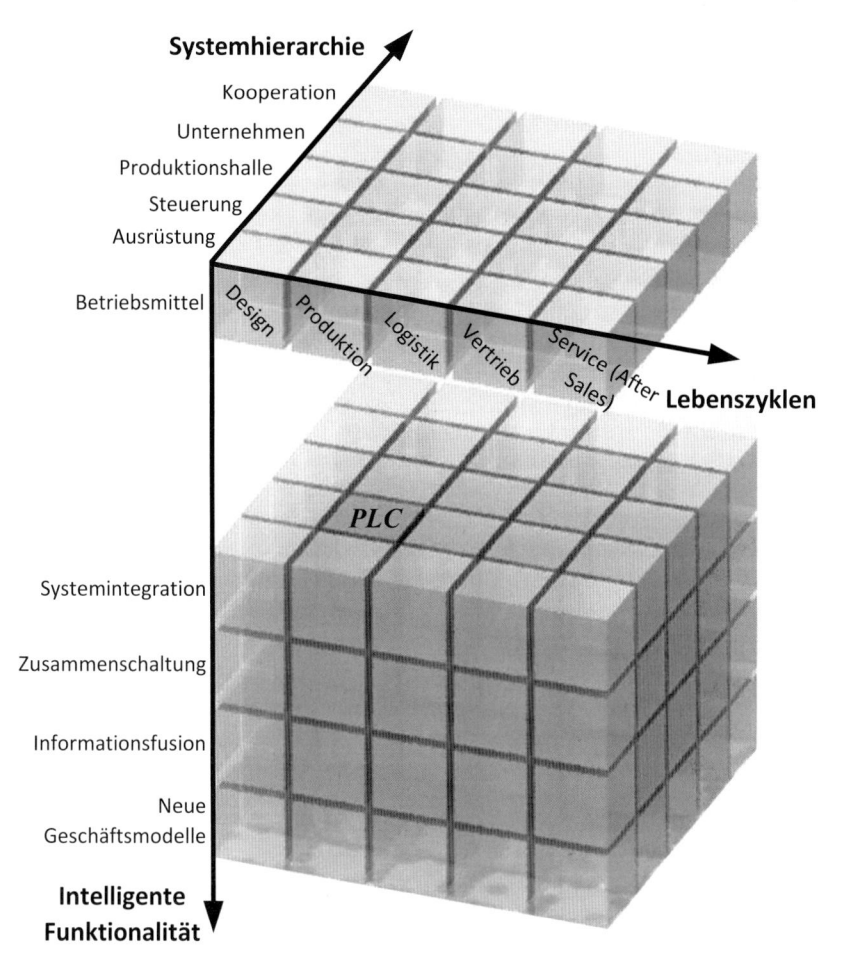

Bild 3 Position von SPS-Systemen (PLC) in der Systemarchitektur [1]

SPS-Systeme befinden sich in der dreidimensionalen Matrix auf der vertikalen Ebene der Systemintegration, horizontal in der Produktion sowie diagonal in der Steuerungsschicht. Folgende Normen sind mit dieser Zelle der Systemarchitektur verbunden:

- GB/T 15969.1 Programmable Logic Controller – Part 1: Allgemeine Information
- IEC/TR 61131-9 Programmable controllers – Part 9: Single-drop digital communication interface for small sensors and actuators (SDCI)

Industrielle Roboter

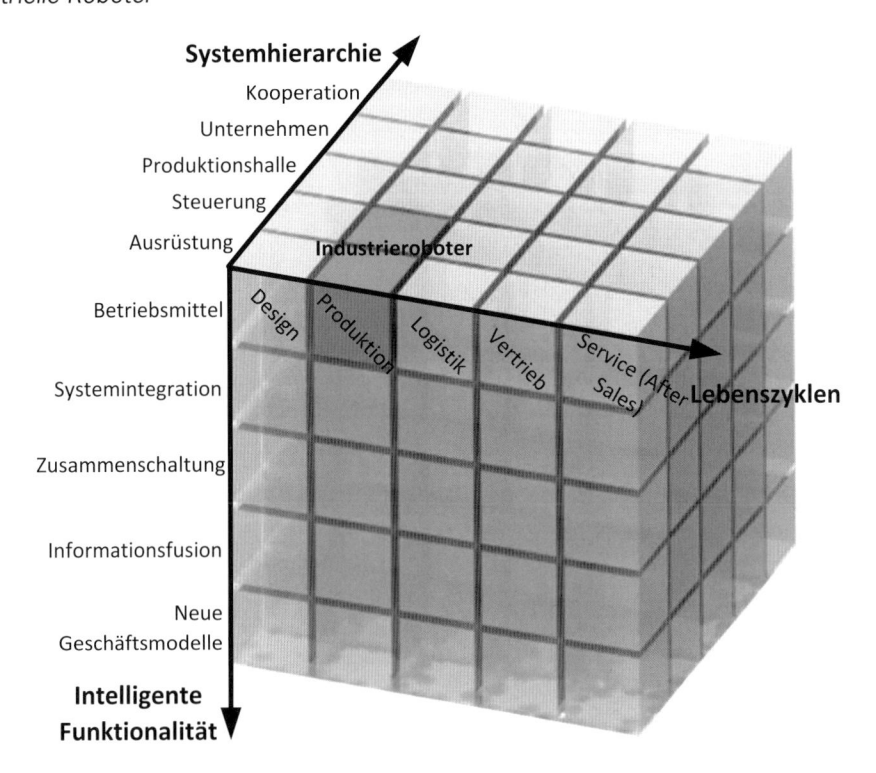

Bild 4 Position der industriellen Robotik in der Systemarchitektur [1]

Industrielle Roboter sind thematisch zugehörig zur Produktion auf der Horizontalen, gehören zu den Betriebsmitteln auf der Vertikalen und betreffen zwei Abschnitte auf der Diagonalen: Industrielle Ausrüstung und Steuerung. Die relevanten Nomen für die industriellen Roboter für den chinesischen Markt sind:

- GB/T 19399-2003 Industrial robots – Graphical user interfaces for programming and operation of robots(GUI-R)
- GB/Z 20869-2007 Industrial Robot – Intermediate Code for Robot (ICR)
- 20120878-T-604 Interface for Robot Simulation Development Environment
- 20112051-T-604 Communication Interface Specification of Open Robot Controller National Intelligent Manufacturing Standard

Industrielles Internet

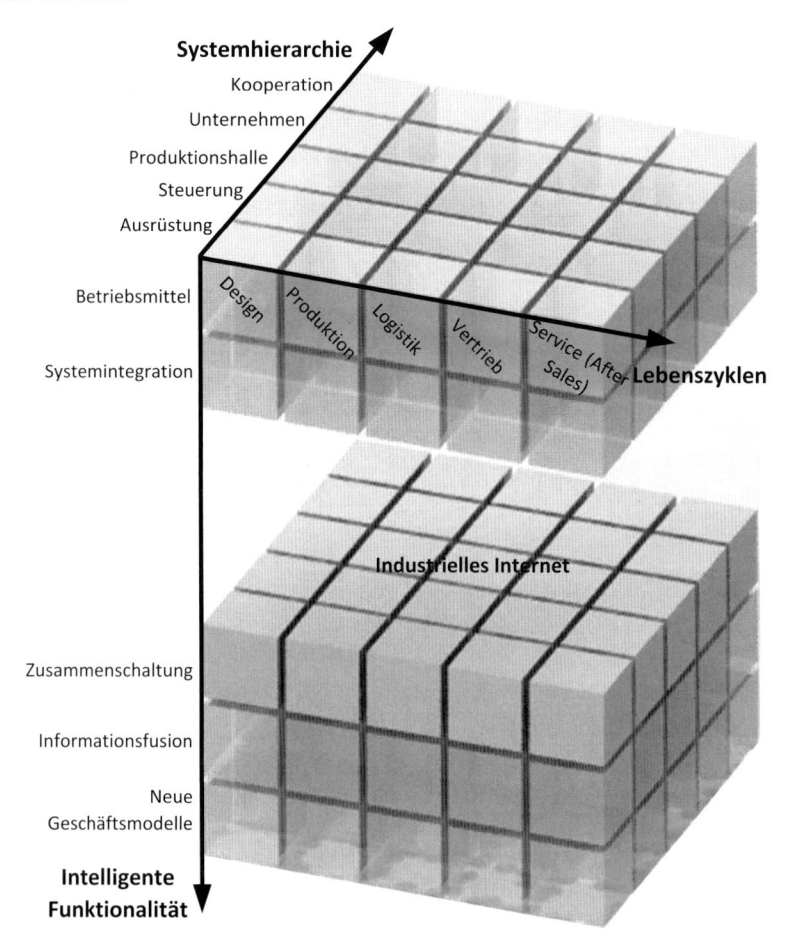

Bild 5 Schicht des industriellen Internets in der Systemarchitektur [1]

Das industrielle Internet betrifft auf der Vertikalen die Zusammenschaltung über die gesamte horizontale Dimension der gesamten Wertschöpfungskette sowie der gesamten Dimension der Systemhierarchie hinweg. Dazu bisher veröffentlichte Normen:

- GB/T 20171-2006 EPA system architecture and communication specification for use in industrial control and measurement systems
- GB/T 26790.1-2011 Industrial wireless network WIA specification – Part 1: WIA System architecture communication specification for factory automation (WIA-PA)
- GB/T 25105-2014 Industrial Communication Networks – Fieldbus Specifications Type 10: PROFINET IO Specifications
- GB/T 19760-2008 CC-Link (Control & Communication Link) Specifications
- GB/T 31230-2014 Industrial Ethernet Fieldbus EtherCAT
- GB/T 19582-2008 Modbus Industrial Automation Network Specification

- GB/Z 26157-2010 Digital Data Communication for Measurement and Control – Fieldbus for Use in Industrial Control Systems – Type 2: Controlnet And Ethernet/IP Specification
- GB/T 29910-2013 Industrial Communication Networks – Fieldbus Specifications Type 20: HART Specification
- GB/T 27960-2011 Ethernet POWERLINK Communication Profile Specification

Strukturdiagramm der Standardisierung der intelligenten Fertigung

Das Strukturdiagramm der Standardisierung der intelligenten Fertigung umfasst die Bereiche „A – Basiskozepte", „B – Kerntechnologien" und „C – Schlüsselbranchen (Industrielle Applikationen)".

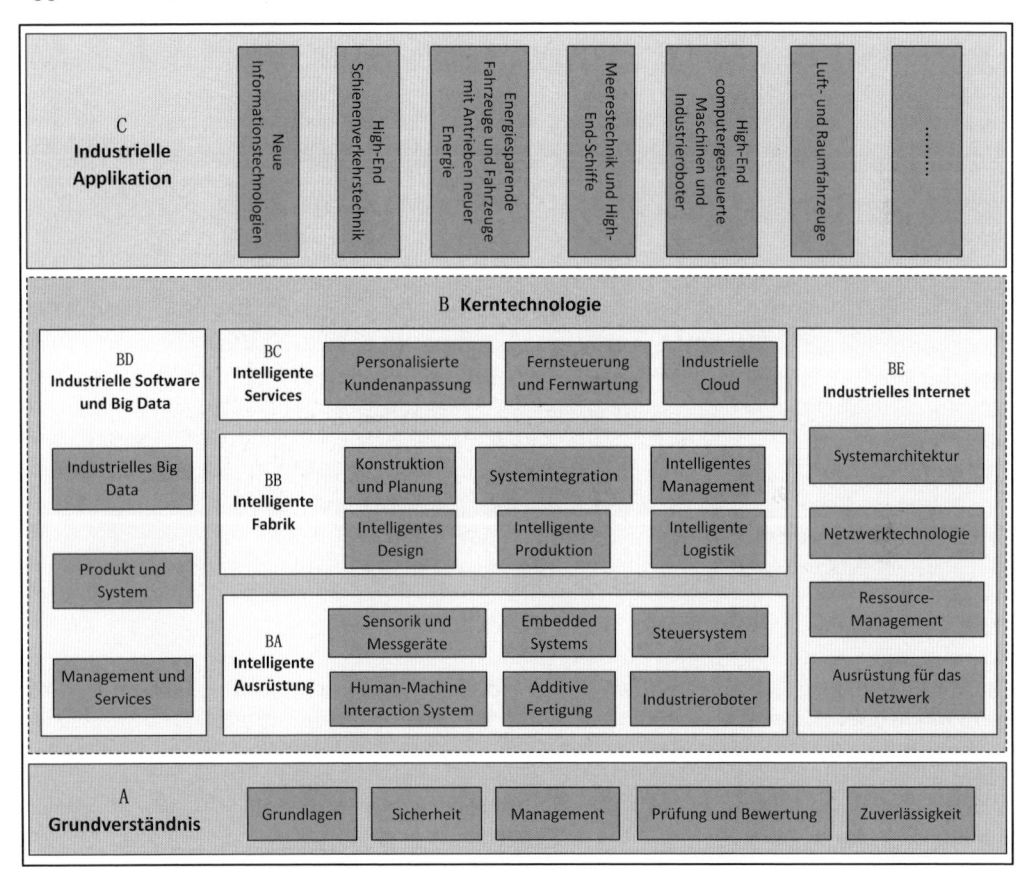

Bild 6 Struktur des Standardisierungsprogramms für die intelligente Produktion [1]

A – Basiskonzepte

Hierunter werden die fünf Kategorien Grundlagen, Sicherheit, Management, Prüfung und Zuverlässigkeit subsummiert. Auf diesem Grundverständnis bauen die weiteren Teile B und C auf.

B – Schlüsseltechnologien

Im mittleren Abschnitt des Strukturdiagramms zur Standardisierung sind die fünf Bereiche BA, BB, BC, BD und BE vorgesehen. Die ersten drei Bereiche BA, BB und BC bauen vertikal aufeinander auf und beziehen sich jeweils auf die intelligenten Einheiten der Produktionsstätte (BA), wozu beispielsweise auch aktuelle Trendthemen der Fertigung gehören, beispielsweise der 3D-Druck. Der Bereich für die intelligente Produktionsstätte (BB) stellt vor allem die Prozesse in den Vordergrund und daneben geht es im Bereich der Dienstleistungskonzepte (BC) vor allem um neue Geschäftsmodelle für produzierende Unternehmen. Der Bereich für die industrielle Software und Big-Data-Anwendungen (BD) sowie der für die Vernetzung bzw. dem industriellen Internet (BE) laufen – entsprechend der Systemarchitektur – begleitend parallel über alle Ebenen.

Bereich C im obersten Bereich des Strukturdiagramms ist eine Aggregation für industrielle Applikationen in verschiedenen Branchen. Dieser Bereich orientiert sich an den Anforderungen der unterschiedlichen Industrien, um die in den Bereichen A und B detailliert behandelten Technologie- und Prozessbeschreibungen für alle volkswirtschaftlich bedeutenden Branchen umsetzen zu können.

Rahmenwerk der Standardisierung der intelligenten Produktion

Das an das Strukturdiagramm anknüpfende Rahmenwerk der Standardisierung spezifiziert die Standardisierungsvorhaben in einem hierarchischen Modell, das auf den Bereichen Basiskonzepte, Schlüsseltechnologien und Schlüsselbranchen aufsetzt (Bild 7).

Vergleich zwischen der chinesischen intelligenten Produktion, der deutschen Initiative Industrie 4.0 und des amerikanischen Industrial Internet Consortiums (IIC)

Das deutsche Konzept der „Industrie 4.0", das US-amerikanische Konzept des „Industrial Internet" sowie „Made in China 2025" sind strategische Initiativen, die auf die wirtschaftliche Lage der Welt Einfluss nehmen sowie die jeweiligen nationalen Industriestrukturen verbessern sollen. Insbesondere geht es dabei um die Sicherung und den Ausbau der Wettbewerbsfähigkeit der Industrienationen im globalen Wettbewerb. Aus technologischer Betrachtung haben die drei Konzepte insbesondere gemeinsam, dass die Digitalisierung und Vernetzung zur Steigerung der Effizienz und Flexibilisierung der Produktion die höchste Priorität genießen. Es gibt allerdings auch einige entscheidende Unterschiede hinsichtlich der Grundlagen, strategischen Ziele sowie der Prioritäten bei der Entwicklung und Zielumsetzung (Bild 8).

Die Idee für die deutsche Industrie 4.0 ist die Fortführung der 1. bis 3. Industriellen Revolution. Das Leitziel für diese deutsche Regierungsinitiative ist die Integration und Informationsfusion aller beteiligten Produktionsbereiche. Der Schwerpunkt liegt auf den Produktionsprozessen mit klarem Leitziel zur sogenannten Smart Factory. Im Vergleich zu den beiden anderen Initiativen ist die „Industrie 4.0" sehr auf die „Hardware" aus dem Maschinen-/Werkzeugbau sowie der Automatisierungstechnik fokussiert.

Struktur und Rahmenbedingung der Industrie-4.0-basierten chinesischen intelligenten Produktion 167

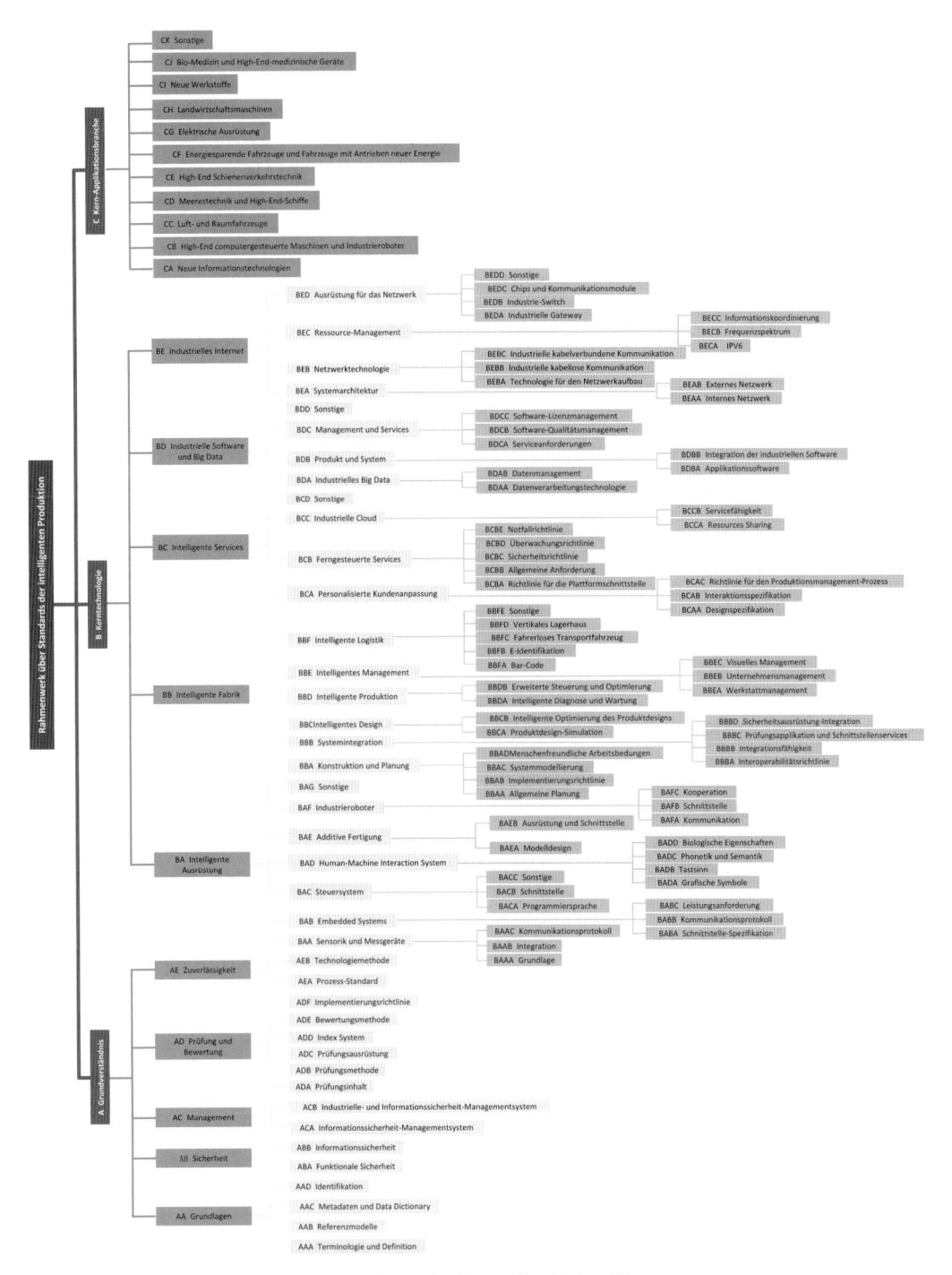

Bild 7 Rahmenwerk der Standardisierung für die intelligente Produktion [1]

		Deutsche Industrie 4.0	Amerikanisches industrielles Internet	Chinesische intelligente Produktion
Ähnlichkeit		Tiefe Verzahnung der Informationstechnologie und Produktionstechnologie		
Unterschiede	Grundbedingungen	Starke Industrienation, komplette Abschließung der Industrie 1.0 und 2.0, grundsätzliche Abschließung der Industrie 3.0	Technologische Stärken in Software-/Internet-Technologien. Erfolgreiche Abschließung der Industrie 1.0 und 2.0, Industrie 3.0 in schneller Entwicklung.	Gilt als die „Werkbank der Welt", befindet sich noch weitgehend in der späteren Phase der Industrie 2.0
	Strategische Ziele	Ausbau der führenden Position in der Produktionsindustrie	Die Produktionsindustrie soll international wettbewerbsfähig werden bzw. bleiben	Ausbau der Produktionsfähigkeit zur stärksten weltweit Industrienation
	Fokus der Entwicklung	Fokus auf Fertigung und Produktionsprozess, Schwerpunkte sind die intelligente Fabrik und Produktion	Schwerpunkt Analyseservice, intelligente Produktionsanlagen	Fokus auf Produktionskernelemente und Internettechnologien mit Schwerpunkten auf die Transformation zur intelligenten Produktion und hochwertige, intelligente Produkte
	Umsetzungen	Produktion + Industrielles Internet via Cyber-Physical Systems (CPS), vertikale und horizontale Integration	Industrielles Internet + Produktion, globale Interaktion und Vernetzung zwischen Menschen, Maschinen und dem Internet	Umfassende Fusion der Produktionskernelemente und Internettechnologien, Update der Businessstruktur und Aufbau neuer Geschäftsmodelle

⇨ Ausbau der Produktionsfähigkeit zur weltweit stärksten Industrienation

Bild 8 Vergleich der deutschen Industrie 4.0, dem US-amerikanischen Industrial Internet und der chinesischen intelligenten Produktion

Demgegenüber legt das US-amerikanische Pendant, das sogenannte Industrial Internet, den Schwerpunkt mehr auf die Software, Internet-Technologien, Big Data sowie auf Service-Modelle. Das Leitziel ist dabei, die traditionelle amerikanische Industrie über die Vernetzung, die den Endverbraucher-Markt längst erreicht hat, zu stärken. Im Klartext sollen, nachdem bereits Menschen untereinander gut vernetzt sind, nun auch Maschinen mit Maschinen und Menschen mit Maschinen vernetzt werden.

Schlussendlich steht das chinesische Programm „Made in China 2025" für die völlige Strukturänderung der Produktion, nicht nur mit dem Ziel der Erhöhung von Produktionskapazitäten, sondern auch um eine deutliche Anhebung der Qualität von Produkt und Prozess zu erreichen. China möchte also weniger seine derzeitige Position einfach nur verbessern, sondern sich mit einem großen Sprung von der „Werkbank der Welt" hin zur führenden Industrienation der Welt weiterentwickeln. Für diesen Sprung hat die VR China mit „Made in China 2025" eine schlagkräftige Strategie entwickelt.

Literaturverzeichnis

[1] 国家智能制造标准体系建设指南 (2015 年版) Nationale Richtlinien für den Aufbau der Standardisierungssysteme der intelligenten Produktion

Große Cloud-Player und ihre Machine-Learning-Strategien

von *Inge Hübner*

Wer im Zusammenhang mit der digitalen Transformation über neue Geschäftsmodelle nachdenkt, kommt an Data Analytics im Allgemeinen und Machine Learning im Besonderen nicht vorbei. Einige große Cloud-Anbieter, darunter Google, IBM und Microsoft, bieten auch Machine-Learning-Verfahren an. Interessant ist, für welche industriellen Anwendungsgebiete und ab welcher Projektgröße diese sinnvoll sind und welche Besonderheiten die einzelnen Lösungen bieten.

Das Thema Big Data hat nicht zuletzt aufgrund des Industrie-4.0-Hypes im Maschinen- und Anlagenbau sowie bei produzierenden Industrieunternehmen rasant an Stellenwert gewonnen. Welche Bedeutung hat diese Zielgruppe heute für das Geschäft der großen Cloud-Anbieter und welche wird sie in fünf Jahren haben?

„Industrie 4.0 ist ein wesentlicher Bestandteil der Strategie der Bundesregierung, um die in Deutschland traditionell starke Industrieproduktion mit innovativen Technologien zu verbinden und den deutschen Mittelstand unter dieser Marke weltweit zu einem Erfolgsmodell zu machen. Insofern ist Industrie 4.0 für uns kein Hype, sondern eine (überlebens-)wichtige Zukunftsaufgabe für den Standort Deutschland", stellt Laura Geier, Commercial Lead IoT & Advanced Analytics bei Microsoft, heraus. Ferner erklärt sie, dass der Maschinen- und Anlagenbau im Speziellen und der produzierende Mittelstand im Allgemeinen im Zentrum dieser Strategie stünden, weil beide eine herausragende Bedeutung für die Volkswirtschaft haben, traditionell Wachstumsmotor sind und in der digitalen Transformation Vorbild für andere Branchen sein können und sollen. „Für Microsoft haben beide einen sehr hohen Stellenwert, weil sich hier Pioniere mit sehr viel Wissen für die Zukunft des Industriestandorts Deutschland engagieren. Andere Märkte können von diesen Protagonisten lernen. Wir gehen davon aus, dass sich in fünf Jahren die Industrielandschaft in Deutschland grundlegend gewandelt haben wird – unter Führung dieser Branche", so L. Geier.

Auch für das IBM-Geschäft stellt der Maschinen- und Anlagenbau seit Jahren einen wichtigen Schwerpunkt dar. „Unsere Cloud- und Analytics-Angebote – Kernbestandteile unseres Produkt- und Lösungsportfolios – bieten speziell für diese Zielgruppe eine Fülle von Optionen, um die digitale Transformation voranzutreiben", erklärt Dr. Carsten Holtmann, Leiter Internet of Things (IoT) Data & Analytics Solutions DACH bei IBM. „Bei den Themen Industrie 4.0 und IoT setzen wir unter anderem auf Kooperation und strategische Partnerschaften. Wir waren von Beginn an nicht nur sehr engagiert dabei, sondern prägen seit Jahren auch maßgeblich die gemeinsame Entwicklung von Industriestandards und Modellen", gibt Dr. C. Holtmann weiter an. IBM hat in den vergangenen Monaten eine Reihe strategisch wichtiger Projekte mit Kunden auf den Weg gebracht sowie neue Partnerschaften, insbesondere auch mit international komplementären Dienstleistern, wie Cisco und Adlink, geschlossen. Dadurch sollen Kunden noch umfassendere Lösungen angeboten werden können.

Auch Google ist schon lange im Geschäft. „Wir investieren bereits seit der Gründung unseres Unternehmens konstant in die Bereiche Data Analytics und Machine Learning. Aus diesem Grund sind sie heute Kerndifferenzierungsaspekte der Google Cloud Platform (GCP)", sagt

Jens Bussmann, Google Cloud Platform Lead, DACH & CEE. „Und gerade das Auswerten großer Datenmengen und die Anwendung selbstlernender Algorithmen sind die Eckpfeiler für Unternehmen, die Industrie 4.0 erfolgreich angehen wollen. Unsere Kompetenz in diesem Bereich werden wir in den kommenden Jahren – gerade im Hinblick auf die verstärkte Nachfrage deutscher Unternehmen – weiter ausbauen", stellt er weiter heraus.

Die Machine-Learning-Angebote im Detail

Aus Big Data Smart Data zu generieren und diese für zum Beispiel Predictive Maintenance zu nutzen, dafür eignen sich unter anderem Machine-Learning-Verfahren. Welche Möglichkeiten bieten die Lösung von Google, IBM und Microsoft im Detail und inwiefern eignen sie sich für den Maschinen- und Anlagenbau?

„Verschiedene analytische Verfahren eignen sich unterschiedlich gut für die jeweiligen Anforderungen", sagt Dr. C. Holtmann und gibt zunächst eine Einordnung: „Mit Entscheidungsbäumen etwa können Analyseergebnisse nachvollziehbar aufbereitet werden – hier steht gegebenenfalls der Erklärungsansatz im Vordergrund. So möchte zum Beispiel ein Produktionsleiter und Ingenieur typischerweise auch im Detail verstehen können, wie der Algorithmus zu gewissen Schlussfolgerungen kommt." Anders stelle sich dies bei neuronalen Netzen dar: „Wie sie zu ihren Ergebnissen kommen, ist schwerer nachvollziehbar, dafür liefern sie in bestimmten Fällen exaktere Ergebnisse", erklärt der Experte. „Wir stellen unseren Kunden mit unseren Lösungen unterschiedliche methodische Optionen zur Verfügung, um Entscheidungsfreiheit zu bieten", nennt er die IBM-Strategie. Darüber hinaus würden eine ganze Reihe von Cloud-Optionen angeboten, die die verschiedenen Analytics-Varianten (descriptive, predictive, prescriptive, cognitive) mit unterschiedlichen Verfahren unterstützen. „Diese Lösungen sind zum Teil spezifisch auf den Maschinen- und Anlagenbau ausgerichtet, zum Teil Industrie-übergreifend konzipiert", sagt er weiter. Dabei umfasse beispielsweise die Industrial Analytics Platform analytische Lösungen zur Optimierung von Fertigungs- und Instandhaltungsprozessen, die Optimierung der Produktqualität sowie die frühzeitige Erkennung von Gewährleistungsproblemen. Darüber hinaus werden Lösungsarchitekturen bereitgestellt, um Analysemodelle beispielsweise lokal in der Fabrik einzusetzen. Durch kleine Industrierechner (Edge-Computing) münden die gewonnenen Erkenntnisse dann in direkte Handlungen. „Wir arbeiten hier häufig mit hybriden Ansätzen: Für globale Optimierungen oder Analysen großer Datenmengen nutzen wir sichere und vertrauenswürdige Cloud-Umgebungen, die dann in Verbindung mit lokalen Analysen das volle Potenzial für Kunden erschließen", sagt Dr. C Holtmann. Als Erfolgsgeheimnis für die Cloud nennt er: „Hybrid – sprich, die Kombination von Cloud und lokalen Lösungen."

„Mit unseren Cloud-Plattformen, wie Bluemix, können Unternehmen aber nicht nur ihre Produktion optimieren, sondern auch neue Dienstleistungen konzipieren", nennt Dr. C. Holtmann einen weiteren Aspekt. Bluemix beschreibt er als ideal, um schnell innovative Ansätze zu entwickeln, zu erproben und im Produktivbetrieb zu betreiben. „Über Bluemix und unsere Watson-IoT-Plattform sind auch analytische und kognitive Services nutzbar. Letztere können Applikationen zur vorausschauenden Wartung anreichern, um etwa wichtige Informationen aus Texten von Instandhaltungsberichten oder Herstellerempfehlungen nutzbar zu machen. Auch die Verwendung und Einbindung externer Daten und Dienste ist über Bluemix möglich", verdeutlicht der Experte.

„Mit unserer Google Cloud Platform stellen wir dem Maschinen- und Anlagenbauer eine umfassende und unkomplizierte Produktlösung zur Verfügung, über die er erfolgskritische Daten- und Informationseinsichten erhält", beschreibt J. Bussmann die eigene Lösung. So seien die Echtzeitanalyse von großen Datenmengen und die Identifikation von Datenkorrelationen aus verschiedenen Quellen Anwendungsgebiete, die durch Machine Learning nicht nur verbessert, sondern um neue Möglichkeiten ergänzt werden. „Machine Learning ist keine Magie oder Zukunftsmusik, es ist eine Kernkompetenz der GCP und hilft Unternehmen schon jetzt in einer Vielzahl von Bereichen: Reporting, das Erkennen von Anomalien, Echtzeit-(Alarm-)Benachrichtigungen und vielem mehr", führt J. Bussmann aus. Durch die fast unbegrenzte Rechenleistung der GCP könnten Machine-Learning-Modelle entwickelt und trainiert werden, die aus großen und komplexen Datenmengen neue Ansatzpunkte ableiten. „Ganz praktisch bedeutet dies für den Maschinen- und Anlagenbau, dass beispielsweise die Daten unterschiedlicher Sensoren – Vibration, Temperatur, Feuchtigkeit etc. – so verarbeitet und verstanden werden, dass die Zeit bis zu einem möglichen Maschinenversagen vorausgesagt und somit eine adäquate Wartung umgesetzt werden kann", nennt der Google-Experte einen konkreten Einsatzfall.

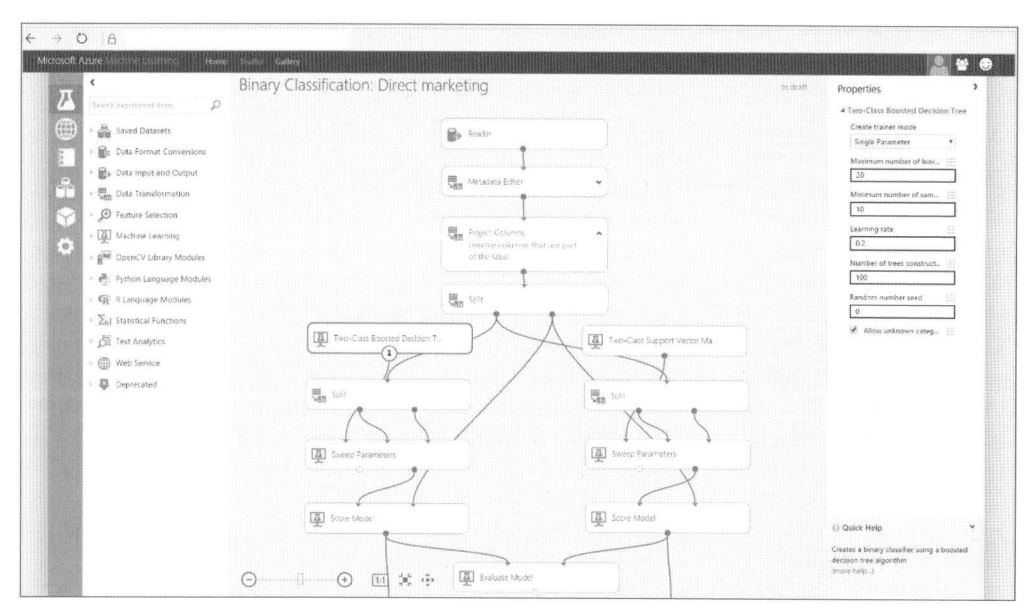

Bild 1 Microsoft Azure Machine Learning: Ein vollständig verwalteter Clouddienst, mit dem Nutzer Predictive-Analytics-Lösungen erstellen, bereitstellen und freigeben können

Mit Blick auf das Microsoft-Angebot sagt L. Geier: „Wir bieten mit der Cortana Intelligence Suite ein umfassendes, cloudbasiertes Lösungsportfolio für Predictive Analytics an, das auch für Predictive Maintenance genutzt werden kann. Die Suite integriere eine Vielzahl von Diensten, wie Speicher, Informationsmanagement, Machine Learning und Bot Frameworks sowie vorkonfigurierte Lösungen, zum Beispiel für Gesichts-, Iris-, Sprach- und Texterkennung." Als weiteres Beispiel führt sie die Azure IoT Suite an. „Sie bietet darüber hinaus zahlreiche Services, um eine Vielzahl von Geräten und Anwendungen über die Public Cloud miteinander zu verbinden und zentral zu steuern", erklärt sie dazu. Zum Thema Microsoft Cloud Deutschland sagt sie: „Darüber bieten wir Unternehmen in der EU und EFTA auch die Public-Cloud-Dienste der Azure-Plattform über deutsche Rechenzentren an." Dabei richte sich das neue lokale Angebot vor allem an Organisationen und Unternehmen in datensensiblen Bereichen, die besonders strikten Compliance-Richtlinien, beispielsweise bezüglich der Datenhaltung, unterliegen. „Der Zugang zu den Kundendaten liegt beim Datentreuhänder T-Systems, einem unabhängigen Unternehmen mit Hauptsitz in Deutschland, das der deutschen Rechtsordnung unterliegt", stellt sie heraus. Mit den neuen Cloud-Diensten will Microsoft den Partnern und Kunden noch mehr Flexibilität und Wahlmöglichkeiten bieten. L. Geier: „Sie können die schon heute verfügbaren Public, Private und hybriden Cloud-Dienste von Microsoft nutzen und auch auf die deutschen Rechenzentren setzen. Der Roll-out der neuen Services ist mit Microsoft Azure am 21. September 2016 gestartet."

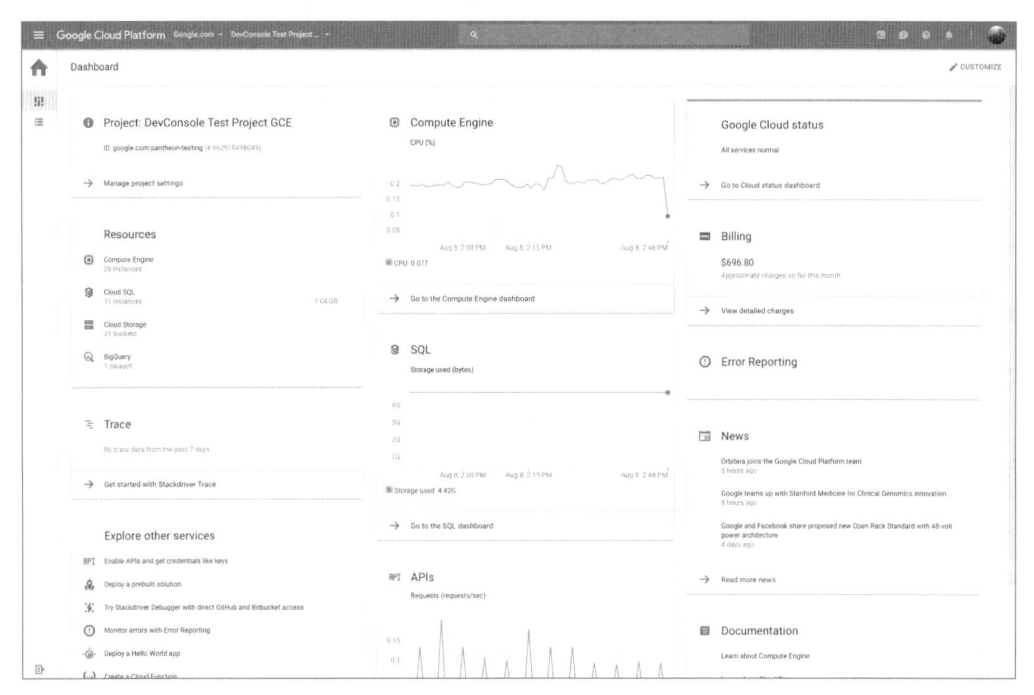

Bild 2 Google Cloud Console

Die Differenzierungsmerkmale

Interessant ist in diesem Zusammenhang auch die Expertenmeinung darüber, durch welche besonderen Eigenschaften sich ihre Cloud-Machine-Learning-Lösung im Vergleich zu den anderen abhebt.

Auf diese Frage antwortet L. Geier selbstbewusst: „Keine Plattform am Markt ist so umfassend, integriert und offen, wie es die Industrie-4.0-Lösungen von Microsoft sind. Wir bieten reine Cloud-Dienste, aber auch On-Premises sowie – als Brückentechnologien – hybride Lösungen, die den Einstieg in Industrie-4.0-Szenarien erleichtern." Ebenso überzeugt ist J. Bussmann von seiner Lösung: „Seit über einem Jahrzehnt setzt Google auf Machine Learning in einer Vielzahl von Produkten, die von Millionen von Menschen auf der ganzen Welt täglich genutzt werden. Durch Open-Source-Projekte, wie Tensorflow, dass heute das mit Abstand meist genutzte Deep Learning Framework ist, geben wir allen die Möglichkeit, mit dieser Technologie zu arbeiten." Nutzer der Google Cloud Platform könnten – in Form von Cloud Machine Learning und Machine Learning API – von der langjährigen Google-Erfahrung im Bereich Machine Learning profitieren und sie auf ihre individuellen unternehmerischen Bedürfnisse anwenden. Dem stellt Dr. C. Holtmann gegenüber: „IBM ist seit mehr als 30 Jahren Vorreiter bei Machine-Learning-Ansätzen für die direkte Interaktion mit Menschen. Ob in der Form als erster maschineller Schachweltmeister oder als erster maschineller Gewinner der Quizshow Jeopardy; IBM begreift es als Herausforderung, diese Verfahren zu entwickeln und sie Menschen und Unternehmen bereitzustellen. Auf diesen Erfahrungen basierende Services unserer künstlichen Intelligenz Watson machen es heute jedermann möglich, die Analyse unstrukturierter Daten, wie Audios, Videos oder Texten, zu nutzen, in eigene Lösungen zu integrieren und damit neue wertschöpfende Erkenntnisse zu gewinnen."

„Allein für Azure haben wir in den vergangenen zwölf Monaten mehr als 1 000 neue Services entwickelt oder über Akquisen in unser Portfolio integriert, zum Beispiel die R Data Analytics", berichtet L. Geier. Als Beispiele führt sie aktuelle Technologien und Schnittstellen (API) für Gesichts- und Spracherkennung bis hin zum Erkennen von Emotionen an. „Über den Azure Marketplace lassen sich diese Services im Handumdrehen einrichten und produktiv nutzen – zum Teil per einfachem Drag-and-drop von vorprogrammierten Komponenten", gibt sie weiter an. Insgesamt setze Microsoft verstärkt auf Open-Source-Technologien und integriere in Azure zum Beispiel Container-Technologien wie Docker. „Die Offenheit von Microsoft zeigt sich auch an der intensiven Zusammenarbeit mit der OPC Foundation, um die Interoperabilität zwischen vielen Millionen Anwendungen und OPC-UA-Standard-konformen Industrieanlagen sicherzustellen", nennt sie ein weiteres Argument für den Einsatz im Maschinen- und Anlagenbau.

„Das Cloud Machine Learning versetzt Nutzer der Google Cloud Platform in die Lage, Kundendaten zu analysieren, Lebenszyklen von Produkten zu managen, eigenständige Vorhersagen zu treffen und verkürzt die notwendige Zeit für das Training eines Modells. Ebenso sind Übersetzungs-, Sprach- und Vision-API umfassend trainierte Machine-Learning- Modelle, die nicht nur das Potenzial der Technologie exemplifizieren, sondern als Service der GCP auch allen Entwicklern und Kunden zur Verfügung stehen", sagt J. Bussmann.

Dr. C. Holtmann zählt drei Eigenschaften auf, durch die sich der IBM-Ansatz auszeichne. Erstens: Vertraulichkeit der Daten. „Dafür nutzen wir die höchsten Standards. Zudem – und das grenzt uns von diversen Mitbewerbern ab – haben wir in diesem Kontext keine eigene Datenverwendungsstrategie, das heißt wir betreiben keine Geschäfte mit den Daten unserer Kunden", stellt er heraus. Als zweiten Punkt führt er an: „Wir stellen nicht nur eine Cloud-Plattform zur Verfügung, wir verstehen uns als Digitalisierungs-Dienstleister und Enabler. Das heißt, wir beraten bei der Aufstellung der Digitalisierungsstrategie, bieten technische Lösungen und betreiben – je nach Bedarf – analytische Services auch im Kundenauftrag." Diese branchenübergreifenden und international verfügbaren Services sind eingebettet in ein Ökosystem weiterer Dienste, wie der Backend-Integration oder der Nutzung von Social Media- und Wetterdaten. Hinzu komme die freie Wahl zwischen lizensierter Software oder kostenoptimierten Open-Source-Angeboten auf derselben Plattform.

„Und drittens bieten wir ein breites Spektrum hybrider Varianten – typischerweise sind unsere Services sowohl lokal (auch als „local Cloud") als auch in den weltweit über 40 Rechenzentren der IBM verfügbar", so Dr. C. Holtmann, der zudem noch einmal darauf hinweist, dass IBM mit den kognitiven Watson Services aus der Cloud übergreifend eine einzigartige Lösung böte.

Machine Learning – keine Frage der Unternehmensgröße

Mittelständler tun sich bisweilen sowohl beim Thema Industrie 4.0 als auch bei der Cloud-Nutzung recht schwer. Big Data und kleine Mittelständler passen rein namentlich auch nur schwer zusammen. Welche Kenngrößen (Unternehmensgröße, Datenvolumen, ...) muss ein Unternehmen also mitbringen, damit sich für dieses eine solche Lösung rentiert?

Dr. C. Holtmann: „Es gibt keine generelle Mindestgröße. Für einen Mittelständler, der beispielsweise ein komplexes Qualitätsproblem in seiner Fertigung mit traditionellen Verfahren nicht in den Griff bekommt, können Datenanalysen überlebensnotwendig sein; für Weltkonzerne wiederum mag bereits die marginale Reduzierung von Ausschuss oder Regressansprüchen einen sinnvollen Business Case ausmachen." Als kostengünstige Einstiegsmöglichkeiten nennt er die Verwendung Cloud-basierter Analytics-Lösungen und Pay-as-you-go-Preismodelle. „Mit unserem Partnernetzwerk möchten wir alle Unternehmensgrößen bedienen", nennt er die IBM-Strategie.

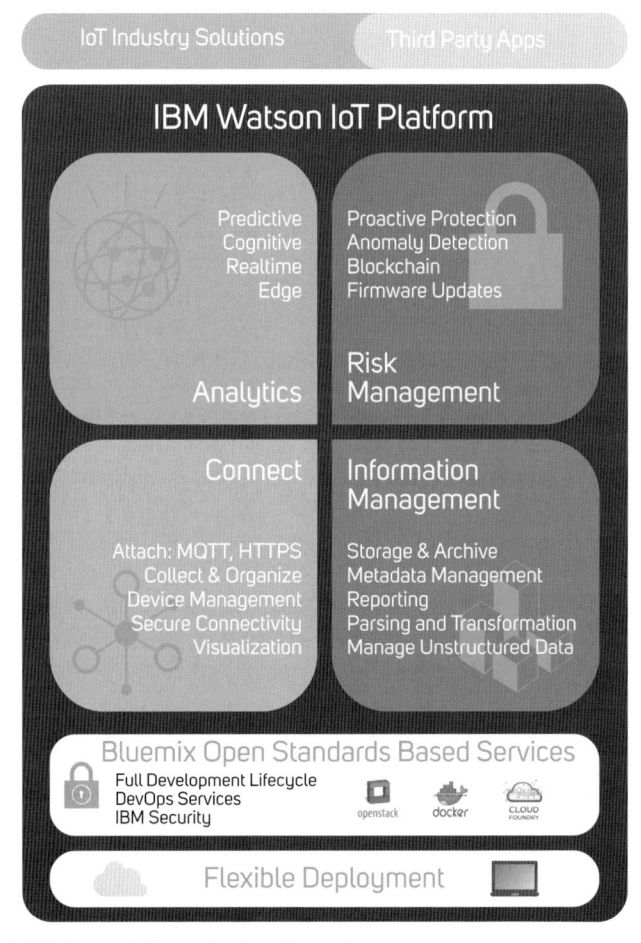

Bild 3 IBM-Watson-IoT-Platform mit ihren einzelnen Bausteinen

Auch das Microsoft-Angebot richtet sich an Unternehmen aller Größen. „Unsere Dienste sind für KMU und Start-ups genauso relevant und einfach nutzbar wie für Großunternehmen: Sie können durch bessere Maschinenauslastung und geringere Ausfallzeiten zur Kostenreduktion sowie Effizienzerhöhung beitragen und durch Verringerung der Grenzkosten zu höheren Umsätzen pro Stück führen", sagt L. Geier. Als weiteren wichtigen Punkt führt sie an: „Moderne Technologien öffnen Unternehmen jeder Größe die Chance auf völlig neue Geschäftsmodelle, beispielsweise in der Einzelstückfertigung, die nur dann profitabel ist, wenn Nachfrage nach individuellen Produkten und die Auslastung der Maschinen über moderne Analysemethoden zusammengebracht werden."

Und auch J. Bussmann pflichtet bei: „Die Lösungen der GCP eignen sich für alle Unternehmen – Unternehmensgröße oder Datenvolumen sind hierbei kein Hindernis." Gerade kleine und mittelgroße Unternehmen könnten von Data Analytics Tools sowie Machine Learning profitieren, die sonst aus finanziellen, vor allem aber aus Know-how-Gründen nur Großunternehmen vorbehalten wären. „Großunternehmen können mithilfe der GCP die Geschwindigkeit der Umsetzung drastisch erhöhen sowie komplexe und große Datenmengen kosteneffizient und unkompliziert bearbeiten", sagt er weiter.

Überschaubarer Einstiegsaufwand

Es scheinen also alle Lösungen ideal auch für KMU zu sein. Wie groß ist nun aber der Einstiegsaufwand (Kosten, Manpower, Datenaufbereitung, …) für Maschinen- und Anlagenbauer? In welchem Format müssen sie ihre Daten aufbereiten, damit sie von den einzelnen Tools sinnvoll ausgewertet werden können?

Aus Google-Sicht sagt J. Bussmann: „Der Einstiegsaufwand ist minimal. Wenn Nutzer bzw. Kunden voll gemanagte Dienste, wie Big Query oder Vision API (Bilderkennungsanalyse) nutzen, dann sind so gut wie keine speziellen Vorkenntnisse oder Aufwände für Datenaufbereitung usw. notwendig." Sollte in bestimmten Fällen eine Aufbereitung notwendig sein, könne auch diese über Managed Services in der Cloud durchgeführt werden. „Dabei werden die Daten über eine verschlüsselte Internetverbindung, VPN-Tunnel oder direkte private Leitung usw. in die Cloud hochgeladen", nennt er als Prinzip und ergänzt: „Außerdem sind die Kosten unserer Services einfach überschaubar, da nur nach wirklich angefallener Nutzung bzw. im Minutentakt als Einheit abgerechnet wird."

L. Geier weist für das Microsoft-Angebot darauf hin: „Die Kosten für Analytics aus der Public Cloud richten sich nach der tatsächlichen Nutzung durch die Kunden. Im Unterschied zu On-Premises-Lösungen fallen aber keinerlei Investitionskosten an, da sich unsere Kunden beispielsweise nicht mehr um das Aufsetzen, die Inbetriebnahme und Wartung der Hardware kümmern müssen." Die Cortana Intelligence Suite würde Unternehmen eine ganze Reihe fertiger Modelle bereitstellen, die sofort einsatzfähig sind. Und über den Azure Data Catalog ließen sich Daten aus allen gängigen Formaten integrieren – von Tabellenformaten über Datenbanken, von Verzeichnissen bis zur Anbindung von Drittsystemen.

Etwas zurückhaltender beantwortet Dr. C. Holtmann die Frage: „Prinzipiell ist der Einstiegsaufwand nicht pauschal spezifizierbar, das hängt von den jeweiligen Anforderungen, Voraussetzungen und der konkreten Zielsetzung ab." Ziel sei es aber jeweils, dass Einzelprojekte schnell zu einem konkreten Business Case führen – die Lösung sich also zeitnah selbst finanziert. Das wirtschaftliche Verbesserungspotenzial sollte daher die Lösung beeinflussen. „In vielen Fällen sind umfassende Erfolge schon mit vergleichsweise sehr kleinem Aufwand realisierbar", erklärt er. IBM verfolgt diverse Ansätze, um den Aufwand zu minimieren, zum Beispiel eine Plattform mit vorintegrierten Standardkomponenten, ein vereinheitlichendes Datenmodel und vorhandene Analytics Assets zur Erhöhung der Wiederverwendbarkeit. „Diese beinhalten die gängigen Anbindungsschnittstellen an Maschinen wie OPC UA wie auch gängige Analyseverfahren, zum Beispiel Anomalieerkennung oder Vorhersage von Ausfällen. Für Projektansätze haben wir leicht zu implementierende Pakete gebündelt. Kommerziell hängen die Lösungen von der Anzahl unterstützter Maschinen ab, sodass auch hier Kosten nur abhängig vom erzielbaren Ergebnis steigen werden. Der Cloud-Ansatz reduziert darüber hinaus die notwendige Kapitalbindung", sagt Dr. C. Holtmann abschließend.

Fazit

Insgesamt sehen sich also alle drei Cloud-Anbieter mit ihrem breiten Angebot und ihrer langjährigen Erfahrung auf dem Gebiet der Data Analytics und Machine Learning optimal für die Anforderungen im Maschinen- und Anlagenbau gerüstet. Alle sind überzeugt, darin auch die passende Lösung für den kleinen, mittleren und großen Maschinenbauer oder Endanwender zu haben. Und allen gemein ist auch, dass sie den Einstiegsaufwand für Firmen als relativ gering einstufen. Mittlerweile haben auch große Automatisierer begonnen, Machine-Learning-Kompetenz aufzubauen und diese selbst anzubieten. Wenn sich Maschinen- und Anlagenbauer nun stärker des Themas öffnen und ihre Zurückhaltung weiter ablegen, dürfte dieser Weg frei sein, für die Entstehung neuer Geschäftsmodelle.

5 Erste Ergebnisse und weitere Ansätze

Stefanie Fischer, Dr.-Ing. Dominic Gorecky
Smart Factory – Eine Idee wird Realität

Prof. Dr.-Ing. Roman Dumitrescu
it´s OWL – Industrie 4.0 für den Mittelstand

Dr.-Ing. Stefan Aßmann, Thilo Resenhoeft
Einsatz von Industrie 4.0 bei Bosch

Thomas Michels
Maximale Datenintegration mit „Smart Engineering and Production 4.0"

Dr.-Ing. Jan Stefan Michels
Praxisbeispiel: Intelligente Feldgeräte und selbstkorrigierende Fertigung

Inge Hübner
Praxisbeispiel: Cloud-Lösung optimiert Aufzugbetrieb

Dr. Stefan G. Hild
Praxisbeispiel: Lafarge Holcim setzt auf Predictive Analytics

Johannes Kalhoff
Praxisbeispiel: Automatisierter Schaltschrankbau

Burkhard Balz, Marco Bison
Praxisbeispiel: Retrofit 4.0

Ronald Heinze
Praxisbeispiel: Kühlgeräte-Diagnose als Use Case für Industrie 4.0

Smart Factory – Eine Idee wird Realität

von *Stefanie Fischer, Dr.-Ing. Dominic Gorecky*

Mit der Vision, Internet- und Kommunikationstechnologien nach dem Beispiel der Smart Homes auch ins Produktionsumfeld zu übertragen, wurde 2005 die Technologie-Initiative SmartFactory KL e.V. ins Leben gerufen. Sechs Mitglieder gründeten den Verein nach der Idee von Prof. Dr. Detlef Zühlke. Damit wurde dem mittlerweile unter dem Begriff Industrie 4.0 bekannten Thema erstmals eine herstellerübergreifende Forschungs- und Demonstrationsplattform geboten. Heute kann sich die Technologie-Initiative immer noch zu den Vorreitern der Vision zählen. Die Überführung von Industrie 4.0 in die Realität bekommt, insbesondere mit der jüngsten Forschungsanlage der SmartFactory^{KL}, ein Gesicht.

SmartFactory^{KL} im Kontext von Industrie 4.0

Der Begriff *Industrie 4.0* ist zum Synonym geworden für die Produktion der Zukunft, die sich durch hochgradige Flexibilität und Vernetzung auszeichnet und durch die Fortschritte moderner Informationstechnologien vorangetrieben wird. Die Motivation hinter der Vision Industrie 4.0 ist es, dank flexiblerer Produktionstechnik, den Produktionsstandort Deutschland für die geänderten Randbedingungen der Globalisierung fit zu machen und die Stellung der deutschen Industrie als Innovationsführer für IKT-basierte Automatisierungstechnik weiter auszubauen.

Die Realisierung der Produktion der Zukunft kann jedoch nur im Konsens mit der Industrie erreicht werden. Denn Industrie 4.0 setzt – ähnlich wie das Internet – allgemeingültige Standards voraus, die es erlauben, dass sich smarte Maschinen miteinander vernetzen und dass komplexe Produktionsprozesse für den Menschen verständlich und zugänglich gemacht werden.

Die dazu erforderliche technologische Basis kann nur in einem Gemeinschaftsprojekt entwickelt werden. Genau diese Zielsetzung verfolgt die *SmartFactory*^{KL} mit ihrem Partnerprojekt gemeinsam mit mittlerweile 18 namhaften Industriepartnern. In diesem weltweit einzigartigen Projekt arbeitet die *SmartFactory*^{KL} an der praxistauglichen und gleichzeitig visionären Umsetzung von Industrie 4.0-Ansätzen.

Die Industrie 4.0-Demonstrationsanlage

Die Industrie 4.0-Demonstrationsanlage besteht aus verschiedenen, herstellerübergreifenden Produktionsmodulen, die im Verbund ein kundenindividuell gestaltbares Visitenkartenetui als ein exemplarisches Produkt fertigen. Die Industriepartner (Bosch Rexroth, Cisco, EPlan, Festo, Harting, Hirschmann, IBM, iTAC Software, LappKabel, Mettler Toledo, MiniTec, Pilz, Phoenix Contact, ProAlpha, SAP, TE Connectivity, TÜV Süd und Weidmüller) haben jeweils ihre eigenen Vorstellungen, Expertisen und Mittel in das Projekt eingebracht. Entstanden sind neun Produktionsmodule, die sich sowohl im Einzelbetrieb als auch im flexiblen Verbund mit anderen Modulen betreiben lassen. Eine hochgradig variable Modulanordnung, die leichte Rekonfiguration und die vielseitige Verwendbarkeit der einzelnen Produktionsmodule ergeben sich als Vorteile.

Im Gesamten entsteht eine ganzheitlich modulare Fabrik, in der sich Produktionsanlagen und Fabrikkomponenten gemäß des „Plug & Play"-Paradigmas flexibel kombinieren lassen.

Smart Factory – Eine Idee wird Realität 179

Bild 1 Industrie 4.0-Demonstrationsanlage auf der Hannover Messe

Smarte Infrastruktur und integrierte IT-Systeme

Eine wesentliche Voraussetzung für dieses Modulkonzept ist eine smarte, ebenfalls modular gestaltete Infrastruktur. Ermöglicht wird dies durch eine Reihe von definierten mechanischen, elektromechanischen und informationstechnischen Standards, die eine funktionierende Interaktion zwischen den Modulen sicherstellen. So werden alle Module lediglich durch einen einzigen Stecker an den sogenannten „Factory Backbone" angebunden. Einzelne, herstellerspezifische Boxen versorgen die Module mit Starkstrom, Druckluft, einer übergeordneten Not-Aus-Schleife und *Industrial Ethernet*. Diese Struktur ermöglicht es allen Modulen zu jeder Zeit mit dem „Factory Backbone" verbunden zu sein. Relevante Informationen können echtzeitgetreu ausgetauscht werden. Die übergeordneten IT-Systeme wie ERP, MES oder Data-Monitoring-Lösungen können tief in den Prozess eingebunden werden und falls notwendig unmittelbar in der Anlage eingreifen. Durch diese vertikale Integration wird die Datenhaltung vereinfacht und Medienbrüche minimiert, da vorhandene Daten automatisiert weitergegeben werden und nicht händisch erfasst und übertragen werden müssen.

Digitales Produktgedächtnis – Produkte führen Tagebuch

Um die Fertigung weiter zu flexibilisieren, ist das Produkt mit einem RFID-Tag als digitales Produktgedächtnis ausgestattet, welches Wissen über den Produktionsauftrag mit sich bringt und über das Ein- und Auslesen des Tags mit der Anlage kommunizieren kann. Auf die Art steuert das Produkt seinen eigenen Fertigungsprozess auf dezentrale Weise und führt zugleich „Tagebuch" über seinen aktuellen Fertigungszustand – kann also damit einhergehend z. B. lokalisiert oder modifiziert werden. Dadurch entfällt der Mehraufwand, der bei kleinen Losgrößen durch Umprogrammieren und das unterschiedliche Handling entstehen würde, so dass kundenindividuelle Produkte effizient in Losgröße „1" gefertigt werden können. Zudem kann das digitale Produktgedächtnis zur unternehmensübergreifenden Vernetzung, d. h. zur sogenannten horizontalen Integration beitragen. Als einheitliches, standardisiertes Format kann das Produktgedächtnis von allen Unternehmen entlang der Wertschöpfungskette ausgelesen und modifiziert werden.

Mensch im Umfeld Industrie 4.0

Auch der Mensch im Umfeld von Industrie 4.0 wird in der *SmartFactory*^{KL} betrachtet. Anhand der Demonstrationsanlage werden neuartige Unterstützungsmöglichkeiten erprobt und weiterentwickelt. Neben der benutzerfreundlichen Aufbereitung und Darstellung von Informationen, die in den Bediensystemen der einzelnen Module herstellerspezifisch realisiert sind, bietet ein Handarbeitsplatz Unterstützung für den Werker bei manuellen Tätigkeiten. Moderne Interaktionsmittel wie Tablet-PC, Datenbrillen oder Projektionslösungen erlauben eine *Augmented Reality*-Darstellung, bei der die Wahrnehmung des Werkers beispielsweise mit computergenerierten Handlungsempfehlungen angereichert wird. Sinnvoll ist ein solches Szenario zum einen bei sehr variantenreichen Aufgabenstellungen, gleichzeitig können dadurch auch Qualifizierungsaufgaben und die bessere Eingliederung von leistungsverminderten Mitarbeitern realisiert werden. Auf den Menschen im Produktionsumfeld von Industrie 4.0 kommen neue, vielfältige Herausforderungen zu. Die Informatisierung des Umfelds, die wandelbare Produktion und die variantenreiche Fertigung erfordern neue Qualifikationen, die durch eine passende technische Unterstützung des Menschen im Produktionsumfeld geleistet werden kann.

Zusammenfassung

Industrie 4.0 hat sich in den letzten Jahren zum Zukunftsthema für produzierende Unternehmen entwickelt. Eine Vielzahl der Aspekte um Industrie 4.0 können nur langfristig und gemeinschaftlich mit kompetenten Industriepartnern adressiert werden können. Die *SmartFactory*^{KL} und ihre 18 Industriepartner demonstrieren mit der wohl weltweit einzigartigen Industrie-4.0-Anlage einen wichtigen Meilenstein zur praxistauglichen Umsetzung der Industrie-4.0-Vision. Doch zur umfassenden Realisierung der Vision müssen erst noch einige Hürden genommen werden. Dazu gehört beispielsweise die Konzeption einer Zertifizierungsmethodik für modulare, flexible Anlagenstrukturen 4.0 und Betrachtung von sicherheitstechnischen und rechtlichen Fragestellungen, die einen potenziellen Show-Stopper darstellen könnten.

it´s OWL –
Industrie 4.0 für den Mittelstand

von *Prof. Dr.-Ing. Roman Dumitrescu*

Die Digitalisierung der Produktion ist der entscheidende Erfolgsfaktor für die Wettbewerbsfähigkeit des deutschen Mittelstands. Konkrete Ansätze dafür liefert der Spitzencluster it's OWL – Intelligente Technische Systeme OstWestfalenLippe. In 47 Projekten werden Technologien und Lösungen entwickelt, mit denen Unternehmen die Zuverlässigkeit, Ressourceneffizienz und Benutzerfreundlichkeit ihrer Maschinen und Anlagen steigern können. Darüber hinaus sorgen wir für einen erfolgreichen Technologietransfer aus der Forschung in den Mittelstand: In rund 170 Transferprojekten implementieren wir neue Technologien in kleine und mittlere Unternehmen. Das hohe Geschäftspotenzial von intelligenten technischen Systemen verdeutlichen innovative Unternehmensgründungen. Ein neues Forschungsfeld sind die Auswirkungen von Industrie 4.0 auf die Arbeitsbedingungen und Anforderungsprofile der Beschäftigten.

Im Technologie-Netzwerk it's OWL arbeiten rund 200 Unternehmen und Forschungseinrichtungen an Lösungen für intelligente Produkte und Produktionssysteme. Das Spektrum reicht von intelligenten Automatisierungs- und Antriebslösungen über Maschinen, Fahrzeuge und Hausgeräte bis zu vernetzten Produktionsanlagen. Ausgezeichnet im Spitzencluster-Wettbewerb des Bundesministeriums für Bildung und Forschung gilt it's OWL bundesweit als eine der größten Initiativen für Industrie 4.0.

Bild 1 it´s OWL – Lösungen zum Anfassen zeigte der OWL-Gemeinschaftsstand auf der Hannover Messe
(*Quelle:* OstWestfalenLippe GmbH)

Intelligente Automatisierung als Schlüssel für Industrie 4.0

Kernkompetenz von it's OWL ist die Automatisierung. Die Weltmarktführer Beckhoff, Harting, Lenze, Phoenix Contact, WAGO und Weidmüller entwickeln dazu neue Lösungen. Beckhoff Automation arbeitet beispielsweise gemeinsam mit Maschinenbauern und Anwendern in der Küchenmöbelindustrie an einer Scientific Automation Plattform. Durch die Integration von Lernverfahren und Condition Monitoring in die Standard-Automatisierungstechnik werden Maschineneffizienz und Produktivität gesteigert. Komponenten der Plattform sind bereits erhältlich und bei Kunden im Einsatz.

Harting hat eine neuartige Produktionsplattform auf Basis intelligenter Fertigungsmodule entwickelt, die sich flexibel an die unterschiedlichen Anforderungen individueller Fertigungsprozesse anpassen. Gemeinsam mit dem CoR-Lab der Universität Bielefeld ist es gelungen, die klassische Funktionsweise einer Maschinensteuerung aufzubrechen und die Arbeitsabläufe in der Maschine in Abhängigkeit von leicht änderbaren Arbeitsplänen aus der Planungsebene heraus zu koordinieren. Die modulare Systemarchitektur ist Grundlage für Anwendungen im Bereich der Mitarbeiterassistenz, des Prozessmonitorings und der Systemoptimierung.

Mit einem Baukastensystem für effiziente Antriebslösungen von Lenze ist es Unternehmen möglich, bis zu 35 % Energie und Ressourcen in der Produktionslogistik zu sparen. Lösungen von Phoenix Contact und Weidmüller werden in den beiden folgenden Beiträgen beschrieben.

Bild 2 Industrie 4.0 darf nicht nur von der technologischen Seite betrachtet werden. Ansätze für den Arbeitsplatz der Zukunft müssen Unternehmer, Entwickler, Personaler, Beschäftigte, Betriebsräte und Gewerkschaften gemeinsam entwickeln. (*Quelle:* Harting)

Erfolgreicher Technologietransfer in den Mittelstand

Die Forschungseinrichtungen des Spitzenclusters haben neue Basistechnologien für intelligente Produkte und Produktionsverfahren entwickelt. Dabei werden die Bereiche Selbstoptimierung, Mensch-Maschine-Interaktion, Intelligente Vernetzung, Energieeffizienz und Systems Engineering abgedeckt. Diese Technologien können Unternehmen – insbesondere KMU – in Transferprojekten nutzen, um in Kooperation mit einer Forschungseinrichtung konkrete Herausforderungen zu lösen. Die Resonanz und die Rückmeldungen aus den Unternehmen sind sehr positiv. 73 Projekte sind erfolgreich abgeschlossen, 57 laufen. Die

Unternehmen erhalten Zugang zu praxiserprobten neuen Technologien, die sie schnell und einfach einsetzen können.

So hat das Löhner Unternehmen steute mit der Universität Bielefeld ein interaktives Assistenzsystem für die Montage von Fußschaltern für Augenoperationen entwickelt. Dadurch konnten die Benutzerfreundlichkeit und Effizienz der Fertigung erheblich gesteigert werden. Ein weiteres Beispiel ist das „Energy-Recovery-System" des Detmolder Unternehmens MSF Vathauer Antriebstechnik und der Hochschule Ostwestfalen-Lippe. So wird elektrische Energie, die beim Bremsen von Elektromotoren freigesetzt wird, zurückgewonnen – und zwar direkt und ohne Zwischenspeicherung.

Auf Grundlage der Erfahrungen werden in zwei Projekten neue Angebote für kleine und mittlere Unternehmen entwickelt: „Digital in NRW – Das Kompetenzzentrum für den Mittelstand" – eins von derzeit elf nationalen Kompetenzzentren des Bundeswirtschaftsministeriums – und „Industrie 4.0 für den Mittelstand". Damit sollen Unternehmen unterstützt werden, Potenziale der Digitalisierung zu erkennen und neue Technologien zu nutzen. Das Spektrum der kostenfreien Angebote reicht von Beratung über Schulungen und Erfahrungsaustauschgruppen bis zu Demonstrationszentren und Quick Checks.

Geschäftspotenziale für intelligente Maschinen und Produktion

Durch das Netzwerk und die Technologieplattform können Unternehmen Geschäftspotenziale erschließen. Seit dem Start von it's OWL wurden 34 Unternehmen gegründet und 25 Geschäftskonzepte entwickelt. Ein Beispiel ist die intelligente Deichbaumaschine von topocare (Gütersloh). Mit einer weltweit einzigartigen Wickeltechnik lassen sich Endlosschläuche für den Deichbau herstellen – direkt vor Ort an Flussufern und Küstenabschnitten, die von Überflutung bedroht sind. Ein Simulationsmodell, das über eine App verfügbar ist, vernetzt alle Akteure eines realen Einsatzes.

Die Paderborner verlinked GmbH entwickelt maßgeschneiderte Softwarelösungen und Cloud-Plattformen zur Vernetzung von Maschinen und technischen Geräten. KrauseDiMaTec (Bielefeld) bietet im Bereich der additiven Fertigungstechnologien eine Komplettlösung für die gesamte Prozesskette im Maschinen- und Anlagenbau und verwandten Branchen: von der Technologieauswahl über die Konzipierung und Konstruktion bis zur belastungsangepassten Optimierung.

Auswirkungen auf die Arbeitswelt und Impulse für die Region

Mit der zunehmenden Digitalisierung rücken die sozialen Aspekte der Arbeitsgestaltung in den Vordergrund. Wie werden sich Arbeitsplätze verändern? Wie müssen Beschäftigte qualifiziert werden? Und wie können Unternehmen und Beschäftigte den Veränderungsprozess gemeinsam angehen?

In diesem Spannungsfeld setzt das it's OWL Projekt „Arbeit 4.0" an, das im Januar 2016 gestartet wurde. Auf Grundlage von praktischen Erfahrungen werden Handlungsempfehlungen für Unternehmen entwickelt. Dazu werden in fünf Unternehmen Modellprojekte umgesetzt, in denen Unternehmensspitze, Produktionsleitung, Personalabteilung, Beschäftigte, Betriebsrat und Gewerkschaften zusammenarbeiten. Beteiligt sind die Unternehmen Hettich, Miele, Phoenix Contact, Weidmüller und Diebold Nixdorf. Inhaltlich geht es beispielsweise um den Einsatz von Assistenzsystemen, interaktive Robotik und Technologieakzeptanz.

it´s OWL gibt starke Impulse für die wirtschaftliche Entwicklung der Region OstWestfalenLippe, die 2014 vom Bundeswirtschaftsministerium als eine der „TOP 5 innovativsten und effizientesten Regionen in Deutschland" ausgezeichnet wurde. Seit dem Start des Spitzenclusters (Mitte 2012) sind rund 7.200 neue Arbeitsplätze in den Clusterunternehmen und 500 Stellen für Wissenschaftler in den Hochschulen und Forschungseinrichtungen geschaffen worden. Sechs neue Forschungseinrichtungen und 23 neue Studiengänge auf dem Gebiet Intelligente Technische Systeme sind entstanden.

Einsatz von Industrie 4.0 bei Bosch

von *Dr.-Ing. Stefan Aßmann, Thilo Resenhoeft*

Die industrielle Fertigung befindet sich inmitten eines tiefgreifenden Umbruchs. Dieser Wandel ist weithin bekannt als Industrie 4.0 (nachfolgend: I4.0). Im I4.0-Zeitalter sind Maschinen, Computer, Datenbanken und Produktionsstandorte digital miteinander vernetzt. Maschinen sammeln mithilfe von Sensoren eine Vielzahl von Daten. Ausgefeilte Algorithmen ziehen daraus gänzlich neue Informationen. Mit diesen Informationen wiederum lässt sich ein Stück weit in die Zukunft blicken und erkennen, wann eine Maschine vorbeugend gewartet werden sollte. Oder wie sich Taktzeiten verringern lassen. Dieser Verbund selbständig kommunizierender Softwarekomponenten, Maschinen und elektronischer Teile wird als cyber-physisches System bezeichnet. Diese zunehmend von der IT getriebene, neue industrielle Basis schafft gänzlich neue Services: über die fortlaufende Qualitätskontrolle hin zur effizienten Fertigung der Losgröße eins oder einem besseren Energiemanagement. Unternehmen können sich mit Hilfe von cyber-physischen Systemen auf zunehmend volatile Märkte und kürzere Produktlebenszyklen einstellen. I4.0 stärkt also die Wettbewerbsfähigkeit.

Gestaltung der vernetzten Zukunft

Bosch zählt auf dem Gebiet der Vernetzung, dem Internet of Things (IoT) und den damit entstehenden Geschäftsmodellen, international zu einem der großen Player. Die Aktivitäten im Haus beziehen sich auf alle drei Ebenen des IoT: Sensoren sammeln Informationen aus ihrer Umwelt, eine Software zieht neue Schlüsse aus den Daten und schafft damit neue Geschäftsmodelle mit zusätzlichem Kundennutzen. Bei Bosch ist man überzeugt, dass die Zukunft vernetzt ist. Das gilt nicht allein für I4.0, sondern für alle Bereiche, in denen man aktiv ist: Smart Home, Smart City, Connected Mobility und Industrie 4.0.

Erfolgreiche Doppelstrategie: Leitanwender und Leitanbieter

In international mehr als 270 Werken wurden bereits eine Vielzahl von Pilotprojekten zur vernetzten Industrie gestartet, die fortlaufend evaluiert werden. Was sich dabei als erfolgreich erweist, wird dann international in der Bosch-Gruppe ausgerollt. Dadurch stärkt man zunächst die eigene Produktion und wird zum Leitanwender von I4.0. Was sich dabei auf Dauer bewährt, wird im nächsten Schritt dann den Kunden angeboten. So wird man gleichzeitig zum Leitanbieter.

Aufgrund des breiten Angebots an Industrietechnik in der Bosch-Gruppe ist man in diesem Zusammenhang in der Lage, die meisten hierfür notwendigen Lösungen im eigenen Hause herzustellen. Das reicht von Maschinen, Komponenten und Sensoren über eine eigene IoT-Cloud mit deutschem Standort, Software zur Analyse großer Datenmengen bis hin zu kooperierenden Industrierobotern. Dabei steht der Mensch im Mittelpunkt, indem er durch gut aufbereitete Informationen aus dem vernetzten Wertstrom besser informiert wird als jemals zuvor. Und er wird entlastet: Statt auf lästige Routineaufgaben können sich Mitarbeiter so auf kreative Arbeit konzentrieren.

Industrie 4.0 ist keine Vision mehr

Um die Potenziale der vernetzten Fertigung – außerhalb Deutschlands vielfach Connected Industry genannt – vollends auszuschöpfen, ist also weit mehr als schiere Technik nötig. Unternehmen müssen sich weiter öffnen und miteinander kooperieren, um die Wertschöpfungsketten eng miteinander zu verzahnen. Dies ist die Voraussetzung für den raschen, vielfach automatischen Austausch von Daten, Waren, Werkstücken und Dienstleistungen. Offene technische Standards und das Vertrauen in die Sicherheit der ausgetauschten Daten sind die Grundlage dafür. Niemand kann I4.0 alleine umsetzen. Jeder der Beteiligten muss sich sicher sein können, dass seine Partner alle benötigten Daten aus seinen Systemen erhalten – aber eben auch nur diese. Deutschland ist auf vielen dieser Gebiete führend und sollte diese Rolle beibehalten. Aber auch viele weitere Staaten haben I4.0 weit oben auf die Agenda ihrer Industriepolitik gesetzt – und das ist gut so. Denn über Produktivitätssteigerung hinaus ergeben sich darüber große Absatzpotenziale, sowohl für das eigene Unternehmen als auch für den gesamten Maschinenbau. Fakt ist: Die vernetzte Industrie ist bereits heute in vielen Firmen keine Vision auf Powerpoint-Folien mehr, sondern kann dem Unternehmen, seinen Mitarbeitern und Kunden schon jetzt auf vielfältige Weise nützlich sein.

Dreigeteilte Strategie als Leitanwender

In der Rolle als Leitanwender setzt man bei Bosch auf einen dreistufigen Plan (siehe Bild 1). Zuerst suchen Experten einzelne I4.0-Lösungen, die in der Produktion Zeit und Energie sparen oder die Qualität steigern. Was sich hierbei als erfolgreich erweist, wird auf andere Werke übertragen. So wird in einem der Standorte etwa der Warenstrom mithilfe von RFID-Etiketten (radio frequency identification) genau erfasst. Dadurch entsteht ein digitales Abbild der Warenströme. Damit ist bekannt, wann welche Teile voraussichtlich an der Fertigungsstraße ankommen, wann wie viele fertige Produkte verpackt werden müssen, welches Teil sich wo befindet oder wie groß der Lagerbestand ist. Mithilfe der Technik lassen sich manueller Aufwand und Lagerbestände erheblich reduzieren. Zugleich erhöhen sich Reaktionsgeschwindigkeit und Produktivität, und man erreicht schlankere Logistikprozesse. Dank RFID-Einsatz wurde so bei Bosch in den Werken ein deutlicher Produktivitätsfortschritt in der Intralogistik realisiert und die Lagerhaltung in der Produktion in einigen Beispielen um fast ein Drittel verringert. International haben inzwischen bereits mehr als 40 Werke diese Lösung übernommen. Damit sich die Vorteile multiplizieren, ist die Skalierbarkeit einzelner Lösungen von zentraler Bedeutung.

In einem zweiten Schritt werden mehrere einzelne I4.0-Lösungen zu einem vernetzten Wertstrom kombiniert. Eines der Beispiele ist die Produktion von Hydraulikventilen für Traktoren: Auf nur einer Multiproduktlinie im Werk Homburg werden aus 2 000 verschiedenen Komponenten, die dank Vernetzung rechtzeitig und automatisch geordert werden, insgesamt 200 verschiedene Hydraulikmodule hergestellt. Diese Module steuern die Arbeits- und Fahrhydraulik in Lkw oder Traktoren, etwa um Ladeflächen zu kippen oder den Pflug zu heben. Die neun Stationen der Multiproduktlinie sind intelligent miteinander vernetzt. Über einen RFID-Chip am Werkstück erkennen sie, wie das fertige Produkt zusammengestellt sein muss und welche Arbeitsschritte dafür notwendig sind. Das ermöglicht die effiziente Produktion auch geringer Stückzahlen – Ziel ist die preiswerte Produktion der Losgröße eins. Diese Flexibilität ist nötig, weil einige Module häufiger, andere seltener nachgefragt werden.

Bild 1 In seiner Rolle als Leitanwender setzt man bei Bosch einen dreistufigen Plan um. Im ersten Schritt werden einzelne I4.0-Lösungen gesucht und umgesetzt, die in der Produktion Zeit und Energie sparen oder die Qualität steigern. Im zweiten Schritt kombiniert man mehrere einzelne I4.0-Lösungen zu einem vernetzten Wertstrom. Im dritten und aufwendigsten Schritt werden schließlich mehrere der I4.0-Werke zu einem internationalen Produktionsnetzwerk miteinander gekoppelt.

Vorteil dank individueller Arbeitspläne

Auf einer Multiproduktlinie können darüber hinaus zur gleichen Zeit verschiedene Modultypen entstehen. Das verkürzt Rüstzeiten an den Maschinen und erhöht die Produktivität. Die zur Montage der Hydraulikkomponenten erforderlichen Arbeitspläne lassen sich automatisch abrufen und als Fotos oder Film auf Monitoren anzeigen – und das sogar individuell, je nach Ausbildungsgrad und in der Muttersprache des jeweiligen Mitarbeiters. Eines der Ziele der Ingenieure ist es, die Mitarbeiter bei ihrer Arbeit bestmöglich zu unterstützen. Die neue Multiproduktlinie ersetzt dabei sechs andere. Die Zahl der Mitarbeiter hingegen bleibt gleich, denn je nach Auftrag haben sie bisher mal an der einen, mal an der anderen Linie gearbeitet.

Im dritten und aufwendigsten Schritt schließlich vernetzt man mehrere Standorte zu einem internationalen Produktionsnetzwerk. ABS/ESP-Bremssysteme zum Beispiel entstehen weltweit in elf Werken, jeweils für den lokalen Markt. Dank des umfassenden I4.0-Einsatzes wurde so bei Bosch die Produktivität in diesem Verbund in nur einem Jahr (von 2013 auf 2014) um fast ein Viertel gesteigert (siehe Bild 2). Grundlage des Erfolgs ist wie so oft in der I4.0 ein unsichtbarer Rohstoff: Daten. Sie stammen von Sensoren, die zu Tausenden in den Fertigungsstraßen verbaut sind. Sensoren erfassen die Bewegung von Zylindern, ermitteln Taktzeiten von Greifern, messen Temperaturen und Drücke. Alle Informationen werden strukturiert und in Echtzeit in große Datenbanken übertragen. So entsteht im Rechner ein virtuelles Abbild der Realität – die physische Fertigungsstraße aus Maschinen und Robotern bekommt einen „digitalen Zwilling". Mehrere Tausend Einzelmaschinen sind über ein weltumspannendes Netzwerk miteinander verknüpft. Die darüber ausgetauschten Daten machen Vergleiche im Minutentakt möglich, und damit wesentlich schneller als bisher. Fällt zum Beispiel im japanischen Werk Tochigi ein pneumatischer Antriebszylinder aus, kann das für die Kollegen in aller Welt ein Hinweis darauf sein, dieses Bauteil ebenfalls zu prüfen. Einige ungeplante Stillstände entfallen bereits auf diese Weise, wodurch die Produktivität steigt. Und: Gelingt es in einem Werk, durch gute Ideen die Taktzeit zu reduzieren, lässt sich dieser Erfolg dank der standardisierten Maschinen auf die übrigen Werke übertragen.

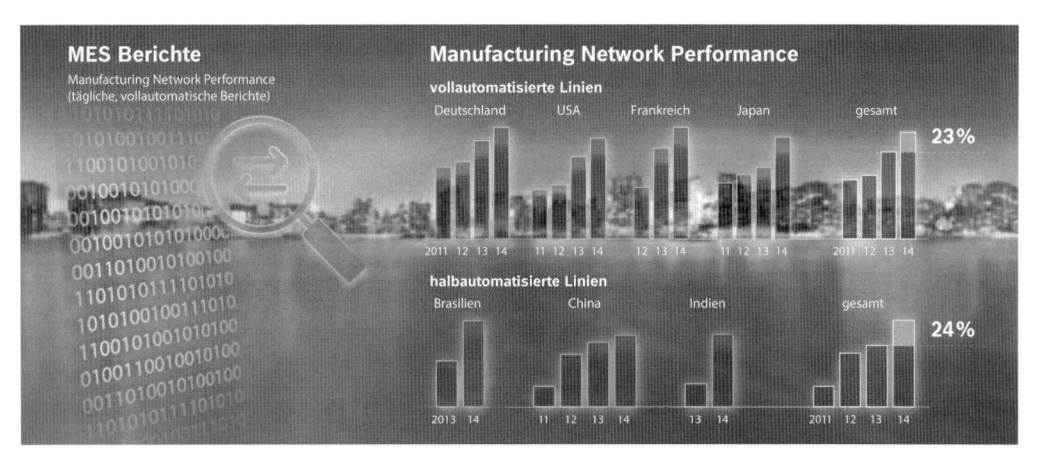

Bild 2 Intelligent ausgewertete Daten aus den einzelnen Werken sind Grundlage für neue Produktivitätsgewinne. Dargestellt ist der Zuwachs bei der Produktion von ABS/ESP-Systemen im internationalen Fertigungsverbund von Bosch. Dieser erreichte allein vom Jahr 2013 bis 2014 bei den automatisierten Linien +23 %. Bei den halbautomatisierten Linien erreichte der Zuwachs +24 %. Auch in den Vorjahren stieg die Produktivität dank der Anwendung von Industrie 4.0.

Erfolge als Leitanwender

In der vernetzten Fertigung gewinnt das nahtlose Zusammenspiel von IT-Lösungen mit Produktionsabläufen zunehmend an Bedeutung. Und mindestens ebenso relevant: Im I4.0-Umfeld braucht man Experten, die beides verstehen: Hardware und Software. Nur durch Kenntnis in beiden Bereichen lassen sich große Datenmengen aus der Fertigung sammeln und gezielt auswerten. Stichworte dazu sind Big Data, Data Mining oder Data Analytics. In allen schlummert großes geschäftliches Potenzial. Bei Bosch hat man damit unter anderem die Prüfzeit von Hydraulikventilen um 18 % verkürzt. Der Blick in die Produktionsdaten von 30 000 gefertigten Ventilen zeigte, dass zeitlich später in der Prüfreihenfolge angesiedelte Schritte entfallen konnten, wenn mehrere früher angesiedelte Prüfungen positiv ausfielen. Das Resultat der späteren Prüfschritte ließ sich zuverlässig aus der Analyse der vorausgehenden vorhersagen. Solche – zumeist aber wesentlich komplexere – Zusammenhänge aufzudecken, spart Zeit und Geld. Denn bei Millionen Teilen summieren sich selbst Sekunden zu Tagen und Centbeträge zu Millionen Euro.

Inventur in vier Stunden

Hierzu ein Beispiel: Bei der Inventur von Maschinen im chinesischen Suzhou spart die RFID-Technik 97 % der bisher nötigen Zeit; das sind 440 Mannstunden! Bislang war jährlich ein großer Aufwand nötig, um das Maschineninventar zu zählen. Keine kleine Aufgabe: Im Werk gibt es vier Fertigungsbereiche mit jeweils bis zu 2 500 Maschinen. Teilweise wurden Listen ausgedruckt, um den Bestand manuell zu erfassen. Mit intelligenter Vernetzung lässt sich die Inventur heute in vier Stunden erledigen. Maschinen und Geräte werden dafür mit RFID-Funktechnik ausgerüstet und fortan berührungslos erkannt – dank eines RFID-Rollwagens mit Laptop und Antennen.

Gute Aussichten: 1 Milliarde Euro sparen, 1 Milliarde neuer Umsatz

Mit guten Erfahrungen wie diesen hat sich Bosch zu einem international führenden Leitanwender von I4.0-Anwendungen entwickelt. Ziel ist es, bis 2020 in den eigenen Werken rund eine Milliarde Euro zu sparen. Zugleich bietet man den eigenen Kunden Hardware, Software und neue Services auf dem Gebiet der Connected Industry an und will hierüber bis 2020 einen zusätzlichen Umsatz von einer Milliarde Euro erwirtschaften.

ActiveAssist hilft beim Einarbeiten

Zusätzliche Einnahmen lassen sich nur erreichen, wenn bei allen Angeboten der Kundennutzen klar im Mittelpunkt steht – zum Beispiel bei der Montage variantenreicher Produkte bis hinunter zur Losgröße eins. In der Montage hilft etwa die modulare Fertigungsstation ActiveAssist. Sie leitet Mitarbeiter auf einem Monitor Schritt für Schritt durch die einzelnen, häufig wechselnden Fertigungsschritte. Parallel stellt sie die nötigen Teile in der korrekten Reihenfolge zur Verfügung. Das System erkennt das zu bearbeitende Werkstück per RFID und liefert Details zu den Arbeitsschritten. Dies vereinfacht die Produktion, erhöht die Prozesssicherheit und trägt zur Arbeitsentlastung bei. Je nach Wissensstand, Erfahrung und bevorzugter Sprache des Mitarbeiters passt sich das System individuell an. Auch Ferienjobbern hilft der ActiveAssist beim raschen Einarbeiten.

Sicherheit in Echtzeit

Ferner bringt I4.0 Fortschritte in der fortlaufenden Qualitäts- und Sicherheitskontrolle, etwa bei kritischen Schraubverbindungen in der Autoindustrie. Dort müssen Schrauben vielfach mit einem genau definierten Drehmoment angezogen werden, etwa in Getrieben. Die I4.0-Lösung: Mit vernetzten Funk-Akkuschrauber erfasst man unter anderem das Drehmoment beim Schrauben und überträgt diese Daten an die Software-Lösung Process Quality Manager. Diese erkennt in Echtzeit, ob der Schraubvorgang korrekt ausgeführt wurde. Abweichungen werden sofort deutlich, im Fall der Fälle erhalten die richtigen Experten eine Nachricht – per SMS oder Mail, aufs Tablet oder auf die Smartwatch. Sie können dann unmittelbar gegensteuern und so gleichbleibende Qualität sicherstellen. Das Risiko von Rückrufen sinkt drastisch. Zugleich steigt das Qualitätsniveau der Produkte.

Einen weiteren Beitrag zu mehr Produktivität in der industriellen Fertigung leisten die mobilen und vernetzten Produktionsassistenten. Diese Fertigungsroboter sind leicht zu programmieren und flexibel einsetzbar. Dank seiner empfindlichen Sensorhaut bleibt der Roboterarm sofort stehen, wenn ihm der Mensch zu nahe kommt. Mensch und Maschine kooperieren daher ohne Schutzzaun, wofür der Roboterarm durch die deutsche Berufsgenossenschaft für die direkte Kooperation mit dem Menschen zertifiziert wurde. Mit einem intelligent vernetzten Arbeitsplatz werden schließlich kollaborierender Roboterarm, Arbeitsfläche und ein Monitor, der Arbeitsanweisungen zeigt, zu einem Gesamt-System verbunden.

Sieben Bosch-Merkmale von Industrie 4.0

Dies sind nur einige Beispiele, die zeigen, wie I4.0-Lösungen ihren Nutzern dabei helfen, Zeit, Geld und weitere Ressourcen zu sparen oder die Qualität durch Echtzeit-Kontrolle zu erhöhen. Aus dieser vielfältigen Erfahrung hat Bosch sieben Merkmale der vernetzten Industrie abgeleitet (siehe Bild 3):

1. Komponenten und Systeme führen mit eigener Intelligenz und Software ihre Aufgaben eigenständig aus.
2. Produkte und Komponenten erhalten virtuelle Echtzeitabbilder.
3. Offene Standards: Herstellerübergreifende und plattformunabhängige Standards sind die Voraussetzung für reibungslosen Informationsaustausch.
4. Schnelle Vernetzung und flexible Konfiguration: Softwarelösungen organisieren den Informationsaustausch zwischen der Unternehmenssoftware und der Maschinenwelt.
5. Sichere Wertschöpfungsnetzwerke: Sicherheit im I4.0-Umfeld umfasst den Schutz von Menschen vor Gefahren durch Maschinen (Safety) sowie den Schutz der Produktionsmittel und IT-Komponenten vor Angriffen und Störungen aus der Umgebung (Security).
6. Digitales Lebenszyklus-Management beschleunigt und sichert Planungen sowie Engineering-Prozesse, bevor sie in der realen Welt umgesetzt werden.
7. Der Mensch als Akteur: In der I4.0 spielen Menschen die entscheidende Rolle.

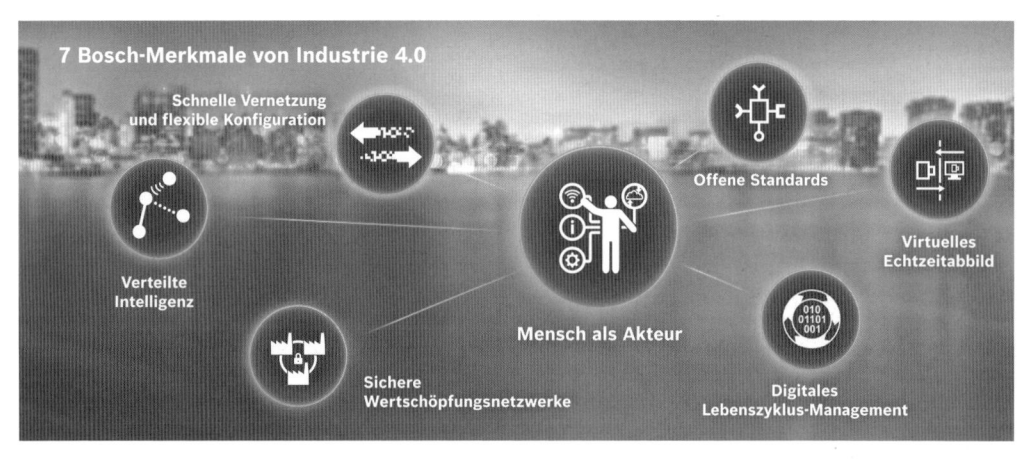

Bild 3 Bosch hat sieben Kriterien für seine I4.0-Lösungen identifiziert. Eigene Lösungen erfüllen immer mehrere dieser Kriterien, im Idealfall alle. Im Mittelpunkt steht immer der Mensch. Er wird durch die Technik besser informiert als je zuvor. Statt auf zeitintensive Routineaufgaben kann er sich auf kreative Tätigkeiten konzentrieren.

Disruption durch Geschäftsmodelle, nicht allein durch Technik

Derzeit wird mit Blick auf das Thema I4.0 oft noch die Hardware in den Fokus gerückt. Dazu gehören Smartphones, Tablets, schnelle Rechner, große Speicherkapazitäten, Sensoren, RFID oder WLAN. Der Einsatz dieser Technik ist zwar unerlässlich, steht aber nicht im Mittelpunkt von I4.0. Technik ist vor allem deshalb wichtig, weil sie dem Unternehmen und dessen Kunden neue Geschäftsmodelle ermöglicht. Von diesen geht die wahre I4.0-Revolution aus.

Wie könnte ein neues Geschäftsmodell aussehen? Ein Hersteller von Verpackungsmaschinen verkauft nicht mehr das Gerät selbst, zum Beispiel an einen Pharmaproduzenten, sondern dessen technische Verfügbarkeit. Abgerechnet wird letztlich nach der Anzahl der verpackten Medikamente. Dieses Geschäftsmodell setzt die maximale Verfügbarkeit der Maschine voraus, was der Hersteller/Betreiber durch vorausschauende Wartung und Smart Maintenance aus der Ferne jederzeit sicherstellt. Zugleich wird an diesem Beispiel das disruptive Potenzial von I4.0 deutlich: Neue Anbieter können entstehen, die die Wartung der einmal beim Hersteller gekauften Maschine im Auftrag des Pharmaherstellers übernehmen. Hierbei müssen die vielen Akteure des Maschinenbaus sehr wachsam sein, wenn sie weiterhin einen Teil ihres Umsatzes mit Service-Dienstleistungen erzielen wollen.

Neuer Markt für neue Mitspieler

Die Vernetzungstechnik öffnet den Markt für viele neue Mitspieler: Sie können den Bedarf von Kunden erfassen und ihnen neue Lösungen anbieten. IT-Experten könnten sich darauf spezialisieren, aus Maschinendaten Vorhersagen über den Umfang der nötigen Endkontrolle der Produkte oder der vorbeugenden Wartung der Maschine zu treffen. Diese und andere Möglichkeiten sollten keinesfalls unterschätzt werden: Nokia und Kodak sind zwei Beispiele für Unternehmen, die auf ihren Gebieten Marktführer waren, aber von anderen binnen kurzer Zeit verdrängt wurden. Neue Player können vermeintliche Sicherheiten rasch zunichte machen. Das Beispiel von Uber zeigt, dass ein disruptiv agierender Anbieter ohne eigene Fahrzeugflotte weltweit die Mobilität revolutioniert. Andere, etablierte Anbieter drohen dabei auf der Strecke zu bleiben – in diesem Fall die Taxi-, Shuttlebus- und Kurierfahrer.

Warum gerade jetzt?

I4.0 kommt nicht zufällig genau zu dieser Zeit. Voraussetzung waren große Fortschritte bei Sensorik, Robotik, Mikroelektronik und Datenverarbeitung. WLAN, schnelle Datenbanken, Sensoren, RFID-Tags oder Cloud-Computing sind in den vergangenen Jahren auf breiter Basis vergleichsweise günstig geworden. Sie stehen im Grunde jedermann zur Verfügung. Die Technik allein ist daher nicht mehr wettbewerbsdifferenzierend. Neu ist vielmehr, dass Maschinen, Werkstücke, Datenbanken oder Sensoren über das Internet in großem Maßstab und in Echtzeit Daten austauschen. Diese Entwicklung war in dem heute möglichen Maßstab noch vor vergleichsweise kurzer Zeit undenkbar. Inzwischen ist die Technologie reif, und viele neue Produkte und Services kommen auf den Markt.

Als Startpunkt von I4.0 wird vielfach der 8. April 2013 genannt. Damals hatte der Arbeitskreis Industrie 4.0 seine Umsetzungsempfehlungen auf der Hannover Messe an Bundeskanzlerin Angela Merkel übergeben. Das Papier entstand unter Vorsitz von Dr. Siegfried Dais von Bosch und Prof. Dr. Henning Kagermann, Präsident der Deutschen Akademie der Technikwissenschaften (acatech). Bereits im Oktober 2012 hatte das Gremium erste Empfehlungen vorgelegt, damals vor allem zu Forschungsfragen. Der Abschlussbericht hingegen fokussiert darauf, wie Deutschland zum Leitanbieter und Leitanwender von I4.0 werden kann.

Industrie 4.0 und weitere Entwicklung

Im aktuellen Zeitalter der I4.0 schließlich fusioniert die physische Welt der Produktion mit der virtuellen Welt der Informationstechnologie und des Internets zu cyber-physischen Systemen. Ob es darüber hinaus noch eine Industrie 5.0 geben wird, und wie diese aussieht, lässt sich heute nicht absehen. Derweil treiben wir Version 4 entschieden voran. Ganz sicher wird die Fähigkeit zur Analyse von Daten einen immer größeren Stellenwert bekommen. Rund 80 % aller Daten weltweit sind noch unstrukturiert, schätzen Experten von IBM. Das gilt für Nachrichten und Social Media-Posts ebenso wie für den Großteil von Produktionsdaten. Hierin Zusammenhänge aufzudecken, um die Fertigung zu beschleunigen oder drohende Maschinenausfälle vorherzusehen, ist eine der Zukunftsfragen für die Produktion.

Die im Jahr 2012 angestoßene Entwicklung ist also längst nicht abgeschlossen. Hard- und Software sowie Algorithmen zur Datenanalyse werden auch künftig schneller und leistungsfähiger werden. Grund dafür sind Fortschritte in der Programmierung und bei den „More than Moore"-Technologien, die auch weiterhin zu immer kleineren und besseren Halbleitern führen. Wir sind also nicht am Ende einer Entwicklung, sondern mittendrin.

Bosch wird zunehmend ein Software-Unternehmen

Um I4.0 zu einem Erfolgskapitel der Industriegeschichte werden zu lassen, brauchen wir viele Experten, die sowohl Aspekte aus der Fertigung als auch aus der IT verstehen, um die Synthese voranzutreiben. Dem steht aktuell allerdings vielfach ein drastischer Mangel an Fachleuten gegenüber. Einer Studie des Verbandes Deutscher Maschinen- und Anlagenbau (VDMA) zufolge ist dies eine große Hürde in der Entwicklung neuer Informations- und Automatisierungstechnik. Hochgerechnet auf die Branche sind demnach mehr als 4 000 Stellen unbesetzt. Der Bedarf an Fachkräften wird den Angaben zufolge bis 2018 noch deutlich steigen. Allein Bosch sucht 14 000 Hochschulabsolventen, fast jede zweite offene Position hat einen Bezug zu IT oder Software. Die Vernetzung über das Internet der Dinge verändert das Geschäft und damit den Personalbedarf stärker als je zuvor. Bosch wird dadurch zunehmend ein Software-Unternehmen.

Mitunter gibt es an einer Fertigungslinie bereits genauso viele Mitarbeiter in der Produktion wie Programmierer. Um diese Herausforderung zu bewältigen, hilft eine breit angelegte und möglichst früh ansetzende Bildungsoffensive. Die Grundlagen für den souveränen Umgang mit der digitalen Welt sollten bereits in jungen Jahren gelegt werden. Es reicht nicht, dass junge Leute die Apps auf ihrem Smartphone lediglich bedienen; sie sollten auch eine Programmiersprache beherrschen. Denn nur mit diesem Werkzeug lassen sich eigene Ideen umsetzen. Daher rührt auch unsere Forderung, dass die zweite Fremdsprache eine Programmiersprache sein sollte.

Fazit: I4.0 ist keine ferne Vision mehr, sondern vielfach gelebte Realität, durch die Hersteller, Lieferanten und Kunden bereits heute Zeit, Geld und Ressourcen sparen. Der Branchenverband BITKOM schätzt das volkswirtschaftliche Potenzial von I4.0 für Deutschland bis 2025 auf fast 80 Milliarden Euro. Dieses Potenzial gilt es zu heben. Wenn wir es nicht tun, werden es andere tun. Let's do it.

Maximale Datenintegration mit „Smart Engineering and Production 4.0"

von *Thomas Michels*

Da die Automatisierungs- und Steuerungstechnik zu den wesentlichen Treibern von „Industrie 4.0" zählt, sind Anbieter von Systemkomponenten, Engineering-Lösungen und Hersteller von Automatisierungstechnologien für die Fertigung gleichermaßen gefragt, sich in diesen Prozess der Konzeptentwicklung und die Umsetzung des Gedankens Industrie 4.0 einzubringen. Eplan, Rittal und Phoenix Contact präsentieren den Weg der digitalen Produktbeschreibung am Beispiel einer Schaltanlage.

Um zukünftig innovativ und wettbewerbsfähig zu bleiben, müssen Produzenten mehr denn je ihre Produktivität steigern, energie- und ressourceneffizienter arbeiten und ihre Flexibilität erhöhen. Das hat gleichermaßen Auswirkungen auf die Gestaltung der Produktionssysteme in der Fertigung und auf die Prozesse in der Produktentwicklung. Der zukünftige Produktlebenszyklus wird sich zunehmend an individualisierten Kundenwünschen orientieren und von der Idee über die Produktentwicklung, die Fertigung, den Betrieb bis hin zur Umrüstung und zum Recycling erstrecken. Ein wesentliches Ziel: Die Fertigung einer höheren Variantenvielfalt auch in Losgröße 1, ohne dass größere Umbauten in der Produktion nötig sind. Voraussetzungen hierfür sind effizientere Entwicklungs-, Produktions- und Geschäftsprozesse, um Kunden und Zulieferer besser in immer komplexere Wertschöpfungsnetzwerke zu integrieren. Dabei gilt es, bewährte Produktionsprozesse, Konzepte und Denkweisen kritisch zu hinterfragen und methodisch neu aufzusetzen. Zukünftige Produktentstehungsprozesse benötigen intelligente Werteketten aus digitalen Artikeldaten und miteinander vernetzten Engineering-Werkzeugen. Diese sollten durchgängig mit anderen Software-Lösungen wie ERP-, PDM- und PLM-Systemen gekoppelt und tief in die IT-Infrastruktur von Unternehmen integriert sein. Der Nutzen liegt in der Erstellung ganzheitlicher digitaler Produktdatenmodelle, die über den gesamten Lebenszyklus eines Produkts genutzt werden können.

„Smart Engineering and Production 4.0"

Hier setzt das Technologiennetzwerk von Eplan, Rittal und Phoenix Contact an, das sich zur Aufgabe gemacht hat, den erforderlichen Grad an Standardisierung von Daten, Schnittstellen, Software-Systemen, Produkten und Produktionssystemen zu definieren. Auf der Hannover Messe 2016 präsentierten die Unternehmen mit dem Gemeinschaftsstand „Smart Engineering and Production 4.0" die komplette vertikale Integration von Daten im Engineering- und Produktionsprozess. Messebesucher konnten erleben, wie Produktdaten entstehen, für die Erstellung von virtuellen Prototypen genutzt und über standardisierte Schnittstellen bis in die Fertigung weitergereicht werden. Fünf Stationen zeigten exemplarisch die digitale Beschreibung eines Endprodukts, das Engineering am Beispiel des Schaltschrankaufbaus, die NC-gestützte mechanische Bearbeitung von Bauteilen sowie die automatisierte und intelligente Konfektionierung von Baugruppen. Weiterhin wurden mit Unterstützung der DKE, der Deutschen Kommission Elektrotechnik Elektronik Informationstechnik, die Möglichkeiten einer digitalen Vorzertifizierung von Schaltanlagen als Zukunftstechnologie diskutiert. Die digitale Produktbeschreibung kann bis in die Inbetriebnahme, Anlagenbedienung und -wartung entlang des gesamten Produktlebenszyklus weiter genutzt werden. Damit wird die Idee von Industrie 4.0 anschaulich und bietet ein vollständiges Abbild der digitalen Datenwelt für eine intelligente industrielle Fertigung der Zukunft. Die gemeinsame Zielsetzung: Zukünftig alle erforderlichen Daten digital bereitstellen, durch Software-Lösungen und Software-Dienste miteinander verknüpfen und über alle Instanzen des Lebenszyklus eines Produkts verfügbar machen. Damit wird eine Wertschöpfung erreichbar, die bislang nicht oder nur unwirtschaftlich möglich ist.

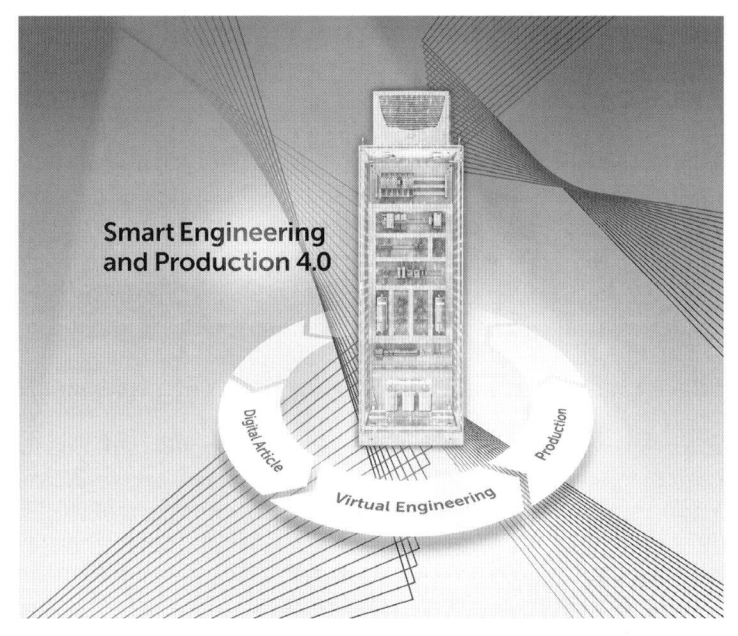

Bild 1 Eplan, Rittal und Phoenix Contact präsentierten auf der Hannover Messe die komplette vertikale Integration von Daten im Engineering- und Produktionsprozess.

Komponenten für die Fertigungsautomation

Bereits heute stehen vielfältige Technologien zur Verfügung, um die Fertigung und Produktion, auch im Bereich des Schaltanlagenbaus, zu automatisieren. Neben den Anbietern von Automationstechnologien sind aber auch die Hersteller von Komponenten in besonderer Weise gefordert. Bereits in der Konstruktionsphase einer Komponente soll berücksichtigt werden, welche Anforderungen die Automationstechnologien in Fertigung und Montage, z. B. für eine automatisierte Montage der Komponenten oder eine robotergestützte Verdrahtung stellen. Das Ziel: Die Anreicherung von Konstruktionsmodellen mit Artikelmerkmalen, die für die automatisierte Verarbeitung relevant sind. Digitale Artikeldaten – durchgängig kompatibel über Systeme, Softwarewerkzeuge, Prozesse und Fertigungstechnologien hinweg – sind zukünftig unverzichtbar.

Digitale Daten als Treibstoff der Produktion

Digitale Daten ermöglichen eine strikt virtuelle und somit 100 % digitale Produktentwicklung und Produktbeschreibung. Zugleich befähigen sie Unternehmen zur durchgängigen, effizienten Steuerung von Prozessen über den gesamten Produktlebenszyklus. Bereits heute kann der Konstrukteur unter Verwendung geeigneter Software-Tools in der Vorplanung beginnen und die entstehenden Daten vom Basic Engineering bis zum Detail Engineering durchgängig weiter nutzen. Dabei lassen sich andere Gewerke einbeziehen und letztlich Fertigungsdaten z. B. für den Schaltschrankbau oder die Kabelkonfektionierung generieren – ohne System- bzw. Medienbrüche. Jedoch: Die Vielfalt der verfügbaren Automationstechnologien und die Hersteller- und maschinenspezifische Form der Datenübernahme und Weiterverarbeitung verhindern derzeit noch weitestgehend eine standardisierte und homogene Form der Datenbereitstellung für die Produktion. Das Ziel: Hersteller und System-übergreifende Standards für Daten und ihre Bereitstellung, die auch neue Prinzipien wie „Produktgedächtnis" und „Selbstauskunft" ermöglichen, zugleich eine intelligente Fertigung von Komponenten und Baugruppen unterstützen und darüber hinaus die Produktqualität sichern; Prüfungs- bzw. Fertigungshistorie inklusive. Die Nutzung des AutomationML-Standards im Rahmen der Datenbereitstellung wurde 2016 auf breiter Ebene veranschaulicht. Durch AutomationML lassen sich auch konventionelle Automationstechnologien, wie Werkzeugmaschinen, Bohr- und Fräscenter, in die digital gestützten Fertigungsprozesse von Industrie 4.0 integrieren.

Virtualisierung – Grundlage einer 100 % digitalen Produktbeschreibung

Wie lässt sich die durchgängige Datenhaltung für Komponenten von Beginn an sichern? Wie können Prozesse unternehmensübergreifend standardisiert werden? Denkbar ist, dass Betriebsmittel künftig über eine zusätzliche virtuelle Identität verfügen. Auf Basis von CAE-Daten wie digitalen Schaltplänen werden sie virtuell zu neuen Systemen verschaltet. Diese neuen Systeme wiederum werden auf Basis der Engineering-Daten virtuell in Betrieb genommen, getestet und optimiert. Verbesserte Diagnose-Tools greifen im Fehlerfall auf die CAE-Daten zurück und liefern dem Service-Personal die erforderlichen Informationen zu Ursachen, Auswirkungen und zur Fehlerbehebung. Nachhaltig reduzierte Ausfallzeiten sind die Folge. Das wiederum stellt enorme Herausforderungen an die Werkzeuge, die Integration und die intelligente Kopplung von und mit Drittsystemen (ERP, PDM, PLM, wie auch SPS- Programmierung, Auslegung von Antrieben, thermische Auslegung u. v. m.), ebenso wie an Datenmodelle und die Methoden im Engineering. Es gilt, in Zukunft bereits in der Produktentwicklung die neuen Szenarien und Dienste im Kontext „Industrie 4.0" vorzudenken und daten- wie systemseitig über den gesamten Lebenszyklus zu unterstützen.

„From the Top Floor to the Shop Floor"

Diese Kurzformel umreißt das gemeinsame Engagement von Eplan, Rittal und Phoenix Contact. „Auf Basis eines virtuellen Prototyps und durchgängiger digitaler Beschreibung aller Komponenten schaffen wir die Voraussetzungen für eine Fertigung individueller Industrieprodukte. Sie orientiert sich an Losgröße 1 und trägt den Forderungen des Industrie-4.0-Gedankens Rechnung", erklärt Maximilian Brandl, Vorsitzender der Geschäftsführung von Eplan. Dr. Thomas Steffen, Geschäftsführer Forschung und Entwicklung bei Rittal, ergänzt: „Um heute effizientere Wertschöpfungsprozesse in der Industrie zu ermöglichen, ist es entscheidend, über hochwertige technische Produktdaten und konsequent standardisierte Engineering-Prozesse zu verfügen." Roland Bent, Geschäftsführer Phoenix Contact, bringt das gemeinsame Engagement abschließend auf den Punkt: „Wir zeigen am Beispiel einer realen, hochautomatisierten Fertigung von Losgröße 1 die konkreten Potenziale der durchgängigen Digitalisierung sowie der kompletten Integration von Daten, über Bereiche und Systeme hinweg. Wir wollen greifbar machen, wie zukünftig entwickelt und gefertigt wird".

Die Schwerpunkte des Kooperationsprojekts

- Digitale Artikeldaten durchgängig nutzen
  Definition von Artikelmerkmalen, die für die automatisierte Fertigung relevant sind
- Standardisierte Datenbereitstellung
  Artikeldaten werden standardisiert im eCl@ss-Format bereitgestellt
- Prozesskompatible Datenbereitstellung
  Bereitstellung system- und prozess-kompatibler Artikeldaten via Eplan Data Portal
- Prozessorientierte Software-Integrationen
  Verfügbarkeit von System- und Regelwissen in der digitalen Produktentwicklung
- Virtual Prototyping
  Virtuelle Produktentwicklung in 3D und ganzheitliche digitale Beschreibung des Endprodukts
- Bereitstellung des digitalen Prototyps
  Datenbereitstellung u. a. für die intelligente Produktion auf Basis AutomationML und eCl@ss – Stichwort: "Produktgedächtnis"
- Mechanische Bearbeitung von Komponenten
  Datenübernahme aus dem virtuellen Prototyp an die Maschinensteuerung und vollautomatische Bearbeitung
- Intelligente Baugruppenfertigung in Losgröße 1
  Anhand der digitalen Produktbeschreibung identifiziert das intelligente Leitsystem die für die Fertigung benötigten Stationen für einzelne Artikel
- RFID Fertigungssteuerung mit „Produktgedächtnis"
  Anhand eines RFID-Tags mit Produktinformationen entscheidet das intelligente Fertigungssystem, ob eine Maschinenstation das Werkstück bearbeiten muss
- Qualitätsprüfung anhand digitaler Modelle
  Die digitale Produktbeschreibung beinhaltet Prüfanweisungen und -parameter, die für die automatisierte Qualitätssicherung genutzt werden und deren Ergebnisse als Prüfungs bzw. Fertigungshistorie hinterlegt und der Gesamtdokumentation beigestellt werden können

Praxisbeispiel:
Intelligente Feldgeräte und selbstkorrigierende Fertigung

von Dr.-Ing. Jan Stefan Michels

Industrie 4.0 stellt eine komplette Neuausrichtung der Industrie dar. Das Ganze ist ein Paradigmenwechsel, der die Arbeitsstrukturen in Unternehmen neu definiert, von der Planung über die Umsetzung bis zum Verkauf. In der „vierten industriellen Revolution" organisiert sich die Fabrik selbst. Diese Fabriken basieren prinzipiell auf drei Pfeilern: der horizontalen Integration von Wertschöpfungsnetzwerken, der vertikalen Integration von Automatisierungshierarchien sowie daraus resultierenden neuen Service- und Geschäftsmodellen.

Die horizontale Integration verkettet mehrere Akteure und Systeme entlang der Wertschöpfungskette, sowohl innerhalb eines Unternehmens, wie auch innerhalb von Unternehmensnetzwerken. Im Mittelpunkt der vertikalen Integration steht das Vernetzen unterschiedlicher Hierarchieebenen innerhalb der Automatisierungstechnik und der Informationsaustausch. Darüber hinaus gilt es Geschäftsmodelle für die horizontalen und vertikal vernetzten Wertschöpfungsketten weiter zu erarbeiten. Aus starren, unflexiblen Fertigungsanlagen werden modulare, effiziente und ressourcenschonende „smarte Fabriken". Die skizzierte Vision mag auf den ersten Blick utopisch anmuten, doch erste Bausteine lassen sich bereits heute realisieren. Als Partner der Industrial Connectivity hat Weidmüller im ostwestfälisch-lippischen Spitzencluster „it's OWL" bereits zwei Projekte realisiert: Erstens, das Verbundprojekt „itsolinnovIIT" – Innovative Feldgeräte mit Industrial IT, und zweitens das selbstkorrigierende Stanz-Biege-Werkzeug („Self X Pro") für die Produktion.

„InnovIIT" – Condition Monitoring und Diagnose mit intelligente Feldgeräten

Gefördert vom Bundesministerium für Wissenschaft und Forschung entstand mit Beteiligung des Instituts für Industrial IT der Hochschule Ostwestfalen Lippe sowie des Fraunhofer Anwendungszentrums Industrial Automation (IOSB-INA) das Projekt „InnovIIT" – Innovative Feldgeräte mit Industrial IT. Mit den in diesem Projekt entwickelten Feldgeräten können Anlagenbetreiber via Industrial Ethernet ihre Prozesse und Anlagen sehr detailliert und transparent monitoren. Nutzer realisieren damit ein Condition-Monitoring-System und können somit eine vorausschauende Überwachung von Maschinen und Anlagen durchführen. Durch eine geplante Instandsetzung verringern sich Stillstandzeiten, gleichzeitig lassen sich notwendige Maßnahmen planen und kalkulieren – Folgekosten werden vermieden. Hierbei spielt die Kommunikationsfähigkeit der eingebundenen Komponenten eine wesentliche Rolle, denn sie ist Voraussetzung für einen transparenten Datenaustausch. Diese Module stellen via Industrial Ethernet dem Anwender umfangreiche Informationen direkt aus der Signalwandlungsebene zur Verfügung.

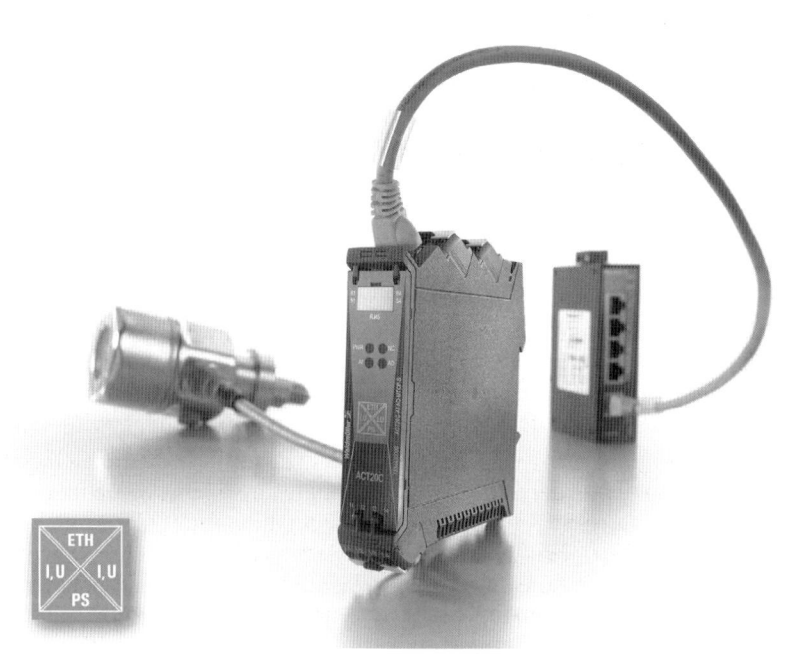

Bild 1 Durch Ethernet zu mehr Prozesstransparenz. Die innovative Signalkonverter-Generation von Weidmüller ist mit einem Ethernet-Interface ausgestattet. Die Signalkonverter übermitteln Diagnoseinformationen, Signale und Daten.

Das Besondere der Module, die Weidmüller realisiert hat, ist, dass die Signalkonverter neben den typischen Funktionen wie Signalerfassung, -aufbereitung, -normierung und -ausgabe umfangreiche Diagnosefunktionen zur Verfügung stellen. Eine anschließende Bereitstellung der Daten über das Ethernet erlaubt den Abgleich von Produktions- und Fertigungsdaten und weiteren Informationen, z. B. den aktuellen Energiepreisen, so dass man eine absolute Transparenz über alle Produktionsdaten erhält. Die Technologie hat sich bereits im Alltag bewährt: Weidmüller nutzt eine baugleiche Anlage bereits in der eigenen Produktion zur Herstellung von Spritzgussteilen.

Der nächste Schritt in Richtung Industrie 4.0 ist die direkte Kommunikation zwischen den einzelnen Teilen der Produktionsanlage – hier erlauben die kommunikationsfähigen Module, die Informationen ebenfalls in die Cloud einzuspeisen, dort zu analysieren und damit Rückschlüsse und Erkenntnisse über die Anlage zu gewinnen. Das versetzt Anlagenbetreiber in die Lage, neuartige Dienste zur Optimierung und Diagnose ihrer Fertigungsprozesse und für ein Energiemanagementsystem aufzubauen. Genau hier schließt sich der Kreis: Die bislang vereinzelten Daten können jetzt neu analysiert und bewertet werden und langfristig der Prozessoptimierung einen Schub verleihen. Der Vorteil der Lösung liegt auf der Hand: Je nach Auswertung und Vernetzung der gewonnenen Daten lassen sich vielfältige Detailkenntnisse gewinnen, beispielsweise lässt sich eine Kostenzuordnung nach dem Verursacherprinzip herleiten, das gilt auch für die Früherkennung von Produktionsfehlern und Maschinenverschleiß.

Produzierende Unternehmen können sich damit bereits heute auf das „Internet der Dinge" und die Steuerung der Produktion oder Fertigung aus der Big Data Cloud vorbereiten, auch für den bereits bestehenden Maschinenpark.

„Self X Pro" – Selbstkorrigierender Fertigungsprozess

Ein weiteres Projekt im ostwestfälisch-lippischen Spitzencluster „it's OWL" ist „Self X Pro". Es entstand in Kooperation zwischen Weidmüller, der Universität Paderborn sowie dem Fraunhofer Institut für Produktionstechnologie in Paderborn. Als Ansatz in Richtung des „Internets der Dinge" entwickelt Weidmüller mit den Forschungspartnern eine Lösung für die Selbstoptimierung von Stanz-Biege-Maschinen, mit der Unregelmäßigkeiten im Produktionsprozess eigenständig korrigiert werden können. Hierfür wurden im Rahmen von Self-X-Pro die erforderlichen Methoden und Hardware-Komponenten entwickelt. Die Schwerpunkte liegen auf der Ressourceneffizienz, der Prozesssicherheit sowie der Produktivität der Maschinen.

Dazu wird in bisher rein mechanisch gesteuerte Werkzeuge und Maschinen Messtechnik integriert, die Schwankungen in der Fertigung erfasst. Eine intelligente Steuerung mit Algorithmen zur Selbstoptimierung sorgt für eine kontinuierliche Einhaltung der Produktanforderungen und die Optimierung des Fertigungsprozesses. Dazu erfasst ein Messsystem innerhalb der Stanz-Biege-Maschine die Kennwerte der produzierten Teile sowie Maschinendaten und gibt diese Informationen an eine intelligente Steuerung weiter: die Selbstoptimierung. Diese sorgt dafür, dass die Stanz-Biege-Maschine auf die Abweichungen reagiert. Werkzeuge passen sich selbstständig an und optimieren so den laufenden Fertigungsprozess.

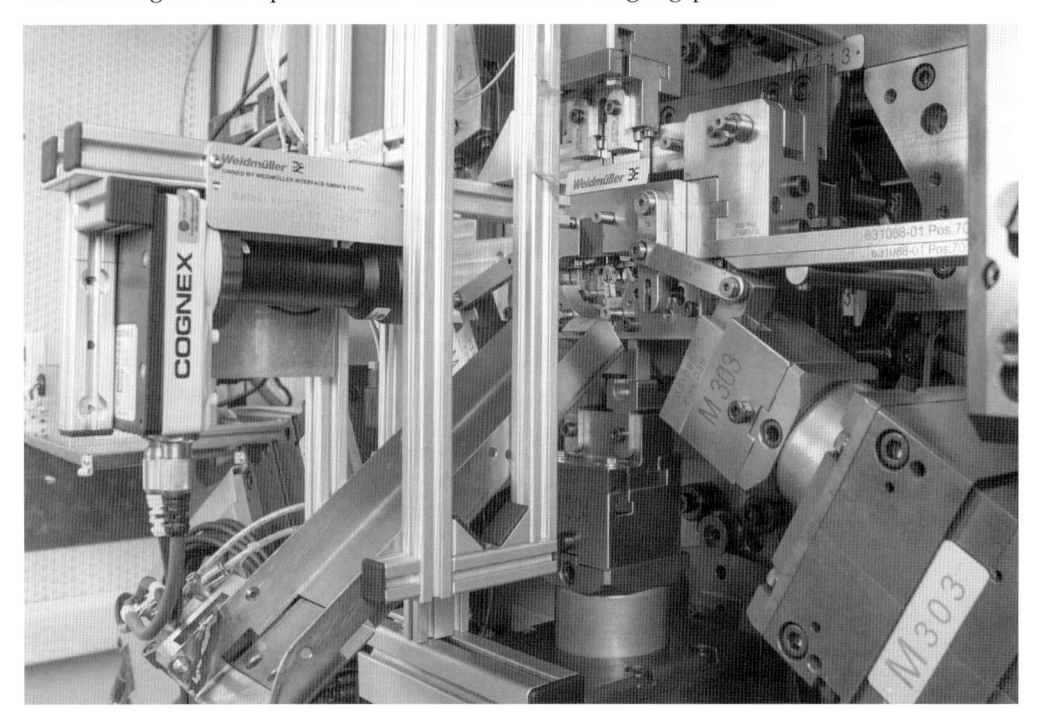

Bild 2 Stanz-Biege-Maschine mit installiertem Kamerasystem für die Selbstoptimierung

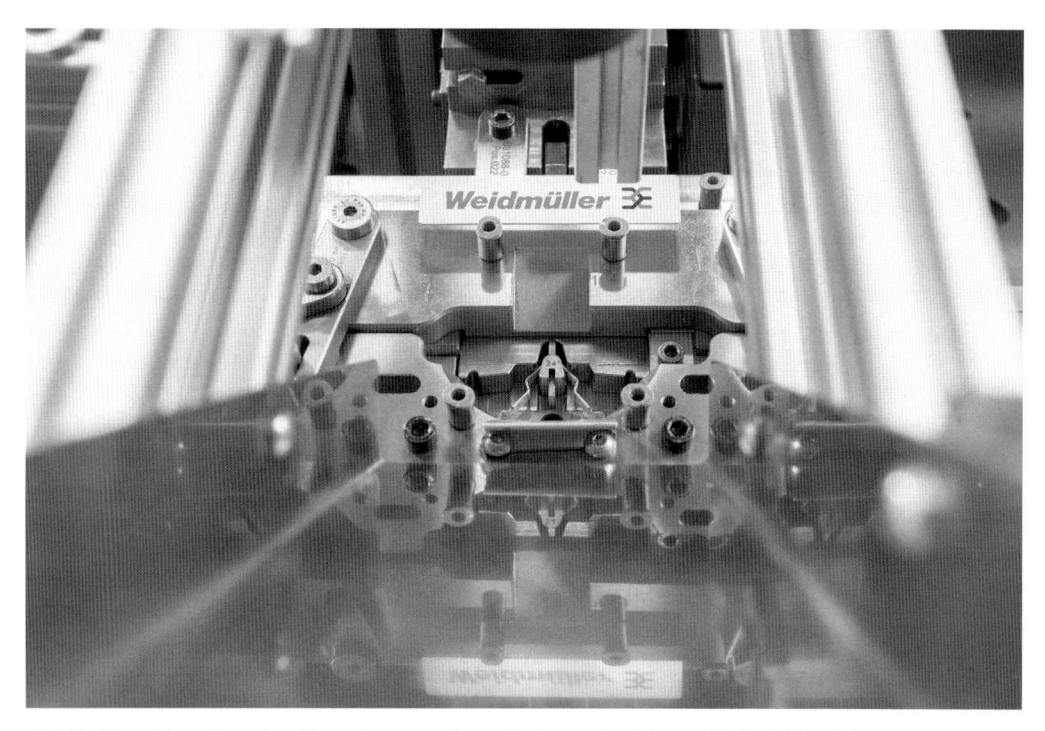

Bild 3 Stanz-Biege-Maschine: Produktion einer Kontaktfeder aus hochfestem Federstahl mit einem Stanz-Biege-Werkzeug

Auf lange Sicht ist vorstellbar, die Selbstoptimierung auf ganze Produktionslinien anzuwenden, in denen die Maschinen miteinander kommunizieren und erkannte Unregelmäßigkeiten im Prozess weitergeben. Wird dann beispielsweise am Anfang der Prozesskette erkannt, dass das Rohmaterial nicht genau die gewünschten Eigenschaften besitzt, wird diese Information automatisch weitergeleitet, sodass die nächsten Maschinen in der Prozesskette das optimieren können. Zukünftig lassen sich so Ausfälle in ganzen Maschinensystemen und Anlagen vermeiden. Gleichzeitig garantiert diese Technologie die optimale Produktqualität auch dann, wenn der Prozess schwankt.

Die Selbstoptimierung ermöglicht darüber hinaus eine weitere Miniaturisierung der elektrischen Verbindungstechnik und eröffnet die Realisation von völlig neuen Produktinnovationen, bei bestmöglicher Qualität.

Modulare Infrastrukturbox für die Smart Factory^{KL}

Für eine Pilot-Produktionslinie der Technologie-Initiative SmartFactory^{KL} entwickelte Weidmüller eine modulare Infrastrukturbox zur Anbindung von Fertigungsmodulen. Diese standardisierte Schnittstelle bildet gemäß dem Anforderungsprofil von „Industrie 4.0" eine wesentliche Voraussetzung für die Energieverteilung in solchen Anlagen, aber auch für die Erfassung von Fertigungsinformationen im Internet der Dinge. Die Infrastrukturbox, die flexibel integriert und nach dem Plug-and-Play-Prinzip in Betrieb genommen werden kann, ist mit allen Fertigungsmodulen innerhalb Smart Factory^{KL} herstellerübergreifend kompatibel und bietet sowohl maximale Transparenz als auch größtmögliche Funktions- und Datensicherheit sowie höchsten Schutz für Personen und Anlagen. Dadurch ermöglicht sie ohne erhöhten Arbeitsaufwand und Durchlaufzeiten eine schnelle Datenkommunikation, über die unter anderem Steuerbefehle und Statusinformationen übertragen werden, und eine zuverlässige Energieversorgung für effiziente Produktionsprozesse mit kleinsten Losgrößen.

Bild 4 Die Infrastrukturbox bildet die zentrale Einheit, über die jedes Fertigungsmodul mit allem versorgt wird, was auf der Infrastrukturseite erforderlich ist.

Fazit

Industrie 4.0 hat das Potenzial weltweit die industrielle Fertigung komplett neu zu gestalten und auszurichten. Weidmüller gestaltet den Weg zur Industrie 4.0 aktiv mit und hat mit seinen beiden Zukunftsprojekten „Self X Pro" und „itsol-innovIIT" bereits erste „Schritte" realisiert. Als Partner der Industrial Connectivity fördert Weidmüller den Wandel zur Fabrik der Zukunft – in eigenen Fabriken und in Applikationen seiner Kunden – so wird „Industrie 4.0" schrittweise Realität.

Praxisbeispiel:
Cloud-Lösung optimiert Aufzugbetrieb

von *Inge Hübner*

Thyssen Krupp Elevator betreibt weltweit rund 1,1 Millionen Aufzüge. Um seine Business Intelligence sowie die Verfügbarkeit und Zuverlässigkeit seiner Systeme weiter zu steigern, setzt das Unternehmen auf die Vernetzung seiner Aufzüge mit der Cloud: Gemeinsam mit CGI wurde eine Lösung entwickelt, über die mit Microsoft-Azure-IoT-Diensten tausende Sensoren und Systeme in den Aufzügen mit der Cloud vernetzt werden. Ein Beispiel aus der Praxis, welche Geschäftsmodelle aus IoT erwachsen können.

In seiner Business Area Elevator Technology fasst Thyssen Krupp seine weltweiten Aktivitäten im Geschäftsfeld Personenbeförderungsanlagen zusammen. Mit einem Umsatz von rund 6,4 Mrd. € im Geschäftsjahr 2013/2014 und Kunden in 150 Ländern zählt sich Thyssen Krupp Elevator zu den führenden Aufzugsunternehmen der Welt. Rund um den Globus werden an mehr als 900 Standorten ca. 50 000 Mitarbeitende beschäftigt. Das Portfolio umfasst Personen- und Lastenaufzüge, Fahrtreppen und Fahrsteige, Fluggastbrücken, Treppen- und Plattformlifte sowie maßgeschneiderte Servicelösungen für das gesamte Produktangebot.

Zu den Hauptanliegen des Unternehmens zählt es natürlich, seine starke weltweite Position im globalen Wettbewerb zu behaupten bzw. auszubauen. Digitalisierung und Industrie 4.0 wurden in diesem Zusammenhang als Schlüsseltechnologien definiert. So wird einerseits das Internet der Dinge (Internet of Things, IoT) als optimaler Lösungsweg gesehen, die Verfügbarkeit von Aufzugsanlagen weiter zu optimieren. Andererseits ist man mittels eines intelligenten und vernetzten Monitoring-Systems in der Lage, die Sicherheit und Zuverlässigkeit auf ein neues Level zu heben.

„Wir treiben die Digitalisierung konsequent voran und festigen unsere führende Position am Weltmarkt durch Investitionen in die Cloud und das Internet der Dinge", erklärte Andreas Schierenbeck, Vorstandsvorsitzender der Thyssen Krupp Elevator AG, auf der diesjährigen Cebit. Konkret führte er dazu das gemeinsam mit Microsoft und dem IT-Dienstleister CGI entwickelte intelligente und vernetzte Monitoring-System an: Die Aufzüge werden über die Cloud vernetzt und somit sämtliche Funktionen überwacht – von der Kabinengeschwindigkeit über die Zuladung bis hin zu den Türmechanismen. Diese Daten werden in ein Dashboard eingespeist, das auf PC und mobilen Geräten (**Bild 2**) Echtzeit-Erkenntnisse zu KPI liefert. Dabei können mit einem einzigen Dashboard zwei grundlegende Datentypen kombiniert werden: Alarme, die auf dringende Probleme hinweisen, und Ereignisse, die gespeichert und zur Verwaltung genutzt werden. Die Lösung ermöglicht Technikern umgehende Diagnosen und eine hochwertige Echtzeit-Datenvisualisierung (**Bild 1**).

„Wir wollen den Branchenstandard mit einer prädiktiven und präventiven Wartung übertreffen und in unseren Aufzügen höhere Betriebszeiten garantieren", nennt A. Schierenbeck als Motivation.

Praxisbeispiel: Cloud-Lösung optimiert Aufzugbetrieb 203

Bild 1 Spezialisten im Call Center von Thyssen Krupp in Seoul/Südkorea haben auf die gleichen Echtzeitdaten der weltweit installierten Aufzüge Zugriff wie die Servicetechniker im Feld.

Bild 2 Servicetechniker haben auch auf mobilen Endgeräten Zugriff auf prädiktive Aufzugsdaten, inklusive Error-Codes, Aussagen zu möglichen Fehlerursachen sowie Vorschläge zur Fehlerbehebung.

Prädiktive Wartung mit Machine Learning

Die Lösung basiert auf Microsoft Azure, einer Cloud-Computing-Plattform, mit der eine wachsende Sammlung integrierter Dienste für Analyse, Computing, Datenbank, Mobilgeräte, Netzwerk, Speicher und Web bereitgestellt wird. Die in Azure integrierten Tools, vorgefertigten Vorlagen und verwalteten Dienste vereinfachen das Erstellen und Verwalten von Unternehmens-, Web- und IoT- (Internet der Dinge) sowie mobiler Apps. Die Azure-Dienste lassen sich über ein Netzwerk sicherer privater Verbindungen, hybride Datenbank- und Speicherlösungen sowie Archivierungs- und Verschlüsselungsfunktionen in die vorhandene IT-Umgebung integrieren.

Die Azure-Dienste mit nutzungsbasierter Bezahlung sind zentral skalierbar. Mit den Azure-Predictive-Analytics-Diensten, zu denen auch das von Thyssen Krupp verwendete Machine Learning zählt, werden Anwender in die Lage versetzt, ihre Business Intelligence zu steigern: Strukturierte, unstrukturierte und IoT-Streaming-Daten werden genutzt, um fundierte Entscheidungen zu treffen, den Kundendienst zu verbessern und neue Geschäftsmöglichkeiten zu eröffnen. Azure ML wurde für angewandtes maschinelles Lernen entwickelt; das bedeutet, dass das Anwendermodell in wenigen Minuten als vollständig verwalteter Webdienst einsatzbereit ist, der standortunabhängig Verbindungen mit beliebigen Daten herstellen kann. Ändert sich die Anforderung, kann der Algorithmus aktualisiert und wieder in Betrieb genommen werden, ohne den Zugriff auf vorhandene Ergebnisse zu verlieren.

Mithilfe von Azure ML erhält Thyssen Krupp völlig neue Daten über den Betrieb und die Wartung seiner Aufzüge. Das System verfügt über eine intelligente Informationsschleife: Daten von Aufzügen werden in dynamische Prädiktionsmodelle eingespeist, die durch eine nahtlose Integration in Azure fortlaufend Datensätze aktualisieren. Jetzt können die Aufzüge den Technikern sprichwörtlich mitteilen, wie sie zu reparieren sind. Mit über 400 möglichen Fehlermeldungen in sämtlichen Fahrzügen kann die Effizienz in diesem Bereich verbessert und die Betriebszeit gesteigert werden.

Für die Zukunft gerüstet

„Gemeinsam mit Microsoft digitalisieren wir unsere Industrieprodukte und verwandeln Big Data in Smart Data. Wir erweitern unser Geschäftsmodell und sichern uns so entscheidende Wettbewerbsvorteile. Damit sind wir in der Lage, unseren Kunden vorausschauenden, ja sogar präventiven Service für Aufzüge anzubieten", zieht A. Schierenbeck als Fazit.

Mit intelligenten Aufzügen, die selbstständig Rückmeldung über ihren Zustand geben, können Ausfälle zukünftig auf ein Minimum reduziert werden. Für mittlere und hohe Gebäude stellt dies einen immensen Vorteil dar: Aufzüge sind der entscheidende Faktor für den Transport innerhalb des Gebäudes. Moderne Großstädte sind daher auf effiziente und zuverlässige Aufzugsanlagen angewiesen. Durch die stetige Urbanisierung wird dieser Einfluss weiter wachsen: Seit 2014 lebt der größte Teil der Weltbevölkerung in Städten. Nach Aussage der Weltgesundheitsorganisation werden im Jahr 2050 sieben von zehn Menschen in Städten leben – drei Milliarden mehr als heute.

Weiterer Industrie-4.0-Siegeszug

Das Thema Industrie 4.0 ist für Thyssen Krupp aber auch konzernübergreifend von hoher Bedeutung. „Wir bei Thyssen Krupp sind überzeugt, dass Industrie 4.0 einen Siegeszug antreten wird", sagt Technologiechef Dr. Reinhold Achatz. Dabei werden Industrie-4.0-Konzepte bereits an vielen Stellen eingesetzt. Dies geschieht auf Basis der Vernetzung von mechanisch-elektronischen Komponenten mit IT- und Softwareelementen zu cyber-physischen Systemen, durch Seamless Engineering (Systementwicklung ohne Daten- und Medienbrüche) und die geschäftsprozessübergreifende Integration von Wertschöpfungsketten.

Details zu maschinellem Lernen und Microsoft Azure ML

Was genau ist eigentlich maschinelles Lernen und welche Möglichkeiten bietet Microsoft Azure Machine Learning (ML) dem Kunden?

Prinzipiell kommt maschinelles Lernen überall im Alltag zum Einsatz: Beim Online-Einkauf trägt es beispielsweise dazu bei, dass dem Kunden anhand der gekauften Produkte weitere empfohlen werden. Wenn die Kreditkarte verwendet wird, hilft maschinelles Lernen der Bank, eine Betrugserkennung durchzuführen und den Inhaber zu benachrichtigen, wenn die Transaktion verdächtig erscheint. Maschinelles Lernen lässt sich als Prozess zur Erstellung von Modellen definieren, um aus vorhandenen Daten zu lernen und Vorhersageanalysen für zukünftige Daten anzustellen.

Microsoft bietet mit seinem Azure Machine Learning einen leistungsfähigen cloudbasierten Vorhersage-Analysedienst, der die schnelle Erstellung von Analyselösungen ermöglicht (Bild 3). Dabei ist dieser Dienst vollständig verwaltet. Das bedeutet, dass der Anwender weder Hardware kaufen noch virtuelle Computer manuell verwalten muss. Stattdessen kann er das browserbasierte Tool Machine Learning Studio verwenden, um Workflows für das maschinelle Lernen zu erstellen und zu automatisieren. Zudem stehen hunderte von vorhandenen Machine-Learning-Bibliotheken zur Verfügung, die per Drag-and-drop zur Entwicklung von Vorhersage-Analyselösungen genutzt werden können. Anschließend lassen sich bei Bedarf die eigenen benutzerdefinierten R- und Python-Skripts hinzufügen, um die Lösungen zu erweitern. ML-Studio funktioniert in jedem Browser und ermöglicht die schnelle Entwicklung und Iteration von Lösungen.

Mit Azure ML sind Anwender in der Lage, Webdienste zu ermitteln und zu erstellen, die Modelle über API zu trainieren und neu zu trainieren, Endpunkte zu verwalten und Webdienste für einzelne Kunden zu skalieren. Zudem lassen sich die Diagnosefunktionen für das Überwachen und Debuggen des Diensts konfigurieren.

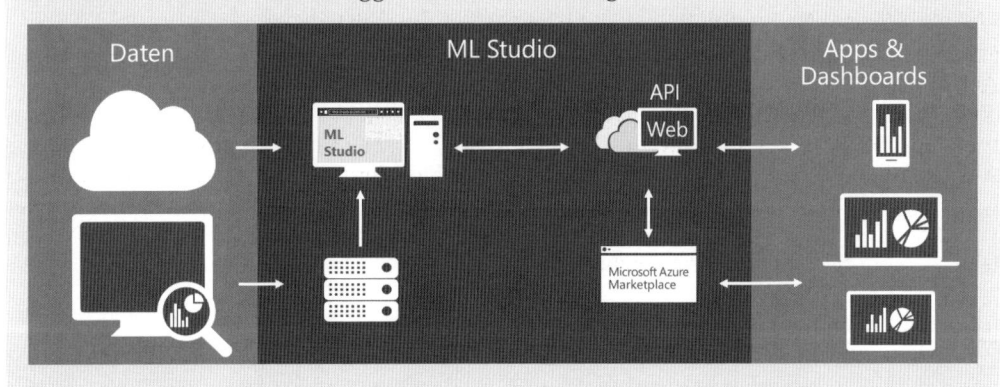

Bild 3 Microsoft Azure Machine Learning: Schematische Darstellung der Funktionsweise

Praxisbeispiel: Lafarge Holcim setzt auf Predictive Analytics

von *Dr. Stefan G. Hild*

Die Herstellung des Baustoffs Zement ist energie- und kostenintensiv. Um den Fertigungsprozess effizienter zu gestalten, setzt Lafarge Holcim auf Cognitive und Predictive Analytics von IBM. Gemeinsam wurden die Prozesse analysiert und bewertet sowie ein digitaler Berater entwickelt. Dieser befindet sich aktuell im Testbetrieb. Werden die erhofften Effizienzsteigerungen erreicht, kann der Baustoffhersteller deutliche Einsparungen im Energieverbrauch erzielen.

Lafarge Holcim [1] gehört zu den weltweit führenden Herstellern von Zement, Zuschlagstoffen (Sand und Kies)und Beton. Das Unternehmen ist in 90 Ländern vertreten und betreibt weltweit zirka 1 000 Zementmühlen (Bild 1). Sie zermahlen Zementklinker gemeinsam mit Ölschiefer zu Zement unterschiedlicher Festigkeitsklassen. Dieser Herstellungsprozess ist energieintensiv: Für die Herstellung von Zement werden durchschnittlich etwa 100 Kilowattstunden Energie pro Tonne benötigt. Insgesamt schlägt der Stromverbrauch mit einem Anteil von durchschnitwtlich 10 % bis 15 % in der Gesamtkostenrechnung der Zementherstellung zu Buche.

Bild 1 Die Zementmühlen von Lafarge Holcim arbeiten energieintensiv: Ihr Energieverbrauch für die Herstellung von 1 t Zement liegt bei durchschnittlich 100 kWh.

Energieintensiver Produktionsprozess

Aus diesem Grund ist Lafarge Holcim ständig bestrebt, unter anderem in allen Mühlen des Konzerns den Energieverbrauch möglichst gering und gleichzeitig konstant zu halten. Trotz weitreichender Standardisierung in den verschiedenen Bereichen und Ebenen – angefangen bei den Trainings für die Betreiber vor Ort, über Handbücher und Betriebsabläufe bis hin zur technischen Ausstattung – variiert der Energieverbrauch zwischen den verschiedenen Mühlen beträchtlich: die Unterschiede liegen bei bis zu 10 %.

Um detailliert herauszufinden, wo, wann und warum wie viel Energie verbraucht wird, müssen die genauen physikalischen Vorgänge innerhalb der Zementkugelmühlen modelliert werden, um dann auf dieser Grundlage die richtigen Entscheidungen zur Optimierung des Energiebedarfs zu treffen. Dieses Zusammenspiel ist entscheidend, denn neben einer ganzen Reihe fest vorgegebener Größen, die nicht beeinflussbar sind, wie die chemische Zusammensetzung oder die Granularität des Ausgangsmaterials, kann der Operator an der Mühle über einige Variablen, zum Beispiel die Temperatur in der Mühle, selbst entscheiden und damit gleichzeitig Einfluss auf den Energieverbrauch nehmen (Bild 2).

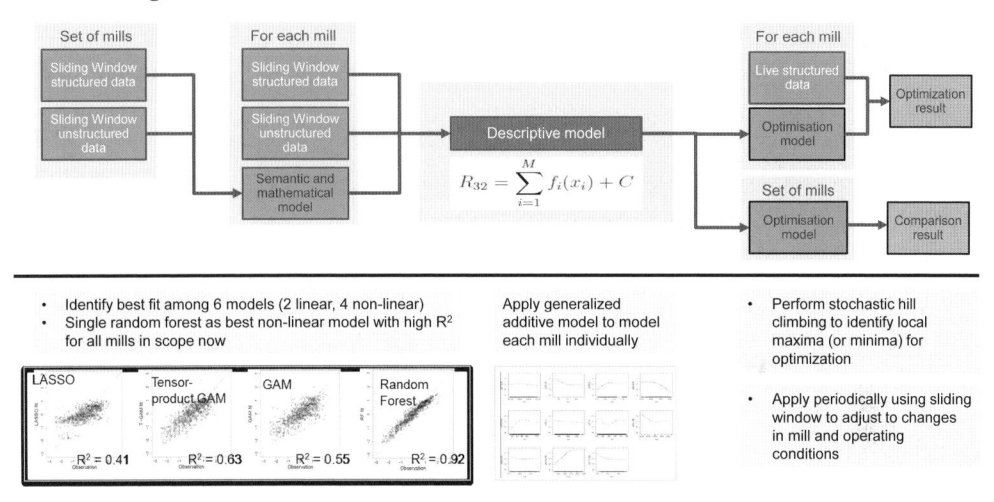

Bild 2 Prozessdaten und Operatordaten werden zusammengeführt und analysiert; dann wird eine Optimierungsstrategie entwickelt.

Mit intelligenten und lernenden Analysewerkzeugen ans Ziel

Um das Zusammenspiel zwischen Produktionsprozess und der manuellen Steuerung durch den Bediener zu modellieren und schließlich den Energieverbrauch zu optimieren, kam Watson von IBM [2] mit seinen intelligenten und lernenden Analysewerkzeugen ins Spiel. Dieses kognitive, lernende System bietet die Besonderheit, dass es Daten, egal woher sie kommen und in welcher Form sie vorliegen, verarbeiten kann. Dabei folgt es dem Prinzip: verstehen, lernen und bewerten. In gewisser Weise kann die Software also auch „denken". Kognitive Systeme bedienen sich dabei eines breiten Spektrums bereits etablierter IT-Anwendungen und Einsatzbereiche: Sie reichen von Datenanalysen, natürlicher Sprachverarbeitung bis hin zu traditionellem Machine Learning. Das System nutzt heute fast 50 API (Application Programming Interface), unter anderem für semantische Analysen, Bild-, Gesichts- und Spracherkennung sowie Übersetzungsdienste, unterstützt von rund 50 verschiedenen Technologien. Dabei arbeitet es Seite an Seite mit Fachexperten, wie Wissenschaftlern und Ingenieuren. Über die API lernt es von diesen Experten. Daraus sind bis jetzt rund einhundert kognitive Applikationen entstanden.

Um Muster und Verbindungen zu erkennen und zu neuen Erkenntnissen zu gelangen, interpretiert Watson die Daten. Dafür bereitet es die Daten und Informationen auf und organisiert sie so, dass der Umgang mit Inhalten effizienter wird. Doch um diese Inhalte richtig zu bewerten, braucht es zusätzliches Training – hier kommen die Fachexperten ins Spiel, die ihm bei der Einordnung helfen.

Und genau wie die menschlichen Experten nutzt Watson dafür einen kognitiven Bezugsrahmen zu einem bestimmten Thema oder einem definierten Fachbereich und entwickelt darauf aufbauend seine Expertise – in hoher Geschwindigkeit. Hier liegt auch der entscheidende Unterschied: Während die Programmierung konventioneller Computersysteme auf Regeln und Logiken basiert und einem rigiden Entscheidungsbaum unterliegt, folgt das kognitive System einem anderen Ansatz, der menschlichem Denken ähnelt.

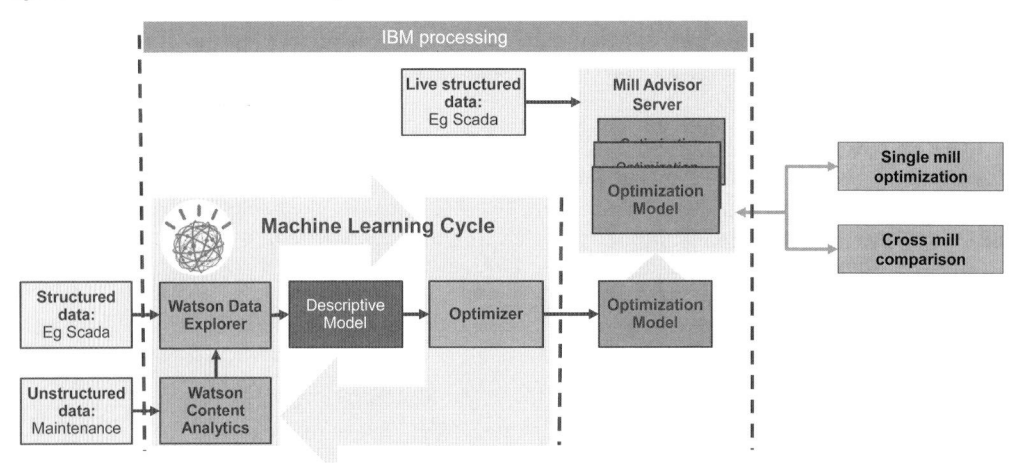

Bild 3   Ein automatisierter Machine-Learning-Prozess ermöglicht Predictive Analytics.

Kognitiver Nutzen im Zementwerk

Bei Lafarge Holcim entschied man sich aufgrund dieser besonderen Fähigkeiten für IBM Watson. Dabei lautete die genaue Aufgabenstellung: Die physikalischen Abläufe in der Mühle und die Entscheidungsprozesse des Operators zu analysieren und mittels Mustererkennung in Beziehung zueinander zu setzen. Eine komplexe Aufgabe, denn die bei der Herstellung ablaufenden physikalischen Prozesse sind nicht direkt messbar. Hinzu kommt, dass bereits kleinste Veränderungen des Ausgangsmaterials, zum Beispiel im Hinblick auf die mineralogische Zusammensetzung, den Herstellungsprozess beeinflussen und damit das manuelle Eingreifen notwendig machen können.

Zwei Perspektiven:
Kombination aus Prozessdaten und individuellem Verhalten

Das IBM-Team musste daher die Abläufe aus zwei Perspektiven betrachten: Zum einen galt es, die physikalischen Prozesse im Inneren der Mühle genauer zu analysieren. Zum anderen mussten die Reaktionen des Operators, der für einen möglichst reibungslosen Ablauf der Produktion zuständig war, ausgewertet werden. Genau diese Kombination der Zusammenführung und Bewertung von Prozessdaten und dem individuellen Verhalten („Behaviour") ist neu und nur mit den Fähigkeiten kognitiver Systeme möglich (Bild 3).

Um also ein Modell zu den prozessualen Abläufen und den Reaktionen des Operators zu entwickeln – eine notwendige Voraussetzung für die digitale Beratung – wurde das System mit Tausenden von Datensätzen aus den vergangenen Jahren und von unterschiedlichen Mühlen gespeist. Dazu gehörten Prozess- und Produktionsdaten ebenso wie die schriftlichen Aufzeichnungen des Operators. Dieses Verfahren klassischer Mustererkennung brachte neue Erkenntnisse über das Zusammenspiel zwischen dem eigentlichen Produktionsvorgang und der manuellen Steuerung. Um hier zu validen Ergebnissen zu gelangen, mussten unter anderem auch unstrukturierte Daten (Wartungsberichte und andere persönliche Aufzeichnungen) mithilfe kognitiver Methoden erfasst und in die Analysen miteinbezogen werden.

Das ging schneller als gedacht: Wollte man zunächst Daten und Aufzeichnungen aus den vergangenen zehn Jahren auswerten, war schnell klar, dass es ausreichend ist, nur die vergangenen 18 Monate genauer zu betrachten. So konnte bereits auf deren Basis ein schlüssiges Muster für die Entwicklung von Handlungsempfehlungen identifiziert werden.

Bei diesem Projekt hat IBM erstmals komplexe statistische Analysen mit kognitiven Methoden kombiniert, um auf Basis der gleichzeitigen Auswertung physikalischer und operativer Vorgänge neue Abläufe und Handlungsempfehlungen zu entwickeln, um damit den Gesamtprozess zu optimieren.

Enge Zusammenarbeit

Diese First-of-a-kind-Modellierung von Mühlenprozessen mit realen Daten verlangte eine enge Zusammenarbeit zwischen IBM und Lafarge Holcim. Vom ersten Tag an haben die Operators und Mühlenexperten von Lafarge Holcim gemeinsam mit dem IBM-Team vor Ort sowie ihren Kollegen aus dem IBM Research Lab in New York das Vorgehen besprochen, das Modell entwickelt sowie die notwendigen Analyse-Werkzeuge implementiert.

Dieses sich nun im Probebetrieb befindliche kognitive System analysiert ständig alle relevanten Daten. Die Ergebnisse werden dann in Form von Handlungsempfehlungen, also etwa für eine Anpassung der Temperatur in der Mühle, über ein Advisor-Tool den Operatoren zur Verfügung gestellt. Das geschieht in der Regel einmal pro Tag.

Um den Operatoren den Umgang mit dem neuen Werkzeug zu erleichtern, wurde auch viel Wert auf die Nutzerfreundlichkeit gelegt: IBM hat dafür ein verständliches, intuitiv zu bedienendes Interface entwickelt, bei dem auf einen Blick auch zu erkennen ist, was getan werden sollte, beziehungsweise ob und wie die Empfehlungen des kognitiven Systems zum optimalen Betrieb umgesetzt wurden.

Bei einer mehrprozentigen Reduktion der Energiekosten rechnet Lafarge Holcim mit signifikanten jährlichen Einsparungen. Gleichzeitig wird damit die Ökobilanz des Unternehmens nachhaltig verbessert.

Dieses Verfahren lässt sich im Übrigen für die Optimierung ganz unterschiedlicher Parameter nutzen. Etwa, um den Output zu maximieren, wenn die Nachfrage hoch ist und Energiekosten dann eher eine untergeordnete Rolle spielen.

Die strategische Bedeutung von Watson für IBM

Nach der Markteinführung von „E-Business" Ende der 1990er-Jahre und „Smarter Planet" Ende der 2010er-Jahre geht IBM nun mit seiner strategischen Initiative „Cognitive Business" [3] den nächsten Schritt in der Digitalisierung von Unternehmen.

Für dieses neue Unterfangen hat IBM eine Beratungsorganisation gegründet, deren Ziel es ist, Kunden beim Umbau ihres Unternehmens in ein kognitives Business zu unterstützen. In der neuen Practice werden rund 2 000 Analytics-Experten, Data Scientists sowie Industrie- und Change-Management-Spezialisten tätig sein. Das Marktpotenzial ist laut IDC enorm: Bis 2018 sollen die Hälfte aller Verbraucher regelmäßig mit Services in Berührung kommen, die mit Cognitive-Computing-Lösungen arbeiten.

IBM sieht sich dafür gut gerüstet: Das Unternehmen hat in den vergangenen Jahren bereits in über 50 000 Analytics-Projekten Erfahrungen gesammelt und kann auf die Expertise eines großen Data-Science-Teams sowie Tausender Wissenschaftler in ihren Forschungseinrichtungen rund um den Globus zurückgreifen. Hinzu kommen eigenständige Units, die sich auf die Entwicklung von Lösungen rund um die Watson-Technologie und Analytics spezialisiert haben sowie über 30 000 Professionals in der industriespezifischen Beratung.

Literatur

[1]   Lafarge Holcim Ltd., Rapperswil-Jona/Schweiz: *www.lafargeholcim.com*

[2]   IBM Deutschland GmbH, Mainz: *www.ibm.com/de-de*

[3]   IBM Cognitive Business: *www.ibm.com/outthink/de*

Praxisbeispiel: Automatisierter Schaltschrankbau

von *Johannes Kalhoff*

Industrie 4.0 ist ein vieldiskutiertes Thema. Während sich einige Vertreter aus Industrie und Wissenschaft noch mit der theoretischen Umsetzung des Zukunftsprojekts beschäftigen, stellen die Unternehmen des Spitzenclusters „it's OWL" erste praktische Ansätze vor. Ziel ist es, den bisherigen Aufwand um bis zu 30 % zu verringern. Nach Ablauf eines Großteils der Projektlaufzeit erweist sich dieser Wert bereits als konservative Schätzung.

Am Beispiel des Forschungsprojekts „Automation für wandlungsfähige Produktionstechnik (AWaPro)" von Phoenix Contact werden die Herausforderungen an entsprechend intelligente technische Systeme sowie das Zusammenspiel zwischen den Experten aus Wissenschaft und Industrie deutlich. Die Mitarbeiter des Instituts für industrielle Informationstechnik (InIT) in Lemgo beteiligen sich dabei in den Bereichen echtzeitfähige Kommunikation über Profinet sowie digitale Bildverarbeitung. Die echtzeitfähige Datenübertragung stützt sich auf das Cluster-Querschnittsprojekt „Intelligente Vernetzung", in dem das Fraunhofer-Anwendungszentrum Industrial Automation (IOSB-INA) u. a. neue Verfahren der Ad-hoc-Kommunikation entwickelt.

Hard- und Software mit Selbstoptimierungs-Funktionen

Ziel des AWaPro-Projekts ist die Konzeption intelligenter Automatisierungskomponenten wie Steuerungen oder Bedien- und Feldgeräte sowie einer Software für den intelligenten Entwurf und die Bedienung. Zu diesem Zweck werden Hard- und Software mit Selbstoptimierungs-Funktionen ausgestattet. Die erarbeiteten Mechanismen und Technologien stellen elementare Bestandteile zukünftiger Automatisierungssysteme hin zu noch stärker vernetzten Lösungen mit semantischer Interoperabilität auf dem Weg zu Industrie 4.0 dar.

Treiber sind die Kundenanforderungen, die den Lösungsherstellern im Fertigungsbereich zusätzliche Flexibilität und Kostenreduzierung abverlangen. Denn Out-of-the-box-Ansätze lassen sich mit derzeitigen Konzepten immer schwieriger realisieren. Als Folge ergeben sich ein steigender Engineering-Aufwand sowie weitere Kosten bei der Inbetriebnahme und Umrüstung. Auch die Tendenz zur Individualisierung von Produkten erhöht deren Varianz und erfordert die Herstellung flexibler Losgrößen, die von Stückzahl eins bis zur Massenfertigung reichen können. Aktuell werden Maschinenkonzepte jedoch mit festgelegter Hard- und Software sowie definierten Schnittstellen geplant und umgesetzt. Die herzustellenden Artikel sind ebenfalls in ihrer Varianz vorgedacht und für den Produktionsprozess determiniert. Die Flexibilität bewegt sich somit in vorgedachten Konfigurationen.

Digitale Beschreibung des zu fertigenden Artikels

Werden Produkte, Fertigungsverfahren oder Funktionen außerhalb dieser Konfigurationen benötigt, muss ein großer Teil des Automatisierungssystems betrachtet und um mechanische Komponenten sowie Steuerungs-, Leitsystem- und Kommunikationstechnik erweitert werden. Alternativ ist die vorhandene Lösung anzupassen oder neu zu konfigurieren. Neben den maschinen- und anlagenrelevanten Aspekten sollten daher die Auswirkungen auf die Prozesskette bewertet werden. So sind die Handhabung des Systems im Betrieb und im Störungsfall, das Umrüsten und die Außerbetriebnahme häufig betroffen und tragen nicht unerheblich zum Änderungsaufwand bei. Deshalb ist eine wandlungsfähige Automatisierungstechnik erforderlich, um Kosten und Zeitbedarf zu senken sowie die Flexibilität zu erhöhen (Bild 1).

Bild 1 Fokus des Spitzencluster-Projekts sowie die sich daraus ergebenden Arbeitspakete

Als wandlungsfähig gilt eine Produktionseinrichtung dann, wenn sich die Anzahl, Funktion und Reihenfolge der einzelnen Fertigungsmodule verändern lässt. Auf diese Weise kann die Anlage individualisiert Artikel herstellen, die zum Zeitpunkt ihrer Planung gar nicht vorgesehen waren. Eine derartige Adaptierbarkeit setzt voraus, dass eine digitale Beschreibung des zu produzierenden Produkts vorliegt. Daraus leitet die intelligente Anlage selbständig ab, welche Fertigungsmodule zur Herstellung der Komponente notwendig sind. In diesem Kontext wird von einem digitalen Artikel gesprochen. Darunter ist die digitale Beschreibung eines Produkts im IT-System des Unternehmens zu verstehen, die auf dem Weg von der Bestellung über den Produktionsprozess bis zur Auslieferung ständig mit Informationen angereichert wird und gleichzeitig als Datenquelle dient (Bild 2).

Digitale Produktbeschreibung
AutomationML / eCl@ss

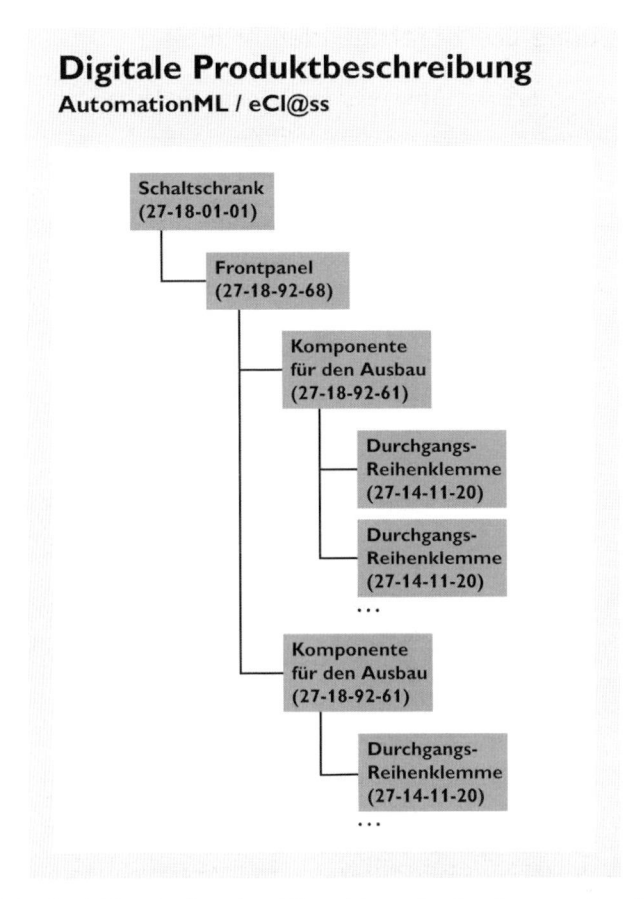

- Schaltschrank (27-18-01-01)
  - Frontpanel (27-18-92-68)
    - Komponente für den Ausbau (27-18-92-61)
      - Durchgangs-Reihenklemme (27-14-11-20)
      - Durchgangs-Reihenklemme (27-14-11-20)
      - ...
    - Komponente für den Ausbau (27-18-92-61)
      - Durchgangs-Reihenklemme (27-14-11-20)
      - ...

Bild 2 Bei der digitalen Produktbeschreibung handelt es sich um eine Anordnung von klassifizierten digitalen Artikeln.

Einbindung der Projektergebnisse in bestehende Produkte

Im Rahmen des AWaPro-Projekts ist ein Technologie-Demonstrator für den automatisierten Schaltschrankbau realisiert worden, der die Aspekte Wandlungsfähigkeit, Fertigung individualisierter Artikel und durchgängige Datenintegration umsetzt. Darüber hinaus bindet Phoenix Contact die Methoden zu Prüfungszwecken in bestehende Komponenten ein, sodass sie den Anwendern in zukünftigen Gerätevarianten zur Verfügung stehen. Aus dieser Vorgehensweise ergeben sich vier Arbeitspakete:

1. Vertikale Integration – Integration von IT-Systemen

   Dahinter verbirgt sich die Erstellung eines kontinuierlichen Datenflusses in Bezug auf die Produkt- und Prozesskonfiguration vom Kunden bis zur Produktion.

2. Wandlungsfähige Leittechnik – Adaptierbare Bedien- und Beobachtungssysteme

   Hierbei handelt es sich um das Management flexibler Losgrößen sowie variabler Produkt- und Prozesskonfigurationen in einer rekonfigurierbaren Fertigungslinie.

3. Erweiterte Steuerungs- und Kommunikations-Technologien

   In diesem Zusammenhang wird eine Autokonfiguration in den Automatisierungskomponenten (SPS, Profinet-IRT-Feldgeräte) entwickelt.

4. Bildverarbeitung gegen digitale Modelle

   Darunter ist die Nutzung der Autokonfiguration über digitale Produktinformationen in Qualitätsprüfungs-Systemen zu verstehen.

Das Ergebnis des dreijährigen Projekts ist der Prototyp einer adaptiven Produktion für kundenspezifische Artikel. Der Projektträger Karlsruhe (PTKA-PFT) betreute dabei das vom Bundesministerium für Bildung und Forschung geförderte Projekt (Bild 3).

Bild 3 Im Rahmen des AWaPro-Projekts ist ein Technologie-Demonstrator für den automatisierten Schaltschrankbau umgesetzt worden.

Fazit

Das Beispiel des Technologie-Demonstrators zeigt, wie eine durchgängige Datenkette mit einem gemeinsamen Datenformat nicht nur das Engineering von Maschinen und Produkten vereinfacht. Außerdem werden flexible und wandlungsfähige Fertigungseinrichtungen geschaffen, mit denen sich individualisierte Artikel bis zur Losgröße eins wirtschaftlich herstellen lassen. Der daraus entstehende Bedarf der Endkunden sowie die zu erwartenden Einsparungen bei den Maschinen- und Anlagenbauern erhöhen sowohl die Nachfrage und damit die Auslastung der Produktionsmittel als auch die Wettbewerbsfähigkeit des Hochlohnstandorts Deutschland.

Praxisbeispiel: Retrofit 4.0

von *Burkhard Balz, Marco Bison*

Elektrohydraulisch gesteuertes Produktionssystem wird dank Modernisierung energieeffizient und IoT-ready

Fertigungsanlagen sind in der Regel über viele Jahre im Einsatz, wenn nicht sogar Jahrzehnte. Regelmäßige Modernisierungen sorgen dafür, dass auch ältere Anlagen noch wirtschaftlich ihre Aufgabe erfüllen können. Ein derartiges Retrofit bietet auch die Chance, neben Zielen wie einer Steigerung der Verfügbarkeit oder der Realisierung einer höheren Energieeffizienz, ältere Anlagen fit für die Industrie 4.0 zu machen. Das zeigt ein Projekt bei einem Hersteller von Kunststoff-Komponenten für die Automatisierungsbranche. Durch gezielte Modernisierungs-Maßnahmen halbierte dieser nicht nur den Energieverbrauch einer 50-Tonnen-Spritzgussmaschine mit elektrohydraulischem Antriebssystem, sondern steigerte auch die Datentransparenz der Anlage im Hinblick auf eine vorausschauende Wartung (Predictive Maintenance) und ermöglichte die Vernetzung mit dem Internet.

Nach erfolgreicher Betriebszeit nicht mehr up to date

Die Maschine wurde bis dato von einem konventionellen 15-kW-Asynchronmotor angetrieben, der konstant mit 1.500 Umdrehungen die Hydraulikeinheit antreibt. Als Hydraulikpumpe kam eine sogenannte Verstellpumpe (Load Sensing Pump) zum Einsatz. Das heißt, der Volumenstrom der Pumpe wird mechanisch gesteuert. Der Motor treibt die Pumpe mit einer konstanten Drehzahl von 1.500 U/min an, selbst wenn nur ein geringer Volumenstrom benötigt wird. Der gemessene Energieverbrauch betrug 20 Wh für einen Arbeitszyklus von 13 s; pro Stunde wurden 5,6 kWh Strom verbraucht.

Die Anlagenkomponenten, wie Motorstarter, Sensoren oder Ventile, wurden über eine Punkt-zu-Punkt-Steuerverdrahtung mit der SPS verbunden. Diese klassische Verdrahtung erwies sich allerdings als zunehmend störanfällig. Vor allem aber lieferte sie von den Komponenten keine detaillierten Betriebsdaten zu Motorstrom, Schaltzeiten usw.

Im Fokus: Verfügbarkeit, Energieeffizienz, Datentransparenz

Der Betreiber der Spritzgussmaschine wollte mit dem Retrofit vor allem folgende Ziele erreichen: Zum einen sollte die Anlage auf den aktuellen Stand der Technik gebracht werden, da es für die alten Komponenten immer schwieriger wurde, Ersatzteile zu beschaffen. Zudem stand eine Reduzierung des nach heutigem Maßstab viel zu hohen Energieverbrauchs im Fokus. Die Modernisierung der Hydraulikeinheit sollte zudem die Grundlagen schaffen, den Anlagenzustand kontinuierlich und detailliert zu überwachen. Diese Datentransparenz sollte möglichst jede, auch die einfachste, Automatisierungs-Komponente beinhalten. Denn Ziel war es, ein möglichst umfassendes Bild der Maschine zu erhalten, um so kritische Anlagenzustände und Abweichungen vom Normalzustand schneller erkennen und letztendlich teure Stillstandszeiten vermeiden zu können. Dabei sollte auch die Möglichkeit geschaffen werden, das Hydraulikaggregat an die Cloud anzubinden, um eine Fernwartung zu realisieren und das System in eine Energiemanagement-Lösung einzubinden.

Maßnahmen zur Modernisierung

Kern des Maschinen-Retrofits war eine Modernisierung des elektrischen Antriebssystems des Hydraulikaggregats: Die Hauptpumpe der Hydraulikanlage wird jetzt nicht konstant betrieben, sondern in Abhängigkeit vom Prozess und der tatsächlich benötigten Leistung. So wird Energie immer nur dann verbraucht, wenn das System auch wirklich Leistung erbringt (Power on Demand). Mit einem drehzahlgeregelten Antrieb lässt sich der Förderstrom einfach an den aktuellen Bedarf anpassen, sodass Verlustleistungen effektiv und deutlich reduziert werden können.

Dazu wurde der Antrieb des Hydraulikaggregats der Spritzgussmaschine durch einen über einen Frequenzumrichter (Eaton PowerXL DA1) gesteuerten Permanentmagnet-Motor ersetzt, der eine Axialkolbenpumpe (Eaton 425 Kolbenpumpe) antreibt. Gleichzeitig regelt der Mikrocontroller, der den Motor ansteuert, auch Druck und Volumenstrom. Für den Druck kommt ein PID-Regler zum Einsatz, der Volumenstrom wird über die Durchfluss/Geschwindigkeits-Kennlinie der Pumpe abgebildet. Die Motorsteuerung erhält von Drucksensoren Daten zum Druck im hydraulischen System und passt darauf basierend die Drehzahl des Motors an den Volumenstrombedarf der hydraulischen Verbraucher an. So wird der Motor lastabhängig geregelt – ihm wird nur Leistung abverlangt, wenn der Prozess es erfordert.

Intelligenz ins System bringen

Zur Verdrahtung aller eingesetzten Automatisierungskomponenten entschied der Betreiber sich, statt der bisherigen Punkt-zu-Punkt-Verdrahtung ein intelligentes Verbindungssystem auf Geräteebene einzusetzen – SmartWire-DT von Eaton. Mit diesem lassen sich Komponenten, wie Schaltgeräte, Leistungsschalter, Befehls- und Meldegeräte, Sensoren und Aktoren, mit der Steuerung über einen einzigen Strang miteinander verbinden. Die Leitung versorgt die angeschlossenen Geräte mit Strom und übernimmt gleichzeitig die Datenkommunikation.

Der große Vorteil dieses Systems – neben der einfachen und schnellen Installation – sind spezielle Kommunikationsmodule. Dabei handelt es sich im Kern um ASICs, die mit Schnittstellen für die Einspeisung digitaler und analoger Messsignale ausgerüstet sind und einen Prozessor zur Durchführung eigenständiger Programmalgorithmen sowie eine leistungsstarke Kommunikationsschnittstelle enthalten. Die preiswerten und kompakten Module können damit für einfache Automatisierungsgeräte die Erfassung und Vorverarbeitung von Informationen übernehmen und sie somit direkt in die Datenerfassung einbeziehen. Die SmartWire-DT-Kommunikationsmodule erlauben eine direkte Integration der angebundenen Geräte an die zentrale Steuerung oder in die existierende Kommunikationsumgebung der Anlage. Das gilt sowohl für die Sensoren des Hydraulikaggregats als auch für den Frequenzumrichter, der eine größere Menge an digitalen und analogen Prozessdaten zur Verfügung stellt. So ist es möglich, auf einfache und kosteneffiziente Weise von jeder einzelnen Komponente kontinuierlich detaillierte Informationen über den jeweiligen Zustand zu erfassen.

Energieverbrauch halbiert

Ein primäres Ziel der Retrofit-Maßnahmen – die Steigerung der Energieeffizienz – wurde eindrucksvoll erreicht: Dank des drehzahlgeregelten Antriebs und der „Power-on-Demand"-Philosophie des Hydraulikaggregats ist es möglich geworden, den Energieverbrauch auf 2,8 kWh zu halbieren. Unter der Annahme, dass die Maschine 300 Tage im Jahr in zwei Acht-Stunden-Schichten läuft, betragen die jährlichen Energieeinsparungen pro Maschine

2.016 Euro. Die Modernisierung amortisiert sich in diesem Fall alleine durch die höhere Energieeffizienz in 2,2 Jahren. Gleichzeitig profitiert der Maschinenbetreiber von einer höheren Maschinenlebensdauer dank geringerer Wärmeerzeugung sowie von höherer Bedienersicherheit und verbessertem Komfort durch Senkung des Geräuschpegels der Pumpe. Darüber hinaus konnte durch den Austausch der alten Automatisierungskomponenten die Verfügbarkeit des Produktionssystems gesteigert werden – das Risiko, dass Ersatzteile nicht mehr verfügbar sind, ist für die nächsten Jahre gebannt.

IoT ready

Durch die ASIC-Module des intelligenten Verbindungssystems werden darüber hinaus alle angeschlossenen Automatisierungskomponenten zu intelligenten und kommunikationsfähigen Einheiten. Sie bilden damit rudimentäre Cyber Physical Systems (CPS), also Funktionseinheiten im Sinne des Industrie-4.0-Konzepts. Die verschiedenen CPS sind im Hydraulikaggregat zu einer vollständigen Produktionsgruppe zusammengefasst, die ein eigenständiges Cyber Physical Production Systems (CPPS) bilden. Innerhalb des Aggregats tauschen die CPS untereinander nur die Daten aus, die für die Abläufe im Gesamtsystem und zur Aufrechterhaltung der Betriebsbereitschaft des Hydraulikaggregats notwendig sind. Alle anderen Daten, die für übergeordnete Instanzen nicht relevant sind, werden nicht weitergegeben. Das entlastet die übergeordnete Maschinensteuerung. Das Hydraulikaggregat kann zum Beispiel selbstständig die Stromwerte des Motors interpretieren (z. B. Motorstrom zu hoch) und leitet nach Vorgaben der Programmierung eine entsprechende Aktion ein.

Dazu ist es über ein Gateway-Modul an den übergeordneten Feldbus und darüber an das Internet angebunden. Die implementierten Steuergeräte verfügen über ein OPC-UA Interface – ein industrielles M2M-Kommunikationsprotokoll, das Maschinendaten nicht nur transportieren, sondern auch maschinenlesbar semantisch beschreiben kann. So lassen sich alle Daten – bis hinunter zur Geräteebene – für eine Cloud-basierte vorausschauende Wartung zur Verfügung stellen. Das System ist damit „IoT ready". Der Betreiber der Spritzgussmaschine kann sich unabhängig vom Standort einen aktuellen und detaillierten Überblick über alle Daten, wie Temperatur und Druck, verschaffen. Über entsprechende mobile Geräte, wie Smartphone oder Tablet, sind Berechtigte jederzeit in der Lage, zum Beispiel den Energieverbrauch zu kontrollieren. Vor allem aber können jetzt eventuelle Fehlfunktionen schnell identifiziert werden, so dass sich vorausschauende Wartungsmaßnahmen einleiten lassen, um die Verfügbarkeit der Maschine weiter zu erhöhen.

Über die Verbindung zum Internet ist der Betreiber in der Lage, auch dem Maschinenhersteller Zugriff auf die Maschine zu ermöglichen. Dieser kann so etwaige Fehler per Ferndiagnose erkennen und beheben. Auch das steigert die Verfügbarkeit – ist ein Besuch eines Wartungstechnikers doch meist mit einem hohen Zeitaufwand verbunden. Darüber hinaus stehen dem Maschinenbauer die detaillierten Betriebsdaten, die das modernisierte System heute liefert, auch für künftige Entwicklungen zur Verfügung: Sofern der Betreiber es erlaubt, erhält der Hersteller ein genaues Bild über den Einsatz seiner Maschine beim Kunden und über eventuell auftretende Fehler. Diese Informationen kann er direkt in seine Forschung & Entwicklung einfließen lassen – Neuerungen werden direkt vom Einsatz beim Kunden initiiert. Mit diesem „Customer Driven Innovation"-Ansatz rückt die Entwicklungsabteilung des Herstellers näher an den Kunden heran; Maschinen können noch genauer auf den Bedarf der Kunden hin entwickelt werden.

Mit elektro-hydraulischer Kompetenz Mehrwerte schaffen

Als Energiemanagement Unternehmen bietet Eaton energieeffiziente Lösungen, die Kunden dabei helfen, elektrische, hydraulische und mechanische Energie effizienter, sicherer und nachhaltiger zu nutzen. Eaton gehört weltweit zu den wenigen Konzernen, die sowohl ein umfangreiches Elektrotechnik- als auch Hydraulik-Portfolio abdecken sowie integrierte elektro-hydraulische Systeme entwickeln. Gerade wenn es um die Steuerung von Durchflussmengen geht, wie bei Kraftmaschinen, die mit Hydrauliktechnologie betrieben werden, oder Pumpenanwendungen, kommen elektrische und mechanische Komponenten, wie Antriebe, Pumpen und Ventile, zum Einsatz. Diese Systeme, die in der Regel auf eine lange Lebensdauer ausgelegt sind, bieten vielseitige Möglichkeiten für Optimierungen – sowohl im Zuge von Neuentwicklungen als auch von Retrofitprojekten. Um diese Potenziale voll auszuschöpfen, sind Partner wie Eaton gefragt, die über Kompetenzen in beiden Welten verfügen und Technologien und Ansätze entwickeln, Maschinen und Anlagen auf die Fabrik der Zukunft vorzubereiten.

VSPD Retrofit Architektur

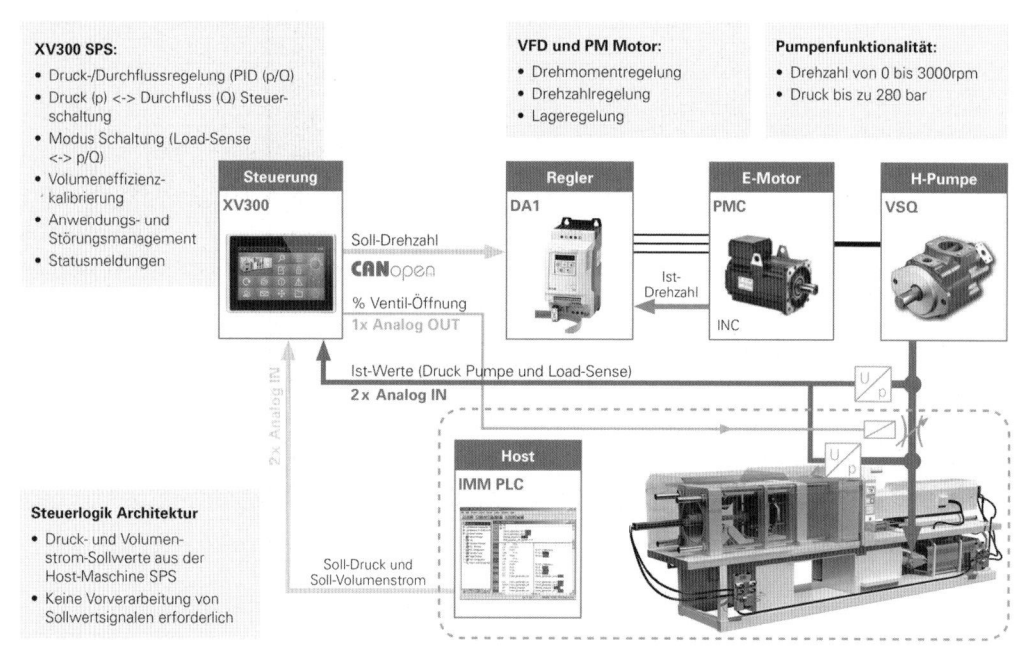

XV300 SPS:
- Druck-/Durchflussregelung (PID (p/Q)
- Druck (p) <-> Durchfluss (Q) Steuerschaltung
- Modus Schaltung (Load-Sense <-> p/Q)
- Volumeneffizienzkalibrierung
- Anwendungs- und Störungsmanagement
- Statusmeldungen

VFD und PM Motor:
- Drehmomentregelung
- Drehzahlregelung
- Lageregelung

Pumpenfunktionalität:
- Drehzahl von 0 bis 3000rpm
- Druck bis zu 280 bar

Steuerung XV300
Regler DA1
E-Motor PMC
H-Pumpe VSQ

CANopen
Soll-Drehzahl
% Ventil-Öffnung
1x Analog OUT
Ist-Drehzahl
INC

Ist-Werte (Druck Pumpe und Load-Sense)
2x Analog IN

Host
IMM PLC

Soll-Druck und Soll-Volumenstrom

Steuerlogik Architektur
- Druck- und Volumenstrom-Sollwerte aus der Host-Maschine SPS
- Keine Vorverarbeitung von Sollwertsignalen erforderlich

Bild 1 Systemübersicht des Retrofit-Projekts an dem elektrohydraulisch angetriebenen Produktionssystem

Praxisbeispiel: Kühlgeräte-Diagnose als Use Case für Industrie 4.0

von *Ronald Heinze*

Die Einsparpotenziale bei Kühlgeräten sind in Bezug auf die Betriebskosten erheblich. Die Version 3 der Software „RiDiag" ermöglicht eine noch bessere Unterstützung bei Wartung und Service sowie eine umfangreiche Diagnose der Betriebsdaten. Dr. Thomas Steffen, Geschäftsführer Forschung und Entwicklung bei Rittal, im Gespräch über diese Lösung und die zukünftige Weiterentwicklung.

Bild 1 Mit der Einführung der Blue e+"-Kühlgeräte stellte der Hersteller Rittal die Wirschaftlichkeit in den Fokus.

Mit der Einführung der „Blue e+"-Kühlgeräte stellte der Hersteller Rittal [1] die Wirtschaftlichkeit in den Fokus (Bild 1). Vor allem der Energiebedarf dieser Geräte wurde signifikant gesenkt. Die Energieeinsparungen betragen durchschnittlich bis zu 75 %. „Der zweite Schritt zur nachhaltigen Optimierung der Kühlung wird mit der Einführung unserer Diagnose-Software ‚RiDiag' vollzogen", betont Geschäftsführer Dr. T. Steffen (Bild 2).

Wartung unterstützt, Betrieb optimiert

Mit dem Update auf Version 3 wurde die Software zur Diagnose und Parametrierung von Kühlgeräten komplett überarbeitet und weiterentwickelt. Die Diagnose-Software eignet sich für alle neuen „Blue e+"-Kühlgeräte sowie Kühlgeräte der „Blue e"-Baureihe. Demnächst lassen sich auch die Toptherm Chiller mit „RiDiag" parametrieren. „Anwender, wie Planer, Service-Techniker, Instandhalter oder Energiemanager, profitieren von den zahlreichen neuen Funktionen sowohl beim Bedienen der Kühlgeräte als auch bei der Langzeiterfassung der Daten über zwei Jahre", fügt Dr. T. Steffen an. Die neue Version der unter Windows laufenden Software vereinfacht den Service und gestaltet diesen effizienter. „Ziel ist es, die Betriebszeit der Kühlgeräte noch weiter zu optimieren", setzt er fort.

Die Software kann entweder über USB oder zukünftig über Netzwerk auch drahtlos mit den Kühlgeräten kommunizieren. „Ein Kommunikationsmodul ermöglicht die Weitergabe der Kühlgeräteinformationen über OPC UA in die Cloud für das Kühlgeräte-Monitoring oder an Steuerungen zur Weiterverarbeitung", erläutert Dr. T. Steffen.

Die Anwender werden über aufgetretene Fehlermeldungen und deren Häufigkeit und Zeitpunkt, die aufgetretene maximale Umgebungstemperatur, die minimale Schaltschrank-Innentemperatur sowie die Einschaltdauer und Auslastung des Kühlgeräts informiert. (Bild 3).

Bild 2 Dr. Thomas Steffen ist Geschäftsführer Forschung und Entwicklung bei Rittal.

Cockpit für Kühlgeräte

Der Startbildschirm hält die wichtigsten Funktionen seines Kühlgeräts im Überblick. Dazu zählen Gerätename, Seriennummer, aktuelle Temperatur, Betriebsstunden, Systemmeldungen und zusätzliche Parameter. „Alle Funktionen, Darstellungen und Bedienmöglichkeiten, die das Bedienpanel am Kühlgerät zur Verfügung stellt, sind auch in der Software vorhanden", ergänzt der Rittal-Manager. Eventuell vorhandene Updates der Firmware lassen sich direkt über die Diagnose-Software laden und auf dem Controller des Kühlgeräts installieren. Benötigt wird dafür nur ein funktionierender Internetzugang.

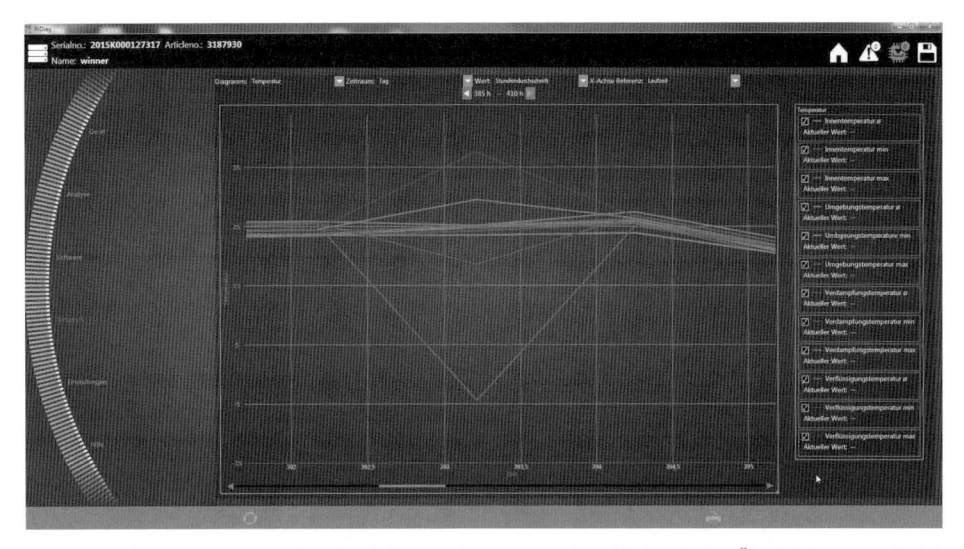

Praxisbeispiel: Kühlgeräte-Diagnose als Use Case für Industrie 4.0   221

Bild 3 Mit „RiDiag" hat der Anwender die wichtigen Funktionen seines Kühlgeräts im Überblick, zum Beispiel aktuelle Innen- und Außentemperaturen oder maximale bzw. minimale Verdampfungstemperaturen.

Die Software „RiDiag" zeigt nicht nur sämtliche Status- und Fehlermeldungen des Kühlgerätes an, sondern bietet dem Nutzer gleichzeitig umfangreiche Hilfe. Bewegt der Nutzer die Maus über eine Fehlermeldung, blendet die Software sofort einen Hilfetext ein, der erklärt, wie der Fehler zu beheben ist. Auch eine Service-Anfrage beim Rittal-Service kann direkt gestellt werden. Über ein Webformular schickt die Software die Diagnosedaten direkt an den Rittal-Service. Wenn der Nutzer den Standort des Kühlgeräts in der Konfiguration angegeben hat, funktioniert dies weltweit – die Software leitet die Anfrage an die passende Service-Niederlassung weiter. Je nach aufgetretenem Fehler kann der Servicetechniker sofort die notwendigen Ersatzteile mitbringen.

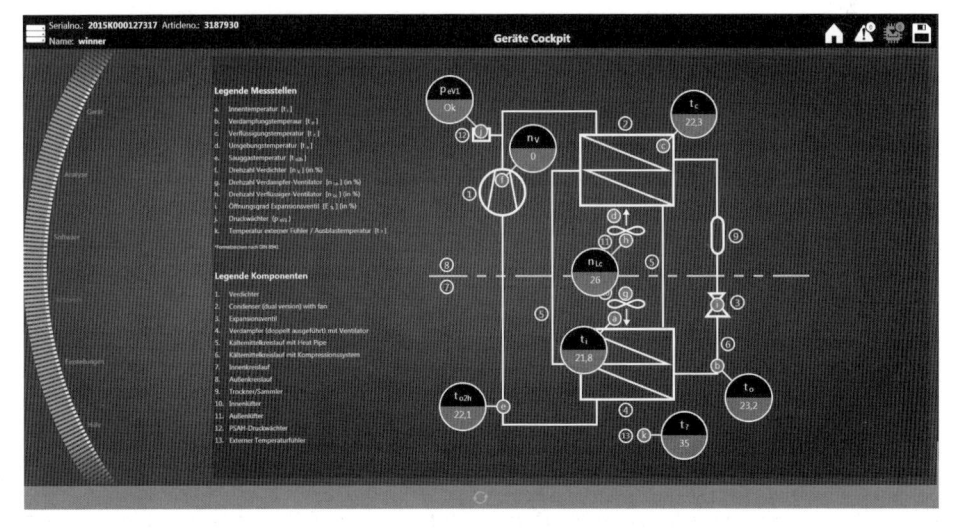

Bild 4 Das Daten-Cockpit enthält neben dem Kältekreislauf auch die Darstellung des Elektroplans. Im Falle einer Systemmeldung wird direkt angezeigt, welche Komponente die Meldung erzeugt.

Neu in der Version 3 ist das Daten-Cockpit. Hier kann der Anwender alle Daten visualisieren und auswerten. Neben den Temperaturen lassen sich auch Eingangsspannungen und Ströme an den Motoren darstellen. Besonders wichtig für einen energieeffizienten Betrieb ist die Darstellung des EER (Energy Efficiency Ratio). Damit erkennt der Anwender, mit welcher Energieeffizienz das Kühlgerät bei welchen Umgebungsbedingungen und bei welchen Einstellungen arbeitet [2]. Im Daten-Cockpit werden die Messwerte aller Sensoren im Kühlgerät dargestellt. Neben dem detaillierten kältetechnischen Regelschema ist auch eine Darstellung des Elektroplans enthalten (Bild 4). Im Falle eines Fehlers zeigt die Software direkt an, welche Komponente defekt ist. „Die Software inklusive des Service-Angebots beinhaltet ein Rund-um-Sorglos-Paket für unsere Kunden", so der Rittal-Geschäftsführer.

Ausblick

„Die offene Plattform unterliegt einer ständigen Weiterentwicklung", weiß Dr. T. Steffen. So wird die Filterverschmutzung angezeigt werden. Die gewonnenen Daten werden für weitere Analysen genutzt. „Frühschädigungen lassen sich einfach detektieren", schließt er ab. Die Informationen der Diagnose-Software lassen sich in Prozessleit- oder Energiemanagementsystemen weiterverwenden.

Kühlgeräte werden mit der Diagnose-Software ein fester Bestandteil von Industrie-4.0-Konzepten. Die Diagnose-Software verbessert den Service und optimiert den Betrieb, was zu weiteren erheblichen Einsparungen führen wird. (hz)

Literatur

[1] Rittal GmbH & Co. KG, Herborn: *www.rittal.de*

[2] Lotz, S.; Koch, H.-R.: Berechnungstool für die energieeffiziente Schaltschrankkühlung. etz elektrotechnik & automation 137 (2016) H. S5, S. 92 – 95

6 Spezielle Aspekte

RA Prof. Dr. Thomas Klindt
Industrie 4.0 trifft auf Recht 3.0

Prof. Dr.-Ing. Linus Schleupner
Anwendung des Datenschutzgesetzes BDSG im Rahmen von Industrie 4.0

Prof. Dr.-Ing. Linus Schleupner
Sichere Kommunikation im Umfeld von Industrie 4.0

Industrie 4.0 trifft auf Recht 3.0

von *RA Prof. Dr. Thomas Klindt*

Volkswirtschaftlich wie industriepolitisch verspricht sich die Bundesregierung von der Initiative Plattform Industrie 4.0 die zentral zu lösende Eintrittskarte deutscher Unternehmen in die nächste industrielle Revolution. Die im englischen Sprachraum Cyber-Physical Systems (CPS) genannte Konzeption betrifft – um dies von vornherein abzugrenzen – nicht Produkte in ihrem technischen Design, sondern Produktion in ihrer IT-vernetzten Prozessumwelt. Es gibt zudem eine gewisse Nähe zur Entwicklung des 3-D-Drucks als neuer Fertigungstechnologie.

Die technische Einordnung

Industrie 4.0 steht als Schlagwort für eine Fabrikationswelt, in der die verschiedenen Betriebsmittel – ggf. unter IPv6 zukünftig mit individualisierter IP-Adresse („Internet of Things") – miteinander vernetzt, zueinander kommunizierend, über einander wachend und vom zum bearbeitenden Werkstück aus in die Werkmittel kommunizierend interagierend. All dies wird Einfluss haben auf die Produktindividualisierung und den Verzicht von Skalengrößen der zu fertigenden Endprodukte, auf Fehlertoleranzen, Logistik, Beschaffungsmanagement und Know-how-Verwertung.

Volks- und betriebswirtschaftliche Konsequenzen

Die technische Veränderung wird betriebswirtschaftlich neue Geschäftsmodelle ermöglichen: So ist es denkbar, dass die geringe Wertschöpfungstiefe deutscher Unternehmen mit einer hohen Auslagerung in die Supply Chain weltweit zu einem Revival möglichst vieler Wertschöpfungsschritte in einem Unternehmen führt. Möglicherweise entstehen die Konzerne der Zukunft nicht mehr entlang der Vertriebskette, sondern (wieder) entlang der Wertschöpfungskette. Nimmt man weitere technologische Innovationen wie 3-D-Drucker oder vollpilotierte Mobilität samt GPS-Unterstützung hinzu, werden selbst Politikbereiche wie die Entwicklung des ländlichen Raums strukturell neue Chancen bekommen.

Rechtliche Herausforderungen

Das heutige Recht ist seit Menschengedenken strukturell auf die Idee ausgerichtet, ein menschlich gesteuertes Handeln in seinen Konsequenzen zu beurteilen: Das gilt für Vertragsabschlüsse wie für die Strafbarkeit von Fehlverhalten; es gilt für den Schutz von Erfindungen wie für die Verantwortung bei Schäden. Wir stehen indes erst – wie übrigens im internationalen Finanzwesen auch der Hochfrequenzhandel zeigt – in den Startlöchern einer Debatte um **Robotikrecht und das Recht einer Künstlichen Intelligenz**, also die kategorische Bewertung von Entscheidungen, die nicht mehr von handelnden Menschen, sondern von „handelnden" Maschinen getroffen wurden. Besonders deutlich wird die anstehende Emanzipation der Maschinen-„Entscheidung" von der Ursprungsprogrammierung ihrer Schöpfer im Falle selbstlernender Maschinen, also einer Embedded-Software mit sich evolutionär entwickelnden Logarithmen. Klassische Vertragsmechanismen wie wir sie seit dem Römischen Recht haben, werden dann möglicherweise strukturell versagen; hier müssen also Diskussionen um ggf. neue Handwerklichkeiten des Rechts begonnen werden.

Und auch das rechtliche Innovationsmanagement für F&E (Forschung und Entwicklung) wird vor völlig neue Herausforderungen gestellt. Dies gilt für den Bereich der Soft-IP wie das jüngst novellierte **Designrecht**, erst recht aber für Hard-IP, also das **Patentrecht**. Die Kommunikationsfähigkeit miteinander vernetzter Fertigungsprozesse („M2M") beinhaltet zudem eine Kommunikationsbedürftigkeit der Betriebsmittel, was zu einem endlosen Generieren von Daten führt, die ja nicht nur verwaltet werden müssen. Vielmehr werden in diesem Big-Data-Bienenstock von Betriebsgeheimnissen und Data-Ownership über Cloud-Computing bis zum Konzerndatenschutz alle Herausforderungen des **Datenrechts** und des **Datenschutzrechts** sowohl bei Kundendaten wie auch bei Arbeitnehmerdaten abgerufen.

Eine prominente Rolle wird das **Haftungsrecht** spielen, und zwar sowohl im Hinblick auf **vertragsrechtliche Haftungsansprüche** bei Performance- und Qualitätsmängeln der Fertigungsergebnisse wie – wohl ganz vorrangig – das eigentliche **Produkthaftungsrecht**. Insbesondere die für die *Root-Cause*-Analyse notwendige Ermittlung von technischen Verursachungsbeiträgen behaupteter Produktfehler wird eine echte Herausforderung werden. Das etablierte Produkthaftungsregime wird allerdings nicht den Geschädigten mit diesem Problem belasten, da es ja „lediglich" um die Fehlerhaftigkeit des Endprodukts geht, die auch nach bisherigen beweisrechtlichen Grundsätzen abgearbeitet werden kann. Schwierig wird in der innerindustriellen B2B-Auseinandersetzung der haftungsrechtliche Regress zwischen den „Herrschaftsunternehmen" verschiedener Betriebsmittel.

Industrie 4.0 trifft auf Recht 3.0 – wenigstens noch derzeit: Möglicherweise werden nämlich völlig neue Rechtsfiguren wie eine Gesamtschuldnerschaft aller involvierten Betriebsmittel-Hersteller zu entwickeln sein („Haftungs-Cloud"). Gesetzliche Haftungsbeschränkungen wie der schon existente § 44a Telekommunikationsgesetz (TKG) für Konnektivitätsschäden zeigen jedenfalls, dass erste Industriesektoren ihr Risikominderungsmanagement beim Gesetzgeber adressieren konnten. Nur führt eine erfolgreiche Risikoverschiebung des einen architektonisch immer zu einem Risikozuwachs bei anderen. Wie das übergreifende Gesamtrisiko im M2M-Bereich gemanagt wird und vor allem rechtlich intelligent gemanagt werden sollte, ist damit unverändert unklar.

Zudem wird das Produkthaftungsrecht mit einer Debatte konfrontiert werden, die bisher – bis auf homöopathische Ausreißer in den USA – noch nicht wirklich vor den Gerichten gelandet ist, deren Gewitterwolken (Stichwort: Stuxnet-Virus) aber schon am Horizont aufleuchten. Es geht dabei um die Frage, inwieweit eine robuste, ggf. skaliert gemessene Sabotagefestigkeit (**Resilienz**) ein rechtlicher Bestandteil der Sicherheitserwartung an ein Produkt sein darf. Cyber-Security und Product Safety werden sich schnell aufeinander zubewegen: Eine Hightech-Initiative in den Produktionsprozessen wird deshalb (bis hin zur Entwicklung technischer Normungen und Standards) das Thema der Abwehrsicherheit und Betriebsmittelfestigkeit gegen Angriffe von außen stärker in den Blick nehmen müssen, als dies bisher der Fall ist.

Literatur

[1]   Klindt, Th.: Industrie 4.0 – Erste Gedanken zum rechtlichen Umfeld. In: DIN-Mitteilungen November 2014. Beuth

Anwendung des Datenschutzgesetzes BDSG im Rahmen von Industrie 4.0

von *Prof. Dr.-Ing. Linus Schleupner*

Einleitung

Datensicherheit und Datenschutz sind Begriffe, die in der Praxis häufig synonym verwendet werden. Das Bundesdatenschutzgesetz BDSG ist dabei eher übergreifend zu sehen, weil im Gesetz auch die technisch-organisatorischen Maßnahmen Bestandteil sind. Allerdings bezieht sich das Datenschutzgesetz ausschließlich auf personenbezogene Daten. Produktionsdaten werden, sofern diese nicht einzelnen Personen zugeordnet werden können, nicht vom Gesetz erfasst.

Problematisch wird es aber, wenn Endkunden immer weiter in den digitalen Verkaufs- und Produktionsprozess einbezogen werden. Digitale Spiegel, die einen Datensatz, bestehend aus gewünschtem Kleidungsstück, Namen des Kunden, Adressdaten, Ort und Zeitpunkt des Einkaufs, sowie einem möglichen Abholdatum, generieren und diesen in die Fertigung schicken, sind denkbar. So beginnt die personenbezogene Datenerfassung bereits am Point of Sale. Das Abholdatum wird von den Produktionskapazitäten bestimmt und ein Abgleich bzw. die Verknüpfung technischer Daten mit personenbezogenen Daten ist notwendig.

Das Bundesdatenschutzgesetz (BDSG)

Das BDSG hat zum Ziel, den Einzelnen vor Beeinträchtigungen seines Persönlichkeitsrechts durch den Umgang mit seinen personenbezogenen Daten zu schützen. Das Gesetz hat zwei Kerngedanken: Zum einen besteht das so genannte Verbotsprinzip mit Erlaubnisvorbehalt. Dieses besagt, dass die Erhebung, Verarbeitung und Nutzung von personenbezogenen Daten zunächst verboten sind. Nur durch klare Rechtsgrundlage (z. B. ein Gesetz erlaubt die Datenverarbeitung in diesem Fall) oder wenn die betroffene Person ausdrücklich ihre Zustimmung zur Erhebung, Verarbeitung und Nutzung gegeben hat, kann davon abgewichen werden [1]. Die hierbei angewendeten Verfahren der Verarbeitung sind in der Regel von der Geschäftsführung eines Unternehmens (verantwortliche Stelle) zu prüfen bzw. bei der zuständigen Aufsichtsbehörde anzuzeigen. Zum anderen gilt der Grundsatz der Datensparsamkeit und Datenvermeidung. So sollen möglichst keine oder so wenig personenbezogene Daten wie möglich erhoben und verwendet werden.

Datenschutzbeauftragter

Die beschriebene Aufgabe der Prüfung muss die verantwortliche Stelle dann an einen Datenschutzbeauftragten übertragen, wenn mehr als 9 Mitarbeiter personenbezogene Daten verarbeiten. Die Verbindung zur Datensicherheit entsteht dadurch, dass auf dem Transport und bei der Speicherung von Daten der Zugriff Unbefugter nicht möglich sein darf. Alle Gefahren durch Viren, Würmer und Trojaner wirken auch auf personenbezogene Daten wie Adressdaten, Kreditkartendaten o. Ä. Dazu werden alle Mitarbeiter, die mit personenbezogenen Daten arbeiten, nach § 5 BDSG zur Geheimhaltung verpflichtet.

Der Datenschutzbeauftragte hat somit nicht nur die Aufgabe, Verfahren datenrechtskonform zu gestalten und das Bewusstsein für den sensiblen Umgang mit Daten zu schaffen, sondern auch die technischen und organisatorischen Voraussetzungen mitzubestimmen, die notwendig sind, um Daten zu schützen.

Das BDSG sieht dabei folgende Punkte vor:

- Unbefugten den Zutritt zu Datenverarbeitungsanlagen, mit denen personenbezogene Daten verarbeitet oder genutzt werden, zu verwehren (Zutrittskontrolle),
- zu verhindern, dass Datenverarbeitungssysteme von Unbefugten genutzt werden können (Zugangskontrolle),
- zu gewährleisten, dass die zur Benutzung eines Datenverarbeitungssystems Berechtigten ausschließlich auf die ihrer Zugriffsberechtigung unterliegenden Daten zugreifen können und dass personenbezogene Daten bei der Verarbeitung, Nutzung und nach der Speicherung nicht unbefugt gelesen, kopiert, verändert oder entfernt werden können (Zugriffskontrolle),
- zu gewährleisten, dass personenbezogene Daten bei der elektronischen Übertragung oder während ihres Transports oder ihrer Speicherung auf Datenträger nicht unbefugt gelesen, kopiert, verändert oder entfernt werden können und dass überprüft und festgestellt werden kann, an welche Stellen eine Übermittlung personenbezogener Daten durch Einrichtungen zur Datenübertragung vorgesehen ist (Weitergabekontrolle),
- zu gewährleisten, dass nachträglich überprüft und festgestellt werden kann, ob und von wem personenbezogene Daten in Datenverarbeitungssysteme eingegeben, verändert oder entfernt worden sind (Eingabekontrolle),
- zu gewährleisten, dass personenbezogene Daten, die im Auftrag verarbeitet werden, nur entsprechend den Weisungen des Auftraggebers verarbeitet werden können (Auftragskontrolle),
- zu gewährleisten, dass personenbezogene Daten gegen zufällige Zerstörung oder Verlust geschützt sind (Verfügbarkeitskontrolle),
- zu gewährleisten, dass zu unterschiedlichen Zwecken erhobene Daten getrennt verarbeitet werden können [1].

Der Datenschutzbeauftragte arbeitet an dieser Stelle sehr eng mit dem IT-Sicherheitsbeauftragten zusammen. Diese beiden Funktionen ergänzen sich, werden doch die jeweiligen Schwerpunkte der rechtlichen wie der technischen Aspekte zusammengeführt.

Datenschutz in Unternehmen

Der Datenschutz in Unternehmen erstreckt sich zunächst auf die betrieblichen Abläufe. Hierzu zählt der Umgang z. B. mit eingehenden Bewerbungen, Krankmeldungen, Kunden- und Lieferantendaten. Aber auch externe Partner, wie Steuerberater, Wirtschaftsprüfer, Unternehmensberater oder Gesundheitsmanager, bekommen gewollt oder ungewollt Zugriff auf personenbezogene Daten.

Spätestens mit Verwirklichung der „Stückzahl 1" gelangen nun auch personenbezogene Kundendaten in die Produktion. Das Produkt soll ja schließlich individuell gefertigt und personalisiert werden. Ist das BDSG in diesem Fall auch anzuwenden?

Das Gesetz sieht keinen Unterschied im Unternehmensbereich, sondern kennt nur die Anwendung auf personenbezogene Daten. Damit ist klar: Auch die Prozesse und Mitarbeiter in der Produktion, die Zugang zu solchen Daten bekommen, sind dem Gesetz unterworfen und dementsprechend zu behandeln.

Das bedeutet in der Praxis:

- Zu der Zahl der Mitarbeiter, die mit personenbezogenen Kundendaten zu tun haben, sind die relevanten Mitarbeiter der Produktion hinzuzuzählen.
- Die Voraussetzungen zur Bestellung eines Datenschutzbeauftragten (mehr als 9 Mitarbeiter) sind ggf. neu zu überprüfen.
- Die entsprechenden Prozesse der Produktion müssen in das Verfahrensverzeichnis aufgenommen werden.
- Bei Produktionsumstellung oder Einführung bzw. Erweiterung der Digitalisierungsprozesse muss der Datenschutzbeauftragte eine Vorabprüfung vornehmen.
- Die technischen und organisatorischen Maßnahmen zur Datensicherheit in der Produktion unterliegen dem BDSG und müssen vom Datenschutzbeauftragten, idealerweise gemeinsam mit dem IT-Sicherheitsbeauftragten und hier zusätzlich mit dem Produktionsleiter, bewertet werden.
- Es ist zu prüfen, wo die erhobenen Daten verarbeitet werden. Cloud-Lösungen, die mit der Produktion verbunden sind, müssen gesondert betrachtet werden. Hier spielt insbesondere der Aufstellort der Server (in welchem Land) ein wichtige Rolle.

Nun ist abzuwägen, welche Maßnahmen zu ergreifen sind. Einerseits verlangt das Gesetz den Einsatz von Sicherungsmaßnahmen. Das darf allerdings andererseits nicht dazu führen, dass die Kommunikation der einzelnen Feldgeräte, Steuerungen und angeschlossener ERP-Systeme behindert oder unterbunden wird. Der Produktionsprozess als solcher muss erhalten bleiben.

Hier wird sehr viel Fingerspitzengefühl nötig sein, um diese beiden Belange in eine optimale Lösung zu fassen. Also kann die Maxime nur lauten: „So viel Sicherheit wie nötig, so wenig Eingriff in die Abläufe wie möglich."

Auch die für 2018 geplanten Änderungen auf der Grundlage der EU-Datenschutz-Grundverordnung (EU-DSGVO) werden aus heutiger Sicht keine wesentlich anderen Handlungsempfehlungen zur Folge haben [2].

Literaturverzeichnis

[1] Bundesdatenschutzgesetz BDSG, in der Fassung der Bekanntmachung vom 14.01.2003 (BGBl. I S. 66), zuletzt geändert durch Gesetz vom 25.02.2015 (BGBl. I S. 162) m. W. v. 01.01.2016

[2] Verordnung (EU) 2016/679 des Europäischen Parlaments und des Rates vom 27. April 2016 zum Schutz natürlicher Personen bei der Verarbeitung personenbezogener Daten, zum freien Datenverkehr und zur Aufhebung der Richtlinie 95/46/EG (Datenschutz-Grundverordnung) und BERICHTIGUNG der Verordnung (EU) 2016/679 des Europäischen Parlaments und des Rates vom 27. April 2016 zum Schutz natürlicher Personen bei der Verarbeitung personenbezogener Daten, zum freien Datenverkehr und zur Aufhebung der Richtlinie 95/46/EG (Amtsblatt der Europäischen Union L 119 vom 4. Mai 2016)

Sichere Kommunikation im Umfeld von Industrie 4.0

von *Prof. Dr.-Ing. Linus Schleupner*

Kommunikationsnetze der Automatisierungstechnik in der Produktion von Gütern erfahren aktuell im Rahmen von Industrie 4.0 ebenso eine Veränderung wie der unternehmensinterne bzw. -übergreifende Datenaustausch. Bisher als Insellösungen ausgeführte Netze mit proprietären Bussystemen werden bei neuen Maschinen und Anlagen vermehrt mit Ethernet ausgestattet und, z. B. zu Fernwartungszwecken, mit dem Internet oder mit Cloud-Lösungen verbunden. Auch intelligente Stromzähler oder Heizungen werden vermehrt mit Internetanschluss in Privathaushalten als letztem Glied der Energieversorgungskette verwendet. Solche Netze können deshalb ohne Sicherungsmaßnahmen genauso von außen angegriffen oder ausgespäht werden wie jedes Büro- oder Heimnetzwerk. Der Angriff von W32.Stuxnet im Jahr 2010 und der Angriff auf das Netz des Deutschen Bundestags im Jahr 2015 haben gezeigt, dass die Wirkung von Schadsoftware bis zur Funktionsstörung von Atomanlagen und dem Zugriff auf streng geheime Unterlagen reichen kann. Deshalb müssen Kommunikationsnetze über eine im Rahmen der gegebenen Echtzeitbedingungen sichere Kommunikation verfügen, die sie gegen schädigende Einflüsse von innen und außen unempfindlich macht.

Dieser Beitrag listet verschiedene Möglichkeiten zur (organisatorischen) Absicherung von Kommunikationsnetzen auf und soll weiter dafür sensibilisieren, dass Datensicherheit ernst genommen wird.

Einleitung

Die ständige Verfügbarkeit von Infrastrukturen, z. B. bei Verarbeitungs- und Produktionsanlagen, sowie Anlagen zur Energie- oder Wasserversorgung (sogenannte KRITIS – Kritische Infrastrukturen), spielt für Unternehmen, Verwaltungen und private Haushalte eine große Rolle. Dort kommen automatisierte Prozesssteuerungssysteme, Industrie-PC (IPC) mit Windows-Betriebssystemen und Office-Anwendungen sowie SCADA-Systeme (Supervisory Control and Data Acquisition) zur Steuerung der verschiedenen Funktionen und Abläufe in verteilten Strukturen zum Einsatz. Zur Vernetzung ihrer Komponenten nutzen diese Systeme immer häufiger die gleiche oder ähnliche Ethernet-basierte Netzstruktur wie Standard-Computernetze.

Diese in der Automatisierungstechnik zunehmend eingesetzte Ethernet-basierte Feldbustechnik und in der Initiative Industrie 4.0 weitergeführte Kommunikationstechnik bis zu Privathaushalten soll wegen der hohen Bandbreite, des hohen Bekanntheitsgrads und der einfachen Anbindung von Netzteilnehmern neue Möglichkeiten öffnen. Die Vorteile liegen anscheinend auf der Hand: Die Anforderung an eine bekannte und einfache Technik, die insbesondere in der Automatisierungs- und Prozesstechnik den Transport und die Verarbeitung immer größerer anfallender Datenmengen erlaubt, ist zunächst erfüllt. So können bisher gängige, in der Maschinen- und Anlagenautomatisierung lokal eingesetzte, proprietäre Feldbussysteme abgelöst werden [1]. Auch intelligente Stromzähler werden als Gesamtnetz über das Internet angeschlossen.

Das führt allerdings dazu, dass Automatisierungssysteme potenziell den gleichen Gefahren durch Viren, Würmer, Trojaner und unbedachte Nutzer ausgesetzt sind wie jeder Büro- oder Heim-PC. Konzepte zur datentechnischen Einbindung aller Komponenten einer automatisierten Anlage über Ethernet-Netze werden durch Industrie 4.0 bereits realisiert. Geschäftsmodelle zur

Auslagerung von Service- und Instandhaltungsaufgaben auf externe, ggf. nicht am Standort der Anlage ansässige Unternehmen verstärken die potenziellen Risiken zusätzlich, ebenso wie die Vernetzung verschiedener Produktionsstandorte über ERP-Systeme (Enterprise Ressource Planning). Etablierte Schutzmaßnahmen aus der Büro-Informationstechnik lassen sich aber nicht 1:1 in die Automatisierungstechnik übertragen [2,3]. Viele Prozesse, z. B. in Kraftwerken, Stahlwerken oder der Energieerzeugung und -verbreitung können nicht einfach angehalten werden, um notwendige Updates von Betriebssystemen oder Virenschutzprogrammen mit anschließendem Systemneustart durchzuführen. Netzmonitore, Intrusion-Detection-Systeme (System zur Erkennung von Angriffen gegen Netze) und der Einsatz von Firewalls mit sehr restriktiven Regeln können zwar einen wichtigen Beitrag zum Schutz von Netzen leisten, ihr Einsatz kann aber die Funktionsfähigkeit und die Verarbeitungsgeschwindigkeit der Prozesssteuerungssysteme erheblich beeinträchtigen.

Die Differenzierung zum Internet wird immer schwieriger, da die Netze der Automatisierungstechnik auf Ethernet-Basis häufig direkt mit dem Internet verbunden und damit selbst zu einem Internet-Teilnehmer werden. Gerade diese Konnektivität macht es nötig, über geeignete Sicherheitsmaßnahmen nachzudenken, um z. B. die Produktion von Gütern, die Erzeugung von Energie und den Transport von Daten sicher zu gewährleisten.

Die Wechselwirkungen zwischen Sicherheit in der Informationstechnik (IT-Sicherheit) und der Sicherheit von Prozesssteuerungssystemen werden seit einigen Jahren intensiv diskutiert [2]. Immer mehr Hersteller, Integratoren und auch Betreiber von Prozesssteuerungssystemen erkennen die Notwendigkeit geeigneter IT-spezifischer Sicherheitsmaßnahmen. Bei der Entwicklung vieler existierender und bereits im Einsatz befindlicher SCADA-Komponenten ist der Aspekt der IT-Sicherheit allerdings noch nicht ausreichend berücksichtigt worden. Sicherheitsmechanismen, wie Authentifizierung und Verschlüsselung, wurden in der Prozesssteuerungstechnik selbst nur unvollständig oder gar nicht implementiert. Insbesondere bei der Erstellung und Fortschreibung von Sicherheitskonzepten für ältere Prozesssteuerungssysteme wird die Gefahr weiterhin unterschätzt [2].

Bei der Inbetriebnahme, dem laufendem Betrieb und der Wartung von Maschinen, Anlagen oder Versorgungsnetzen kann prinzipiell jeder Befugte oder Unbefugte mit der serienmäßigen Ethernet-Schnittstelle eines einfachen Laptops den Versuch unternehmen, Daten abzugreifen, zu verändern oder in den Datenverkehr innerhalb des Netzes einer Maschine oder der Grundversorgung einzugreifen. Die Daten werden üblicherweise offen und unverschlüsselt übertragen. Sie sind teilweise sensibel, weil es sich entweder um vertrauliche Informationen über Produkte und Prozesse oder um sicherheitskritische Stellgrößen handeln kann. Beim Einsatz von Funknetzen muss sich ein potenzieller Angreifer noch nicht einmal in der unmittelbaren Nähe der Maschine befinden.

Die Sicherheit gegen Angriffe von außen, wie Sabotage oder Manipulation, ist in automatisierten Anlagen in jeder Hinsicht elementarer Bestandteil zur Sicherstellung von Verfügbarkeit, Zuverlässigkeit und Authentizität. Eine Unterbrechung der Produktion aufgrund sabotierter oder manipulierter Anlagen kann schwerwiegende Folgen nach sich ziehen. Vertragsstrafen können bei falsch produzierter Menge oder verzögerter Lieferung greifen oder Rückrufaktionen können bei mangelhafter Qualität die Folge sein. Auch können Anlagen beschädigt oder unbrauchbar werden, was mit Imageschäden oder hohem Geldverlust einhergeht. Angriffe auf Kraft- und Wasserwerke können zudem notwendige Energie-, Strom- oder Wasserversorgungen ausschalten. Angriffe auf die Grundversorgung, z. B. die voraussichtlich ab 2017 für alle Haushalte verpflichtend geplanten intelligenten Stromzähler oder die mit dem Internet verbundenen Heizungsanlagen, können ganze Städte ausschalten. Deshalb ist das Gefahrenpotenzial groß.

Die erstmals im Juni 2010 bekannt gewordene Attacke der Schadsoftware W32.Stuxnet zeigt, dass die bisher autark und in sich geschlossen betriebenen Automatisierungsnetze durch gezielte Angriffe von außen verwundbar sind. Grund dafür ist die oben beschriebene Anbindung der Automatisierungsnetze an das Internet, z. B. zu Fernwartungszwecken, und die damit verbundene Möglichkeit, Schadsoftware einzuschleusen. Das Ziel von W32.Stuxnet war und ist das Ausspionieren und die Umprogrammierung vorhandener Software speziell in den Steuerungssystemen der Automatisierungstechnik zur Sabotage von Kraftwerken, chemischen Fabriken und industriellen Produktionsanlagen. Über eine vorhandene Internetverbindung wird zuerst die PC- und dann gezielt die Ebene der Speicherprogrammierbaren Steuerungen (SPS) in einer Automatisierungsarchitektur infiziert. Als Schaden wurde bisher veröffentlicht, dass in iranischen Atomanlagen Uranzentrifugen manipuliert und beschädigt wurden [4,5]. In [6] ist die Angriffsstrategie von W32.Stuxnet detailliert beschrieben.

Eine andere Angriffsform ist der im April 2011 bekannt gewordene Angriff auf die Daten von Nutzern einer Spieleplattform der Fa. Sony, bei dem über 75 Millionen Nutzerdaten kompromittiert wurden. Dabei war auch ein Zugriff auf Kreditkartendaten möglich [7].

Ein Angriff auf ein Wasserwerk in Texas/USA aus November 2011 ist in [8] dokumentiert und zeigt, wie einfach sich Hacker in kritischen Infrastrukturen Zugriff verschaffen können.

Die zum heutigen Stand (Anfang 2017) letzte große, bekannt gewordene Attacke ist das Einschleusen eines Trojaners in das Netz des deutschen Bundestags mit der Folge des Totalzusammenbruchs der Sicherheitsmaßnahmen. Hacker konnten über Monate hinweg unbemerkt hochsensible Daten abziehen [9].

Solche Angriffe müssen künftig zuverlässig verhindert werden.

Bedrohungen der Maschinenautomatisierung

Bedroht wird der Netzverkehr und damit der sichere Betrieb einer Maschine oder Anlage durch

- das Abhören und Verändern von Nachrichten (Snarfing, Janus-Angriffe),
- einen unbefugten Eingriff in die Maschinensteuerung,
- den Transport von Schadsoftware (mit oder ohne Schaden am Automatisierungssystem, als gezielter Angriff oder unbewusst eingeschleust),
- das Überfluten des Netzes mit unnützem Datenverkehr bzw. Angriffe auf die Verfügbarkeit des Rechners (Denial-of-Service-Angriff (DoS), Distributed-Denial-of-Service-Angriff (DDoS)) mit der Unterscheidung Bandbreitensättigung, Ressourcensättigung und Systemabsturz [10],
- ferngesteuerte Bot-Netze (Zusammenschaltung mehrerer fremdgesteuerter Rechner zum Versenden von Schadsoftware).

Als *Snarfing* wird der Informationsdiebstahl oder die Datenmanipulation in Netzen bezeichnet, das bei kabellosen Netzen aufgrund der Funktechnik auch beim so genannten *WarWalking* (oder beim Abfahren ganzer Gegenden oder Industriegebiete mit dem Auto *WarDriving* genannt) ausgeführt werden kann. Dabei werden mit einem funkfähigen mobilen Smart-Device von öffentlich zugänglichen Plätzen aus offene Funknetze gesucht, Sicherheitslücken ausgenutzt und Netze gezielt abgehört oder angegriffen. Bei *Janus-Angriffen* steht ein Angreifer entweder physikalisch oder logisch zwischen zwei Kommunikationspartnern und hat dabei mit seinem System vollständige Kontrolle über den Datenverkehr zwischen zwei oder mehreren

Netzteilnehmern und kann alle Informationen mitlesen und verändern. Zur Schadsoftware zählen nach [2] Viren, Würmer, Trojaner sowie ausführbare Internet-Inhalte, die so genannten *Aktiven Inhalte*, über die Programme auf einem Rechner installiert werden können.

Grundsätzlich unterliegt jedes IT-System einer Gefährdung durch Viren- oder Trojanerattacken. Diese Formen von Schadsoftware sind in der Lage, Unbefugten z. B. Login-Daten, Netzinformationen, Datenmaterial und Dokumente zugänglich zu machen, Dateien zu verändern, andere Netzcomputer zu manipulieren oder die Kontrolle über sie zu übernehmen. Trojanisierte E-Mails, denen ein *social engineering* (Ausfragen von vertraulichen Informationen) vorausgehen kann, spähen zunächst die Systemumgebung der angegriffenen Rechner aus, um im Weiteren auch Daten abzuziehen.

Die Vorgehensweise bei Angriffen auf fremde Kommunikationssysteme mittels Trojanern hat mittlerweile eine neue Qualität erreicht. Während der klassische Verbreitungsweg über Datenträger immer noch eine nicht zu unterschätzende Gefahr darstellt, werden Angriffe immer häufiger mit spezieller, auf das Opfer zugeschnittener Spionagesoftware durchgeführt. Zunächst wird ermittelt, welche Vorlieben, Interessen oder Hobbys die Zielperson haben könnte, um sie mit einer entsprechenden E-Mail zu konfrontieren. Beim Öffnen dieser Mail wird dann unbemerkt ein Trojaner platziert. Aktuelle Trojaner bzw. ganz neu auftauchende Trojaner werden oftmals von marktgängigen Schutzprogrammen nicht erkannt [11,12].

Der im Juni 2010 bekannt gewordene Angriff der Schadsoftware W32.Stuxnet zur Sabotage von Kraftwerken, chemischen Fabriken und industriellen Produktionsanlagen ist nur ein Beispiel, das zeigt, dass breit angelegte Sicherheitsmaßnahmen überlegt werden müssen. Über eine vorhandene Internetverbindung wird zuerst die PC- und dann gezielt die SPS-Ebene infiziert, um Anlagen zu manipulieren oder auszuschalten [4,6,5].

Es ist bekannt, dass zum Schließen von Sicherheitslücken notwendige Updates von Betriebssystemen, Antiviren- oder Anwenderprogrammen durchgeführt werden müssen. Und dies gilt nicht nur für PC-Lösungen, sondern für alle eingesetzten Komponenten, die ein Betriebssystem verwenden [13]. Heutzutage müssen Antiviren-Programme stündlich und Updates der Betriebssysteme sofort bei Verfügbarkeit aktualisiert werden, weil die Gefährdung für PC und IPC, mit Viren oder anderer Schadsoftware infiziert zu werden, als sehr hoch einzustufen ist [11,12,3].

Einer Studie des BSI zufolge haben bereits 63 % der Internetnutzer persönliche Erfahrungen mit Viren und Würmern gemacht, 35 % mit Trojanern und 19 % mit Spionagesoftware. Die Tendenz ist weiter steigend [2]. Im gleichen Bericht wird festgestellt, dass nur 18 % der befragten Unternehmen mehr als 7,5 % des IT-Budgets in IT-Sicherheit investieren. Ein Grund für diese geringe Zahl ist dem Bericht zufolge, dass bei mehr als der Hälfte der befragten Unternehmen das Bedrohungsrisiko für das eigene Unternehmen als gering eingestuft wird.

Updates von Betriebssystemen und Antivirenprogrammen müssen auch bei IPC vorgenommen werden. Das Aufspielen von Updates hat jedoch oftmals einen Neustart des Geräts zur Folge. Der Neustart eines IPC bedeutet aber auch, dass der Prozess bzw. die Produktion angehalten werden muss, wenn kein Redundanzsystem zur Verfügung steht. Ungeplante Stillstandszeiten sind für Produktionsbetriebe nicht akzeptabel. Eine Stillstandszeit ist ein Produktionsstopp, durch den hohe Kosten durch Lieferverzögerungen entstehen können. Auch können z. B. Kraftwerksprozesse, chemische Prozesse oder Produktionsanlagen der Stahl-, Aluminium- oder Kunststoffindustrie nur nach einer langwierigen Vorbereitung anhalten und wieder anlaufen. Updates müssen dementsprechend bei geplanten Stillständen eingespielt werden. Der

Abstand solcher geplanter Stillstände hängt von den Wartungsintervallen der Maschinen und Anlagen ab und liegt erfahrungsgemäß zwischen wenigen Wochen und mehreren Monaten. Notwendige, wichtige Sicherheitsupdates der Betriebssysteme oder von Antivirus-Lösungen werden also nicht oder nur selten durchgeführt. Es liegt also ein Konflikt zwischen hoher Sicherheit und geringer Stillstandszeit vor.

In modernen Industrieanlagen werden nicht nur zunehmend Systeme lokal miteinander vernetzt, sie werden auch mit Fernwartungs- und Ferndiagnosesystemen ausgerüstet. Damit sollen über große Entfernungen Funktionalität, Service und Kundennähe gewährleistet sein, so, als ob ein Service-Techniker lokal vor Ort wäre. Jedoch werden dabei auch sensible Informationen wie Passwörter, Messdaten, Parameter und firmeneigenes Wissen übertragen. Sicherheitsrelevante Funktionen können fernwirksam geschaltet werden. Zeichnet ein Unbefugter eine solche offene Kommunikation auf, kann er jederzeit gefährdende Funktionen auslösen oder vertrauliche Informationen sammeln.

Das Problem stellt sich in der Varianz und dem Umfang der notwendigen Abwehrmaßnahmen bei gleichzeitiger Erlaubnis des Zugriffs auf die Maschinenautomatisierung und Geheimhaltung sensibler Daten dar. Darum sollten sich die notwendigen Schutzmaßnahmen von denen der Büro-IT unterscheiden, um einen praxisgerechten, sicheren Betrieb zu gewährleisten.

Grundsätzlich sind verschiedene Szenarien denkbar:

- Der Angreifer ist ein Mitarbeiter des Produktionsbetriebs und hat direkten Zugang zum Unternehmensnetz.
- Der Angreifer ist kein Mitarbeiter des Produktionsbetriebs, hat aber direkten Zugang zu diesem Unternehmen oder zum Unternehmensnetz, z. B. als externer Service-Mitarbeiter.
- Der Angreifer ist kein Mitarbeiter des Produktionsbetriebs, hat keinen direkten Zugang zum Unternehmen, jedoch zum Unternehmensnetz, z. B. durch Abhören eines Funknetzes.

Es kann also von innen oder von außen angegriffen werden.

In diesen Szenarien helfen Strukturanalysen, Schwachstellen aufzudecken. Schwachstellen sind notwendige Bedingungen, damit eine latent vorhandene Bedrohung einen Schaden bewirken kann. Schwachstellen können beseitigt werden, Bedrohungen sind jedoch ständig vorhanden. Durch ein Risikomanagement, zu dem auch Strukturanalysen gehören, werden technisch und organisatorisch wirksame sowie wirtschaftlich sinnvolle Schutzmaßnahmen eingeleitet und Schwachstellen geschlossen [5].

In der Prozesstechnik treten Schwachstellen beispielsweise auf bei

- Automatisierungskomponenten und IPC,
- systemnaher Middleware (z. B. OPC-Server),
- Bedienterminals und
- Zugriffspunkten zu Netzen.

Aktuell wird als wirksamste Abhilfe gegen unbefugte Zugriffe die Beschränkung der zulässigen Kommunikation mit kritischen Maschinen- oder Anlagenteilen (Zellen) auf das operativ erforderliche Maß empfohlen. Möglich ist dies durch den Einsatz dezentraler Firewalls mit geeignetem Regelwerk, das entweder aus der Systemdokumentation abgeleitet oder aus einer Lernphase direkt am Netz gewonnen werden kann. Als Regel gilt: „Was nicht explizit erlaubt ist, ist verboten!" [13]

Für Wartungs-, Montage- oder Reparaturarbeiten an Maschinen und Anlagen werden von Betrieben häufig Service-Techniker der verschiedenen Maschinen- und Anlagenbauer zusätzlich zu eigenem Personal angefordert, welche lokal oder aus der Entfernung Arbeiten am Automatisierungssystem ausführen. Um sicherzustellen, dass jeder Techniker wirklich nur die Zugriffsrechte bekommt, die er benötigt, ist eine Benutzererkennung mit Authentifizierung notwendig, über welche vorher festgelegte Rechte freigeschaltet werden. So kann der Zugriff personen- und funktionengebunden auf Teilbereiche beschränkt oder in vollem Umfang erlaubt werden. Die Zugriffsrechte können dabei lokal hinterlegt sein, lokal eingegeben werden oder die Authentifizierung erfolgt über eine Fernabfrage von einem nicht-lokal verfügbaren Server.

Grundsätzlich kann die Authentifizierung für die Rechtevergabe durch die Authentisierung von

- Wissen (z. B. Passwörter oder persönliche Identifikationsnummern (PIN)),
- Besitz (z. B. Codekarte, Schlüssel, Radio-Frequency Identification (RFID)-Chips, USB-Dongle),
- äußere Merkmale (biometrische Eigenschaften)

oder aus Kombinationen dieser Möglichkeiten vorgenommen werden [14,15].

Die Praxis-Beispiele von EC-Karte und PIN, das Zwei-Schlüssel-Prinzip bei Banktresoren oder der digital hinterlegte Fingerabdruck auf Personalausweisen und Reisepässen sind allgemein bekannt. Analog dazu können dem Wartungs- und Servicepersonal Passwort und/ oder Codekarte zugewiesen, sowie ein Fingerabdruck elektronisch aufgezeichnet werden. Diese Parameter erlauben, einzeln oder kombiniert, einen anwenderbezogenen Zugang zu bestimmten Bereichen.

Bestehende Schwachstellen sind jedoch:

- Passwörter können ausgespäht, herausgefunden oder vergessen werden,
- Codekarten oder Schlüssel können gestohlen oder verloren werden,
- biometrische Eigenschaften können nicht bzw. falsch erkannt werden, gefälscht werden oder sich mit der Lebenszeit verändern.

Fingerabdrücke können bereits mit Hilfe einer Anleitung aus dem Internet einfach kopiert werden und scheiden damit als sicherer Identitätsnachweis aus. Lebend-Erkennungen sollen solche Tricks verhindern [39].

In jedem Fall werden über eine Leitung Daten verschickt, die unbedingt geschützt werden müssen, denn das Abfangen im Klartext versendeter Nachrichten versetzt einen Angreifer in die Lage, selbst autorisiert auf Systeme zugreifen zu können.

Grundprinzipien sicherer Kommunikation

Sichere Kommunikation bedarf in jedem Anwendungsfall eines ganzheitlichen Ansatzes, bei dem

- Personen (Motivation, Wissen, Fehler),
- Prozesse (Richtlinien, Organisation),
- Produkte/Technologien (Hardware, Software, Netze)

dynamisch zusammenwirken. Ein Bereich alleine reicht nicht aus, um Schutzziele abschließend zu definieren.

Die folgenden Grundprinzipien verdeutlichen den Anspruch an die Sicherheit, den ein zu implementierendes System erfüllen muss. Es sind:

- *Vertraulichkeit* / Zugriffsschutz: Nur dazu berechtigte Netzteilnehmer sollen in der Lage sein, auf Nachrichten im Klartext zuzugreifen und diese auszutauschen. Solche Daten können von unberechtigten Teilnehmern nicht verstanden werden, eine nicht-autorisierte Informationsgewinnung ist also nicht möglich.
- (Daten-)*Integrität* / Änderungsschutz: Der Empfänger soll in der Lage sein, festzustellen, ob eine Nachricht verändert worden ist oder nicht. Daten können also ohne Kenntnis des Empfängers von einem Dritten nicht geändert werden.
- *Authentizität* / Fälschungsschutz: Der Empfänger einer Information soll klar und eindeutig erkennen können, von welchem Absender die Information stammt. Gesendete Daten stammen auch tatsächlich vom Absender, der Absender kann sich also gegenüber dem Empfänger zweifelsfrei ausweisen.
- *Verbindlichkeit* / Nichtabstreitbarkeit: Der Absender einer Information muss jederzeit die Urheberschaft einer Nachricht nachweisen können. Die Identität des Absenders ist Dritten gegenüber nachweisbar und nicht abstreitbar.
- *Anonymität*: Die Identität des Absenders bleibt Dritten gegenüber geschützt [14,5,15].

Das BSI hat im Rahmen der Studie „Kommunikations- und Informationstechnik 2010 – Trends in Technologie und Markt" neben den verwendeten Sicherheitsverfahren untersucht, welche Sicherheitseigenschaften von Systemen künftig insbesondere in eingebetteten Systemen, z. B. bei Handys oder Tablets sowie bei Informationssystemen von Bedeutung sein werden. Es zeigte sich, dass sowohl kurzfristig als auch langfristig den Merkmalen Datenintegrität und Vertraulichkeit die größte Bedeutung beigemessen wird [16]. Das bedeutet, dass eine geschützte, geheime und zuverlässige Datenübertragung gewünscht wird.

Normen und Richtlinien

Um Anwender bei der Abwehr von Bedrohungen gegen Netze der Informationstechnik zu unterstützen, wurden basierend auf anerkannten Regeln der Technik verschiedene Normen und Vorschläge entwickelt.

Relevant für den Schutz von informationstechnischen Netzen und Anlagen sind insbesondere:

- der Lagebericht des BSI,
- BSI-Standards wie der „Leitfaden IT-Sicherheit (IT-Grundschutz kompakt)" des BSI,
- die DIN ISO 27000 und
- VDI-Richtlinie 2182.

Der Lagebericht des BSI

Im Lagebericht des BSI werden

- Bedrohungen untersucht und bewertet, welche durch technische Sicherheitslücken und ihre Nutzung entstehen,

- Chancen und Risiken beim Einsatz innovativer Technologien aufgezeigt, sowie
- Trends aus den Bereichen Wirtschaft, Gesellschaft, Technik und Recht präsentiert [2].

Er gibt einen Überblick über den Umgang mit der Informationstechnik und legt dar, welche Hilfen das BSI unterschiedlichen Zielgruppen an die Hand geben kann.

Der Bericht des Jahres 2007 stellt eine Zunahme des Gefährdungspotenzials im Vergleich zum Jahr 2005 fest. Mit zunehmender Verlagerung von geschäftlichen und privaten Aktivitäten in die virtuelle Welt geht auch eine Professionalisierung und Kommerzialisierung der IT-Bedrohungen einher. Daraus resultiert eine auch zukünftig anhaltend hohe Bedrohungslage der IT-Sicherheit bei Privatanwendern, Unternehmen und Verwaltungen [2].

Im Jahr 2006 schon wurden 7.247 neue Sicherheitslücken in Betriebssystemen wie Windows und Programmen wie den Office-Paketen von Microsoft entdeckt. Auch der prozentuale Anteil jener Sicherheitslücken, die von Angreifern für den Zugriff auf ein verwundbares System ausgenutzt werden können, erhöhte sich. 52,5 % der im Jahre 2006 analysierten Schwachstellen eigneten sich dafür, Benutzer- oder sogar Administratorrechte zu erlangen, mit denen dann umfangreiche Manipulationen am PC möglich werden [17]. Auch 2014 wurden 7.038 Sicherheitslücken offiziell in den Katalog der National Vulnerability Database (NVD) der US-Regierung aufgenommen [18]. Von einer darüber hinausgehenden Dunkelziffer muss ausgegangen werden, da nicht alle Sicherheitslücken an die Öffentlichkeit gelangen.

Schadprogramme (meist Trojaner und Würmer) stellen die häufigste Angriffsform gegen Informationssysteme und PCs dar. Angriffe gegen die Verfügbarkeit eines IT-Systems oder IT-Dienstes stiegen im Jahr 2006 ebenfalls an. Eine Ursache dafür ist die verstärkte Zunahme von ferngesteuerten Bot-Netzen aus mehreren Rechnern, die gerade für solche Angriffe aufgebaut oder zur Versendung von unerwünschten E-Mails (Spam) genutzt werden.

Weiterhin stellt der Bericht fest, dass modulare Schadprogramme einen neuen Trend darstellen, um die Schäden an Computersystemen möglichst hoch zu halten. Dabei laden kleinere Schadprogramme unbemerkt ständig neue, größere Schadprogramme aus dem World Wide Web nach. Diese kleineren Schädlinge sind schwer erkennbar und nicht leicht zu bekämpfen.

Das bekannte „actio-reactio" zwischen Schädlingsprogrammierer und Bekämpfer dieser Schadprogramme kann also nur beendet werden, wenn effektive und effiziente Sicherungsmaßnahmen ergriffen werden, die nicht überwunden werden können.

BSI-Standards und Technische Richtlinien

BSI-Standards, wie der *Leitfaden IT-Sicherheit*, enthalten Empfehlungen des BSI zu Methoden, Prozessen und Verfahren, sowie Vorgehensweisen und Maßnahmen mit Bezug zur Informationssicherheit. Das BSI greift dabei Themenbereiche auf, die von grundsätzlicher Bedeutung für die Informationssicherheit in Behörden oder Unternehmen sind und für die sich national oder international sinnvolle und zweckmäßige Herangehensweisen etabliert haben. Zum einen dienen BSI-Standards zur fachlichen Unterstützung von Anwendern der Informationstechnik. Behörden und Unternehmen können die Empfehlungen des BSI nutzen und an ihre eigenen Anforderungen anpassen. Dies erleichtert die sichere Nutzung von Informationstechnik, da auf bewährte Methoden, Prozesse oder Verfahren zurückgegriffen werden kann. Auch Hersteller von Informationstechnik oder Dienstleister können auf die Empfehlungen des BSI zurückgreifen, um ihre Angebote sicherer zu machen. Zum anderen dienen BSI-Standards auch dazu, bewährte Herangehensweisen in ihrem Zusammenwirken darzustellen [19].

Der „Leitfaden IT-Sicherheit" bietet nicht nur eine Vorgehensweise für den Aufbau einer Sicherheitsorganisation, sondern unterstützt auch bei der Risikobewertung, bei der Überprüfung des vorhandenen IT-Sicherheitsniveaus sowie bei der Umsetzung von Maßnahmen. Es werden organisatorische Maßnahmen ohne technische Details vorgestellt, die einem Unternehmen sehr allgemein und grundlegend Hilfestellung geben, ein umfassendes Sicherheitskonzept zu implementieren. Die dargestellten Beispiele beziehen sich zwar alle auf die Büroumgebung, lassen sich aber prinzipiell auf jede kommunizierende Architektur übertragen. Ergänzt werden die oben genannten Standards durch Technische Richtlinien des BSI [19].

Auf die zwischenzeitlich als notwendig erkannte Absicherung von Produktionsanlagen hat das BSI mit dem ICS-Security-Kompendium reagiert [20]. ICS steht für Industrial Control Systems und meint alle für Produktionsanlagen notwendigen Steuerungseinheiten. Maßnahmen zur Absicherung speziell für diesen Bereich werden aufgegriffen und auf die Prozesse in Produktionsbetrieben übertragen. Industrie 4.0 ist thematisch erwähnt, jedoch noch mit Forschungspotenzial klassifiziert. Dabei geht es vorrangig um die frühestmögliche Einbeziehung von Security-Maßnahmen in die Referenz-Architektur in die Planungsphase von Smart Factories. Klar benannt wird das erhöhte Angriffsrisiko wegen der erhöhten Komplexität solcher Anlagen.

Die DIN ISO 27000

Mit der Zertifizierung nach DIN ISO 27000 auf Basis des IT-Grundschutzes des BSI können Unternehmen ihr IT-Sicherheitsmanagement sowie konkrete IT-Sicherheitsmaßnahmen überprüfen und von einer Bundesbehörde als neutraler Stelle bestätigen lassen. Die DIN ISO 27000 bietet Grundlagen zum Aufbau eines Informationssicherheitsmanagements. Diese internationale Norm sieht einen strukturierten Grundschutz mit den dazu notwendigen Sicherheitsmaßnahmen vor. Dabei muss nicht unbedingt das gesamte Netz betrachtet werden, sondern es können auch lediglich einzelne Teilbereiche einbezogen werden [21].

Folgende Phasen werden unterschieden:

- Planungsphase,
- Implementierungsphase,
- Überwachungsphase.

In der *Planungsphase* wird der gewünschte Grad der Sicherheit spezifiziert und ein Sicherheitskonzept erstellt. Dann werden in der *Implementierungsphase* die ausgewählten Maßnahmen umgesetzt. Durch den Einsatz von Routern, Switches und angemessener Sicherheitssoftware wird die erforderliche Sicherheit gewährleistet. In der *Überwachungsphase* wird auf die Einhaltung der Richtlinien geachtet. Insbesondere muss immer wieder überprüft werden, ob der definierte Schutz noch ausreichend ist oder an ein neu definiertes Sicherheitsniveau angepasst werden muss. Weiterhin wird auf spezielle Belange von Funknetzen eingegangen [21].

Die VDI-Richtlinie 2182

Zu Beginn des Jahres 2008 wurde die VDI-Richtlinie 2182 verabschiedet und 2011 bzw. 2013 ergänzt [22]. Mit dieser Richtlinie wird ein Modell vorgestellt, das auf einem prozessorientierten und zyklischen Ansatz basiert. Der beschriebene Prozess unterstützt den Anwender des Modells bei der Bestimmung und Bewertung einer angemessenen und wirtschaftlichen

Sicherheitslösung für einen konkreten Betrachtungsgegenstand. Ziel der VDI-Richtlinie ist die Beschreibung einer Vorgehensweise, mit der die Informationssicherheit von automatisierten Maschinen und Anlagen durch die Umsetzung von konkreten Maßnahmen erreicht werden kann.

Die Richtlinie sieht vor, dass unter Berücksichtigung der Ergebnisse einer Strukturanalyse die für den Betrachtungsgegenstand (Automatisierungsgerät, Asset) relevanten Schutzziele festgelegt werden, die mit Hilfe der zu erstellenden Lösung erreicht werden sollen. Die Analyseschritte sind:

- Anlagenbestandteile und Automatisierungsgeräte identifizieren,
- relevante Schutzziele ermitteln,
- Bedrohungen analysieren,
- Risiken analysieren und bewerten,
- Einzelmaßnahmen aufzeigen und Wirksamkeit bewerten,
- Gesamtlösung auswählen,
- Gesamtlösung implementieren und betreiben, sowie
- Audit durchführen.

Typischerweise sollten nach dieser Richtlinie die Schutzziele von Automatisierungssystemen auf das übergeordnete Ziel des Anlagenbetreibers, nämlich den ungestörten Anlagenbetrieb, ausgerichtet sein. Wenn der Anlagenhersteller auch sein geistiges Eigentum wie Programme oder Daten vor unbefugtem Gebrauch schützen möchte, sind zusätzliche Maßnahmen notwendig [22].

Aktivitäten des Verfassungsschutzes

Auch der Verfassungsschutz weist in seiner Broschüre zur Wirtschaftsspionage auf die Gefahren gezielter Angriffe hin. Diese werden sogar von ausländischen Regierungen unterstützt und gefördert, um die dortigen einheimischen Wirtschaftsunternehmen zu stärken [23,26].

Es spielt eine wesentliche Rolle, dass erforderliche Sicherheitsmaßnahmen zur Datensicherung häufig unter dem Aspekt der Wirtschaftlichkeit bewertet und nicht den örtlichen tatsächlichen Sicherheitsanforderungen angepasst werden. Spionage über das Internet kennt keine zeitlichen und sprachlichen Barrieren, sie ist effektiv und kostengünstig zugleich. Zudem birgt sie für den Angreifer aufgrund der geographischen Unabhängigkeit auch nur ein geringes Entdeckungsrisiko. Die zunehmenden elektronischen Attacken auf Computernetze stellen mittlerweile eine größere Gefahr dar als traditionelle Ausspähungsversuche. Es dürfte heute wohl kein Unternehmen mehr geben, das nicht an das Internet angebunden und in mehr oder weniger großem Maße von globaler Kommunikation abhängig ist. Der wirtschaftliche Erfolg eines Unternehmens hängt daher heute auch davon ab, wie gut es gelingt, sensible Datenbestände und die elektronische Kommunikation vor Datenverlust und Datenmissbrauch zu schützen [23,26].

Die erhöhte Mobilität von Mitarbeitern vieler Unternehmen führt zur verstärkten Nutzung mobiler Netzanschlüsse, z. B. in öffentlichen Verkehrsmitteln wie Zügen oder Flugzeugen, aber auch bei Kunden und Lieferanten. Die Funkanbindung von stationären, besonders aber von mobilen Endgeräten eröffnet jedoch nicht nur den berechtigten Nutzern, sondern auch Angreifern, Wettbewerbern oder fremden Nachrichtendiensten völlig neue Zugangsmöglichkeiten zu IT-Netzen und angeschlossenen Systemen. Nach wie vor wird die hohe Verwundbarkeit drahtloser Kommunikationsverbindungen nicht erkannt bzw. nicht genügend ernst genommen. So sind selbst professionell betriebene Netze in Unternehmen lediglich mangelhaft oder überhaupt nicht abgesichert. Risikobehaftet sind praktisch alle auf drahtloser Verbindung basierenden Techniken bzw. IT-Komponenten [23,26].

Als besonders anfällig haben sich erwiesen:

- Funknetze mit WLAN-Technik und Bluetooth-Schnittstellen durch Abhören,
- Funktastaturen und -mäuse durch Auffangen der Tasten- und Mausbewegungen, sowie
- der Digital Enhanced Cordless Telecommunications (DECT)- und der Global System for Mobil Communications (GSM)-Standard bei mobiler Telefonie durch Abhören von Gesprächen und Abfangen von Textnachrichten.

Im Verfassungsschutzbericht wird festgestellt, dass sich die E-Mail-basierten elektronischen Angriffe auf Netze über das Internet zu einer besonderen Gefahr entwickelt haben. Im Unterschied zur Beschaffung von Informationen mit Hilfe menschlicher Quellen wird so in der Regel unbemerkt und risikolos angegriffen, z. B. aus dem Ausland [23].

Veröffentlichungen des VDMA

Die im Zusammenhang mit Industrie 4.0 in jüngerer Zeit aufgekommenen Untersuchungen und Standardisierungsbestrebungen speziell für Maschinen und Anlagen sind zum Teil bereits erhältlich, zum Teil noch in der Entstehung. So zeigt sich der Verband der Deutschen Maschinen- und Anlagenbauer (VDMA) sehr bemüht, z. B. mit Leitfäden oder einem Fragebogen auf die bestehenden Gefahren hinzuweisen. In einer Umfrage stellt der VDMA unter anderem fest:

- Die Anzahl an Security-Vorfällen wird weiter steigen, so meinen 63 % der Unternehmen.
- Bereits in 29 % der Unternehmen gab es durch Security-Vorfälle bedingte Produktionsausfälle.
- Die Allianz für Cybersicherheit des BSI ist 61 % der Unternehmen gänzlich unbekannt. Auch eine Meldepflicht von Security-Vorfällen lehnen knapp zwei Drittel der Unternehmen ab.
- Nur 57 % der Unternehmen kennen einen der gängigen Security-Standards, und weniger als ein Drittel wendet die Standards auch an [24].

Fazit und Ausblick

In Sicherheitsfragen zum Schutz von Anlagen und Informationen ist ein Vorgehen nach dem Motto „Viel hilft viel" in der Regel nicht zielführend, genauso wenig wie „etwas" zu machen. Vielmehr ist ein systematischer, auf das tatsächliche Gefährdungspotenzial abgestimmter Ansatz erforderlich. Die auf einer Risikoanalyse basierende, passende Mischung aus organisatorischen und technischen Maßnahmen entfaltet im Idealfall genau dann eine angemessene Wirkung, wenn das Vorgehen als dynamischer Prozess verstanden und gelebt wird. Eine zielgerichtete Vorgehensweise muss auf formulierten, in der Regel funktionalen Anwenderanforderungen beruhen. Für neue Produkte und Systeme muss die Berücksichtigung der Sicherheitsaspekte bereits in der Entwurfsphase beginnen [25,3,2]. Die dargestellten Normen und Richtlinien stellen einen Anhalt für den grundsätzlichen Aufbau sicherer Systeme dar. Aber fehlende Erfahrung oder Missverständnisse auf Anwenderseite führen zu Unsicherheiten bei der praktischen Umsetzung.

Es zeigt sich, dass die dringende Notwendigkeit besteht, Infrastrukturen und Produktionsanlagen konsequent und effizient zu schützen. Obwohl die Bedrohung an sich bekannt ist, wird sie nicht ernst genug genommen. Dabei kann es sich kein Unternehmen leisten, die Kontrolle über die eigene Produktion zu verlieren, Maschinen mit falschen Daten zu betreiben oder Know-how abfließen zu lassen. Ebensowenig sollten Kraftwerke, Wasserwerke oder Energiespeicher wie Gastanks von Unbefugten angegriffen werden. Smart Grids sind keine Zukunftsvision mehr, sondern werden elementarer Bestandteil unserer Energieversorgung. Eine Fehlsteuerung hätte fatale Auswirkungen.

Das erste Ziel eines jeden Unternehmens ist die Markt- und Wettbewerbsfähigkeit, um Gewinne zu erwirtschaften. Dass dieser Wettbewerb aber nicht mehr nur kaufmännisch in den Märkten ausgetragen wird, sondern sich auf die digitale Kommunikation ausweiten kann, muss erst noch verstanden werden. Wie die Studie des VDMA gezeigt hat, sind viele Unternehmen gar nicht in der Lage, solche Angriffe festzustellen bzw. abzuwehren. Allein die unbemerkte Manipulation von Konstruktionszeichnungen oder Stücklisten würde zu erheblichem Schaden führen.

Die Maximalvernetzung aller Unternehmensprozesse in der Endstufe von Industrie 4.0 hat bezüglich der Verwundbarkeit bei Datenausfall bzw. -manipulation eine neue Dimension erreicht. Nur die konsequente und lückenlose Einführung eines belastbaren Sicherungssystems kann die Risiken minimieren. Ausschließen lässt sie sich zum heutigen Zeitpunkt nicht.

Literaturverzeichnis

[1] Jasperneite, Jürgen: Leistungsbewertung eines lokalen Netzwerkes mit Class-of-Service-Unterstützung für die prozessnahe Echtzeitkommunikation. Dissertation an der Fakultät für Elektrotechnik und Informationstechnik, Otto-von-Guericke Universität, Magdeburg, 2002

[2] Die Lage der IT-Sicherheit in Deutschland. Bundesamt für Sicherheit in der Informationstechnik, Bonn, 2005/2007/2009/2014

[3] Klasen, Fritjof; Straßer,Wolfgang: IT-Sicherheit muss übergreifend ansetzen. In *Intelligenter produzieren*. VDMA-Verlag, Frankfurt, Ausgabe 5/2008

[4] Spiegel Online: Angriff auf Irans Atomprogramm – Stuxnet könnte tausend Uran-Zentrifugen zerstört haben. 26. Dezember 2010

[5] New York Times: Israel Tests on Worm Called Crucial in Iran Nuclear Delay. vom 15. Januar 2011; abgerufen 16. Januar 2011

[6] Falliere, Nicolas; Murchu, Liam O.; Chien, Eric: Symantec Security response W32.Stuxnet dossier. Version 1.3 November 2010. *http://www.symantec.com/content/en/us/enterprise/media/ security_response/whitepapers/w32_stuxnet_dossier.pdf, 25.11.2010*

[7] Focus Online: Hacker-Angriff: Sony-Kundendaten gestohlen. *http://www.focus.de/digital/ computer/computer-hacker-angriff-sony-kundendaten-gestohlen_aid_621742.html; abgerufen am 27. April 2011*

[8] Hacker-Zugriff auf Wasserwerk: Steuerungstechnik unzureichend geschützt. SICHER INFORMIERT. Der Newsletter von *www.buerger-cert.de*, Ausgabe vom 24.11.2011 Nummer NL-T11/0024

[9] Die Welt vom 11.6.2015, 6.7.2015. *http://www.welt.de/politik/deutschland/article142372328/ Verfassungsschutz-verfolgt-Spur-nach-Russland.html*

[10] Distributed Denial of Service (DDoS)-Analyse der Angriffs-Tools. Bundesamt für Sicherheit in der Informationstechnik, Bonn, 8. September 2000. *https://www.bsi-fuer-buerger.de/cln_031/ ContentBSI/Themen/Internet_Sicherheit/Gefaehrdungen/DDoSAngriffe/toolsana.html*

[11] Anlagensicherheit bleibt oberstes Gebot. VDI-Nachrichten, S. 28, 28.11.2008

[12] Fitz, Robert; Halang, Wolfgang A.: Sichere Abwehr von Viren, Schutz von IT-Systemen durch gerätetechnisch unterstützte Sicherheitsmaßnahmen. Datakontext, Frechen, 2002

[13] VDMA Nachrichten: Maschinenintegration – Produktion in vernetzten Umgebungen. VDMA, Frankfurt, Mai 2008

[14] Bless, Roland; Mink, Stefan; Blaß, Erik-Oliver; Conrad, Michael; Hof, Hans-Joachim; Kutzner, Kendy; Schöller, Marcus: Sichere Netzwerkkommunikation. Springer-Verlag. Berlin Heidelberg, 2005

[15] Swoboda, Joachim; Spitz, Stephan; Pramateftakis, Michael: Kryptographie und IT-Sicherheit. Vieweg+Teubner Verlag, Wiesbaden, 2008

[16] Alkassar, Ammar; Garschhammer, Markus; Gehring, Frank; Keil, Patrick; Kelter, Harald; Löwer, Ulrich; Pankow, Marcus; Sadeghi, Ahmad-Reza; Schiffers, Michael; Ullmann, Markus; Vogel, Sascha: Kommunikations- und Informationstechnik 2010+3: Neue Trends in Technologien, Anwendungen und Sicherheit. SecuMedia Verlag, Ingelheim, September 2003

[17] X-Force Threat Inside Quarterly Q406, 2007. *http://www-935.ibm.com/services/us/iss/html/ xforce-threat-insight.html*

[18] Datenbank der National Vulnerability Database NVD. *https://nvd.nist.gov*, 06.07.2015

[19] Leitfaden Informationssicherheit. Bundesamt für Sicherheit in der Informationstechnik, Bonn, 2012

[20] ICS-Security-Kompendium. Bundesamt für Sicherheit in der Informationstechnik, Bonn, 2013

[21] DIN ISO/IEC 27001 (2008-09) Informationstechnik – IT-Sicherheitsverfahren, 2008

[22] Fachausschuss Security: Informationssicherheit in der industriellen Automatisierung. VDI/VDE-Richtlinie 2182, Düsseldorf, 2007

[23] Verfassungsschutzbericht. Bundesamt für Verfassungsschutz, Köln, 2009

[24] VDMA-Studie: Status Quo der Security in Produktion und Automation, 26.11.2013

[25] Informations- und Kommunikationstechnologie in privaten Haushalten 2006. Statistisches Bundesamt, Wiesbaden, 2007

[26] Wirtschaftsspionage – Risiko für Ihr Unternehmen. Bundesamt für Verfassungsschutz, Köln, 2008

7 Rolle des Menschen

*Dr.-Ing. Rainer Draht, Björn Matthias, Dr. Alexander Horch,
Dr. Martin Hoffmann, Kim Listmann*
Das Internet der Dinge, Dienste und Menschen

Dr. Irmhild Rogalla, Moritz Niehaus
Arbeitsalltag Industrie 4.0

Prof. Dr.-Ing. Thomas Barth, Matthias Bohnen, Prof. Dr.-Ing. Linus Schleupner
Neue (Weiter-)Bildungskonzepte für neue Anforderungen

Das Internet der Dinge, Dienste und Menschen

Auswirkungen von Industrie 4.0 auf den Menschen am Beispiel kollaborativer Roboter

von *Dr.-Ing. Rainer Drath, Björn Matthias, Dr. Alexander Horch, Dr. Martin Hoffmann, Kim Listmann*, ABB Forschungszentrum

IoT, das Internet der Dinge, beschäftigt sich vor allem mit Dingen. Für Industrie 4.0 sind das vorrangig Automatisierungsgeräte, Maschinen, Produkte oder Anlagen. Dahinter verborgen entspringt die Wertschöpfung bei der Vernetzung von Geräten aus Software-Diensten, deren Rolle über alle industriellen Domänen hinweg künftig erheblich an Bedeutung gewinnen wird.

Die Grundthese dieses Beitrags lautet: insbesondere der Mensch wird davon profitieren, weil vernetzte flexible Systeme der Denkweise des Menschen deutlich besser entsprechen als die heutigen statischen und deterministischen Produktionssysteme. Der Mensch wird seine Fähigkeiten und Talente besser einbringen können als bisher. Und auch umgekehrt wird ein vernetztes System besser vom Menschen profitieren, die Autoren erwarten eine beiderseitige Bereicherung. Am Beispiel des kollaborativen Roboters YuMi diskutieren die Autoren eine Vielzahl von Szenarien, Ideen und Potenzialen, die sich für den Menschen in einer zunehmend vernetzten Produktionslandschaft bieten.

Internet der Dinge, Dienste und Menschen

Industrie 4.0 [1] ist nicht trivial. Es geht um die Einführung von Internettechnologien in die Produktion, mit schwer abschätzbaren Folgen. Die Innovationskraft der Informatik steht dem Wunsch der Anlagenbetreiber nach Sicherheit, Stabilität und Zuverlässigkeit gegenüber. Das erzeugt unmittelbar ein Spannungsfeld zwischen der Informatik und der Automatisierungstechnik [2]. Die gute Nachricht: Dieses Spannungsfeld ist ein guter Filter, der vorrangig *sinnvolle* Innovationen hindurchlässt und die übrigen heraussiebt.

Zahlreiche technische und nicht-technische Facetten werden mit Industrie 4.0 verknüpft. Um möglichst viele Sichtweisen in ihrer Breite zu würdigen, hat ABB den Begriff *Internet of Things, Services und People (IoTSP)* eingeführt. Dieser unterstreicht die Bedeutung der drei Pole der *Dinge* (Things), der *Dienste* einschließlich ihrer Geschäftsmodelle (Services) und dem *Menschen* (People).

Industrie 4.0 soll nun durch allgegenwärtige Kommunikationsfähigkeiten, lokale und globale Intelligenzen sowie quasi unbegrenzte Rechnerleistung diese drei Aspekte miteinander verschmelzen und dadurch neue Möglichkeiten in der Produktion schaffen. Über einige dieser Visionen wird seit längerem diskutiert, z. B. kleine Losgrößen, wandelbare Produktion oder gesteigerte Wettbewerbsfähigkeit der Produktionen in Hochlohnländern (siehe auch [1], [3]).

Etliche weitere Möglichkeiten sehen wir heute sicherlich noch gar nicht, und ebenso fehlt es vermutlich an Vorstellungsvermögen, wie die konkreten Umsetzungen der bekannten Industrie-4.0-Visionen aussehen werden.

In diesem Beitrag wird eine Ausprägung von IoTSP beleuchtet, die das neuermöglichte Zusammenspiel der Aspekte Geräte, Dienste und Mensch beispielhaft diskutiert. Dazu werden im Abschnitt 2 ein Zweiarmroboter vorgestellt und im Abschnitt 3 anhand dieses Roboters eine Vielzahl von Potenzialen diskutiert, die sich für den Menschen in einer zunehmend vernetzten Produktionslandschaft bieten.

Ein Beispiel: der kollaborierende Roboter YuMi

Angetrieben von der Vision einer teilweisen Automatisierung der Fertigung von elektronischen Konsumgütern, wie Mobiltelefonen, PCs und ähnlichen Geräten, wurde der zwei-armige Roboter YuMi entwickelt [4] (siehe Bild 1).

Bild 1 Kollaborierender Roboter YuMi (*Quelle:* ABB)

Charakteristische Eigenschaften dieses Roboters sind seine menschenähnlichen Dimensionen, geringen bewegten Massen, seine moderate Traglast, Geschwindigkeiten und Kräfte, sowie die gerundeten und gepolsterten Oberflächen, um YuMi harmlos und produktiv zugleich zu machen [5]. Wichtigste Eigenschaft ist die Fähigkeit, nahtlos in gemischten Mensch-Roboter-Fertigungsumgebungen orts- und aufgabenflexibel eingesetzt werden zu können.

Dadurch entstehen die Möglichkeit eines variablen Automatisierungsgrades der Fertigung sowie die Fokussierung von Menschen und Robotern auf ihre jeweiligen Stärken. Unersetzliche Eigenschaften des Menschen sind sein Überblick und Problemlösungsfähigkeiten. Besondere Stärken von Robotern sind die wiederholbare Qualität der Arbeitsschritte und die Ausdauer. Die menschenähnliche Gestaltung von YuMi befördert zusätzlich die Akzeptanz dieser neuen Technologie durch Mitarbeiter auf allen Ebenen [6].

Mit YuMi werden Applikationen realisiert, bei denen aufgrund von Flexibilitätsanforderungen weder eine gleichbleibende Aufgabe noch ein fester Aufstellungsort des Roboters oder eine trennende Schutzeinrichtung möglich sind. Birgt die Applikation in Werkzeug, Werkstück oder Arbeitsumgebung keine erheblichen zusätzlichen Risiken, lässt sich so eine höchstflexible, variable partielle Automatisierung aufbauen. Für die Fertigung von Produkten in kleinen Losgrößen und hoher Variantenvielfalt ist dadurch erstmals eine geeignete Methode zur Produktivitätssteigerung durch Automatisierung verfügbar [7].

YuMi im Lichte von IoTSP

Natürlich ist YuMi heute, außerhalb einer Industrie-4.0-Infrastruktur, ein industriell nützliches Einzelgerät. Das Kombinieren von Fähigkeiten des Menschen und der Maschine im Produktionskontext ist anerkannt attraktiv, für die Kleinteilmontage ist solch ein Roboter daher ein äußerst sinnvolles Konzept. Durch seine Ergonomie wird er vom Menschen als Arbeitskollege tatsächlich akzeptiert und geradezu „gemocht", eine nicht zu vernachlässigende nicht-technische Eigenschaft. Durch kollaborative Roboter wird zudem die demografische Entwicklung und der zunehmende Mangel an Fachkräften explizit in Europa adressiert.

YuMi könnte auch für traditionelle, mehr universelle Robotertätigkeiten eingesetzt werden, seine Besonderheiten ermöglichen jedoch insbesondere den Einsatz in Kooperation mit dem Menschen. Seine Fähigkeit, mit dem Menschen zu kooperieren, ist auf den ersten Blick „nur" ein Durchbruch im Bereich Sicherheit: Zäune können entfallen, Roboter und Menschen können direkt miteinander arbeiten. In Kombination mit Konzepten von Industrie 4.0 erschließen sich jedoch eine Reihe neuer Technologieaspekte, die erhebliche Innovationen und Produktivitätssteigerungen ermöglichen.

Ohne IoTSP ist YuMi ein zwar programmierbares und flexibles, jedoch isoliertes Gerät, ganz typisch für die heutige Industrie. Sein Verhalten wird durch händisches Programmieren in statischen Programmen festgelegt. Der Roboter verbleibt ohne Kontext des umgebenden Produktionssystems beschränkt auf seine eigene Aufgabe, bis durch Aufspielen eines neuen Programms eine neue Aufgabe definiert und umgesetzt wird.

Mit IoTSP ließe sich YuMi neben anderen Geräten in eine Netzwerkinfrastruktur einbinden, mit vielfältigen und heute vielleicht noch ungeahnten Möglichkeiten. Er würde dadurch adressierbar, könnte Daten in der Cloud speichern und Daten anderer Geräte aus der Cloud abrufen. Als Teilnehmer eines „Cloud Robotics" Netzwerks [8] könnte er sich zudem informieren, sich selbst aktualisieren, die Umgebung selbstständig erkunden und andere Geräte über sich selbst informieren. Umgebungswissen ermöglicht neue Formen der Mobilität. Die Cloud ermöglicht völlig neue Formen von Wissenstransfer. Im Folgenden werden einige dieser Ideen, Möglichkeiten und Potenziale aus Sicht der Zukunftsforschung näher beleuchtet.

Aspekt Lernen

Über Mensch-Roboter-Kollaboration (MRK) hinaus eröffnet YuMi einen bislang nicht verfügbaren neuen technologischen Wirkmechanismus in der Kooperation zwischen Mensch und Maschine (siehe Bild 2, Schritte 1-4).

Im Schritt 1 geht es um die Frage, wie YuMi in Zukunft programmiert wird. Die Zusammenarbeit mit Menschen legt nahe, dass dies künftig weniger durch klassisches Programmieren einzelner statischer Anweisungen erfolgt, sondern dass er sein Verhalten durch Nachahmen des Menschen lernen wird und seine Fähigkeiten erweitern kann. Dies umfasst Lernen durch Nachahmen, Lernen durch Beobachten, bzw. „soziales Lernen" gemäß [9].

Nachahmen ist hierbei eine anspruchsvolle Technologie: es geht nicht um starres Nachmachen, sondern um ein angepasstes Ausführen durch Beobachten und Einbinden in den eigenen

Kontext. Solch ein Roboter könnte in Zukunft aber nicht nur einfach die Bewegungen des Menschen nachahmen, sondern dessen Absichten erkennen und die dafür notwendigen Bewegungen und Aktionen selbstständig in ihrer Bahn, Reihenfolge und Stärke optimieren. Dies kann auch interaktiv in Kooperation, z. B. durch Korrigieren durch den Menschen erfolgen, in Nachbildung des natürlichen Lernens von Mensch zu Mensch [10].

In Schritt 2 wird, nachdem der Roboter neue Fähigkeiten erworben und nachgewiesen hat, eine angebundene Cloud-Infrastruktur genutzt, um dieses Wissen in der Cloud für andere Roboter desselben Typs oder ähnlicher Charakteristik zur Verfügung zu stellen.

In Schritt 3 durchsucht er das Netz nach wiederverwendbaren Lösungen, beispielsweise für die Montage eines Kleinteils. Auch hierbei ist nicht das stupide Downloaden eines Programms gemeint, sondern der neue Roboter adaptiert das Programm in seinen eigenen Kontext, seine eigene Reichweite und seine eigenen Randbedingungen.

Schritt 4 schließt den Wissenskreis: so können umgekehrt Menschen durch Nachahmen des Roboters lernen. Letzterer führt hierzu in einem Demo-Modus die Bearbeitungsschritte vor, korrigiert den Menschen, gibt verständliche Anweisungen und prüft das Ergebnis. Hierbei wird die dem Menschen innewohnende Fähigkeit zum Lernen durch Nachahmen auf natürliche Weise bedient.

Im Ergebnis entsteht eine neuartige Wissens-Transferkette von Mensch zu Mensch, über Zeit- und Kulturzonen hinweg, in der sich die Roboter und die Menschen gleichermaßen durch Lernen verbessern. Diese Art der Adaptivität ist ein kennzeichnendes Element (teil-) autonomer Systeme und wird Kern eines Großteils zukünftiger Innovation in vielen verschiedenen Anwendungen sein.

Die Akzeptanz dieses Wirkungskreises profitiert davon, dass sie elementare und angeborene Verhaltensweisen des Menschen bedient: das Lernen durch Nachahmen. YuMi fungiert in dieser Wirkungskette als „fehlendes Glied". Der Aufwand zur Entwicklung dieser Techniken macht sich bezahlt bei der vielfachen Anwendung rund um den Globus.

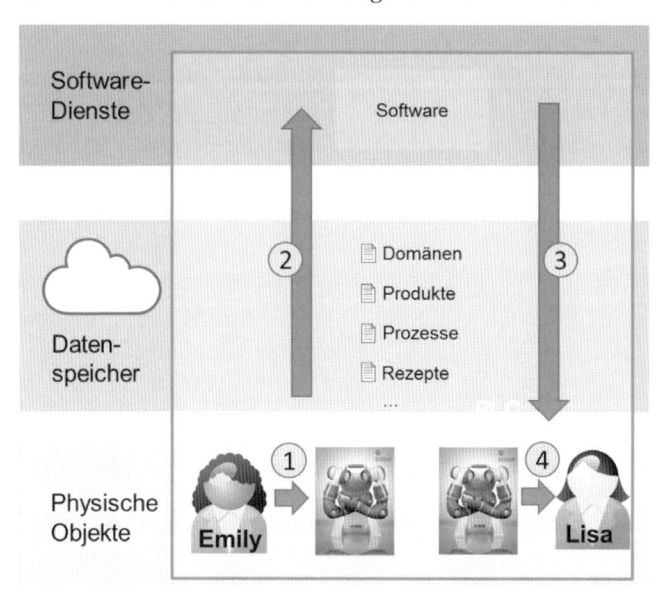

Bild 2 Wissens-Transferkette von Mensch zu Maschine und auch wieder zurück durch IoTSP-Technologien

Aspekt kollaborative Handlungsstrategien

In Zukunft kennt der Roboter seine Umgebung und erkundet sie aktiv, beispielsweise seine umgebenden Produktionskomponenten. Dies umfasst auch Änderungen dieser Umgebung im laufenden Prozess. Er verfügt folglich in Echtzeit über Wissen von Aktivitäten umgebender Geräte, Produkte und Menschen. Im einfachsten Fall bedeutet dies, dass er sich in der Anlagentopologie selbst verorten kann.

In der nächsten Stufe können sich Roboter untereinander in ihrer direkten Umgebung als Kollaborationspartner wahrnehmen und auf deren Betriebsart (z. B. Produktion, Wartung, Handbetrieb) reagieren sowie die Anlage über ihren eigenen Zustand informieren. Dies umfasst auch Produktionsanweisungen und Kollaborationsgesuche von anderen Geräten.

In einer vereinfachten Ausprägung genügt es vorerst, nur die unmittelbaren Nachbarn zu informieren. Auch wenn jeder einzelne Roboter sich nur der unmittelbaren Umgebung „bewusst" ist, umfasst dies implizit die gesamte Anlage: denn die Auswirkungen seines Zustands können sich wellenartig über die gesamte Anlagentopologie ausbreiten, wenn es für die jeweils benachbarten nächsten Geräte von Belang ist. Wir kennen dieses Verhalten aus dem Straßenverkehr, wenn ein Autofahrer seine Warnblinkanlage einschaltet, weil sein vorausfahrendes Fahrzeug dies tut. Diese einfache Regel führt zu einem Systemverhalten, das sich über Distanzen von Auto zu Auto wellenartig fortsetzt.

Kollaboratives Schwarmverhalten führt somit unmittelbar zum Konzept kollaborativer Handlungsstrategien: Roboter und andere Geräte verfolgen gemeinsam ein Produktionsziel und unterstützen sich dabei gegenseitig, u. a. unter Einbindung von Menschen. Dies erfordert den Entwurf, das Verfolgen und stetige Adaptieren der Handlungsstrategien in Reaktion auf Umwelteinflüsse, z. B. dem Ausfall eines Geräts. Diese Form der Intelligenz gelingt nur, wenn die beteiligten Geräte in Echtzeit voneinander erfahren – eine Grundsäule von Industrie 4.0.

In Zusammenarbeit mit dem Menschen wird seine Fähigkeit, komplexe Zusammenhänge zu erkennen, direkt einbezogen. Der Mensch kann abstrakte Anweisungen an den Roboter geben, während dieser sich umgekehrt aufgrund seiner eigenen Vernetzung mit Hinweisen an den Menschen wenden kann, beispielsweise zur frühzeitigen Gefahrenabwendung oder zu Anpassungen in der Arbeitsanweisung für die gemeinsamen, kollaborierenden Fertigungsschritte. Die optimale Aufgabenzuweisung in der kollaborierenden Montage ist bereits heute ein aktives Forschungsgebiet [11],[12].

Aspekt Ortsflexibilität

Wird YuMi um eine mobile Plattform erweitert, kann sich der Roboter selbstständig durch eine Produktionseinrichtung bewegen und produktionsbedingte Lücken füllen: beispielsweise als Ersatzroboter für einen Wartungsfall, als Ergänzungsroboter für einen Produktionsengpass oder als Wartungsroboter. Am Beispiel der Endmontage in der Automobilindustrie sind ähnliche Szenarien bereits Gegenstand von Versuchen [13]. Dies erschließt zudem neue Geschäftsmodelle, beispielsweise das Vermieten oder Mieten von YuMi.

Im Kontext von Industrie 4.0 bedeutet dies künftig für den Menschen, dass das Aufstocken und Verändern von Robotik-Kapazitäten durch das Personal in der Fertigung selbst vorgenommen werden kann. Roboter orientieren sich künftig eigenständig in der Produktionseinrichtung und können durch vorausschauendes Denken dem Menschen intelligent und flexibel assistieren. Dies sind Eigenschaften und Aspekte, die künftig nicht nur für die industrielle Produktion, sondern auch in andere Anwendungsbereichen, beispielsweise im Haushalt oder Büro zur

Erhöhung der Lebensqualität des Menschen zum Tragen kommen werden. Heutige Technologien aus dem Haushalt, beispielsweise die automatische Raumplanerstellung moderner Staubsaugerroboter, können in die Industrie Einzug halten und Robotern ermöglichen, ihr eigenes Bewegungsprofil durch Lernen der Umgebung zu optimieren, und dieses Wissen an andere Roboter weiterzugeben. Je besser Roboter dies beherrschen, desto höher wird ihre Akzeptanz beim Menschen sein, der Raumorientierung von Geburt an mitbringt.

Aspekt Automatische Erstellung von Roboterprogrammen

Roboterprogramme werden heute händisch erstellt und getestet, und sie sind zumeist statisch, d. h. sie verfolgen vordefinierte Abläufe, die nur in begrenztem Maße auf unvorhergesehene Änderungen ihrer Produktionsumgebung reagieren. Das Programm wird im Ablauf nicht modifiziert. Werden jedoch über das zu bearbeitende Produkt Konstruktionsinformationen und Handlungsanweisungen über die Cloud zur Verfügung gestellt, kann ein Roboter in Zukunft das vor ihm liegende Produkt in seiner Form und Lage erkennen, sich in der Cloud über seine Geometrie und Bestandteile informieren und sich dort die benötigten Montageschritte abholen (vgl. [14]).

Daraus kann ein Roboter in Zukunft das benötigte Programm on-the-fly neu erstellen, (z. B. unter Nutzung genetischer Algorithmen) optimieren, in einer virtuellen Umgebung (sozugagen im Geiste) testen und dann unmittelbar ausführen. Erfolgt dies schnell genug, kann es im laufenden Produktionsprozess erfolgen und die Notwendigkeit einer vorausgehenden Programmierung gänzlich eliminieren. Der Roboter könnte das zu bearbeitende Produkt in seiner Lage auch zurechtlegen, um eine optimale Produktionsausführung zu gewährleisten. All dies sind Verhaltensweisen, die dem des Menschen nahekommen und die Zusammenarbeit mit dem Menschen erleichtern werden. Im Ergebnis wird es möglich, dass gemischt Individualprodukte durch den Produktionsprozess fließen können, Hand in Hand mit dem Menschen.

Aspekt Datenerhebung, Dokumentation und Lernen

Kollaborierende Roboter agieren in enger Interaktion mit dem Menschen. Aus diesem Grund werden vielfältige Situationen eintreten, in denen der Roboter dem Menschen ausweichen muss, sich in der Geschwindigkeit anpassen muss oder gegebenenfalls anhalten wird, wenn eine Berührung stattgefunden hat.

Die automatische Erkennung, Datenerhebung und Dokumentation von Sondersituationen kann helfen, diese im Nachhinein zu analysieren. Einerseits kann diese Analyse für die Weiterentwicklung der effizienten Zusammenarbeit zwischen Werker und Roboter für eine spezielle Montageaufgabe verwendet werden. Andererseits stellt eine solche Möglichkeit eine lückenlose Dokumentation von nicht voraussehbaren Situationen dar. Beispielsweise kann mit einer solchen Dokumentation sichergestellt werden, dass in jeder Situation bewiesen werden kann, dass Kontaktkräfte einen gewissen Grenzwert nicht überschritten haben. Nicht zuletzt ließe sich sogar eine personenspezifische Reaktion des Roboters erreichen, die auf die Eigenheiten des Menschen eingeht.

Durch die automatische Speicherung *aller* Bewegungsdaten und Prozessdaten, wie Stromaufnahme der Antriebe und anderer Betriebsdaten, kann auch der Hergang von Sondersituationen lückenlos dokumentiert werden, ob und in welcher Weise ein Kontakt mit dem Werker entstanden ist.

Werden solche Informationen über eine IoTSP-Infrastruktur gesammelt, entsteht eine immense Datenbasis für Sondersituationen und auch für Montagehandlungen. Das massenhafte Zusammenführen von Wissen und Erfahrungen einer Vielzahl von Robotern lässt einen grundsätzlichen Quantensprung für deren Handlungsflexibilität und Kooperationsverhalten erwarten, aber auch zur weiteren, gegebenenfalls auch automatisierten Optimierung einer speziellen Montagesituation nutzen. Jeder einzelne Roboter kann dadurch viel schneller lernen, intelligenter reagieren, und so nicht nur die Qualität, Sicherheit und Effizient der Produktion verbessern, sondern insbesondere die Zusammenarbeit mit Menschen.

Aspekt Ergonomie durch nonverbale Kommunikation

YuMi ist als Roboter bereits auf Sicherheit dimensioniert und benötigt keine Zäune. Mit Zusatzsensorik kann er die Nähe von Menschen erkennen und seine Bewegungsgeschwindigkeit daran anpassen [6].

Die gedankliche Fortsetzung dieser Technologien lässt erwarten, dass Roboter künftig mittels weiterer Sensorik und Software die Position und Bewegung des Menschen in ihrer Umgebung immer besser erfassen können. Dies umfasst neben seiner bloßen Nähe auch die Erfassung seiner Position im Raum, seiner Körperhaltung, und in Zukunft vielleicht sogar seiner Gesichtszüge, seiner Stimme, Sprache, die Mimik inklusive der Augen oder seiner voraussichtlichen Absichten. Gerade die nonverbale Kommunikation ist ein bisher unerschlossener Bereich der Mensch-Maschine-Kommunikation.

Diese Informationen sind vielversprechende künftige Quellen zur Erhöhung der Ergonomie und sogar der Arbeitssicherheit. Sie sind geeignet, das Roboterverhalten durch menschliche Gestik, Sprache, Stimme und Gesichtsausdruck des Menschen zu beeinflussen. Ein Roboter könnte auf diese Weise den Menschen vorausschauend unterstützen und wird als „aufmerksam" und „hilfreich" wahrgenommen. Dies sind menschliche Verhaltenskategorien, die erst durch komplexe nonverbale Kommunikation möglich werden.

Umgekehrt ist denkbar, dass Roboter ihrerseits durch Gestik, Sprache und Haltung in nonverbale Kommunikation mit dem Menschen treten.

Diese Aspekte bedienen soziologisch angeborene Verhaltensweise des Menschen. Ihre Umsetzung im Umfeld einer vernetzten industriellen Umgebung verspricht eine Erhöhung des Kooperationsniveaus zwischen Mensch und Maschine. Vernetzt in einer IoTSP-Infrastruktur kann dieses Wissen an andere Maschinen und Geräte weitergegeben werden, es bildet sich ein cyber-physisches soziales Netzwerk.

Aspekt Mensch und Komplexität

Ohne Frage: Aufgrund wachsender Kundenanforderungen und technologischer Möglichkeiten wird die Produktion der Zukunft komplexer. Sie erhebt sich von statischen und deterministischen Abläufen und Aufbauten und entwickelt sich in Richtung struktur- und ablaufflexibler Einrichtungen, die sich selbst in ihrem Aufbau und ihrer Funktion laufend anpassen können. Ist diese Komplexität beherrschbar? Werden die Mittel und Methoden, mit denen wir steigende Komplexität beherrschen schneller wachsen als die Komplexität?

Die gute Nachricht: Komplex bedeutet keineswegs kompliziert. Heutige Smartphones oder Tablets sind deutlich komplexer als ihre Vorgänger vor 10 Jahren, dennoch können sie bereits von Kleinkindern ohne Anleitung in Kürze erschlossen werden. Komplexität ist verbergbar, und dies erfolgt im Wettbewerb. In der Vergangenheit haben sich zumeist diejenigen Technologien durchgesetzt, die besonders gut beherrschbar waren. Die Gesetze der Ökonomie eliminieren im Wettbewerb diejenigen Technologien, die nicht oder nur von wenigen beherrscht werden.

Darüber hinaus besitzt der Mensch erhebliche Fähigkeiten für komplexe Verhaltensweisen: facettenreiche Sprache, soziale Beziehungen, verborgene Absichten und die Fähigkeit zum Abschätzen unbekannter Situationen bewältigt der Mensch täglich ohne Anstrengung. Sprachsynthese (z. B. Siri) oder virtuelle Welten (z. B. Hololens) werden vom menschlichen Gehirn gerade wegen ihrer Komplexität gewürdigt, frühere Systeme wurden aufgrund ihrer Simplizität als zu kompliziert und fehleranfällig wahrgenommen. Das bedeutet, dass der natürliche Umgang des Menschen mit Technik sogar ein Mindestmaß an Komplexität erfordert: die Technologie wird umso besser beherrschbar, je besser sie die dem Menschen innewohnende Fähigkeit zu komplexen Verhaltensweisen bedienen kann. Insofern ist der Mensch bereits bestens für IoTSP gerüstet.

Weitere Aspekte

Darüber hinaus bietet das Konzept von YuMi eine Vielfalt weiterer Anwendungsmöglichkeiten im Kontext von Industrie 4.0. Einige weitere Beispiele:

- Durch automatische Erkennung des Werkers kann sich YuMi auf diesen individuell einstellen.
- Montageaufgaben können autonom umgeplant werden, um aktuelle Bedarfe innerhalb der Fabrik besser zu befriedigen.
- Die vom Roboter aufgenommenen Montagedaten können automatisch zur Qualitätssicherung und -dokumentation herangezogen werden.
- Bei komplexeren Montageaufgaben können Werkstücke und Roboter direkt kommunizieren, um z. B. individuelle Drehmomentgrenzwerte bei der Verschraubung einzuhalten.

Zusammenfassung und Ausblick

Anhand von YuMi wurden eine Vielzahl von Ideen und Potenzialen diskutiert, die sich für den Menschen in einer zunehmend vernetzten Produktionslandschaft bieten. YuMi fungiert wirkungsvoll als ein bisher fehlendes Bindeglied zwischen Maschinen und dem Menschen. Erst seine technisch komplexen Fähigkeiten ermöglichen die Kollaboration mit dem Menschen.

Eine Grundthese dieses Beitrags lautet, dass insbesondere der *Mensch* davon profitieren wird, weil vernetzte flexible Systeme der Denkweise des Menschen besser entsprechen als die heutigen statischen und deterministischen Produktionssysteme. Der Mensch wird seine Fähigkeiten und Talente besser einbringen können als bisher. Auch umgekehrt wird ein vernetztes System besser vom Menschen profitieren. Der Mensch ist durch sein angeborenes Verhalten, seiner Fähigkeit zur komlexen Interaktion mit seiner Umwelt bestens für IoTSP gerüstet.

Für Roboter bedeutet IoTSP eine erhebliche Bereicherung. Die Einführung von Internettechnologien sind Kernhebel zur Beherrschung von Komplexität und zum Erreichen eines neuen Grads an Selbstorganisation. Dies ist im Wesentlichen auf das massive Ansteigen der Bedeutung von Software zurückzuführen in Verbindung mit Netzwerktechnologien.

Bevor die hier beschriebenen Potenziale Wirklichkeit werden, ist noch erhebliche Arbeit zu leisten. Von besonderer Bedeutung ist hierfür die Entwicklung flexibler, sicherer und robuster Softwarelösungen, eine Herausforderung gerade für den traditionellen Maschinenbau. Dazu gehört eine sichere IT-Infrastruktur, die das Vernetzen der Teilnehmer unterschiedlicher Hersteller in einem heterogenen Produktionssystem vereinfacht, die den Zugriff auf Daten ermöglicht (data access) sowie das Einbringen von Algorithmen im kommerziellen Kontext ermöglicht (z. B. ein Roboter-Appstore).

Weiterhin unabdingbar hierfür sind Standards, die eine herstellerübergreifende Kommunikation ermöglichen; sie sind elementarer Bestandteil der Industrie-4.0-Normungsroadmap . Dies umfasst die herstellerübergreifenden Infrastrukturtechnologien, die zu verwendenden Kommunikationsschnittstellen, Einigung auf Syntax und Semantik von Online-Informationen, aber auch von Engineering-Daten. Die Mehrzahl heutiger Produktionssysteme sind heterogen, d. h. sie umfassen Geräte vieler Hersteller. Ohne Standardisierung ist herstellerübergreifende Kommunikation nicht realisierbar, die Produkte bleiben isoliert. Die Bedeutung von Interoperabilität und Standards wird massiv steigen: Vernetzung und Softwaredienste funktionieren im Verbund nur, wenn ihre Schnittstellen sich verstehen. Das erfordert auch neue Wege bei der Standardisierung, denn traditionelle Standardisierung ist für die Innovationsgeschwindigkeit der Informatik zumeist viel zu langsam. Statt Semantiken in einem Standard zu fixieren, werden Mittel benötigt, um Semantiken flexibel zu definieren und sich unbekannte Semantiken zu erschließen: auch dies ist ein sehr natürliches Konzept des menschlichen Gehirns. Technisch liegen hierfür bereits Lösungen vor: der AutomationML-Standard (IEC 62714) kann genau dies , .

Darüber hinaus erfordert das autonome Agieren in einem flexiblen Produktionsnetzwerk verstärkte Bemühungen um Robustheit der einzelnen Produktionsmittel. Dazu gehört eine erheblich verbesserte intelligente Eigendiagnostik zur Fehlererkennung auch von nicht vorhergesehenen Fehlern oder Produktionssituationen. Daraus resultieren Maßnamen oder Workarounds zur Behebung von Fehlern, die das technische System eigenständig generiert und die von den Produktionsmitteln selbst durchgeführt werden können, ohne vorab geplant worden zu sein. Dies könnte in Zukunft für Produktionssysteme den Charakter von Selbstheilung oder Selbstreparatur annehmen.

Nicht zuletzt erfordern die beschriebenen Visionen neue Methoden zur Verifikation des sich permanent wandelnden Produktionssystems sowie zur Zertifizierung von z. B. Sicherheit und Umweltverträglichkeit, sowie das Ausschließen unerwünschter Systemeffekte in selbstlernenden Systemen.

Für die Produktion insgesamt ergeben die hier beschriebenen Visionen nicht nur eine höhere Produktivität, sondern erfordern zudem einen Kulturwandel bei der Produktionsplanung. Anstelle der bisher deterministisch geplanten Produktionschargen und Terminen wird in Zukunft eine zunehmend zeitlich und räumlich statistische Verteilung der jeweiligen Zielsetzungen zu erwarten sein, z. B. bei verteilten Produktionssysemen. Die Zielstellung des Produktionsleiters in künftigen verteilten Produktionssystemen wird sich zunehmend damit beschäftigen, diese Stochastik zu beherrschen.

Die Zukunft bleibt spannend.

Literatur

[1] H. Kagermann, W. D. Lukas, W. Wahlster: Industrie 4.0: Mit dem Internet der Dinge auf dem Weg zur 4. industriellen Revolution. VDI Nachrichten, 2011

[2] R. Drath, H. Koziolek: Industrie 4.0 – Im Spannungsfeld zwischen dem Machbaren und Sinnvollen. In: atp edition 1-2/2015, S. 28-35, Oldenbourg-Verlag, 2015

[3] Umsetzungsempfehlungen für das Zukunftsprojekt Industrie 4.0, http://www.bmbf.de/pubRD/Umsetzungsempfehlungen_Industrie4_0.pdf

[4] http://new.abb.com/products/robotics/yumi

[5] B. Matthias, S. Kock, H. Jerregard, M. Källman, I. Lundberg, R. Mellander: Safety of Collaborative Industrial Robots – Certification possibilities for a collaborative assembly robot concept; In: Proceedings of IEEE International Symposium on Assembly and Manufacturing (ISAM) 2011, Tampere, Finland

[6] H.Ding, B.Matthias: Safe Human-Robot Collaboration Combines Expertise and Precision in Manufacturing – A Paradigm for Industrial Assembly in Mixed Environments. In: atp edition vol. 55(10), S. 22-25, 2013

[7] S. Kock, T. Vittor, B. Matthias, H. Jerregard, M. Källman, I. Lundberg, R. Mellander, M. Hedelind: A Robot Concept for Scalable, Flexible Assembly Automation – A technology study on a harmless dual-armed robot. In: Proceedings of IEEE International Symposium on Assembly and Manufacturing (ISAM) 2011, Tampere, Finland

[8] B. Kehoe, S. Patil, P. Abbeel, K. Goldberg: A Survey of Research on Cloud Robotics and Automation. In: IEEE Transactions on Automation Science and Engineering, Vol. 12, No. 2 (2015), p. 398-409

[9] A. Bandura: Social learning theory. Englewood Cliffs, NJ, Prentice Hall, 1977

[10] S. Nikolaidis, J. Shah: Human-Robot Cross-Training: Computational Formulation, Modeling and Evaluation of a Human Team Training Strategy. In: Proceedings of 2013 IEEE International Conference on Human-Robot Interactions (HRI 2013), p. 33-40

[11] F. Chen, K. Sekiyama, F. Cannella, T. Fukuda: Optimal Subtask Allocation for Human and Robot Collaboration Within Hybrid Assembly System. In: IEEE Transactions on Automation Science and Engineering, Vol. 11, No. 4 (2014), p. 1065-1075

[12] J. T. C. Tan, F. Duan, R. Kato and T. Arai: Collaboration Planning by Task Analysis, in Human-Robot Collaborative Manufacturing System. In: Advances in Robot Manipulators, Ernest Hall (Ed.), ISBN: 978-953-307-070-4, 2013

[13] S. Angerer, C. Strassmair, M. Staehr, M. Roettenbacher, N.M. Robertson: Give me a hand – The potential of mobile assistive robots in automotive logistics and assembly applications. In: Proceedings of 2012 IEEE International Conference on Technologies for Practical Robot Applications (TePRA 2012), p. 111-116

[14] M. Tenorth, A.C. Perzylo, R. Lafrenz, M. Beetz: Representation and Exchange of Knowledge About Actions, Objects, and Environment in the RoboEarth Framework. In: IEEE Transactions on Automation Science and Engineering, Vol. 10, No. 3 (2013), p. 643-651

[15] DKE, VDE (2013): DIE DEUTSCHE NORMUNGS-ROADMAP INDUSTRIE 4.0, http://www.dke.de/Roadmap-Industrie40

[16] R. Drath: Datenaustausch in der Anlagenplanung mit AutomationML. Berlin Heidelberg: Springer Verlag, 2010, ISBN: 978-3-642-04673-5

[17] A. Schüller, A. Scholz, T. Tauchnitz, R. Drath, T. Scherwietes: Speed-Standardisierung am Beispiel der PLT-Stelle. In: atp edition 1-2/2015, S. 36-46, Oldenbourg-Verlag, 2015

Arbeitsalltag Industrie 4.0

von *Dr. Irmhild Rogalla, Moritz Niehaus*

Industrie 4.0, die umfassende Digitalisierung und Vernetzung der Produktion, verändert auch die Arbeit. Die nachfolgenden Beispiele zeigen unter anderem, wie neue Geschäftsmodelle für hybride Dienstleistungen und industrielle Services, digitale Assistenzsysteme oder die direkte Zusammenarbeit mit Leichtbaurobotern den Arbeitsalltag in Industrie-4.0-Unternehmen in Zukunft prägen können. Sie beruhen auf bereits umgesetzten oder in Entwicklung und Erprobung befindlichen Industrie-4.0-Projekten in verschiedenen Unternehmen.

Als Form haben wir ein (fiktives) Interview gewählt, um die alltäglichen Entwicklungen auf dem Hallenboden möglichst realistisch darstellen zu können. Interviewpartner ist Alex, ein Servicetechniker und Betriebsratsmitglied, der durch seine Tätigkeit Einblicke in verschiedene Betriebe erhält. Alex arbeitet bei der Druckluft KG (DKG), die als (ebenfalls fiktives) Beispiel für führende Unternehmen bei der Umsetzung von Industrie 4.0 in Deutschland steht.

Beispiel 1: Predictive Maintenance als Dienstleistung

Frage: Alex, was macht die DKG als Unternehmen?

Alex: Die DKG war früher ein Hersteller von Kompressoren und kompletten pneumatischen Anlagen für die Industrie. Heute verkaufen wir den Kunden einfach Druckluft.

Das ist aber eine deutliche Änderung des Geschäftsmodells, vom Hersteller zum Dienstleister. Welche Gründe gab es dafür?

Für viele unserer Kunden war Druckluft nie etwas anderes als Strom: Kommt aus der Leitung und muss einfach da sein. Der Unterschied zum Strom war aber, dass sie gezwungen waren, die Druckluft selbst zu produzieren. Die Kunden mussten die Anlage kaufen und sich um Betrieb und Wartung kümmern. Das kostet natürlich Geld. Heute behalten wir die Anlagen und betreiben sie selbst. Der Kunde muss sich um nichts mehr selbst kümmern, er bekommt einfach seine Druckluft.

Wie funktioniert das? Ist das Industrie 4.0?

Ja, das ist Industrie 4.0. Wir setzen cyber-physische Systeme ein, die uns über das Internet die notwendigen Daten liefern. In unserem Fall sind das Embedded Systeme, Kleinstcomputer, die unsere Kompressoren und Anlagen steuern. Sie sind mit sehr vielen Sensoren verbunden. Die Sensoren messen, wie viel Druckluft erzeugt wird, welche Temperatur sie hat, wie feucht sie ist, wie viel Strom die Anlage braucht und andere Parameter. Die Daten werden in Echtzeit für die Selbststeuerung der Anlagen ausgewertet. Außerdem werden sie natürlich gespeichert. Wir können per Internet darauf zugreifen. Unsere Buchhaltung nutzt die Daten zur Abrechnung und wir für die Instandhaltung.

Was heißt das, ihr nutzt die Daten? Kannst Du mal beschreiben, wie und wofür Ihr die Daten nutzt?

Von allen Anlagen, die die DKG selbst betreibt, haben wir ein virtuelles Modell im Computer. Das kann man sich fast wie bei einem Computerspiel vorstellen. Ziel ist, dass die Kompressoren und die Trockner immer funktionieren und die geforderte Leistung bringen. Das geht natürlich nur, wenn nichts kaputt geht und wir beispielsweise Filter oder Dichtungen rechtzeitig austauschen. Die kosten aber Geld und deswegen sollen sie möglichst lange drin bleiben. Mit den Daten aus den Anlagen wird nun versucht, einen optimalen Zeitpunkt für einen Austausch der Verschleißteile auszurechnen. Und dann fährt einer von uns dahin und macht das. Außerdem bekommen meine Kollegen und ich automatisch eine Nachricht, wenn bei einer der von uns überwachten Anlagen Werte außerhalb des normalen Bereichs liegen. Dann müssen wir online gehen und nachsehen, was los ist. Vieles lässt sich regeln, ohne dass einer zum Kunden fahren muss. Und wenn doch, kann er meist schon die richtigen Ersatzteile mitnehmen.

Und wo sind die Unterschiede zu früher? Da habt ihr doch auch schon Wartung gemacht, oder?

Früher lief das ganz anders: Da haben wir in der Regel abgewartet, bis der Kunde angerufen hat. Wenn ich dann ins Unternehmen kam, musste ich mir oft erst mal ein Bild machen: Wo stehen die Kompressoren und die Trockner? Wie ist die Verrohrung? Was macht die Steuerung? Natürlich sollte ich möglichst schnell herausfinden, wo es hakt. Das war immer ziemlich stressig. Am schlimmsten war es, wenn die Kunden viel zu spät Bescheid gesagt haben und ich nur noch einen Totalschaden feststellen konnte. Früher haben die Kunden ja oft keine Wartungsverträge mit uns gemacht, weil ihnen das zu teuer war. Heute ist das anders.

Bedeutet das für Euch, dass ihr nicht mehr kurzfristig zum Kunden raus müsst?

Leider nicht, die „Feuerwehreinsätze" gibt es weiterhin, auch am Wochenende. Wir haben ja noch genügend alte Anlagen zu betreuen. Und manchmal kann man aus den Daten auch nichts erkennen. Dann hilft nur: Raus zum Kunden und systematisch Troubleshooting betreiben.

Aber immerhin könnt ihr Euch jetzt vorher informieren. Gibt es denn noch mehr, was sich an Deiner Arbeit durch die Digitalisierung verändert hat?

Wir sitzen viel mehr vor dem Bildschirm als früher. Und wir machen jetzt Projekte, die gab's früher gar nicht.

Was für Projekte sind das denn?

Meistens sind es Erprobungsprojekte. Dafür sitzen meist mehrere von uns mit den Ingenieuren und den IT-lern zusammen. Die haben häufig das Problem, dass sie zwar viele Daten haben, aber nicht wissen, was sie bedeuten. Und vor allem wissen sie oft nicht, welche Werte kritisch sind und welche nicht. Das kann ja von Anlage zu Anlage unterschiedlich sein. Deswegen gibt es jetzt bei größeren neuen Anlagen in der Erprobungsphase ein „Projekt", in das wir als Servicetechniker einbezogen werden. Wir führen gemeinsam Tests durch und legen alle wichtigen Parameter fest. Das ist immer eine interessante Sache, aber anstrengend in der Zusammenarbeit.

Du meinst, für Euch als Techniker ist es schwierig, mit den Ingenieuren auf Augenhöhe zu kooperieren?

Nein, ich meine nicht die Ingenieure, ich meine eher die IT-ler. Sie möchten immer alles über einen Kamm scheren. Das Prinzip sei doch immer dasselbe und Physik sei Physik, sagen sie. Wir versuchen ihnen beizubringen, dass die Realität oft anders aussieht. Da prallen sehr unterschiedliche Sichtweisen aufeinander und das eine oder andere Mal hat es schon ziemlich gerappelt im Karton. Am schlimmsten war es anfangs, als auch noch die Betriebswirte dabei waren, wegen der Kosten und Preise. Aber mittlerweile haben wir uns zusammengerauft.

Nächsten Monat fangen wir sogar unser erstes selbst initiiertes Projekt an, zur Verbesserung der Anlagenmodelle im Computer.

Wenn Du jetzt mal als Betriebsratsmitglied auf Deine Arbeit guckst, was würdest Du da zu den Auswirkungen von Industrie 4.0 sagen?

Also für uns Servicetechniker gilt sicherlich, dass die Arbeit inhaltlich anspruchsvoller geworden ist. Wir, also die DKG, beteiligen uns auch an einer Studie, in der es um neue Qualifikationsanforderungen auf dem Hallenboden geht. Auf die Dauer müssen wir mit der Unternehmensleitung sicher auch mal über neue Eingruppierungen reden.

Ansonsten sind natürlich Arbeitszeit und Mobilität ein großes Thema bei uns. Einerseits macht die vorausschauende Instandhaltung unsere Arbeit natürlich planbarer. Andererseits stören sich die Kollegen aber an dem „always on". Und die Kunden üben mittlerweile noch mehr Druck aus, wenn doch mal ein Fehler auftritt. Als Betriebsrat sind wir da noch in der Diskussion mit den Kollegen über vernünftige Regelungen und neue Arbeitszeitmodelle.

Wie sieht es denn bei Euren Kunden aus? Als Servicetechniker bist Du ja viel unterwegs, wie läuft es denn in anderen Unternehmen mit Industrie 4.0?

Also ob das immer Industrie 4.0 ist, weiß ich natürlich nicht. Ich sehe aber viel Digitalisierung und neuerdings auch Roboter.

Beispiel 2: Unterstützung durch digitale Assistenzsysteme

Lass uns die Roboter mal einen Moment zurückstellen. Was meinst Du mit Digitalisierung?

Ich bin als Techniker auch für die Wartung und Reparatur von Arbeitsplatzsystemen zuständig. Von der Anlage zur Drucklufterzeugung laufen dabei Rohre bis zu den Arbeitsplätzen. Daran lassen sich alle mit Druckluft betriebenen Werkzeuge anschließen, wie Schrauber, Bolzensetzer oder Bohrmaschinen. Solche Anlagen stehen oft in Betrieben, in denen Montagearbeiten erledigt werden. Da werden derzeit häufig digitale Assistenzsysteme eingeführt.

Da kann ich mir erst einmal nichts drunter vorstellen. Was sind denn Assistenzsysteme und wofür werden sie gebraucht?

Gebraucht werden sie als Unterstützung bei schwierigen Montageabläufen. In einem Betrieb, in dem ich häufiger bin, werden elektronische Schaltgeräte hergestellt. Diese gibt es in vielen verschiedenen Varianten und sie bestehen aus einer Unmenge von Teilen. Diese Geräte werden ausschließlich in Handarbeit montiert, fast nur von Frauen. Jede von ihnen hat jetzt an ihrem Arbeitsplatz einen Touchscreen bekommen. Darauf lassen sich nicht nur wie früher die Zeichnungen anzeigen, sondern auch Filme und Animationen zum Montageablauf. Wenn die Kollegin einen neuen Auftrag bekommt, beispielsweise 20 Schaltgeräte zusammenzubauen, dann kann sie sich erst einmal Schritt für Schritt durch den Montageprozess führen lassen. Das macht sie solange, wie sie noch nicht sicher ist. Danach kann sie die Schritte, die sie beherrscht, einfach überspringen. Außerdem ist in das System eine Prüfvorrichtung integriert. Damit werden bestimmte Funktionen des montierten Schaltgeräts getestet und für die Qualitätssicherung automatisch dokumentiert.

Und was sagen die Kolleginnen dazu?

Das ist unterschiedlich. Manche sagen, dass Assistenzsystem sei eine enorme Erleichterung gegenüber früher, als sie sich durch Zeichnungen wühlen mussten und die ersten drei oder fünf Geräte dann trotzdem falsch montiert haben. Andere machen sich Gedanken, weil sie glauben, dass das System ihre Arbeit kontrolliert. Es gibt zwar eine Betriebsvereinbarung, die das verbietet, aber die Daten werden ja erhoben und gespeichert. Ich kenne allerdings Systeme, bei denen das viel schlimmer ist.

Was für Systeme meinst Du?

Ich denke an einen anderen Betrieb; in dem wurde auch ein Assistenzsystem eingeführt, eine „Werkerführung". Dabei wird nicht mit Touchscreens gearbeitet, sondern mit Lichtsteuerung und Kameras. Der Werker steht vor seinem Arbeitstisch, seiner Werkbank. In seiner Reichweite sind Kisten mit den zu montierenden Teilen angeordnet, in dem Fall für kleine Getriebe. Wenn der Werker nun ein Teil aus einer Kiste nehmen soll, leuchtet dort ein Licht auf, erst rot und wenn er das Teil entnommen hat, wechselt es auf grün. Dasselbe passiert mit dem Werkzeug: Eine Schraube soll angezogen werden. Also wird der Schrauber beleuchtet. Derzeit experimentieren sie dort mit einer digitalen Steuerung der Schrauber, so dass die Schrauben automatisch mit dem richtigen Drehmoment angezogen werden.

Das erscheint mir ziemlich aufwendig. Warum wird der Prozess nicht komplett automatisiert?

Die Getriebe lassen sich nicht so gestalten, dass sie von einer Maschine montierbar sind. Sie sind zu kompliziert und kleinteilig. Aber das Unternehmen will die Arbeitskosten senken und deswegen Angelernte in der Montage einsetzen, keine Facharbeiter mehr. Die Kollegen sagen aber, bisher sei der Effekt vor allem, dass die Techniker vom Hersteller der „Werkerführung" dauernd vor Ort sind. Trotzdem machen die Kollegen sich natürlich Sorgen um ihre Arbeitsplätze. Zum Glück sehe ich so etwas selten.

Beispiel 3: Zusammenarbeit mit Leichtbaurobotern

Du hast vorhin schon Roboter erwähnt. Wie ist die Entwicklung da? Gehen da nicht alle Arbeitsplätze verloren?

Nein, soweit ich das sehe nicht. Natürlich gibt es Bereiche, die sind vollautomatisiert, da arbeitet ein Roboter neben dem anderen, das ist aber schon lange so. Interessanter sind die neuen Roboter, mit denen viel experimentiert wird im Moment.

Mit den neuen Robotern meinst Du Leichtbauroboter?

Ja, die meine ich, Roboter, die nicht mehr hinter Schutzzäunen stehen müssen. Damit habe ich in der letzten Zeit öfter zu tun. Meist weil die Roboter mit pneumatischen Werkzeugen ausgerüstet werden sollen. Für die Kollegen ist das oft eine große Erleichterung. Zum Beispiel kenne ich einen Betrieb, in dem werden Turbinen aufgearbeitet. Das sind richtige Monster mit Zahnrädern, die mehrere Tonnen wiegen. Sie werden auseinander montiert und sauber gemacht, mit Druckluft, mit Trockeneis, teilweise auch sandgestrahlt. Bisher haben die Kollegen die Ausblaspistolen dafür mit der Hand geführt. Jetzt gibt es dafür einen Roboter, den sie fernsteuern, das ist deutlich angenehmer.

Aber das ist doch eine sehr spezielle Anwendung!

Mag sein. Aber es gibt in allen Betrieben zunehmend ältere Beschäftigte. Selbst wenn die Teile dann nicht so groß sind und das Werkzeug nicht so schwer, im Laufe des Tages kommt da trotzdem einiges zusammen. Da sind viele froh über einen Roboterarm, der Teile hebt und hält oder Werkzeuge führt. Ich glaube, dass sich gerade in dem Bereich noch viel tun wird in den nächsten Jahren. Vor allem, wenn die Steuerung noch einfacher wird. Dann werden Roboter in vielen Bereichen ein Werkzeug wie jedes andere auch, denke ich.

Die zukünftige Entwicklung bleibt also spannend. Alex, vielen Dank für das Gespräch!

Fazit

Auch wenn das vorstehende Interview fiktiv ist, erlaubt es doch exemplarische Einblicke in den Arbeitsalltag auf dem Hallenboden der Industrie 4.0. Dabei zeichnen sich Licht- und Schattenseiten der neuen Entwicklungen ab: Cyber-physische Systeme können menschliche Arbeit ersetzen, aber auch erleichtern; sie bieten neue Möglichkeiten und stellen neue Anforderungen.

Die menschengerechte Gestaltung von Digitalisierung und Vernetzung ist daher eine wesentliche Herausforderung bei der weiteren Entwicklung zu Industrie 4.0. Hierbei empfiehlt es sich, die Beschäftigten frühzeitig zu beteiligen und in die Einführung neuer Systeme einzubeziehen, z. B. über eine gemeinsame Arbeitsgruppe aus Beschäftigten und Unternehmens- bzw. Projektleitung. Wenn es einen Betriebsrat gibt, muss er bereits in der Frühphase des Projekts einbezogen werden, weil die Einführung nahezu aller Elemente von Industrie 4.0 mitbestimmungspflichtig ist. Unsere Erfahrung aus Praxis und Forschungsprojekten zeigt, dass ernsthafte Beteiligungsprozesse zu besseren Lösungen – im Sinne des Unternehmens wie der Beschäftigten – führen und zudem die Akzeptanz der neuen Systeme in der Belegschaft erhöhen.

Neue (Weiter-)Bildungskonzepte für neue Anforderungen

von *Prof. Dr.-Ing. Thomas Barth, Matthias Bohnen, Prof. Dr.-Ing. Linus Schleupner*

In diesem Beitrag wird ein Aspekt im Kontext Industrie 4.0 in den Mittelpunkt gestellt, der in der aktuellen Diskussion zwar präsent ist, aber für den konkrete Lösungsansätze – jenseits der politischen Willenserklärung und Betonung der Notwendigkeit durch Verbände – weitgehend zu fehlen scheinen: Die Frage der Qualifikation von Fachkräften für die künftige Industrie 4.0. Dazu werden auf Basis von qualitativ ermittelten Informationen aus Gesprächen mit Unternehmen aus diesem Bereich zum einen die Anforderungen an Fachkräfte grob umrissen als auch diskutiert, welche der aktuellen Bildungsformen dazu angemessen sind. Zusammenfassend wird ein Ansatz skizziert, wie die identifizierten Kompetenzen angemessen und effizient vermittelt werden können.

Einleitung

Das Thema „Industrie 4.0" hat in vergleichsweise kurzer Zeit eine erhebliche Reichweite erlangt, sowohl in der namentlich beinhalteten Industrie, der Politik, in der akademischen Diskussion als auch in der Bevölkerung durch Berichterstattung in den Medien. Es ist natürlich, dass diese unterschiedlichen Gruppen unterschiedliche Aspekte adressieren und interessieren. Steht für die Industrie die Frage „Was bedeutet Industrie 4.0 für mein Unternehmen/meine Branche?" im Mittelpunkt, beschäftigen sich politische Akteure mit dem Wettbewerb der Länder um die globale technologische Führerschaft und die akademische Community diskutiert „Welche (neuen?) Forschungsfragen werden durch Industrie 4.0 gestellt?" Die Relevanz des Themas in der Bevölkerung wird durch die Berichterstattung erheblich beeinflusst, bei der die Grundaussage von sehr negativ (drohender Arbeitsplatzverlust) bis sehr positiv (neue Möglichkeiten für Kunden/Nutzer) variiert. Als Element der Schnittmenge der Themen, die diese Gruppen berühren, lässt sich das Thema „Welche Qualifikationen benötigt ein Industrie-4.0-Mitarbeiter in Zukunft?" identifizieren.

Für die Industrie ist das Thema – insbesondere in Gegenwart des seit Jahren diagnostizierten Fachkräftemangels – essenziell, da ohne entsprechend qualifizierte Mitarbeiter in ausreichender Anzahl diese komplexen Herausforderungen nicht zu beantworten sind. Die Politik – so sie den „Standort Deutschland" fördert und weiterentwickelt – ist bereits in das Thema Fachkräftemangel involviert und somit bereits „vor Ort". Die akademische Diskussion, die sich neben den Forschungsthemen auch um die Weiterentwicklung der akademischen Lehre kümmert, steht angesichts einer wachsenden Anzahl von zunehmend ausdifferenzierten Studiengängen vor der Herausforderung, eine passende Antwort auf die Frage nach der „optimalen Qualifikation für Industrie 4.0" zu finden. Damit sind durch dieses Thema auch der akademische Nachwuchs und die bereits in entsprechenden Branchen arbeitende Bevölkerung angesprochen, die einen optimalen Einstieg bzw. Karriereweg in der Industrie anstreben.

Anforderungen an Fachkräfte

Der Begriff Industrie 4.0 wurde gewählt, um den Sachverhalt der (r)evolutionären Weiterentwicklung in der Produktion ins Zentrum zu stellen. Da es nach diesem Verständnis also um die

Nachfolge des Entwicklungsschritts Automatisierung in der Produktion geht, soll Industrie 4.0 in diesem Kontext – sicherlich vereinfachend, aber hier ausreichend – als „Automatisierung der Automatisierung" verstanden werden, wobei diese Automatisierung der Automatisierung durch den verstärkten Einsatz von Konzepten, Werkzeugen und Methoden der Informatik und Informations- und Telekommunikationstechnologie (IKT) geplant und umgesetzt wird.

Daraus resultiert die thematische Platzierung von Inhalten einer Industrie-4.0-Qualifikation aus mehreren Bereichen, insbesondere aus der Schnittmenge zwischen den klassischen Ingenieurstudiengängen (Maschinenbau, Elektrotechnik) und der Informatik. Da die wirtschaftliche Betrachtung von Konzepten, Methoden und Werkzeugen der Industrie 4.0 inhärenter Bestandteil sein muss, kommt dieser Aspekt dazu; in Studiengängen wie Wirtschaftsingenieurwesen oder Wirtschaftsinformatik wird diesem Umstand bereits langjährig in den Ingenieurdisziplinen und der Informatik separat Rechnung getragen.

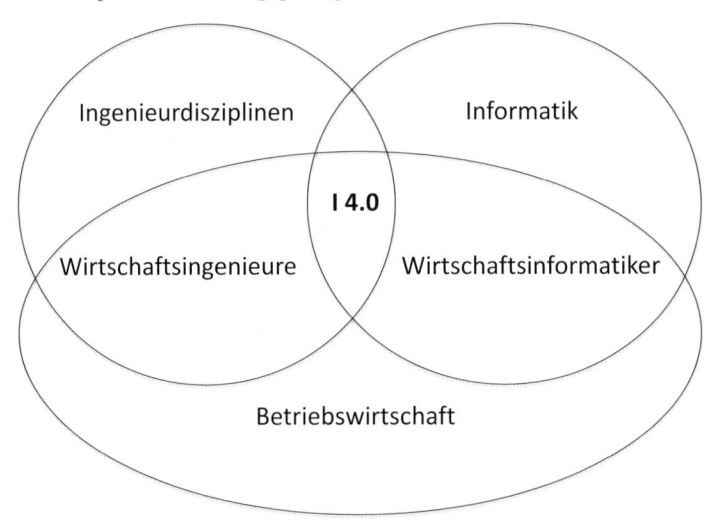

Bild 1 Einordnung des multidisziplinären Themas Industrie 4.0 in die „klassischen" Studiengänge im Ingenieurwesen, der Informatik und der Betriebswirtschaft

Die hier kurz zusammengefassten Anforderungen stammen zum einen aus Studien und Publikationen [CSC15, WIW15] und zum anderen aus einer Diskussionsreihe, die anlässlich der Veranstaltung „Industrie 4.0 konkret" an der RFH Köln im Juni 2015 geführt wurde und bei der 33 Teilnehmer aus Industrie, öffentlicher Verwaltung und Hochschulen bzw. Universitäten vertreten waren. Diese Zusammenfassung der Diskussionen erhebt nicht den Anspruch, eine empirische Untersuchung zu sein, wird aber in diesem Beitrag zumindest als qualitativ ermittelte „Datenbasis" verwendet, um einen Überblick über die Anforderungen aus ganz unterschiedlich positionierten Unternehmen zu gewinnen, die allesamt mit dem Thema Industrie 4.0 konfrontiert sind.

Die Unternehmen lassen sich grob wie folgt klassifizieren:

- **Anwender** von Maschinen, Steuerungen und Software-Lösungen, die Industrie 4.0-Anforderungen entsprechen,
- **Hersteller** von Maschinen, Steuerungen bzw. Software-Lösungen, die im Kontext Industrie 4.0 die Spanne zwischen „Shop floor" und „betriebswirtschaftlicher Sicht auf die Produktion" abdecken, sowie

- **Dienstleister** aus dem Ingenieur- und IT-Bereich, bspw. Software-Hersteller oder Anbieter von Beratungsleistungen zum Einsatz von Industrie-4.0-Lösungen (Maschinen, Software-Systeme) in Unternehmen.

In allen diesen Kategorien waren Unternehmen vom KMU[1)] bis zum internationalen Konzern vertreten, selbst in dieser eher kleinen Stichprobe. Trotzdem konnten Übereinstimmungen im Anforderungsprofil festgestellt werden, die zwar nicht überraschen, aber die Platzierung (s. Bild 1) des Themas stützen:

- Kompetenzen aus dem Ingenieurbereich,
- Kompetenzen aus dem Informatikbereich und
- Kompetenzen zur wirtschaftlichen Betrachtung

bei Planung, Umsetzung und Einsatz von Industrie-4.0-Konzepten und -Lösungen werden als die entscheidenden Qualifikationen gesehen, die in konkreten Projekten benötigt werden und für den Projekterfolg unverzichtbar sind. Dabei unterscheidet sich die Umsetzung dieser Anforderungen im Rahmen eines KMU- von der Umsetzung in einem Konzern-Projekt zwar durch die Möglichkeit, in „großen" Projekten diese unterschiedlichen Kompetenzen durch unterschiedliche Personen abdecken zu können; in Projekten des Mittelstands sind explizit Personen notwendig, die möglichst viel von der thematischen Bandbreite abdecken können, da Projektteams entsprechend kleiner sind. Inhaltlich wird aber kein Unterschied in den Anforderungen gesehen.

Aus dieser Beobachtung folgt die Frage, wie ein solches Anforderungsprofil in der akademischen Ausbildung umgesetzt werden kann.

Lösungsansätze zur Qualifizierung

Bachelor- und Master-Studiengänge und Studienformen

Die Anzahl von Bachelor- und Master-Studiengängen an deutschen Universitäten und Fachhochschulen ist in den letzten Jahren erheblich gewachsen [HRK14]. Diese neuen Studiengänge sind teilweise in Gebieten platziert, die bisher eher durch Ausbildungen abgedeckt wurden (z. B. im Gesundheitswesen und der Pflege), teilweise differenzieren sie bestehende Gebiete weiter aus (z. B. in Form von „Bindestrich-Fächern" wie Medizin-Informatik oder Produktions-Informatik).

Aus Sicht von Interessierten am Thema Industrie 4.0 ist das Angebot sehr gering und wird bspw. durch Studiengänge wie Produktions-Informatik thematisch zumindest teilweise abgedeckt. Tatsächlich multidisziplinäre Studiengänge im Master- oder auch Bachelor-Bereich, die die Anforderungen aus Industrie 4.0 aufgreifen, sind – nach Wissen der Autoren – aktuell nicht verfügbar.

Einige aktuelle Zitate aus Veröffentlichungen zu diesem Thema stützen diese Aussage:

- „Im Studium steht Industrie 4.0 erst am Anfang." [Wal14a]
- „Lehrveranstaltungen, in denen Studenten und Wissenschaftler fachübergreifend zusammenarbeiten, sind ein guter Einstieg in die Welt von Industrie 4.0." [Wal14b]

[1)] KMU: kleine und mittelständische Unternehmen

- Von 900 befragten Unternehmen aus dem Raum D-A-CH sehen ...
  - ... 48 % den europäischen Arbeitsmarkt als „nur bedingt" oder „nicht vorbereitet" auf Industrie 4.0 und
  - ... 45 % keine ausreichende Anzahl Fachkräfte, die neben IT-Expertise auch notwendiges Know-how aus den Bereichen Logistik und Fertigung für Industrie 4.0 mitbringen.

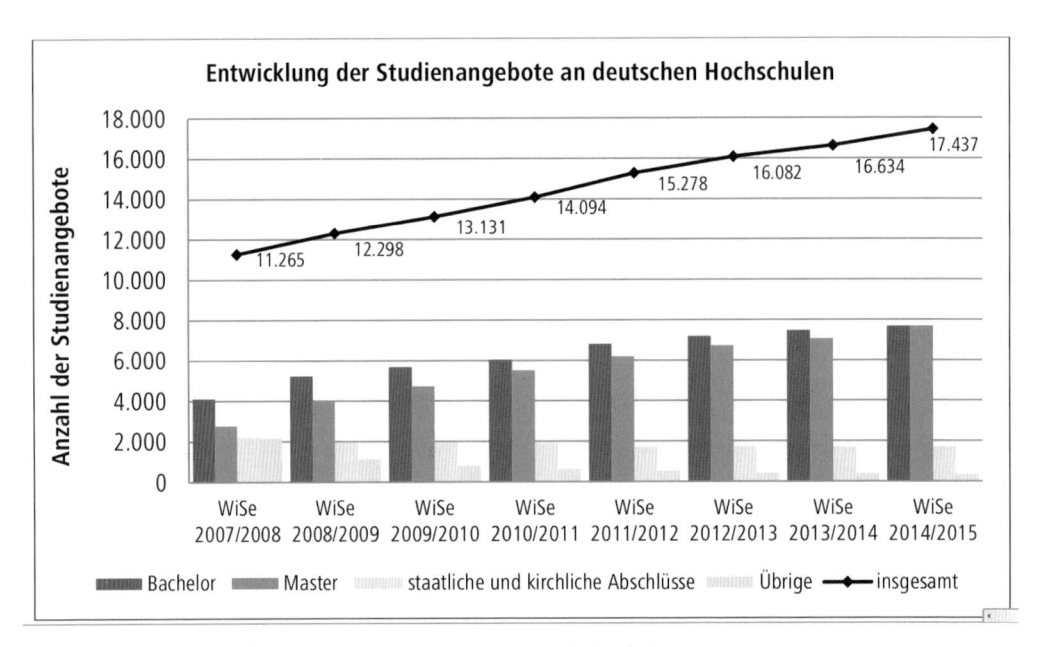

Bild 2 Entwicklung des Studiengangangebots an deutschen Hochschulen

Zusätzlich zur inhaltlichen Gestaltung von Studiengängen stellt sich für viele Studieninteressierte die Frage der Studienform. Das „klassische" Vollzeit-Studium wird ergänzt durch berufsbegleitende oder ausbildungsintegrierte (duale) Studienangebote, die auf die Vereinbarkeit von Ausbildung bzw. Berufstätigkeit mit der Weiterqualifikation durch einen akademischen Abschluss zielt. Wenn überhaupt, werden solche Studienformen eher von Fachhochschulen als von Universitäten angeboten, was der Ausrichtung auf eine praxisorientierte Ausbildung durchaus entspricht.

Weiterbildung

Für viele Zielgruppen ist die Aufnahme eines Studiums, weder in der Vollzeit- noch in berufsbegleitender Form, sinnvoll oder möglich. Eine – ggf. langjährig – im Berufsleben stehende Person hat erhebliche Hürden (finanziell, organisatorisch im Unternehmen, familiär), neben dem Beruf zu studieren oder gar die Berufstätigkeit zu unterbrechen und ausschließlich zu studieren. Auf der anderen Seite ist es nicht jedem interessierten und angehenden Studierenden möglich, ein Studium in Vollzeitform (also ohne Einkommen aus Berufstätigkeit) über mindestens drei Jahre zu finanzieren.

Inhaltlich ist es ebenfalls problematisch, einen Interessierten mit Berufserfahrung bspw. in der Automatisierung im Rahmen eines Studiums weiter zu qualifizieren, in dem ein erheblicher

Anteil des Curriculums mehr oder minder überflüssig ist, da die angestrebten Kompetenzen bereits durch die Berufstätigkeit erarbeitet wurden.

Diese Argumente sprechen für ein Weiterbildungs-Angebot, das die folgenden Charakteristika aufweist:

- **qualitativ** adäquat einer akademischen Ausbildung (Studium) bezüglich
    - der vermittelten **Inhalte**,
    - der Art der **Vermittlung** und
    - des **Schwierigkeitsgrades** sowie der **Bewertung**;
- **berufsbegleitend** organisiert und
- **modular**, um zielgerichtet und effizient genau die Kompetenzen aufbauen zu können, die tatsächlich notwendig sind.

Ein solches Angebot schließt die üblichen Hersteller-spezifischen Angebote und -Zertifizierungen aus, da es nicht um die Vermittlung von Produktwissen gehen kann (analog der Inhalte eines Studiums), sondern um die Vermittlung der Konzepte, Methoden zu ihrer Anwendung und exemplarische Werkzeuge zur Umsetzung.

Lösungsansatz und Diskussion

Ein Angebot wie das im vorherigen Abschnitt beschriebene ist aktuell höchstens in Ansätzen verfügbar, etwa durch Institutionen, die an Hochschulen angegliedert oder deren Bestandteil sind. Inhaltlich sind solche Angebote aktuell auch nicht im Kontext Industrie 4.0 angesiedelt.

Ein solches Angebot stellt ein erhebliches Potenzial dar, welches insbesondere durch Hochschulen ausgeschöpft werden könnte, da die Kernkompetenz von Hochschulen gerade die qualitätsgesicherte Wissensvermittlung auf dem Niveau von Konzepten und deren Umsetzung ist. Damit sind die Hauptanforderungen erfüllt und die Abgrenzung zu vielen kommerziellen Angeboten ebenfalls deutlich.

Qualität

Die Qualität des Angebots für den Teilnehmer/Absolventen wird dadurch deutlich, dass konkrete Aufgaben im Bereich Industrie 4.0 mit den erworbenen Kompetenzen erfüllt werden können. Dazu muss sowohl die Qualität der Inhalte als auch die Qualität der Vermittlung angemessen und diese Qualität auch gesichert sein, sowie nach außen transparent gemacht werden. Eine Möglichkeit dazu ist die kontinuierliche Synchronisation zwischen den Inhalten und den Anforderungen, wie sie im Bereich der Qualitätssicherung von Studieninhalten etwa durch die Akkreditierung gewährleistet sein soll. Die Transparenz der Kompetenzen gegenüber Dritten könnte durch eine Zertifizierung hergestellt werden, die sich ebenfalls an Maßstäben der praxisorientierten, akademischen Lehre orientieren.

Organisation

Wichtig für die Effizienz eines solchen Angebots ist die Möglichkeit, es möglichst genau auf die Anforderungen der Teilnehmer abstimmen zu können; da nicht der Anspruch eines 'universellen' Studiums eingelöst werden muss, kann weitestgehend auf ein festgelegtes Curriculum mit vorgegebenen Pflicht-Modulen verzichtet werden. An deren Stelle können

Kataloge von Modulen treten, bei denen geregelt sein kann, wie viele aus welchen fachlichen Bereichen erfolgreich absolviert werden müssen, um eine bestimmte Qualifikation zu erreichen. Für solche Qualifikationen können durchaus beispielhafte Profile (= Modul-Kombinationen) vorgeschlagen werden, aber insgesamt sollte die konkrete Zusammenstellung so wenig wie möglich reguliert sein, ohne die Sicherung der Qualität zu vernachlässigen. Diese Qualifikation ist dann kein akademischer Grad wie Diplom, Bachelor- oder Master-Abschluss, der bei vielen der Interessenten sowieso bereits vorhanden sein dürfte, sondern eine fachliche Qualifikation, die zu den jeweils vorhandenen Kompetenzen passt und diese zielgerichtet erweitert. Die Qualifikation kann durch ein entsprechendes Zertifikat manifestiert werden, das, im Gegensatz zu den Hersteller-Zertifikaten, aber von der jeweiligen Hochschule ausgestellt wird und damit von Produkten und Hersteller-Interessen unabhängig ist. Daraus bezieht eine solche Zertifizierung ihren Wert im Vergleich zu den verbreiteten, kommerziell motivierten Zertifizierungen durch Unternehmen. Ein Modell dieser Art bietet beispielsweise die Open University an, die ein Fernstudium ermöglicht, das sich sowohl zeitlich als auch inhaltlich an die individuellen Bedürfnisse anpassen lässt.

Dieses Modell zielt zwar mehrheitlich auf die Erlangung eines akademischen Bachelor-/Master-Abschlusses ab, kann aber auch zur rein inhaltlichen Aus-/Weiterbildung genutzt werden. Dieses Modell wird auch in Deutschland angeboten und es stellt sich die Frage, warum dies nicht durch deutsche Hochschulen/Universitäten abgedeckt wird.

Fazit und Ausblick

Eine Ausbildung zur „Industrie-4.0-Fachkraft" gibt es (noch) nicht. Dazu sind einerseits die Möglichkeiten und Strukturen des Themas zu komplex, andererseits ist die Ausbildungszeit zu gering, wobei auch die Ausbildungsdauer eine Rolle spielt. Akademische Angebote müssten erst qualifiziert durch einen Akkreditierungsprozess geführt werden, bevor erfahrungsgemäß 4 bis 5 Jahre später erste Absolventen zur Verfügung stehen.

Daher muss das Modell dem Vernetzungsgedanken folgen und eine noch stärkere Fähigkeit der interdisziplinären Teamarbeit ausbilden. Die technischen Ideen von Industrie 4.0 in die passenden Fachbereiche einfließen zu lassen, stellt sicherlich nicht das Problem dar. Der Austausch lässt sich nur leben, wenn die Kommunikationsfähigkeit ausgeprägt vorhanden ist und ein Teilverständnis in den Überlappungsgebieten der Fachdisziplinen besteht. Menschen müssen (wieder) lernen, „über den Tellerrand" zu schauen, um Industrie 4.0 in der Gesamtheit zu erfassen.

Wie sich die Hochschullandschaft aufstellen wird, kann heute nicht abgeschätzt werden. Es ist aber klar, dass wir in Zukunft alle noch tiefer und breiter denken müssen als heute.

Quellen

[CIO15] C. Pütter, Industrie 4.0 fehlen Fachkräfte und Wissen, CIO 4.2.2015 (abgerufen am 28.7.2015 unter *http://www.cio.de/a/industrie-4-0-fehlen-fachkraefte-und-wissen,3102405*)

[WIW15] N.N., Industrie 4.0 scheitert am Mensch – Für vernetztes Arbeiten fehlen die Mitarbeiter, WIRTSCHAFTSWOCHE 3.3.2015 (abgerufen am 28.7.2015 unter *http://www.wiwo.de/erfolg/beruf/industrie-4-0-scheitert-am-mensch-fuer-vernetztes-arbeiten-fehlen-die-mitarbeiter/11449714.html*)

[CSC15] CSC-Studie „INDUSTRIE 4.0" – Ländervergleich D A CH, 2015

[HRK14] Statistische Daten zu Studienangeboten an Hochschulen in Deutschland – Studiengänge, Studierende, Absolventinnen und Absolventen Wintersemester 2014/2015, Statistiken zur Hochschulpolitik 1/2014, HRK

[Wal14a] L. Wallerang, Im Studium steht Industrie 4.0 erst am Anfang, VDI-Nachrichten, Ausgabe 43, 2014

[Wal14b] L. Wallerang, Ausbildung über Fachgrenzen hinweg, VDI-Nachrichten, Ausgabe 43, 2014

8 Ausblick

*Uwe Weber, Dr. Verena Schmidtmann, Nhut Ajat Hong,
Amelie Mainusch, Victoria Schäfer*
Umsetzung von Industrie 4.0 im eigenen Unternehmen

Ronald Heinze
Daten als Basis für Industrie 4.0

Christian Manzei
Ein Blick nach vorn

Umsetzung von Industrie 4.0 im eigenen Unternehmen

von *Uwe Weber, Dr. Verena Schmidtmann, Nhut Ajat Hong, Amelie Mainusch, Victoria Schäfer*

„If you went to bed last night as an industrial company, you're going to wake up today as a software and analytics company", beschrieb Jeff Immelt, CEO von General Electric, die aktuellen Veränderungen für produzierende Unternehmen bei der Eröffnung einer Veranstaltung im Herbst 2014.

Und tatsächlich ziehen smarte Technologien in Entwicklung, Produktion und Instandhaltung ein und verändern die Arbeitswelt radikal. Hiermit steigt aber auch die Unternehmenskomplexität und zwingt Fachseiten wie auch IT dazu, flexible, standardisierte Prozesse, Modelle und Fähigkeiten aufzubauen. Doch winken durch Industrie 4.0 für produzierende Unternehmen auch zahlreiche Chancen, um sich im internationalen Wettbewerb zielgerichtet zu platzieren und mit Vorteilen bei Zeit, Qualität und Kosten zu punkten.

Grund genug, sich spätestens jetzt mit Industrie 4.0 und den einhergehenden Veränderungen auseinanderzusetzen und möglichst gleich den ersten Nutzen zu generieren.

Auf dem Weg zur Smart Factory

Zweifellos verändert die fortschreitende Digitalisierung die Industrielandschaften und gewohnte Unternehmensstrukturen nachhaltig. In der Smart Factory, der Produktionsumgebung von morgen, sind Maschinen, Anlagen und Produkte unternehmensübergreifend miteinander vernetzt. Produktionssysteme und Produkte werden durch intelligente Sensoren und Aktoren zu Cyber-physischen Systemen (CPS), die Daten in Echtzeit generieren und über System-, Komponenten- und Fabrikgrenzen oder sogar Unternehmensgrenzen über das Internet der Dinge austauschen.

Mittels Sensoren nehmen Anlagen und Produkte ihre Umgebung und ihren aktuellen Zustand wahr und reagieren durch verfügbare Echtzeitdaten als Aktoren situativ auf Ereignisse. Sie interagieren gezielt mit ihrer Umgebung und beeinflussen diese. Es entstehen dezentrale, selbststeuernde und adaptive Produktions- und Logistiksysteme.

Die Echtzeitverfügbarkeit jeglicher Produktionsinformationen ermöglicht ein neues Niveau an horizontaler und vertikaler Interoperabilität. ERP- und MES-geprägte Wertschöpfungsketten lassen sich dann sogar unternehmensübergreifend vernetzen. Dafür bedarf es aber produktionsnaher IT-Systeme, die den kompletten Produktentstehungsprozess unterstützen, also sowohl die Schnittstellen zur Produktions- und Automatisierungstechnik (MES) als auch zu weiteren IT-Systemen aus dem Bereich ERP. Erst dann kann ein ganzheitliches Steuern und Planen der Produktion möglich werden.

Wie geht man hierfür vor? In einem ersten Schritt sollten bestehende Produktionsanlagen mit Netzwerkanschlüssen und IP-Adressen ausgerüstet werden, um – salopp gesprochen – ein „Soziales Netzwerk" der Maschinen aufzubauen. In diesem Netzwerk verschmelzen Automatisierungs- und Informationstechnik und die Maschinen entwickeln als interagierende Systeme erweiterte Fähigkeiten für Informationsaustausch und sogar neue Geschäftsmodelle. Die mit Industrie 4.0 einhergehenden radikalen Veränderungen sollen noch einmal an den folgenden Szenarien verdeutlicht werden:

- Smart Machines sind intelligente Produktionsanlagen, die sowohl untereinander als auch mit Kunden und Zulieferern vernetzt sind. Sie fangen in Echtzeit ein virtuelles Abbild der realen Produktionsumgebung ein. Sie tauschen aktuelle Daten zu Fertigungsstatus, -ort, sowie Informationen zu Produktionsmitteln und -ressourcen untereinander aus. Mit Hilfe des virtuellen Abbilds können die Produktionsabläufe und -kapazitäten (auch sehr kurzfristig) geplant, abgesichert und gesteuert werden. Kommt es im regulären Produktionsbetrieb zu ungeplanten Ereignissen wie beispielsweise Anlagenstörungen oder -ausfällen, können Maschinen darauf ad hoc reagieren, indem sie laufende Produktionsaufträge auf andere Maschinen umverteilen und Instandhaltungsaufträge samt Bereitstellung von Ersatzteilen vorausschauend optimieren.
- Ähnliches gilt aber auch für die Smart Products: Sie können beispielsweise durch den Einsatz von RFID-Technologie Daten speichern, lesen, daraus relevante Informationen extrahieren und mit ihrem Umfeld in Echtzeit austauschen. Jedes Produkt kennt bereits zu Beginn der Produktion seine vollständige Konfiguration, seinen aktuellen Status, seine Historie, die erforderlichen Produktionsschritte, sowie die nötigen Komponenten und Materialien. Das intelligente Produkt kann mit der Anlage autonom kommunizieren, also etwa produktspezifische Fertigungsinformationen austauschen und anfordern. Dadurch lassen sich künftig u. a. Kapazitätsengpässe frühzeitig identifizieren und umgehen, sodass kundenindividuelle Produkte (Losgröße eins) effizient produziert werden können.
- Und auch die Energie wird intelligent: Smart Grids ermöglichen eine durchgängige Überwachung und Steuerung des Energiebedarfs und -verbrauchs in der Produktion. Es entsteht ein nachhaltiges und aktives Energiemanagement, was Anlagenleistung und Effizienz optimiert.

Im Dschungel von Anforderungen und Möglichkeiten

Wer hätte nicht gerne einen stabilen Rahmen, um trotz der (unbarmherzig) rasanten Entwicklung von Technologien die eigene Digitalisierungsstrategie planen und, wenn nötig, während der Umsetzung anpassen zu können? Die mittlere Säule in Bild 1 stellt genau einen solchen stabilen Rahmen (bzw. eine Struktur) dar. Egal, was links auf der Seite der Innovation und Strategie oder rechts während der Umsetzung oder im operativen Umfeld passiert, die eindeutige Zuordnung beider Welten über die unternehmensweit verbindlichen Fähigkeiten schafft sofort Transparenz und ermöglicht faktenbasierte Entscheidungen.

Bild 1 zeigt die notwendigen Elemente, die Sie für die Entwicklung und Steuerung der Umsetzung ihrer Industrie-4.0-Strategie brauchen. Aus unseren Projekterfahrungen nähern sich unsere Kunden dem Thema Industrie 4.0 auf sehr unterschiedliche Weise. Manche unserer Kunden bevorzugen den Weg, sich zunächst auf der linken Seite mit den technischen Möglichkeiten als Grundlage für Innovation in der Produktion zu beschäftigen. Andere beginnen zunächst damit, eine Fähigkeitsstruktur aufzubauen, um konkret vorliegende Anforderungen aus der Produktion direkt mit neuen Technologien auszustatten und um Standards als Basis für Industrie 4.0 zu etablieren.

Die Fähigkeiten sind also Briefkästen mit entsprechend Verantwortlichen. Auf dem Weg zur Digitalisierung werden darin die Anforderungen ebenso wie Vorschläge für Innovationen eingeworfen. An Hand von definierten Kriterien können diese vielleicht sogar widersprüchlichen Anforderungen qualifiziert und in einem Portfolio von Vorhaben bewertet werden. Danach folgt die Planung der Umsetzung oder die Anpassung der Roadmap.

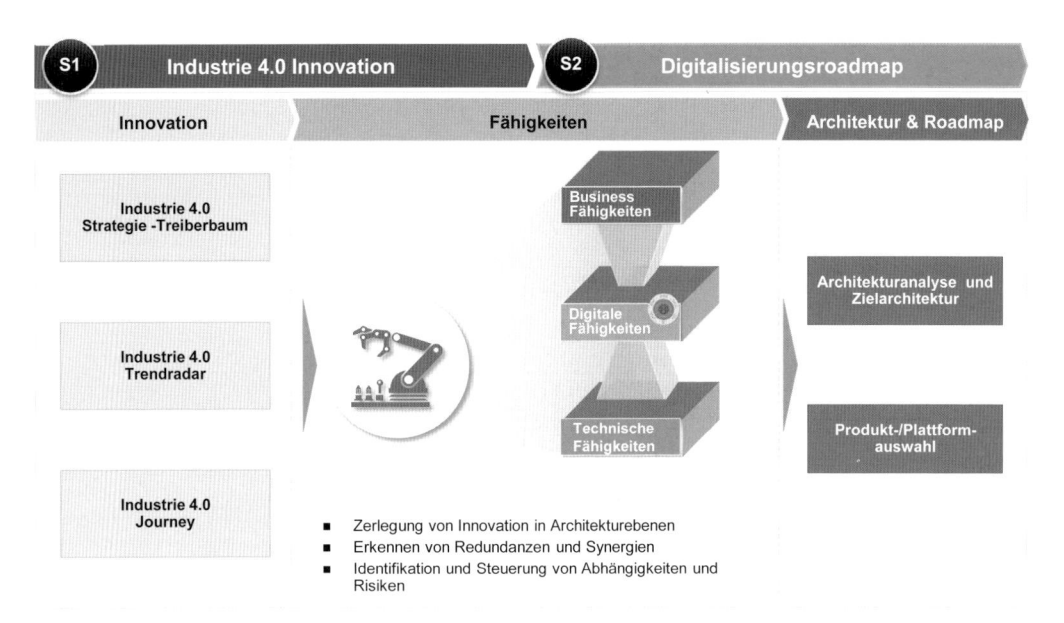

Bild 1 Innovation, Fähigkeiten und Architektur/Roadmap

Eine Navigationshilfe durch den Innovationssumpf

Betrachten wir noch einmal genauer die beiden Wege, die unsere Kunden auf dem Weg in Richtung Industrie 4.0 konkret gehen. Um im Dschungel der Möglichkeiten der digitalen Produktion den eigenen Weg zu finden, schaffen die Innovationsbefürworter zunächst eine klare Struktur, die die notwendige Transparenz über innovative Lösungsansätze, z. B. in Form von Trendradaren, herstellt. Um eine solche Struktur aufzubauen, wird die Modularisierung (s. Bild 1) auf drei Ebenen, nämlich der fachlichen, digitalen und technischen Ebene eingeführt. Diese Fähigkeiten sollen dabei Ressourcen bündeln, die eng zusammenarbeiten und einem gemeinsamen Zweck dienen. Ressourcen können etwa Menschen mit ihrem Wissen und Können, Prozesse und Informationen, sowie Infrastruktur und Technologie, z. B. Anlagen, sein. Die Fähigkeiten lassen sich zudem organisationsunabhängig ausprägen und können Anforderungen und deren Umsetzung mit innovativen Ansätzen (Lösungen) je nach Situation eigenständig bewerten. So kann beispielsweise die technische Umsetzung des Moduls *Werkerführung* durch Sprachansage über ein Headset sinnvoll sein, an anderer Stelle wird entschieden, die *Werkerführung* mittels Augmented Reality, z. B. mit einer geeigneten Brille, umzusetzen, da es sich an dieser Stelle um einen sehr komplexen Arbeitsschritt handelt. Die Informationsbereitstellung für diese Art von Umsetzung wie auch die Ausbildung des Personals muss also entsprechend angepasst werden. In der Literatur wird dieses Vorgehen zur Planung von Veränderungen (Transformationen) im komplexen Umfeld als Fähigkeitenbasierte Planung (*engl:* Capability-based Planning) bezeichnet.

Insbesondere für die Ausformulierung von für Innovationen konkret notwendigen digitalen Fähigkeiten benutzen unsere Kunden den Digitalen Navigator (Bild 2). Dieser ist mit dem Ziel entwickelt worden, die Definition einer passenden Digitalstrategie und deren Umsetzung in einem effizienten Projektportfolio zu ermöglichen. Der Digitale Navigator stellt ein erprobtes

Werkzeug dar, um Digitalisierungsansätze passend zum jeweiligen Geschäftsumfeld auszuprägen, sowie Auswirkungen auf eigene Prozesse und Kern-Fähigkeiten zu analysieren und sie entsprechend für die Umsetzung zu priorisieren.

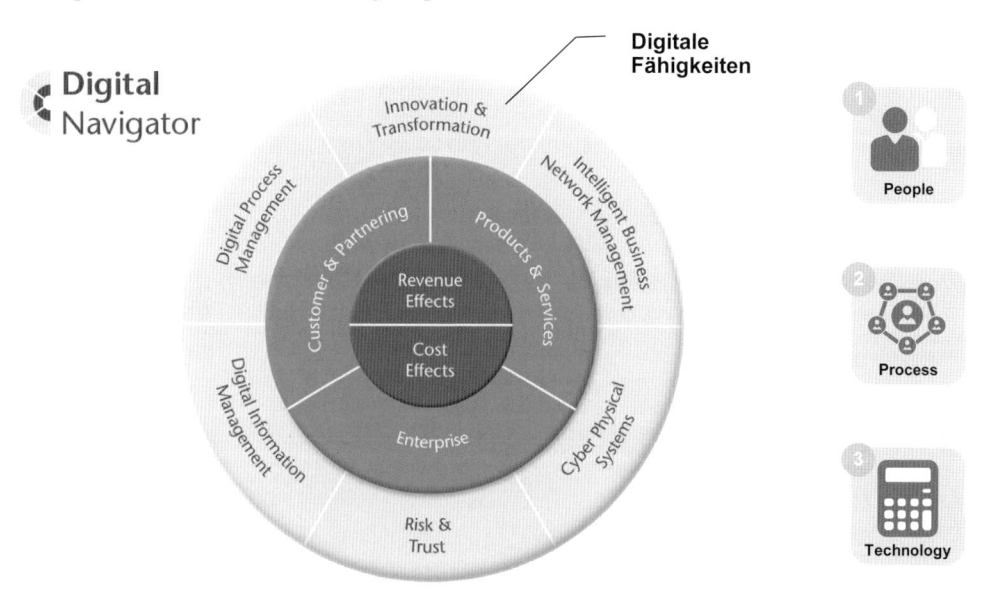

Bild 2 Digital Navigator

Unsere Kunden priorisieren im Projekt die notwendigen digitalen Fähigkeiten für ihre Digitalisierungsstrategie und leiten konkrete Umsetzungspläne in den sechs Kernbereichen des Navigators ab:

1. **Innovation & Transformation:** Offenheit gegenüber Veränderungen und Innovationen, sowie deren nachhaltige, erfolgreiche Einführung und Umsetzung im digitalen Business, z. B. durch Skillmanagement;
2. **Intelligent Business Network Management:** Durch Digitalisierung entsteht Bedarf nach agiler und flexibler Vernetzung mit verschiedenen Partnern und Kunden entlang der gesamten Wertschöpfungskette. Neue Kooperations- und Geschäftsmodelle sind verstärkt auf individuelle und kurzfristige Kundenwünsche zugeschnitten;
3. **Cyber Physical System:** Managen und Nutzen intelligenter Anlagen und Infrastruktur, die Vorgänge in Echtzeit in der virtuellen und der realen Welt abbilden, um schnelles (Re-)Agieren und vorausschauendes Simulieren gewährleisten zu können;
4. **Risk & Trust:** Managen von Informationssicherheit, physischer Sicherheit sowie Aufbau von Vertrauen und einem vorausschauenden Risikomanagement;
5. **Digital Information Management:** Managen der enormen Menge und Vielfalt von Informationen und Daten, sowie deren Nutzung als strategische Assets in der Digitalisierung;
6. **Digital Process Management:** Effizienzgewinne und Kundennähe durch volldigitalisierte Geschäftsprozesse, welche auf dem Aufbau und der Nutzung modularer Prozessbausteine basieren.

Wie setzt man die richtigen Anforderungen für Industrie 4.0 um?

Die andere Gruppe unserer Kunden setzt den Schwerpunkt auf die Umsetzung konkreter Anforderungen und das Beheben klarer Schwachstellen. Auch die Definition von Daten- und fachlichen Prozessstandards soll zunächst die Basis schaffen, um im nächsten Schritt zu digitalisieren. Damit aber auch diese eher klassischen Initiativen auf eine moderne Industrie-4.0-Strategie einzahlen, ist neben der Transparenz über die Fähigkeitenstruktur vor allem ein stringenter Projektportfolioprozess erforderlich (Bild 3). Dieser macht die Entwicklung und Nutzung von Standards in den einzelnen Fähigkeiten verbindlich und schafft ein ausgewogenes Portfolio an Anforderungsumsetzungen und innovativen Initiativen zur Umsetzung der Digitalstrategie.

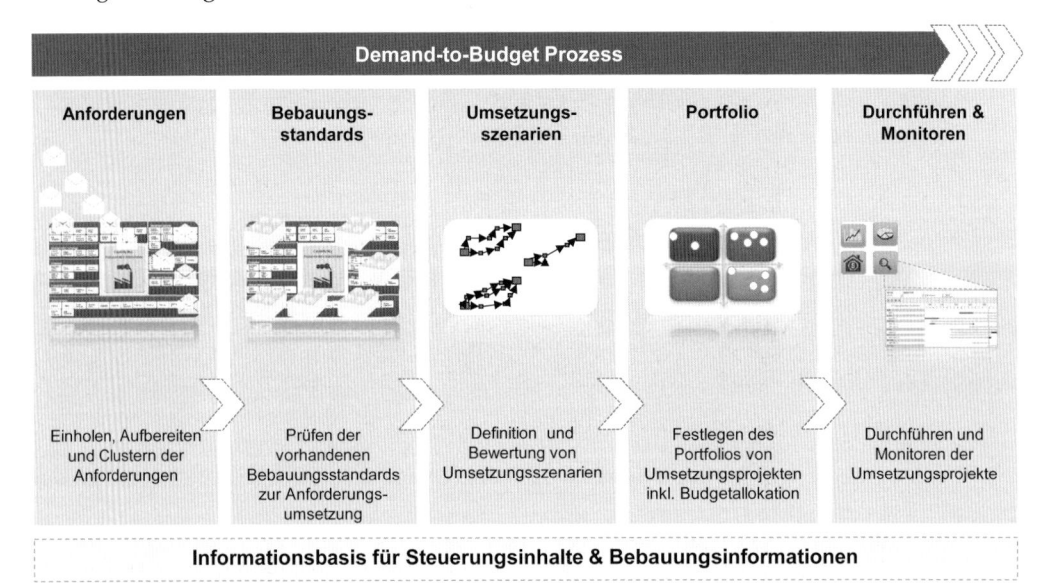

Bild 3 Demand-to-Budget-Prozess

Aus unserer Projekterfahrung wissen wir, dass alleine die Modularisierung und das Projektportfoliomanagement bereits bis zu 30 % an redundanten Entwicklungskosten einsparen und Synergien gewinnen. Geld, das für mehr Innovation im Sinne von Industrie 4.0 frei wird. Vereinfacht wird das Vorgehen, je mehr Fähigkeiten standardisiert vorliegen. Wir meinen damit nicht, dass diese Fähigkeiten unternehmensweit genau gleich sein müssen. Standardisiert bedeutet, dass für das Geschäft notwendige Varianten bewusst z. B. nach gemeinsam verabschiedeten Regeln zugelassen werden. Studien zeigen, dass sehr erfolgreiche Unternehmen bei der Transformation ihres Geschäfts einen Standardisierungsgrad von bis zu 70 % erreichen können. Solche Standardisierungsprojekte sind selbstverständlich selbst als Anforderung oder Projektvorschlag in diesen Prozess einzubringen und unterliegen den gleichen Wirtschaftlichkeitsbewertungen wie alle anderen Vorschläge auch.

Unsere zweite Kundengruppe folgt also dem Credo: Durch Modularisieren, Standardisieren und Digitalisieren (Bild 4) wird man auch besser den passenden Grad der Digitalisierung für sein Unternehmen bestimmen und erlangen können. Es gilt, eine fachliche Struktur in Form von Fähigkeiten zu etablieren, die zu Geschäftsmodell, Wertschöpfungskette und strategischer

Ausrichtung passen. Im nächsten Schritt werden für diese Module intelligente und verbindliche Standards von IKT, Produktions- und Automatisierungstechnik sowie Software-Fähigkeiten geschaffen. Erst unter dieser Voraussetzung und im letzten Schritt lassen sich die fachlichen Standardmodule sinnvoll auf den passenden Digitalisierungsgrad prüfen und bei Bedarf in Digitallösungen umsetzen.

Modularisieren ▶ **Standardisieren** ▶ **Digitalisieren**

Aufbau einer Referenzarchitektur der Digitalen Produktion:
- Funktionale Zusammenhänge & Informationsflüsse
- Gemeinsame Sprache

Schaffung von intelligenten und verbindlichen Standards in einem Informationsbaukasten.
- Komplexitätsreduzierend

Konzept der Anwendung von Digitalen Fähigkeiten um einen Mehrwert für Unternehmen generieren.

Die Fähigkeiten stellen die Vernetzung und Integration über die gesamte Wertschöpfungskette in Richtung Industrie 4.0 wider.

Entwicklung von Standards und Vernetzung von IKT, Produktions-, Automatisierungstechnik und Software-Fähigkeiten.

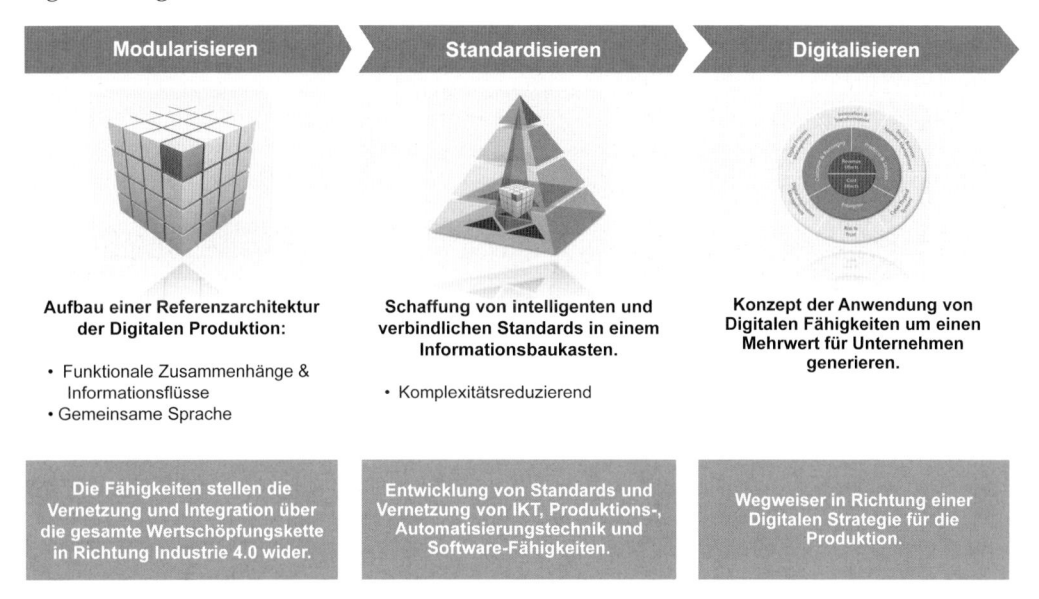

Wegweiser in Richtung einer Digitalen Strategie für die Produktion.

Bild 4 Modularisieren, Standardisieren und Digitalisieren

Im Folgenden werden die konkreten ersten Schritte im Bereich Modularisieren noch einmal ausführlich dargestellt:

1. Im ersten Schritt werden ein oder mehrere Digitalisierungs-Use-Cases, wie beispielsweise das intelligente Verfolgen von Materialien und Waren oder das autonome Zusammenarbeiten von vernetzten, selbstlernenden Maschinen (*Soziales Netzwerk der Maschinen*) festgelegt. Dieser sollte entsprechend der Situation Ihres Unternehmens und passend zu Ihrer Unternehmenszielsetzung detailliert beschrieben werden.

2. Damit wird die bestehende Unternehmens-Strukturlandkarte (fachliche Fähigkeiten) visibel und die Identifizierung von betroffenen Schlüsselmodulen ist möglich. Es wird bspw. deutlich, wie sehr sich das *Soziale Netzwerk der Maschinen* auf die zentralen Fähigkeiten des Anlagenmanagements im Strukturbereich Produktion auswirkt. So erhalten Sie eine Übersicht über die vom jeweiligen Digitalisierungs-Use-Case betroffenen und einzubeziehenden Bereiche und Experten Ihres Unternehmens.

3. Parallel hierzu erfolgt ein Mapping des Use Cases auf die sechs Kernfähigkeiten des Digital Navigators (s. Bild 2). Dieser hilft Ihnen, wie ein Navigationssystem im Fahrzeug, den konkreten Weg zum Zielbild mit notwendigen Zwischenstationen auszugestalten. Konkrete Realisierungskriterien innerhalb der Digitalisierungsfähigkeiten Digitales Informationsmanagement, Cyper Physical Systems und Intelligent Business Network Management helfen dann als Enabler für das *Soziale Netzwerk der Maschinen* mit.

4. Nach der Identifikation der betroffenen Unternehmensfähigkeiten und dem Abgleich mit den Fähigkeiten des Digital Navigators, werden nun entlang der Ressourcendimensionen (Prozess, Menschen, Material) konkrete Änderungsbedarfe identifiziert. Um ein Maschinennetzwerk aufzubauen, müssen bspw. Bluetooth-Kanäle an den Maschinen für den sicheren Informations- und Kommunikationsfluss eingerichtet werden, aber auch Mitarbeiter in der Instandhaltung vernetzter Maschinen ausgebildet werden.

5. Sind sämtliche aufzubauenden technischen, prozessualen und personellen Fähigkeiten identifiziert und in Form von Anforderungen beschrieben, können daraus Umsetzungsprojekte zusammengestellt und initiiert werden. Diese gilt es, in das bestehende Projekt-Portfolio des Unternehmens einzugliedern. Dieses bedarf einer Anpassung bestehender bzw. einer Ergänzung um neue Projekte, welche somit die Elemente der Digitalisierungs-Roadmap einbringen.

6. Nach erfolgreicher Aufnahme in die Projektplanung sollte das Vorgehen Modularisieren, Standardisieren und Digitalisieren in der Tiefe auch bei der Projektdurchführung angewendet werden, um neue Standardfähigkeiten der Digitalisierung zu generieren.

Fazit

Die Welt wird durch Digitalisierung nicht weniger komplex. Je mehr intelligente Spieler im Spiel sind, desto mehr Möglichkeiten bieten sich, das Spiel zu gestalten. Um dabei den Überblick zu behalten und den größten Nutzen zu erzielen, braucht man eine einfache und klare Struktur von stabilen fachlichen Fähigkeiten gemäß der Fähigkeiten-basierten Planung. So paradox es zunächst klingt, aber es ist tatsächlich so, dass je höher der Standardisierungsgrad der Fähigkeiten ist, desto flexibler ist man in der Gestaltung.

Die Potenziale der digitalen Transformation lassen sich im Zusammenspiel standardisierter Module einfacher erkennen. Damit lassen sich dann auch neue Ideen und Geschäftsmodelle besser gestalten

Beginnen Sie jetzt zu strukturieren. Auch wenn die technische Entwicklung in manchen Bereichen noch am Anfang steht. Schaffen Sie jetzt Transparenz und räumen Sie mit unnötigem Wildwuchs auf. Dann ist der Weg in die Smart Factory für Sie bereitetet und die Roadmap für Industrie 4.0 wird klar.

Daten als Basis für Industrie 4.0

von *Ronald Heinze*

„Industrie 4.0" steht für eine vollständige Digitalisierung und Integration der industriellen Wertschöpfungskette. Michael Ziesemer, ZVEI-Präsident und COO von Endress+Hauser im Gespräch über aktuelle Entwicklungen und Themen rund um die vierte industrielle Revolution.

Die Verbindung von Informations- und Kommunikationstechnologie mit der Automatisierungstechnik zum Internet der Dinge und Dienste ermöglicht immer höhere Grade der Vernetzung in und zwischen Produktionsanlagen, vom Lieferanten bis hin zum Kunden. Damit einher geht die Digitalisierung des Produkt- und Serviceangebots, die neue Geschäftsmodelle ermöglicht. Letztendlich ist Industrie 4.0 die Verwirklichung der smarten Fabrik im digitalen Wertschöpfungsnetzwerk. Industrie 4.0 ergibt nur einen Sinn, wenn neue Geschäftsmodelle entstehen.

Industrie 4.0 ist ein Tempothema

„In der Industrie 4.0 fallen Daten an, die es bisher nicht gab", erläutert M. Ziesemer. Wer sie für neue Geschäfte zu nutzen weiß, beherrscht die Welt von morgen. „Daten haben eine enorme Bedeutung", fährt der ZVEI-Chef fort. So heißt es bereits, dass Daten das Öl des 21. Jahrhunderts sind. „Man beachte die bemerkenswerten Äußerungen unserer Bundeskanzlerin Angela Merkel: ,Daten stehen im Zentrum der zukünftigen Wirtschaft.'" Aus der Bündelung und der Auswertung dieser Daten werden neue Geschäftsideen entstehen, vor allem neue Dienstleistungen. Und hier kommt es drauf an, schnell mit Ideen in den Markt zu gehen. „Industrie 4.0 ist ein Tempothema. Gegenwärtig droht, dass Akteure aus Übersee auf Basis neuer datenzentrierter Geschäftsmodelle Märkte und Kunden erobern", hebt M. Ziesemer hervor.

Mit zunehmender Digitalisierung der gesamten Wirtschaft entstehen neue, große Mengen von Daten, die für die eigentlichen Prozesse nicht relevant sind – zum Beispiel im Antrieb. Aus der Bündelung und Auswertung dieser Daten können neue Geschäftsideen und Dienstleistungen entstehen. „Wenn einmal alle Dinge im Energienetz, im Gebäude oder mit Bezug auf das Auto mit dem Internet verbunden sind, entstehen unglaubliche Mengen an Daten – die Grundlage für Smart Data", betont der ZVEI-Präsident. „Allein im Automobil fallen heute drei bis vier Gigabit Daten pro Minute an."

Bild 1 Michael Ziesemer ist Präsident des ZVEI – Zentralverband Elektrotechnik- und Elektronikindustrie e.V. sowie COO und stellvertretender Vorstandsvorsitzender von Endress+Hauser.

„In Bezug auf aktuelle Entwicklungen wird schmerzlich bewusst, dass man nicht alles, was man tun kann, tun darf", ergänzt der stellvertretende Vorstandsvorsitzende von Endress+Hauser. Benötigt werde ein rechtlicher Rahmen und eine ethische Verankerung. Menschen müssten wissen, wie sie sich verhalten müssen. Der Fall der Abgasmanipulation bei VW unterstreiche die Relevanz. Software müsse spezifiziert und in das System integriert werden. Und Software habe einen Lifecycle.

Datensicherheit und Datenschutz

In Bezug auf Daten sind weiterhin zwei Felder relevant: Datensicherheit und Datenschutz. „Die Digitalisierung für Industrie 4.0 wird nicht wirklich vorankommen, wenn das Thema Cyber Security nicht gelöst ist", ist M. Ziesemer überzeugt. „Ebenso wenig schaffen wir die Energiewende mit Smart Grid und Smart Metering oder ein modernes vernetztes Gesundheitssystem. Und auch das Auto, das schon heute ein rollender Computer ist, braucht Sicherheit." Hier entsteht ein Riesenmarkt mit Milliarden-Umsätzen. Nicht umsonst haben BASF, VW und Bayer die Deutsche Cyber-Sicherheitsorganisation (DCSO) gegründet, deren Lösungen auch dem Mittelstand zur Verfügung gestellt werden sollen.

Auf einem VDE/ZVEI-Symposium Mikroelektronik in Berlin hat sich herauskristallisiert: Dreh- und Angelpunkt ist die sichere Identifizierung. „Dies ist das Herzstück von Security", so M. Ziesemer. Wobei seiner Meinung nach die besten Security-Lösungen nicht allein aus Software bestehen, sondern eine Kombination aus Hard- und Software beinhalten. „Software ist leichter manipulierbar", ist er überzeugt. „Aber: Bereits heute lassen sich in unsicheren Netzen sichere Anwendungen implementieren – die Technologien sind vorhanden."

Den Schutz personenbezogener Daten regeln die entsprechenden Datenschutzgesetze. „Auch in den USA setzen sich Erkenntnisse durch, dass nicht alles, was man kann, getan werden sollte", so M. Ziesemer. Er sieht es sogar als Vorteil für den europäischen Markt, dass personenbezogene Daten unter einem hohen Schutz stehen: „Unternehmen sind gut beraten, die entsprechenden Gesetze zu beachten. Industrie 4.0 wird schneller umgesetzt, wenn Betrieb und Mitarbeiter an einem Strang ziehen", fährt er fort. „Allerdings sollte es mit dem Datenschutz auch nicht übertrieben werden, sonst finden die Geschäftsmodelle im Ausland Anwendung und nicht hier." Als Beispiel nennt er die Patientendaten, die nur dort gespeichert werden können, wo sie anfallen. Neue Geschäftsmodelle für das Erkennen von Ursachen von Krankheitsverläufen mit Bezug auf Standortfaktoren und Umwelteinflüsse sind so kaum möglich. Auch im Auto fallen kritischen Daten an, zum Beispiel Bewegungsprofile. „Die Anonymisierung lässt aber Geschäftsprozesse zu", meint der Diplom-Ingenieur. „Ein Beispiel ist die Stauprognose."

Der Nutzen der Daten auch für Anwender wird vielfältig, wenn Datensicherheit und Datenschutz beachtet werden: „Möglich wird eine bessere Instandhaltung und ein besserer Betrieb der Aggregate", so der Nachrichtentechniker. Allerdings müssen die berechtigten Interessen der Anwender geschützt bleiben. Geschaffen werden müssen sichere Speicherorte für die Daten. Gestartet wurde deshalb eine Fraunhofer-Initiative für sicheren Datenraum. Bereits auf dem ZVEI-Kongress im Juli 2015 in Berlin hat Vizekanzler Sigmar Gabriel herausgestellt, aus dem Problem eine Stärke machen und Deutschland als sichersten Platz für weltweite Daten etablieren zu wollen.

Nutzungsrecht für Maschinendaten

Basis für neue Geschäftsmodelle bilden Maschinendaten und anonymisierte Daten. Gerade bei nicht personenbezogenen Daten ist momentan vieles gesetzlich nicht geregelt. Die Frage, die sich dabei stellt, ist: Unter welchen Voraussetzungen sind Unternehmen bereit, Daten zu teilen? „Das Verfügungsrecht bei Maschinendaten ist nicht klar", bestätigt M. Ziesemer. „Ein Eigentumsrecht bei Daten gibt es sowieso nicht." Während sich seiner Ansicht nach das Nutzungsrecht bei prozessrelevanten Daten wie Rezepturen klar bestimmen lässt, ist es zum Beispiel bei den Drehmomentdaten der Antriebe nicht klar. Dazu stellt er die Frage: Wer hat im Auto das Recht, die Daten zu nutzen, der Eigentümer, der Fahrer, der Hersteller? M. Ziesemer zieht das Fazit: „Es müssen Regelungen getroffen werden, mit denen eine Monopolisierung der Datennutzung vermieden werden sollte. Ein rechtlicher Rahmen ist notwendig." Viele Datennutzer haben das Nutzungsrecht an den Daten mit den Kaufverträgen längst abgetreten, auch in der Industrie.

Einer internationalen Lösung für die Nutzungsrechte an den Daten sieht M. Ziesemer skeptisch entgegen. Zu unterschiedlich seien die Datenschutzrechte zum Beispiel in den USA und in Europa. „Eine einheitliche Regelung für den europäischen Wirtschaftsraum wäre schon ein wichtiger Fortschritt." Dann wären auch die Chancen größer, dass zum Beispiel in China solche Regelungen übernommen werden. Im Patentrecht war eine solche Entwicklung zu verzeichnen.

Ein wichtiges Stichwort in diesem Zusammenhang ist Vertrauen. In Industrie-4.0-Anwendungen gibt es Datenverbindungen über Unternehmensgrenzen hinweg. „Wichtige Informationen werden über das Internet übertragen. Dies setzt Vertrauen, Regeln und Datenschutz voraus", so M. Ziesemer. „Derzeit hängen die Regeln hinterher." Eine vernetzte Gesellschaft erfordert es außerdem, dass es überall schnelle Datenverbindungen gibt. Hier sieht der ZVEI-Präsident noch erheblichen Nachholbedarf. „Dass es daran mangelt, ist wirklich blamabel", betont er.

Wartung und Betrieb mit Daten optimieren

Beispiele für die Datennutzung über Unternehmensgrenzen hinweg gibt es bereits: Für die Instandhaltung von Flugzeugtriebwerken werden seit vielen Jahren Daten ermittelt, übertragen, gespeichert und analysiert. Wartungsmaßnahmen lassen sich damit optimieren. Als weitere Applikation nennt M. Ziesemer Aufzüge: „Heute werden Aufzüge systematisch in das Internet integriert. Anhand von technischen Daten wie Drehmomenten und Sensorsignalen wird der Wartungsbedarf analysiert." Oder Zentrifugen in der Prozessindustrie: „Hier geht es darum, die Fahrweise der Zentrifugen soweit zu optimieren, dass Vibrationen minimiert werden", erklärt er. Der Nutzen für die Anwender wird größer, wenn jeweils alle hergestellten Triebwerke, Aufzüge oder Zentrifugen mittels adaptiver Echtzeitanalyse überwacht werden und daraus Know-how für den optimalen Betrieb gewonnen werden kann. „Es geht um maximale Produktivität bei kompletter Schadensvermeidung", unterstreicht er. „Diese intelligente datengestützte Dienstleistung bringt Nutzen für alle Anwender."

„Industrie 4.0 bedeutet nicht die Digitalisierung einer einzelnen Fertigung", fährt der COO von Endress+Hauser fort. „Das haben wir schon lange." Vielmehr geht es um eine Vernetzung über das einzelne Unternehmen hinaus, hin zum Lieferanten und zum Kunden. Dienstleister werden auch im Produktionsumfeld an Bedeutung gewinnen. Voraussetzungen sind die Datenverbindungen, die Speicherung der Daten im Sinn von Big Data und die Datenanalytik basierend auf der Domain-Expertise. M. Ziesemer sieht in Deutschland gute Chancen für neue

Geschäftsmodelle, da ein hohes Wissen über Produktionsvorgänge vorhanden sei. Er ruft auf, nicht zu lange damit zu warten und die Geschäftsmodelle in der Praxis umzusetzen. „Kein Verantwortlicher wird die Fabrik auf den Kopf stellen, um Industrie 4.0 einzuführen. Benötigt werden überschaubare Anwendungen, die sich betriebswirtschaftlich rechnen, zum Beispiel die Optimierung eines Teils der Logistik. Nur dann werden sie auch richtig verstanden." Basierend auf den kleinen Applikationen können Kompetenzen aufgebaut werden.

Dabei fehlt es laut dem ZVEI-Chef nicht an Normen und Standards. OPC UA und „eCl@ss" sind zum Beispiel nutzbar. „Zwar passen diese nicht immer perfekt, aber sie sind hinreichend für Implementationen", berichtet er weiter. Inzwischen werden auch die Normen rund um das Thema Semantik weiterentwickelt.

Industrie 4.0 im internationalen Kontext

Der ZVEI-Chef sieht keinen großen Unterschied in der Vorgehensweise zwischen Industrie 4.0 und dem Industrial Internet Consortium. Der gemeinsame Blickwinkel ist, dass Use Cases im Vordergrund stehen. Es besteht eine Zusammenarbeit zwischen den Konsortien, nicht zuletzt auch deshalb, weil die Protagonisten beider Konsortien zum Teil identisch sind. Unterschiedlich sind die Blickwinkel laut M. Ziesemer: „Während sich die deutsche Industrie aus der Produktion mit Embedded-Systemen in die ERP-Welt bewegt, vollziehen Amerikaner den Weg meist genau andersherum von der IT-Seite aus." In der deutschen Industrie spielt das Life Cycle Management Engineering eine wichtige Rolle, bei den Betrachtungen des IIC kommt das kaum vor. „Es gibt zwischen Industrie 4.0 und IIC aber weder Berührungsängste noch Frontstellungen", fährt er fort. „Beide haben Stärken und Schwächen."

An der deutschen Initiative kritisiert er nur, dass diese internationaler werden muss. „Es besteht ein hohes Interesse an Industrie 4.0, zum Beispiel in den USA und in China", betont er. „Die Welt beobachtet uns und interessiert sich für diese Thematiken. Daher müssen wir noch schneller Antworten liefern und über die Grenzen des deutschen Markts hinausgehen." Es besteht die Sorge, dass der technische Vorsprung, das Wissen und die Kompetenz in Bezug auf die Produktion, durch eine ungenügende Marketingkommunikation nicht zur Wirkung kommen. „Unsere Kompetenzen müssen besser vermittelt werden. Es müssen deutlicher die praktischen Implementierungen nach vorn gestellt werden", ist sich M. Ziesemer sicher. „Wenn die Welt verändert werden soll, muss sich auch das Bild von der Welt ändern."

Die Plattform Industrie 4.0 ist außerdem gefordert bei Themen, wie Veränderung der Arbeitswelt, Datenschutz und Weiterbildung. Mithilfe von Demonstratoren sollen auch kleinere Unternehmen einbezogen werden. „Dies können einzelne Unternehmen nicht leisten und hier ist deshalb die übergreifende Initiative gefordert", erläutert der ZVEI-Präsident.

Der ZVEI treibt die Themen rund um Industrie 4.0 auf verschiedenen Ebenen voran. Zum einen sind die Arbeitsgruppen der Plattform Industrie 4.0 im ZVEI gespiegelt. „Hier wirken erhebliche Ressourcen von uns mit", bekräftigt M. Ziesemer. Darüber hinaus befindet sich der Verband in einem intensiven Dialog mit der Politik, damit die Anliegen der beteiligten Unternehmen auch auf höchster Ebene verstanden werden. Der Verband erarbeitet derzeit den Leitfaden „Codes der Elektroindustrie für die Datennutzung im Internet der Dinge und Dienste", der in enger Abstimmung mit den ZVEI-Mitgliedsunternehmen, aber auch mit Digital-EU-Kommissar Günther Oettinger entsteht. Zusätzlich gibt es intensive Dialoge in den Fachverbänden und Landesstellen des ZVEI sowie auf Kongressen und Veranstaltungen. Gemeinsames Ziel ist es, Sicherheit und Vertrauen in die digitale Welt herzustellen.

Ein Blick nach vorn

von *Christian Manzei*

Was also ist die Quintessenz für Anbieter wie Anwender von Industrie-4.0-Lösungen? Was lässt sich aus den skizzierten Technologien und Applikationen, den zu erwartenden Änderungen in den Märkten, Arbeitsabläufen und Strukturen für das einzelne Unternehmen ableiten? Ob, wann und wie sollte man vorgehen, um zukünftig maximal von der weiteren Entwicklung in diesem Bereich profitieren zu können und sich nicht plötzlich auf der Verliererstraße wiederzufinden? Hier die entsprechenden Prognosen und Handlungsempfehlungen:

IT- und Automatisierungswelt wachsen zusammen

Die bisher geschlossene Automatisierungsbranche ist Geschichte, denn durch die Informatisierung der Wertschöpfungskette werden zwangsläufig auch IT-Unternehmen in den Prozess der Vernetzung und Automatisierung mit eingebunden werden. Wie intensiv IT-Hersteller an der Thematik interessiert sind, zeigt nicht zuletzt die Tatsache, dass mit Cisco, Intel und IBM gleich drei der fünf Gründungsmitglieder des Industrial Internet Consortiums (siehe Abschnitt 4.2) zu den klassischen IT-Unternehmen gehören. Sie sind es, die (sich) diesen neuen Markt aktiv erschließen wollen und damit das Zusammenwachsen von IT und Automatisierung forcieren.

Wie die Ergebnisse verschiedener Studie zeigen, sind sich Anbieter wie Anwender von Produktionstechnik im Klaren darüber, dass branchenfremde (IT-)Unternehmen an Einfluss gewinnen werden. An erster Stelle bezüglich der erwarteten Konsequenzen von Industrie 4.0 steht daher die Einschätzung, dass es vermehrt zu Kooperationen und Partnerschaften kommen wird, voraussichtlich zwischen IT-Herstellern und Automatisierern. Und in der Tat ist etwa Heitec eine Zusammenarbeit mit dem SAP-Lösungsanbieter Orbis eingegangen, um SAP-Kunden integrierte, durchgängig automatisierte Prozesse in „Echtzeit" zwischen Shopfloor und SAP ERP anbieten zu können. Eaton arbeitet im IoT-Bereich mit T-Systems zusammen und sogar der Automatisierungsgigant Siemens kooperiert mit IBM, um Watson Analytics auf das eigene cloudbasierte, offene Betriebssystem für das Internet der Dinge zu adaptieren.

Daneben entstehen I4.0-Partnerschaften ohne direkte Beteiligung/den Umweg über Automatisierer: Schaeffler hat eine strategische Partnerschaft mit IBM geschlossen, um seine mechatronischen Komponenten in das IoT zu integrieren und so ebenfalls neue, digitale Geschäftsmodelle wie etwa Predictive Maintenance zu etablieren.

Darüber hinaus hat sich auch die Automatisierungs-Leitmesse SPS/IPC/Drives diesem Thema inzwischen geöffnet und legt unter dem Titel „Automation meets IT" einen besonderen Fokus auf IT-basierte Lösungen für die Digitalisierung der Fabrikhalle.

In diesem Zusammenhang muss allerdings auch die Frage beantwortet werden, wer dauerhaft die Schnittstelle zum Kunden betreibt. Denn die Hoheit über die Kundenschnittstelle definiert zugleich den Anteil bzw. die Höhe der Wertschöpfung, wie das Beispiel Apple mit iTunes und anderen Diensten eindrucksvoll demonstriert.

Und dabei geben sich Automatisierer wie Maschinenbauer nur allzu zögerlich – fast schon traditionell möchte man sagen. Denn der Fokus dieser Branche liegt seit Anbeginn auf der Produktion hardware-basierter Komponenten und Systeme, seit einigen Jahren mit etwas produktspezifischen Services „garniert". Dieses über Jahrzehnte gewachsene und gut funktionierende Geschäftsmodell hat sich auch mit dem neuen Thema I4.0 nicht grundsätzlich gewandelt. In Zeiten der Informatisierung der Wertschöpfungskette lautet die Frage jedoch nicht mehr „Wie optimiere ich meine Komponente?", sondern „Wie kann die Produktion meiner Kunden noch effizienter gestaltet werden?". Die Automatisierer sind in der glücklichen Lage, dass sie einen Großteil der hierfür notwendigen Daten in ihren Sensoren entweder selbst generieren oder aber in ihren Steuerungssystemen selbst verarbeiten bzw. zumindest im Zugriff haben. Dieser weiter anschwellende Datenpool schlummert zumeist jedoch noch ungenutzt in den Anlagen und wird eher als Ballast denn als Gold hin zu einer weiter optimierten Fertigung betrachtet. Lassen die Automatisierer diesen Datenschatz weiter brach liegen, werden diejenigen die Datenernte einfahren, für die der Handel mit Informationen schon seit jeher Bestandteil ihres Geschäftsmodells ist.

Insofern ist davon auszugehen, dass IT-Unternehmen die anfallenden Daten zur Optimierung der Fertigung nutzen werden und damit den höchsten Anteil im gesamten Wertschöpfungsprozess für sich selbst sicherstellen werden.

Verstärkt wird dieser Trend durch eine vermehrte Tendenz zur Zentralisierung der Datenverarbeitung: Seit ein paar Jahren wird im Büroumfeld die Rechenleistung sowie die Datenspeicherung im Rechenzentrum konzentriert. Da Programme und Daten bei diesem Ansatz jedem User zentral zur Verfügung gestellt werden, lassen sich die Leistungsanforderungen des Frontends – in diesem Fall des Büro-PCs, Notebooks etc. – reduzieren, da diese Geräte nur noch wenige Funktionalitäten selbst übernehmen müssen. Dies führt unter anderem zu einer optimierten Auslastung von IT-Ressourcen, einer höheren Datensicherheit und einer einfacheren Administration sowie längeren Nutzungsdauer der Frontend-Geräte.

Dieser Trend hält nun ebenfalls in der Fertigung Einzug und zwar zunächst in Branchen mit besonders hohen Anforderungen an Dokumentationspflichten und damit hohem Nutzungsgrad vorhandener Daten, wie der Pharma- und Lebensmittelindustrie. Hier werden Industrie-PCs zunehmend durch sogenannte Thin oder Virtual Clients ersetzt, deren Programme dann im fertigungseigenen Rechenzentrum laufen, wo auch das Datenhandling erfolgt. Gleichzeitig sind dort ebenfalls die für den Fertigungsprozess maßgeblichen SPS-Systeme untergebracht, sodass nunmehr alle wesentlichen Produktionsdaten eines Unternehmens an einem zentralen Ort zusammengeführt sind. Diese Daten können dadurch schneller und umfangreicher analysiert werden als dies bisher der Fall war. Ferner lassen sich Verbindungen zu externen Quellen, etwa Lieferantendaten oder aktuelle Informationen aus dem Absatzkanal, weitaus einfacher herstellen und zielgerichtet zur Optimierung der Fertigung bzw. der gesamten Wertschöpfungskette nutzen.

Auch wenn diese Zentralisierung nicht in allen Branchen im gleichen Ausmaß zum Tragen kommen wird: Der stärkere Einfluss des IT-Bereichs und deren Hard- wie Softwarezulieferern ist mit dieser Änderung der Infrastruktur in vielen Unternehmen bereits vorprogrammiert.

Fazit: Die Erkenntnis, dass es „alleine nicht geht", hat sich inzwischen allenthalben durchgesetzt. Es scheint jedoch, dass die Automatisierer ihren Fokus nach wie vor zu stark auf das eigene Produkt richten. Änderungen in der informationstechnischen Infrastruktur im Unternehmen zeichnen sich bereits ab, die den Einfluss der IT stärken werden. Damit deutet vieles darauf hin, dass der Löwenanteil der durch I4.0 zusätzlich generierten Wertschöpfungsmöglichkeiten von IT-Unternehmen erschlossen wird.

Industrie 4.0 ist international

Bemühungen in Richtung Digitalisierung der Produktion bzw. der gesamten Wertschöpfungskette werden nicht nur aus Deutschland, sondern auch und insbesondere von internationalen Konzernen getrieben. Dies zeigt das Engagement des IIC ebenso wie die Beteiligung von amerikanischen Konzernen, wie IBM, Microsoft, die ebenfalls an diesem Buch mitgewirkt haben. Und auch China ist „auf dem Sprung"! Dort lehnt man sich bereits heute an die „deutsche Industrie 4.0" an und beobachtet die weiteren Entwicklungen sehr genau. Wie weit man dabei inzwischen fortgeschritten ist, lässt sich anhand der Darstellung in Abschnitt 4.4 ablesen, wo die in China bereits entwickelten Standardisierungsmodelle zu Industrie 4.0 vorgestellt werden. Es ist davon auszugehen, dass international bisher weitgehend unbekannte Automatisierungs-Player wie Holysys, Hiconics oder Supcon, beflügelt vom Erfolg auf dem heimischen Markt und den dort erzielbaren Skaleneffekten, ihre Präsenz auf den Weltmärkten zukünftig verstärken werden und in Konkurrenz zu den heimischen Anbietern treten. Denn in der Tat bietet der disruptive Charakter von Industrie 4.0 und verbundener Technologien bei den eher konservativ orientierten Anwendern von Automatisierungstechnik die beste Gelegenheit, sich im Rahmen der damit prognostizierten Neuordnung des Markts eine führende Rolle zu erarbeiten.

Fazit: Dass mit Industrie 4.0 Deutschland als Produktionsstandort und Hochlohnland gesichert werden kann, ist unbestritten. Alle Bemühungen deutscher Unternehmen in dieser Richtung sind daher zu begrüßen. Jedoch sind die Herausforderungen zu komplex und der Markt für Produktionstechnik zu globalisiert, als dass dieses Projekt von deutschen Unternehmen allein bewältigt werden könnte. Die Unternehmen müssen sich daher weltweit orientieren und kooperieren, wenn sie in diesem Wettbewerb als Gewinner hervorgehen wollen. Die zukünftige Rolle chinesischer Unternehmen darf dabei keinesfalls unterschätzt werden, denn eine Revolution bietet immer auch die Gelegenheit zu radikaler Änderung von (Markt-)Strukturen und (Markt-)Machtverhältnissen.

Erfolgsfaktor Kundenorientierung

Laut einer Studie zur weiteren Digitalisierung der deutschen Wirtschaft (Digitalisierung. Achillesferse der deutschen Wirtschaft?, Zukunftsstudie Münchner Kreis Band VI, Januar 2015) wird die Fokussierung auf den Kundennutzen in 2020 die Qualität als wichtigsten Erfolgsfaktor eines Unternehmens ablösen. Diese Entwicklung ist in Verbindung zur im Jahre 2011 erstmals vorgestellten DIN SPEC 77224 zu sehen – einem Managementsystem, das unter dem Namen „Service Excellence" Unternehmen dabei unterstützt, Kunden mit den eigenen (Dienst-)Leistungen zu begeistern, statt nur zufriedenzustellen. Ziel des Systems ist es, durch eine unbedingte Kundenorientierung aus einem guten Unternehmen ein noch besseres zu machen. Dies gelingt durch eine gezielte Bedürfnisanalyse sowie dem Aufdecken und Beheben unternehmensinterner Schwachstellen, die die (Über-)Erfüllung der Kundenwünsche behindern.

Durch Industrie 4.0 wird dieser Prozess der Kundenfokussierung weiter beschleunigt. Kunden werden noch früher und intensiver in den Produktentwicklungsprozess eingebunden werden, um so den kommerziellen Erfolg des Produkts bzw. der Dienstleistung bei allen beteiligten Partnern in der Wertschöpfungskette bzw. im Wertschöpfungsnetzwerk sicherzustellen. Dieses Wissen über die konkreten Kundenbedürfnisse wird zum einen über klassische Marktforschungsverfahren erhoben werden. Darüber hinaus wird es mit Hilfe der im Rahmen der Informatisierung der Wertschöpfungskette (Industrie 4.0) erzeugten Datenströme in Zukunft noch einfacher, Bedürfnisse und Wünsche einzelner Zielgruppen zu identifizieren, um dann das eigene Leistungsprogramm darauf abzustimmen (Stichwort: Big Data Analysis). Die Möglichkeiten der schnellen und flexiblen Anpassung der Fertigung an diverse Produktvarianten im Zuge von Industrie 4.0 bedingt ferner, dass auf die (geänderten) Kundenbedürfnisse unmittelbar reagiert wird – bevor es jemand anderes tut.

Fazit: Der Kunde wird als Erfolgsgarant eines Unternehmens noch intensiver in die Produkt- und Leistungsentwicklung eingebunden werden – sei es durch klassische Marktforschung oder aber durch Big Data Analysis. Für die Umsetzung in ein konkretes Produkt steht dabei auf Basis der schnelleren Anpassung der Produktion durch Industrie 4.0 ein zunehmend kleineres Zeitfenster zur Verfügung.

Zeit ist Geld und Abwarten wird teuer

Schon aus dem bisher Skizzierten wird deutlich: Es wäre töricht, das Thema Industrie 4.0 erst einmal beiseite zu schieben oder die Beschäftigung hiermit auf einen undefinierten Zeitpunkt („später") zu terminieren. Denn die Zeit zum Abwarten ist sprichwörtlich bereits abgelaufen.

Die Beschäftigung mit Industrie 4.0 als strategischem Thema ist daher für jedes Unternehmen Pflicht. Das sieht man inzwischen (fast) überall so: Laut einer Studie von Deutsche Messe Interactive in Kooperation mit Brocade Communications aus dem Jahre 2016 halten 79 % der Unternehmen das Thema Industrie 4.0 für wichtig – immerhin.

Es empfiehlt sich, im Unternehmen ein multidisziplinäres Team zusammenzustellen, zu dem nicht nur die technischen Bereiche wie Produktionsplanung, Konstruktion, Entwicklung oder auch der Bereich Automatisierung gehören, sondern darüber hinaus die IT-Abteilung sowie fallweise die Bereiche Logistik und Finance eingebunden sind. Die Aufgabe dieses Teams besteht dann darin, die Entwicklungen im Zusammenhang mit Industrie 4.0 zu verfolgen, diese vielleicht sogar durch Mitwirkung in Konsortien oder anderen Initiativen mitzugestalten, die Bedeutung für das eigene Haus zu analysieren, sowie Ansatzpunkte zur firmeninternen Umsetzung zu entwickeln. Hierbei gilt es insbesondere, die digitale Kompetenz im Haus zu erhöhen, um das Gesamtunternehmen auf neue Wettbewerber und neue Geschäftsmodelle vorzubereiten bzw. von diesen selbst profitieren zu können. Das Team berichtet dabei regelmäßig an die Geschäftsführung und bekommt von dieser ebenfalls einen sogenannten Projektpaten als permanenten Ansprechpartner zur Seite gestellt.

Fazit: Zum Abwarten bleibt keine Zeit mehr! Nur, wenn die Unternehmensspitze jetzt reagiert und die Beschäftigung mit dem Thema zur Chefsache macht, wird das Unternehmen die mit Industrie 4.0 einhergehenden Herausforderungen meistern und schnell von den Entwicklungen in diesem Bereich profitieren können. Der Zugang zu den dafür notwendigen, finanziellen Mitteln dürfte vor dem Hintergrund eines extrem niedrigen Zinsniveaus sowie einer geringen Investitionsneigung in den letzten Jahren für die meisten Unternehmen keine unüberwindliche Hürde darstellen.

Mitarbeiter auf neue Aufgaben vorbereiten

Die im vorhergehenden Abschnitt skizzierte Interdisziplinarität des Industrie-4.0-Projektteams sollte bei der weiteren Umsetzung zum Unternehmens-Standard gemacht werden. Denn für das Funktionieren von Industrie 4.0 ist die Etablierung von Austauschprozessen zwischen verschiedenen Abteilungen auch im normalen Arbeitsalltag als imperativ anzusehen. Und dies betrifft nicht nur den Austausch zwischen Produktionstechnikern und IT'lern, sondern insbesondere auch die engere Kooperation mit kaufmännischen Bereichen, wie Einkauf, Logistik, Finance etc. Nur wenn der Austausch unternehmensübergreifend gelingt, interdisziplinäres Denken gefordert und gefördert wird, kann Industrie 4.0 zu einem persönlichen Erfolgsmodell des Unternehmens werden. Andere, isolierte, abteilungsbezogene Ansätze würden andererseits mit viel Aufwand nur zu erhöhter Blindleistung führen.

Wie bereits im Abschnitt 7.3 (Ausbildungskonzepte) detaillierter ausgeführt wurde, müssen die Mitarbeiter zudem fachlich durch entsprechende Weiterbildungen auf ihre neuen Aufgaben im Unternehmen vorbereitet werden. Dies betrifft natürlich in erster Linie die (Wirtschafts-) Ingenieure und -Informatiker. Aufgrund des disruptiven Charakters von Industrie 4.0 sollten jedoch ebenso alle anderen Mitarbeiter im Grundsatz verstehen, was dieses Thema bedeutet und welche Konsequenzen dadurch für das eigene Unternehmen, dessen Prozesse und die Supply Chain zu erwarten sind. Nicht zuletzt lässt sich so auch einer durch Halbwissen hervorgerufenen Verunsicherung in der Belegschaft vorbeugen bzw. begegnen.

Fazit: Um Industrie 4.0 im Unternehmen aktiv leben zu können, müssen die Mitarbeiter trainiert werden. Dabei geht es zum einen darum, Mitarbeiter grundsätzlich darin zu bestärken, abteilungsübergreifend zu arbeiten und das „Kästchendenken" zu einem längst überholten Relikt des letzten Jahrhunderts zu erklären. Zum anderen geht es um die fachliche Weiterbildung, die bei den Ingenieuren und Informatikern jedoch nicht Halt machen sollte.

Redesign der Unternehmens-DNA

Dass Industrie 4.0 mehr ist als ein Modewort einiger Technikversessener für etwas, was es längst schon gibt, dürfte jedem klar sein, der dem Buch bis hierhin gefolgt ist. Viele namhafte Akteure – auch aus anderen Branchen – stehen in den Startlöchern oder beteiligen sich bereits aktiv an der Ausgestaltung der „Informatisierung der Wertschöpfungskette". Die Dynamik von Industrie 4.0 ergibt sich aus folgender Konstellation:

Ein multi-nationales Angebot,
unter Beteiligung großer Konzerne,
basierend auf einer neuen Technologie,
trifft auf eine multi-nationale Nachfrage
innerhalb der verschiedensten Branchen.

Dabei wirkt sich eine neue Technologie immer auch auf Strukturen und Geschäftsprozesse der einsetzenden Unternehmen aus. In Deutschland denkt man allerdings noch sehr stark in Branchenstrukturen und tradierten Handlungsmustern. Dieses Festhalten an Bekanntem ist jedoch mit einer disruptiven Technologie wie Industrie 4.0 nicht vereinbar.

Denn genauso, wie der breite Einsatz des Personal Computers den Büroalltag seit den 90er-Jahren nachhaltig veränderte, wird Industrie 4.0 die gesamte Wertschöpfungskette der meisten Unternehmen revolutionieren/durcheinanderwirbeln: An die Stelle einer behäbigen, auf Sicherheit bedachten Organisation müssen Schnelligkeit, Flexibilität und Kundenorientierung treten. Statt einer hohen Fertigungstiefe unter Beibehaltung der klassischen Wertschöpfungskette erfordert Industrie 4.0 vernetztes Denken und Handeln sowie den Aufbau von branchenübergreifenden Fertigungs- und Wertschöpfungsnetzwerken. Einzelprojekte und jeweils von Grund auf neu entwickelte Produkte werden durch digitale und Produkt-Plattformen ersetzt.

Dabei ist ferner zu erwarten, dass in einigen Bereichen traditionelle Wertschöpfungsketten komplett atomisiert und auf Schwachstellen analysiert werden. Mit dem Ergebnis, dass sich daraus ganz neue Geschäftsmodelle mit bisher unbekannten, „digitalen" Anbietern ergeben, denen es weitaus einfacher fällt, Ineffizienzen in Wertschöpfungsketten für sich zu nutzen als traditionellen Produktions-Unternehmen mit ihrem hohen Bedarf an Anlagevermögen für Produktion und Logistik. Manches Unternehmen könnte sich im nächsten Schritt als reiner Lohnfertiger wiederfinden, der anhand der Effizienz seiner Produktion bewertet wird. Dies würde etwa auf Basis von Big-Data-Analysen geschehen, die von spezialisierten IT-/Systemhäusern unternehmens- oder sogar branchenübergreifend durchgeführt werden, um starken Marken so die optimale Fertigung ihrer Produkte zu ermöglichen.

Nur solchen Unternehmen wird es somit gelingen, Industrie 4.0 erfolgreich im eigenen Hause umzusetzen, die gewillt sind, liebgewonnene Handlungsmuster aufzugeben und sich auf neue Geschäftsmodelle einzulassen. Dies kann im Einzelfall auch heißen, das bisher noch so sicher geglaubte Erfolgskonzept in Frage zu stellen und damit einen radikalen Wandel aller Unternehmensprozesse einzuläuten. Die Herausforderung besteht dabei darin, die relevanten, eigenen Stärken zu identifizieren und diese mit neuen, digitalen Konzepten und Abläufen zu verbinden.

Nur als ein Beispiel von vielen sei hier der Hersteller von Schaltschrank-Kühlgeräten, Pfannenberg, genannt. Da der unbemerkte Ausfall von Kühlgeräten in der Industrie sehr kostspielig sein kann, hat dieser Hersteller seine Geräte mit einem GSM-Modul ausgestattet, über das diese ihre Betriebsdaten in Echtzeit an das Rechenzentrum eines Service-Providers übermitteln, wo die Daten gespeichert und ausgewertet werden. Zur Verwertung der Daten bietet der Hersteller drei Anwenderszenarien an: Im ersten Fall bleibt der Hersteller selbst exklusiver Eigentümer der Daten und bietet dem Anwenderunternehmen vorausschauende Wartung als zusätzliche Serviceleistung an. Im zweiten Szenario erwirbt der Anlagenbauer oder Systemintegrator eine Lizenz zur Nutzung der benötigten Datenlevel zur Implementierung in die Maschinenvisualisierung oder zum Aufbau eines eigenen Wartungskonzepts für seine gesamte installierte Basis. Und im dritten Modell von Pfannenberg wird der Kälteserviceanbieter zum Lizenznehmer, um seinerseits ein eigenes Maintenance-Konzept zu implementieren. Dies zeigt, dass es verschiedene Möglichkeiten gibt, um aus einem reinen Hardware-Verkauf eine Leistungserweiterung in Richtung Service zu generieren.

Industrie 4.0 geht also deutlich über „ein bisschen mehr Digitalisierung" hinaus. Vielmehr ist zu erwarten, dass dieser technologische Wandel für Automatisierer, Maschinenbauer und Endkunden zu ähnlich weitreichenden Konsequenzen führt, wie die breite Nutzung des Internets und die Schaffung neuer Geschäftsmodelle auf den Einzelhandel, die Printmedien oder auf die Video- und Musikindustrie hatte.

Nach einer Studie von Roland Berger im Auftrag des BDI[1] wird die digitale Transformation in den kommenden Jahren die verschiedenen Branchen in mehreren Wellen erreichen.

Die erste Welle betrifft den Bereich Automobil und Logistik. Und tatsächlich befindet sich schon so mancher Automobilhersteller mitten im Wandel zum Mobilitätskonzern[2], der bereits in den 90er-Jahren vom seinerzeitigen VW-Vorstand Daniel Goeudevert propagiert wurde, worauf dieser kurze Zeit später seinen Chefsessel räumen musste. Das Google-Projekt zum autonomen Fahren ist in aller Munde und der ADAC hat im Zuge des sich anbahnenden Wandels das Ziel ausgerufen, Interessenvertretung für *alle* Verkehrsteilnehmer sein bzw. werden zu wollen.

---

[1] Roland Berger Strategy Consultants: Die digitale Transformation der Industrie, 2015
[2] Siehe etwa die Carsharing-Angebote DriveNow von BMW, Car2Go von Mercedes, Quicar von VW oder Multicity von Citroën.

Die Elektroindustrie und den Maschinenbau trifft es dann mit der nächsten Welle. Wie diese Branchen anschließend aussehen werden, nachdem die Wogen sich geglättet haben, lässt sich derzeit nicht absehen. Die starke Fokussierung der Maschinenbauer und Endkunden auf Effizienz und Kosteneinsparung (siehe Abschnitt 8.1, Befragung) zeigt jedoch, dass die gesamte Tragweite und der disruptive Charakter von Industrie 4.0 in vielen Firmenzentralen noch nicht erfasst wurden. Zahlreiche Unternehmen scheinen nur unzureichend auf die auf sie zukommenden Herausforderungen vorbereitet zu sein. Tatsächlich bilden Unternehmen des Maschinenbaus und der Elektroindustrie – nach eigener Einschätzung – mit 26 % bzw. 27 % das Schlusslicht bzgl. der digitalen Reife und fühlen sich daher besonders anfällig für disruptive Technologien (*Quelle:* Roland Berger-Studie).

Fazit: Industrie 4.0 setzt, neben der rein technischen Umsetzung, im Unternehmen gleichzeitig den Aufbau einer offenen, auf Austausch bedachten, Innovationskultur mit flachen Hierarchien voraus. Kreativität, Offenheit sowie Flexibilität im Denken und Handeln sind nicht nur erwünschte, sondern notwendige Qualifikationen, die im Unternehmen gelebt werden müssen. Über die dafür erforderlichen Änderungen der Führungsprinzipien und Organisationsstrukturen sollte sich jedes Unternehmen im Klaren sein, wenn es vom Erfolgskonzept Industrie 4.0 ernsthaft profitieren will.

Und was macht Google?

Bei dem großen Ringen um die besten Plätze bei Industrie 4.0 ist derzeit noch ein bedeutendes IT-Unternehmen die große Unbekannte: Google. Auf Basis eines prognostizierten Volumen von 3.700 Mrd. $ in 2025 für IoT-Technologien allein im industriellen Bereich[1] wird sich dieser klassische Informationsbroker mit einem guten Gespür für Trends diesen Markt jedoch sicher nicht entgehen lassen. Und bei der beeindruckenden Finanzkraft von ca. 60 Mrd. $ Umsatz, einer Umsatzrendite nahe 25 % sowie der starken (daten-)analytischen Kapazität des Konzerns ist davon auszugehen, dass dieses Unternehmen dabei keine untergeordnete Rolle spielen wird. Aufgrund der erst kürzlich erfolgten Restrukturierung des Konzerns unter der Dachmarke Alphabet und der Zergliederung in kleinere Geschäftseinheiten wird man dort zudem zukünftig noch besser in der Lage sein, Investitionen in neue Technologien bzw. Wachstumsmärkte zu steuern und je nach Erfolg anzupassen.

Derzeit hält sich das Unternehmen hinsichtlich seines zukünftigen Engagements im Bereich Industrie 4.0 relativ bedeckt. Allerdings gibt es unübersehbare Indikatoren dafür, dass mit Google auch bzgl. der Informatisierung der Wertschöpfungskette zu rechnen sein wird:

- Das Unternehmen hat ein Patent auf ein Trackingsystem für Container angemeldet, das nicht nur relevante Informationen über die Umgebungsbedingungen liefert, sondern darüber hinaus auch eine Permanent-Inventur der transportierten Waren ermöglicht.
- Ferner testet Google in San Francisco einen Lieferservice, der Zugriff auf die Lagerbestände von Händlern vor Ort hat und auf Wunsch verfügbare Produkte am Tag der Bestellung zum Kunden bringt (Same-Day-Delivery).
- In den vergangenen Jahren hat Google zudem insgesamt acht Robotikfirmen gekauft. Mit den dahinter stehenden Produkten ist es wahrscheinlich, dass Google neben militärischen Einsatzfeldern auch den Bereich Mensch-Maschine-Kollaboration sowie Logistik-Anwendungen fokussiert.

---

[1] *Quelle:* Pressemitteilung McKinsey & Company vom 25.6.2015

- Und nicht zuletzt ist Google mit der Open Automotive Alliance, gegründet in 2014, bereits stark im Bereich Smart Mobility engagiert. Ziel ist es, eine Plattform für das vernetzte Auto zu schaffen. Zu den Mitgliedern zählen unter anderem diverse Automobilkonzerne wie Chevrolet, Chrysler, Fiat, Ford, Audi, Opel, VW, Renault und Volvo.

Fazit: Google hat die industrielle Wertschöpfungskette bereits für sich als Wachstumsmarkt erkannt und es dürfte nur eine Frage der Zeit sein, wann Google sein Engagement – etwa durch eine Mitgliedschaft im Industrial Internet Consortium – auch öffentlich macht. Welche disruptiven Effekte sich mit einem neuen, simplen Geschäftsmodell innerhalb kurzer Zeit auch in traditionellen Branchen erreichen lassen, hat das Unternehmen bereits mit dem Taxi-Wettbewerber Uber, zwar nur andeutungsweise, aber ebenso eindrucksvoll demonstriert. Google ist daher als potenziellem Partner oder Wettbewerber stets besondere Aufmerksamkeit zu widmen.

Resümee: Industrie 4.0 ist ein bereits gestarteter Prozess, der auch in 10 Jahren noch nicht abgeschlossen sein wird. Er kann einem Unternehmen im Einzelfall permanent eine hohe Flexibilität abfordern und eine wiederholte Überarbeitung des (neuen) Geschäftsmodells notwendig machen. Wie dies gelingen kann, lässt sich z. B. bei Amazon sehr anschaulich nachvollziehen, die sich in den letzten Jahren vom Internet-Buchhändler zum Einzelhändler, weiter zum Logistik-Dienstleister für Einzelhändler, in einem weiteren Schritt zum Smartphone- und Tablet-Anbieter wandelten und aktuell mit Amazon Prime sogar eine Videoplattform betreiben. Dass dabei dann ein Unternehmen mit derzeit 89 Mrd $ Umsatz und 165.000 Mitarbeitern entsteht, damit hätte wohl niemand gerechnet, als Jeff Bezos 1995 das erste Buch über seine neue Internetplattform verkaufte.

Glossar

Big Data, Big Data Analysis

Big Data Analysis wird zur Analyse komplexer Datenmengen angewandt, die zu umfangreich sind, um sie mit klassischen Methoden der Datenanalyse zu untersuchen. Ziel ist es, dahinterstehende Beziehungen, Korrelationen etc. aufzudecken, um auf dieser Basis bessere Entscheidungen treffen und ggf. auch Prognosen für zukünftige Entwicklungen abzuleiten. Im Falle von I4.0 geht es darum, die mit der Informatisierung der Wertschöpfungskette in den unterschiedlichsten in- und externen Quellen anfallenden Datenmengen zu beherrschen und hieraus Gesetzmäßigkeiten zu identifizieren, um so die einzelnen Prozessschritte weiter zu optimieren bzw. besser zu prognostizieren. Das Verfahren wird beispielsweise zur Erstellung von Modellen im Rahmen von Predictive Maintenance verwendet.

Cloud Computing

Flexibles Angebot von IT-Infrastrukturen (Rechenleistung, Datenspeicher, Netzwerkkapazität oder Programme) über ein Netzwerk (zumeist das Internet). Der Nutzer entsprechender Dienste nimmt die Leistungen je nach eigenem Bedarf in Anspruch – etwa um Lastspitzen auszugleichen – und zahlt für diese Services nur entsprechend der tatsächlichen Nutzung (Pay-per-use-Modell). Der Zugriff auf die Leistungen kann sowohl über das Internet als auch über ein Intranet („Private Cloud") erfolgen. Beim Cloud Computing werden Investitionskosten durch operative Kosten ersetzt, was unter anderem den Vorteil einer höheren Liquidität bietet.

Condition Monitoring System (CMS)

System zur permanenten Überwachung kritischer Bauteile oder Prozesse von Maschinen und Anlagen. Ziel ist es, Fehlerquellen oder sich anbahnende Fehlfunktionen und Ausfälle frühzeitig zu erkennen, um so Wartungsarbeiten zum optimalen Zeitpunkt zu terminieren (Predictive Maintenance). Hiermit werden die Effizienz von Maschinen und Anlagen im Sinne von Lebensdauer und Verfügbarkeit erhöht und gleichzeitig die Instandhaltungskosten minimiert.

Cyber-Physische Systeme, Cyber-Physische Produktions-Systeme (CPS, CPPS)

Ein Cyber-Physisches System ist ein über ein Kommunikationsnetz verbundenes, eingebettetes System mit Sensoren und Aktoren, das flexibel auf externe Einflüsse reagieren kann und dabei mit anderen CPS und Menschen im Rahmen eines Gesamtsystems Informationen austauscht bzw. kooperiert. Zu den Cyber-Physischen Systemen in der Produktion (CPPS) gehören etwa die im Rahmen der SmartFactory eingesetzten (Vor-) Produkte und Betriebsmittel.

Aufgrund der sich selbst organisierenden Struktur wird die klassische Automatisierungspyramide durch den Einsatz von CPPS weitgehend aufgelöst; es entsteht eine Automatisierungs-Cloud aus ebenenübergreifend vernetzten Teilnehmern des Automatisierungsprozesses.

ERP-System

ERP steht für Enterprise Ressource Planning und hat den möglichst effizienten Einsatz aller Unternehmensressourcen im Rahmen der eigenen Wertschöpfungskette zum Ziel, um so ein optimales Unternehmensergebnis zu erzielen. Entsprechende Systeme (z. B. SAP ERP) unterstützen Unternehmen in diesem Zusammenhang bei der Optimierung ihrer Prozesse.

Industrial Internet

Von Frost & Sullivan in 2000 geprägter Begriff, der sich auf die Integration und Analyse von diversen Maschinendaten aus unterschiedlichen Quellen über das Internet bezieht, um Fertigungsabläufe zu optimieren.

Industrial Internet Consortium (IIC)

Im März 2014 von AT&T, Cisco, General Electric, IBM, und Intel in den USA gegründete Non-Profit-Organisation, mit dem Ziel, industrielle Internet-Anwendungen voranzutreiben. Derzeit gehören dem IIC über 200 internationale Mitglieder an. Markenrechte und Verwaltung liegen bei der Object Management Group (OMG).

Industrie 4.0

Industrie 4.0 ist ein zentrales Thema der Digitalen Agenda der Bundesregierung. Mit dem Begriff Industrie 4.0 soll auf die vierte Industrielle Revolution Bezug genommen werden, die mit der Informatisierung der Produktion ansteht und umgesetzt werden soll. Sie folgt den durch

1. Mechanisierung mit Wasser- und Dampfkraft,
2. Massenfertigung mit Hilfe von Fließbändern und elektrischer Energie, sowie
3. Einsatz von Elektronik und IT zur weiteren Automatisierung der Produktion

verursachten Technologiesprüngen, die jeweils als erste bis dritte industrielle Revolutionen bezeichnet werden.

Informatisierung

Nutzung von Informationen, um hieraus neue Informationen zu generieren. Im Zusammenhang mit I4.0 bezeichnet Informatisierung den automatischen Austausch aufbereiteter bzw. vor-analysierter Daten innerhalb eines Unternehmens, aber auch über alle anderen Glieder der Wertschöpfungskette hinweg, um Prozesse zu optimieren und Kosten zu reduzieren.

Internet der Dienste, IoS, Internet of Services

Geschäftsmodell eines Anbieters, der Dienste in Softwarebausteine umsetzt, die dann über ihn selbst oder über einen Drittanbieter vermarktet und per Internet zur Verfügung gestellt werden.

Der Kunde erwirbt dabei nicht das Produkt des Anbieters, sondern zahlt allein für dessen Dienstleistung bzw. die Produktnutzung. Am bekanntesten sind in diesem Zusammenhang Dienste im Bereich Cloud Computing, bei denen Software oder sogar die komplette IT-Infrastruktur eines Anbieters per Internet (-Cloud) genutzt wird. Analog wäre es auch denkbar, komplexe Automatisierungsprozesse auszulagern und im eigenen Haus nur noch elementare Funktionen zu belassen. In diesem Zusammenhang bieten sich neue Geschäftsmodelle z. B. für Softwarewartung oder die Durchführung komplexer Analysen (Big Data...).

Internet der Dinge, IoT, Internet of Things

Im Gegensatz zum „Internet of people" handelt es sich um die Betrachtung von Produkten und Geräten wie Sensoren, Antrieben oder Maschinen als Informationsträger, die untereinander über das Internet Daten austauschen, ohne dass es eines menschlichen Eingriffs bedarf. Diese den Produkten inhärente Intelligenz führt zu sich selbst organisierenden Systemen, die Grundlage für Industrie 4.0 sind. Hierüber können z. B. Fertigungsprozesse dynamisch gesteuert (siehe SmartFactory) oder auch Wartungseinsätze entsprechend des tatsächlichen Verschleißes geplant und angestoßen werden (siehe auch: Predictive Maintenance und Social Machines).

Machine to Machine-Interaktion (M2M)

Automatischer Austausch von Informationen zwischen Maschinen oder anderen Objekten innerhalb der Wertschöpfungskette über ein Kommunikationsnetzwerk mit einem Zentralrechner oder einer Leitstelle. Die Übergänge zwischen M2M und dem Internet der Dinge (IoT) sind fließend.

Manufacturing Execution System (MES)

Leitsystem zur Überwachung, Dokumentation und Steuerung der Produktionsprozesse eines Betriebes unter Verwendung von Echtzeitdaten aus der Fertigung. In der klassischen Automatisierungspyramide stellen diese Systeme die Verbindung von Steuerungsebene und Unternehmensebene (ERP-Systeme) her.

Mensch-Maschine-Kollaboration

Räumlich enge Zusammenarbeit zwischen Mensch und Roboter, bei der in der Regel auf die sonst übliche Einhausung des Roboters verzichtet wird. Im direkten Kontakt mit dem Menschen wird zur Erhöhung der Sicherheit häufig die Verfahrgeschwindigkeit reduziert. Außerdem reduzieren Kraft-Moment-Sensoren die Auswirkungen einer Kollision zwischen Mensch und Roboter.

Object Management Group (OMG)

Internationales Standardisierungs-Konsortium, gegründet 1989. Hat beim Industrial Internet Consortium (IIC) die verwaltende Funktion übernommen.

Plattform Industrie 4.0

Aufgrund der Übernahme des Themas I4.0 durch das Bundeswirtschaftsministerium im April 2015 hervorgegangene Nachfolgeorganisation der Verbändeplattform Industrie 4.0, die von Bitkom, VDMA und ZVEI seit 2013 verantwortet wurde. Ziel ist es, die Wirtschaft bei der Digitalisierung der Wertschöpfungskette zu unterstützen und so den Industriestandort Deutschland zu stärken. Geführt wird die Geschäftsstelle durch die VDI Technologiezentrum GmbH in Berlin. Dem Leitungsgremium gehören Vertreter der Industrie, IG Metall und Fraunhofer-Gesellschaft an.

Product Lifecycle Management (PLM)

Beim Product Lifecycle Management wird der gesamte Lebenszyklus eines Produkts von dessen Entwicklung über seine Produktion bis hin zum Recycling abgebildet. Ziel ist es, alle Prozessschritte optimal zu gestalten, um so Zeit, Kosten und Ressourcen zu sparen und dadurch die Wettbewerbsfähigkeit des Produkts zu maximieren. Entsprechende Systeme ermöglichen die Kooperation verschiedener Partner, die an der Produktentwicklung, dessen Herstellung, sowie am Service etc. beteiligt sind.

Predictive Maintenance, vorausschauende Wartung

Flexible Festlegung der Wartungsintervalle für eine Maschine oder Anlage entsprechend der Meldung des tatsächlichen Verschleißes eines relevanten Bauteils oder einer Baugruppe. Voraussetzung hierfür ist die Zustandsüberwachung der Bauteile, die mit Hilfe von Sensoren erfolgt. Der Ausfallzeitpunkt wird dabei anhand der Analyse der vom Sensor übermittelten Daten und der hierbei beobachteten Auffälligkeiten vorausgesagt. Die Kombination von Sensor und dazugehörigen, intelligenten Auswertungsalgorithmen wird auch als Condition Monitoring System (CMS) bezeichnet. Hierdurch unterscheidet sich die vorausschauende Wartung von der vorbeugenden Wartung (Preventive Maintenance), bei der die Wartungsintervalle vorab anhand eines festen Wartungsplans festgelegt werden.

RAMI 4.0

Abkürzung für „Referenzarchitekturmodell Industrie 4.0". Hierin wird ein dreidimensionales Modell zur Organisation und Steuerung von I4.0-Prozessen beschrieben. Besonderes Merkmal ist die sogenannte Verwaltungsschale, in der alle wesentlichen Daten zur I4.0-Komponente abgelegt werden, die im gesamten Produktlebenszyklus anfallen. Vorgestellt wurde RAMI 4.0 von VDI und ZVEI auf der Hannover Messe 2015.

SmartFactory

Technologie-Initiative unter der Führung der TU Kaiserslautern und unter Mitwirkung verschiedener Hersteller mit dem Ziel, herstellerübergreifende, innovative Lösungen in den Fertigungsprozess einzubringen (Intelligente Fabrik). Dabei steuert das zu fertigende Produkt seinen Produktionsprozess selbst, indem es nur die für die eigene Produktion relevanten Bearbeitungsstationen anfährt. Hiermit sollen den Trends zu individualisierten Produkten, kürzeren Produktzyklen und dem Kostendruck in der Fertigung begegnet werden. Im Rahmen der Initiative wurde die laut eigener Aussage erste herstellerübergreifende I4.0-Anlage entwickelt.

Social Machines

Begriff, der im Zusammenhang mit Entwicklungen im Bereich Industrie 4.0 durch die Firma Trumpf geprägt wurde. Gemeint ist der automatische Austausch von Informationen zwischen Maschinen untereinander sowie mit anderen Ressourcen und Menschen, um Wissen zu teilen, sich selbst zu organisieren und dabei dazu zu lernen. Wie in einem sozialen Netzwerk geben Maschinen in ihrem Maschinen-Netzwerk Informationen über sich selbst und ihre Erfahrungen weiter (etwa die besten Parameter zur Bearbeitung eines bestimmten Werkstücks) und suchen gleichzeitig nach Meldungen anderer Netzwerkteilnehmer, um sich zu koordinieren und dazu zu lernen.

Testbed

Testumgebung, in diesem Fall zur (Weiter-) Entwicklung von Informatisierungslösungen. Der Begriff wird im hier betrachteten Umfeld vor allem vom Industrial Internet Consortium verwendet, das hiermit die Referenzprojekte ihrer Mitgliedsfirmen beschreibt.

Autoren

Dr.-Ing. Stefan Aßmann

Stefan Aßmann ist Senior Vice President bei Bosch Connected Industry. Er ist seit 1. Januar 2015 verantwortlich für die weltweite Koordination der Industrie-4.0-Aktivitäten bei Bosch und leitet seit 01.01.2017 das neu gegründete Projekthaus Bosch Connected Industry, in dem Bosch seine Kompetenzen im Bereich Industrie 4.0 bündelt. Derzeit arbeiten dort rund 430 Experten des internationalen Technologie- und Dienstleistungsunternehmens an neuen Lösungen und Geschäftsmodellen für die vernetzte Produktion, um so die Position von Bosch als Leitanwender und Leitanbieter für Industrie 4.0 weiter auszubauen.

Stefan Aßmann wurde am 19. Februar 1964 in Bonn geboren, ist verheiratet und hat eine Tochter. Nach dem Abitur 1983 studierte er Elektrotechnik an der RWTH Aachen und legte 1990 das Diplomexamen ab. Nach seiner Tätigkeit als wissenschaftlicher Mitarbeiter am Laboratorium für Werkzeugmaschinen und Betriebslehre (WZL) der RWTH Aachen promovierte er dort 1996 in der Fachrichtung Maschinenbau.

Burkhard Balz

Nach seiner Ausbildung zum Energieanlagenelektroniker hat Burkhard Balz Elektrotechnik mit dem Schwerpunkt Automatisierung studiert und darauf aufbauend am Ashridge Management College in Berkhamsted/UK das Diplom in Management, Marketing und Finanzen erworben. Balz, der in verschiedenen Funktionen breite Branchenerfahrung bei Schneider und Rockwell Automation gesammelt hat, ist seit 2010 bei Eaton tätig. Als Global Industry Segment Director Manufacturing OEMs konnte er fundierte Kenntnisse bezüglich der globalen Märkte erwerben und positionierte Eaton als eine der führenden Marken in diesem Segment.

Heute ist er Director Business Development des Geschäftsbereichs Industrial Controls & Protection Division (ICPD) und damit beauftragt, das weltweite Wachstum des Geschäftsbereichs in gezielten Marktsegmenten zu beschleunigen. Im Rahmen dieser Tätigkeit legt er einen Schwerpunkt auf das Thema Industrie 4.0 und Eatons Fähigkeit, kommunikationsfähige, intelligente Standard-Komponenten in eine vernetzte Lösung integrieren zu können. Zudem fördert Balz die Integration von Elektrik und Hydraulik, sodass Kunden auf das gesamte Spektrum der Eaton Kompetenzen sowie auf technisch zukunftsweisende und hoch effiziente Lösungen zurückgreifen können.

Henning Banthien

Henning Banthien ist Geschäftsführender Gesellschafter der IFOK GmbH und Secretary General der Plattform Industrie 4.0.

Prof. Dr.-Ing. Thomas Barth

Prof. Dr.-Ing. Thomas Barth ist Professor für Anwendungsentwicklung und IT-Systemarchitektur an der Rheinischen Fachhochschule Köln.

Marco Bison

Marco Bison, der in der Schweiz Elektrotechnik studierte und dort auch seinen MBA absolvierte, begann seine Karriere als Ingenieur bei Socapel, Atlas Copco Controls und Danaher Motion. 2007 wechselte er als Regional Sales Support Manager zu Eaton. Seit 2011 ist er für Eaton in der Region EMEA als Manager Mechatronic Technologies im Geschäftsbereich Industrial Controls & Protection Division (ICPD) tätig.

Bison legt einen Schwerpunkt seiner Arbeit auf die Zusammenführung von Elektrik und Hydraulik, um basierend auf den Kompetenzen des Unternehmens in diesen beiden Bereichen für den Maschinen- und Anlagenbauer innovative Ansätze und Mehrwerte zu generieren. Zudem treibt er Initiativen und Innovationsevents in Zusammenarbeit mit Kunden voran, um aufbauend auf den gewonnenen Customer Insights neue Produkte zu entwickeln.

Matthias Bohnen

Dipl.-Kfm. Matthias Bohnen ist Managing Director und größter Anteilseigner der Brockhaus GmbH in Heidelberg sowie der Brockhaus Consulting GmbH in Wiesbaden.

Udo Döbrich

Herr Udo Döbrich begann nach dem Studium der Infomatik im Jahr 1980 bei Siemens in der Entwicklung industrieller Kommunikationssysteme. Er leitete als Key Expert „Standards & Regulations" in verschiedenen Normungsgremien u. a. die Themen eProzesse, Anlagenengineering, verteilte Anwendungen, Systemaspekte, Beschreibungsmethodiken und die Digitalisierung der Automatisierungstechnik.

Als Liason-Officer war er u. a. für die Zusammenarbeit zwischen IEC TC 65 und IEC SC 3D und für die Überführung der Produktmerkmale in die IEC 61360 Data Base „Common Data Dictionary" zuständig. In dieser Aufgabe war er bis 2015 auch Convenor im Normungsprojekt IEC 62832 „Digitale Fabrik".

Dr.-Ing. Rainer Drath

Dr.-Ing. Rainer Drath studierte und promovierte an der TU Ilmenau und ist derzeit Senior Principal Scientist im ABB Forschungszentrum in Ladenburg im Themengebiet Factory Automation. Seine Themenschwerpunkte sind Konzepte und Methoden zur Verbesserung des Engineering, virtuelles Engineering und Industrie 4.0. Er leitet die Architekturgruppe im AutomationML e. V., ist Herausgeber des AutomationML-Buchs, Autor von ca. 160 Publikationen, Editor mehrerer IEC-Standards und Preisträger des Industrial IT Research Awards. Er wirkt in nationalen und internationalen Gremien bzgl. Engineering mit.

Prof. Dr.-Ing. Roman Dumitrescu

Prof. Dr.-Ing. Roman Dumitrescu ist Direktor am Fraunhofer-Institut für Entwurfstechnik Mechatronik IEM und Leiter des Fachgebiets „Advanced Systems Engineering" an der Universität Paderborn. Sein Forschungsschwerpunkt ist die Produktentstehung intelligenter technischer Systeme. In Personalunion ist Prof. Dr.-Ing. Roman Dumitrescu Geschäftsführer des Technologienetzwerks Intelligente Technische Systeme OstWestfalenLippe (it's OWL). In diesem verantwortet er den Bereich Strategie, Forschung und Entwicklung. Er ist Mitglied des Forschungsbeirats der Forschungsvereinigung 3-D MID e. V. und Leiter des VDE/VDI Fachausschusses „Mechatronisch integrierte Baugruppen". Seit 2016 ist er Mitglied im Executive-Development-Programm „Fraunhofer Vintage Class" der Fraunhofer-Gesellschaft.

Stefanie Fischer

M. Sc. Stefanie Fischer, Wissenschaftliche Mitarbeiterin und Leiterin Marketing und PR bei der *SmartFactory*^{KL} beschäftigt sich in ihrer Funktion mit der Überführung der Vision von Industrie 4.0 in die Realität. Bereits während ihres Wirtschaftsingenieursstudiums in Kaiserslautern hat sie sich in studentischen Arbeiten dem Thema Industrie 4.0 gewidmet. Seit dem Abschluss des Studiums, 2014, betreut sie die Marketing- und PR-Abteilung eigenverantwortlich und hat die Projektleitung für Forschungs- und Entwicklungsprojekte übernommen.

Prof. Dr. Jianzhong Fu

Prof. Dr. Jianzhong Fu ist Professor und Dekan der Maschinenbaufakultät an der Zhejiang Universität. Er ist der Leiter des Zentrums „Smarte Produktion" von der Zhejiang Universität, Sprecher der Arbeitsgruppe „Technologie der High-End-Ausrüstung" der Zhejiang Provinz und Vorstandmitglied der Plattform der „Maschinen -und Anlagenbau Technologie" der Zhejiang Provinz.

Dr.-Ing. Dominic Gorecky

Dr.-Ing. Dominic Gorecky ist Senior Researcher und stellvertretender, wissenschaftlicher Leiter des Forschungsbereichs Innovative Fabriksysteme am Deutschen Forschungszentrum für Künstliche Intelligenz (DFKI-IFS). In dieser Rolle lenkt und begleitet er die Weiterentwicklung innovativer Informations- und Kommunikationstechnologien für die Produktionsumgebung im Sinne der Zukunftsvision „Industrie 4.0".

Olaf Graeser

Olaf Graeser ist Mitarbeiter im Technology Development des Geschäftsbereichs Corporate Technology & Value Chain bei der Phoenix Contact GmbH & Co. KG in Blomberg.

Roland Heidel

Roland Heidel begann nach dem Studium der Elektrotechnik im Jahr 1977 bei Siemens in der Abteilung zur Entwicklung industrieller Kommunikationssysteme. Er war u. a. technischer

Projektleiter des Verbundprojekts Feldbus zur Realisierung des industriellen Feld-Kommunikationssystems PROFIBUS und Leiter mehrerer EU-Projekte zu Themen der industriellen Automatisierungstechnik, insbesondere auch im Umfeld des produktdatenbasierten Engineering. Er war bis 31.7.2015 Abteilungsleiter „Standards & Regulations" der Siemens AG für die Divisionen „Digital Factory (DF)" und „Process Industries and Drives (PD)".

Er war von 2004 bis 2016 IEC-Chairman im Normungsgremium TC65 „Industrial-Process Measurement and Control", bis Herbst 2014 Sprecher der Industrie-4.0-Arbeitsgruppe 2 (Referenzarchitektur, Standardisierung und Normung) und bis Juli 2015 Sprecher des zugehörigen Spiegelgremiums des ZVEI.

Seit August 2015 ist er mit seiner Firma Kommunikationslösungen e.K. selbstständig.

Ronald Heinze

Dipl.-Ing. Ronald Heinze ist Chefredakteur der Fachmedien Digital Factory Journal, etz elektrotechnik & automation sowie openautomation aus dem VDE VERLAG und Mitglied des Vorstands des MES D.A.CH Verbands e.V.

Dr. Stefan G. Hild

Dr. Stefan G. Hild ist Partner bei IBM Cognitive Solutions, Industrial Sector Europe.

Dr. Martin Hoffmann

Dr. Martin Hoffmann ist Gruppenleiter für „Industrial Data Analytics" am ABB Forschungszentrum in Ladenburg. Die Forschungsgruppe beschäftigt sich mit der Entwicklung von datenbasierten Dienstleistungen von der Problemidentifikation bis zur Softwareapplikation. Die persönlichen Forschungsschwerpunkte von Dr. Hoffmann liegen im Bereich Data Analytics, Business Model Innovation und Industrie 4.0.

Nhut Ajat Hong

Nhut Ajat Hong ist Managing Consultant der Management- und Technologie-Beratung Detecon International und führt seine Kunden, vorwiegend im Produktions- und Automotive-Umfeld, durch die digitale Transformation mit Enterprise Architecture Management.

Stefan Hoppe

Stefan Hoppe ist seit Anfang 2015 Vice President der OPC Foundation und koordiniert die Expansion/Verbreitung von OPC in die Bereiche „Internet of Things" und „Industrie 4.0". Seit 2010 war er Präsident von OPC Europe – als Initiator für die Zusammenarbeit mit anderen Industriekonsortien sind OPC-Arbeitsgruppen entstanden, welche Spezifikationen für die jeweiligen Informationsmodelle der Organisation entwickeln. Z. B. wurde er 2008 zum Vorsitzenden der gemeinsamen Arbeitsgruppe der PLCopen & OPC Foundation ernannt, die eine im Jahr 2010 veröffentlichte und anerkannte Spezifikation entwickelte.

Stefan Hoppe studierte Elektrotechnik an der TU Dortmund. Ab 1995 arbeitete er für BECKHOFF Automation, zunächst als Softwareentwickler und später als Senior Produkt Manager für die Automatisierungssoftware TwinCAT mit dem Schwerpunkt auf kleinste Embedded-Geräte und deren Konnektivität. Als anerkannter Experte für Windows Embedded Betriebssysteme wurde er seit 2009 jährlich neu von Microsoft als MVP (Most Valueable Professional) ausgezeichnet.

Dr. Alexander Horch

Dr. Alexander Horch ist Bereichsleiter für Forschung, Entwicklung und Produkt Management bei der HIMA Paul Hildebrandt GmbH in Brühl. Seine Arbeitsgebiet sind die Funktionale Sicherheit in der Prozessindustrie und in der Bahntechnik. Er beschäftigt sich weiterhin mit der Digitalisierung in der Automatisierungstechnik und verschiedenen Themen um Industrie 4.0. Der vorliegende Beitrag entstand während einer früheren Tätigkeit als Abteilungsleiter in der ABB Konzernforschung.

Inge Hübner

Dipl.-Ing. (FH) Inge Hübner ist als Redakteurin beim VDE VERLAG für die beiden Fachmedien etz elektrotechnik & automation und openautomation tätig.

Dr. Myriam Jahn

Als Geschäftsführerin der ifm datalink gmbh und Vorstandsmitglied der TiSC AG ist Dr. Myriam Jahn verantwortlich für das Engineering von Systemlösungen „vom Sensor bis ins SAP". Die ifm-Gruppe, der die beiden Softwarespezialisten ifm datalink und TiSC angehören, entwickelt und vertreibt mit mehr als 6.000 Mitarbeitern Lösungen für über 140.000 Kunden aus Maschinenbau und Industrie. Heute ist ifm einer der wenigen Sensor-Anbieter, der die Grundvoraussetzung für Industrie-4.0-Lösungen bis ins SAP/ERP geschaffen hat. Als Master of Science in Elektrotechnik und mit einer betriebswirtschaftlichen Promotion über Produktionsplanung und -steuerung hat Frau Dr. Jahn besonders die Verbindung zwischen Automatisierung und Elektrotechnik auf der einen sowie betriebswirtschaftlicher Produktionsoptimierung auf der anderen Seite im Fokus.

Johannes Kalhoff

Nach seinem Studium der Elektrotechnik mit dem Schwerpunkt Energietechnik ist Johannes Kalhoff seit 1990 bei Phoenix Contact tätig. Seit 2007 ist er verantwortlich für das Technology Management der Phoenix Contact-Gruppe im Bereich Corporate Technology & Value Chain. Neben seiner Arbeit bei Phoenix Contact nimmt J. Kalhoff weitere Aufgaben in verschiedenen Industrie- und Wissenschafts-Organisationen wahr. Aktuell leitet er den Technischen Ausschuss Automation des ZVEI. Zudem ist er Mitglied des Vorstands Messtechnik und Prozessautomatisierung sowie des Führungskreises Industrie 4.0, die ebenfalls vom ZVEI gegründet worden sind. Im Bereich Forschung engagiert sich J. Kalhoff im Spitzencluster it's OWL, wo er das Innovationsprojekt AWaPro leitet. Darüber hinaus ist er stellvertretender Leiter der Arbeitsgruppen „Forschung und Innovation" (AG2) der Plattform Industrie 4.0, die von ZVEI, VDMA und BITKOM initiiert worden ist.

Dr. Holger Kenn

Dr. Holger Kenn ist Technical Evangelist in der Abteilung DX (Developer Experience & Evangelism) bei Microsoft Deutschland. Er ist Autor von über 50 Fachartikeln zu den Themen Cloud Computing, Robotik, Wearable Computing und künstliche Intelligenz. Vor seiner Tätigkeit bei Microsoft Deutschland war er in der angewandten Forschung bei Microsoft Research, am TZI der Universität Bremen und im Fachbereich Engineering and Science an der Jacobs University tätig.

Johanna Kiesel

Johanna Kiesel verantwortet die Presse- und Öffentlichkeitsarbeit bei der Aucotec AG in Hannover.

Prof. Dr. Thomas Klindt

Rechtsanwalt Prof. Dr. Thomas Klindt ist Partner der internationalen Wirtschaftskanzlei Noerr LLP und leitet dort das Product Compliance-Team. Er ist berufenes Mitglied der *Plattform Industrie 4.0* (AG Recht) und leitet dort die UAG Produkthaftung. Sein Tätigkeitsschwerpunkt liegt im internationalen Sicherheits-, Haftungs- und Technikrecht; zudem lehrt er an der Universität Bayreuth. Klindt ist u. a. Mitglied im Herausgeberbeirat der *Zeitschrift für Innovations- und Technikrecht* (InTeR).

Thomas Lantermann

Während seiner über 25-jährigen Laufbahn bei Mitsubishi Electric war Thomas Lantermann in zahlreichen Abteilungen zuständig für Projektabwicklungen, Produktmarketing, Technische Abteilung, Softwareentwicklung und Leitung des Services für Erodiermaschinen.

Aktuell ist er als Senior Business Development Manager mit dem Schwerpunkt IT verantwortlich für den Ausbau von strategischen Partnerschaften der e-F@ctory Alliance und beschäftigt sich mit der Implementierung von Industrie 4.0, Monosukuri und Industrial Inernet Consortium.

Kim Listmann

Kim Listmann ist derzeit Abteilungsleiter für Automation & Grid Technologies am Forschungszentrum Deutschland der ABB AG in Ladenburg. Nach dem Studium der Mechatronik (TU Dresden, 2006) und der Promotion (TU Darmstadt, 2011) schloss er sich der ABB AG an und ist am Forschungszentrum Deutschland tätig. Seither liegen seine Forschungsschwerpunkte im Bereich der Modellbildung, Regelung und Optimierung mechatronischer Mehrkörpersysteme und der Analyse vernetzter technischer Systeme.

Prof. Dr.-Ing. Arndt Lüder

Apl. Prof. Dr.-Ing. habil. Arndt Lüder studierte an der Otto-von-Guericke Universität, wo er 1995 sein Diplom in Mathematik ablegte. Von 1995 bis 2000 arbeitete er an der Untersuchung formaler Methoden zum Steuerungsentwurf Otto-von-Guericke Universität Magdeburg und später an der Martin-Luther Universität Halle-Wittenberg. An letzterer erlangte er 2000 den Titel eines Dr.-Ing. Seit 2001 arbeitet er am IAF der Universität Magdeburg. Dort leitet er seit 2006 das Center Verteilte Systeme und habilitierte in 2007 zum Thema „Verteilte Steuerungssysteme". Ende 2011 wurde ihm der Titel „Außerplanmäßiger Professor" verliehen.

Das Hauptarbeitsgebiet von Prof. Lüder ist die Anwendung innovativer Technologien auf dem Gebiet der Fabrikautomation. Dabei betrachtet er objekt-orientierte und agenten-orientierte Architektur- und Implementierungskonzepte, mechatronische Konzepte, Engineeringvorgehensweisen, -methodiken und -technologien, die auf diesen aufsetzen, sowie Ethernet-basierte Kommunikationssysteme. Neben diesen Forschungsarbeiten ist er in die Arbeit der Arbeitsgruppe „Agenten in der Automation" der GMA sowie als Vorstand in die Arbeit des AutomationML e. V. involviert. Im Rahmen seiner Forschungstätigkeit hat sich Prof. Lüder mit Entwurfsprozessen und denen in ihnen notwendigen Daten sowie Datenaustauschformaten für das Engineering in der Fabrikautomation sowie mit Methoden-Modellierung von Kommunikationssystemen beschäftigt.

Prof. Dr. Christoph Lüth

Prof. Dr. Christoph Lüth ist stellvertretender Bereichsleiter im Forschungsbereich Cyber-Physical Systems des Deutschen Forschungszentrums für Künstliche Intelligenz (DFKI) sowie Professor an Fachbereich 3 der Universität Bremen. Nach seiner Promotion an der Universität Edinburgh hat er sich an der Universität Bremen habilitiert und ist seit 2006 am DFKI tätig. Seine Forschung umfasst den gesamten Themenbereich der Entwicklung korrekter Software, insbesondere für Cyber-physische Systeme. In diesem Bereich hat er viele erfolgreiche Forschungsprojekte geleitet und über sechzig Papiere veröffentlicht.

Amelie Mainusch

Amelie Mainusch ist Beraterin der Management- und Technologie-Beratung Detecon International und unterstützt Kunden bei Business Transformationen mit Enterprise Architecture Management im Bereich Automotive.

Christian Manzei

Nach seinem Studium arbeitete Christian Manzei in verschiedenen Unternehmen im Marktforschungsbereich. Von 1992 bis 2007 übernahm er bei Mitsubishi Electric diverse Management-Aufgaben und war dort zuletzt als Manager Business Development für die Geschäftsfeldstrategie des Unternehmens in Europa verantwortlich. Inzwischen leitet er bei Uticor Automation die Bereiche Vertrieb und Marketing.

Björn Matthias

Björn Matthias, Ph.D., ist Corporate Research Fellow, Robotic Automation, bei der ABB AG. Er beschäftigt sich mit Maschinensicherheit für Industrierobotik, Mensch-Roboter-Kollaboration und ihrer Anwendung, sowie mit Bedienkonzepten für Robotersysteme und Grundfähigkeiten der Steuerung für kollaborierende Montageapplikationen. Auf nationaler und internationaler Ebene ist er in der Normung Im Bereich Industrierobotik tätig und hat beim Aufbau der europäischen Interessenvertretung der Robotikforschung in der euRobotics aisbl mitgewirkt, die heute die Europäische Kommission bei der Gestaltung von Förderprogrammen im Themenfeld Robotik berät.

Dr.-Ing. Jan Stefan Michels

Dr.-Ing. Jan Stefan Michels ist Leiter der Standard- und Technologieentwicklung bei Weidmüller und verantwortet die Bereiche Technische Standards, Verfahrensentwicklung und Technologieentwicklung Elektronik. Zu dieser Aufgabe zählt, interne Standards für Produktfunktionen und Verfahren zu realisieren und zu implementieren. Gleichzeitig erarbeitet er mit seinem Team innovative Technologien, die in Produkte und die Produktion von Weidmüller einfließen. Von 2001 bis 2005 war er wissenschaftlicher Mitarbeiter am Heinz Nixdorf Institut der Universität Paderborn und arbeitete auf dem Gebiet des Technologie- und Innovationsmanagements.

Thomas Michels

Thomas Michels ist Leiter Produktmanagement bei EPLAN Software & Service GmbH & Co. KG in Monheim am Rhein.

Moritz Niehaus

Moritz Niehaus ist Gewerkschaftssekretär im Ressort Zukunft der Arbeit beim Vorstand der IG Metall in Frankfurt am Main.

Julie Pike

Julie Pike ist Sr. Public Relations Specialist für das Industrial Internet Consortium. Außerdem ist sie verantwortlich für Social Media und Content Creation. Sie können ihr auf Twitter folgen unter #julie_pike.

Dr. Irmhild Rogalla

Dr. Irmhild Rogalla ist Leiterin des Instituts für praktische Interdisziplinarität in Berlin. Sie forscht und entwickelt zum Thema Arbeit und Technik.

Markus Rosemann

Markus Rosemann ist global verantwortlich für das Lösungsportfolio im Bereich *Digital Logistics* der *SAP SE* in Walldorf. In dieser Funktion arbeitet er mit Kunden aus allen Branchen an der Strategie und dem Go-To-Market für Softwarelösungen im Transportmanagement, für die Lagerverwaltung und das Logistiknetzwerk.

Dr.-Ing. Olaf Sauer

Dr.-Ing. Olaf Sauer studierte an der Universität Karlsruhe Wirtschaftsingenieurwesen. Nach beruflichen Stationen in Industrie und Beratung ist er aktuell Stellvertreter des Institutsleiters am Fraunhofer IOSB. Er ist Lehrbeauftragter am Karlsruher Institut für Technologie (KIT), Vorsitzender des Fachbereichs Informationstechnik des VDI sowie Mitglied des Vorstands der Wirtschaftsstiftung Südwest.

Victoria Schäfer

Victoria Schäfer ist Beraterin bei der Detecon International GmbH. Sie hat sich auf die Digitalisierung von Produktionsumgebungen spezialisiert, wo sie hauptsächlich Kunden aus der Automotive-Branche auf dem Weg in Richtung Industrie 4.0 begleitet.

Melanie Schauber

Melanie Schauber verantwortet seit Januar 2016 den Vertrieb für den neu gegründeten strategischen Geschäftsbereich Watson Internet of Things und Industrie 4.0 der IBM für die Region Deutschland, Österreich und die Schweiz.

Durch ihre langjährige Erfahrung im Vertrieb komplexer und analytischer Lösungen bringt sie eine breite Wissensbasis ein, um auf die schnellen Marktveränderungen in diesem hochinnovativen Umfeld einzugehen und gemeinsam mit ihrem Vertriebsteam auf die Kundenansprüche einzugehen.

Prof. Dr.-Ing. Linus Schleupner

Prof. Dr.-Ing. Linus Schleupner studierte an der Rheinischen Fachhochschule Köln Elektrotechnik und Betriebswirtschaft sowie an der FernUniversität in Hagen Informations- und Kommunikationstechnik. Dort promovierte er 2012 mit einer Arbeit zu sicherer Kommunikation in der Automatisierungstechnik.

Zwischen 1991 und 2014 arbeitete er im Technischen Vertrieb namhafter Automatisierungsanbieter und war für nationales, internationales und globales Geschäft verantwortlich. Im Oktober 2014 folgte er dem Ruf an die Rheinische Fachhochschule Köln, wo er Inhaber einer Professur für marktorientierte Unternehmensführung ist. Innerhalb der Forschung konzentriert er sich insbesondere auf die Themen Innovationsmanagement und Marktgestaltung. Ein besonderer Schwerpunkt seiner Arbeit liegt im Bereich Industrie 4.0.

Nicole Schmidt

Nicole Schmidt studierte an der Otto-von-Guericke-Universität Magdeburg Mechatronik, wo sie 2012 ihr Diplom ablegte. Seit März 2012 arbeitet sie als wissenschaftliche Mitarbeiterin am IAF der Universität Magdeburg.

Der Forschungsschwerpunkt von Nicole Schmidt liegt auf der Verbesserung der Vernetzung von Softwarewerkzeugen im Lebenszyklus von Produktionssystemen. Sie arbeitet außerdem in der AutomationML-e.V.-Geschäftsstelle und ist an der Weiterentwicklung und Standardisierung des Datenaustauschformats AutomationML tätig.

Dr. Verena Schmidtmann

Dr. Verena Schmidtmann ist Partner bei der Detecon International mit Hauptsitz in Köln. Sie hat die letzten acht Jahre wesentlich am Auf- und Ausbau des Beratungsangebots für das Enterprise Architecture Management (EAM) bei der Detecon mitgewirkt. Im Rahmen der Detecon Research Programme leitet Frau Dr. Schmidtmann zurzeit das Programm Digital Navigator, welches sich unter anderem mit den Veränderungen durch die Digitalisierung der Geschäftsmodelle und ihre Auswirkungen auf die Unternehmensarchitektur und die Organisation insbesondere in der Automotive-Industrie beschäftigt.

Dr. Daniel Senff

Dr. Daniel Senff ist Technologieberater bei der VDI Technologiezentrum GmbH und Deputy Secretary General der Plattform Industrie 4.0.

Renate Stuecka

Renate Stuecka ist seit April 2015 verantwortlich für die Marketingaktivitäten der IBM im Umfeld Internet of Things und Industrie 4.0 in Deutschland, Österreich und der Schweiz. Hier bringt sie ihre langjährige Erfahrung in Vermarktung und Vertrieb technisch anspruchsvoller Lösungen ein, unter anderem in den Bereichen Entwicklung innovativer Produkte und Kommunikationssysteme.

Klaus-Dieter Walter

Klaus-Dieter Walter ist CEO der SSV Software Systems GmbH in Hannover. Er hat Anfang 2007 aktiv zur Gründung der M2M Alliance e. V. beigetragen und gehörte viele Jahre dem Vorstand an. Neben seiner CEO-Tätigkeit leitet er eine Arbeitsgruppe des Industrieforums VHPready, um einen Standard für die Kommunikation in virtuellen Kraftwerken zu schaffen und engagiert sich seit 2012 aktiv in der M2M Initiative Deutschland des nationalen IT-Gipfels der Bundesregierung.

Uwe Weber

Uwe Weber ist Managing Partner bei Detecon. Er begleitet und berät große Industriekunden bei Projekten zur digitalen Transformation. Er verantwortet global das Leistungsangebot für das Enterprise Architecture Management, welches Detecon seit mehr als 10 Jahren als Methodenrahmen für die Business Transformation einsetzt und kontinuierlich weiterentwickelt.

VDE VERLAG

Technik. Wissen.
Weiterwissen.

Technikwissen anwenden:

Fachbücher zu FDI – Field Device Integration!

Die FDI-Technologie vereint die Vorteile von FTD/DTM und EDDL und erlaubt eine einheitliche Geräteintegration für alle Leitsysteme, Feldgeräte und Protokolle. Die Fachbücher sind in deutscher und englischer Sprache erhältlich.

2013
XVI, 232 Seiten
49,– € (Buch/E-Book)
68,60 € (Kombi)

2016
XVI, 240 Seiten
59,– € (Buch/E-Book)
82,60 € (Kombi)

Preisänderungen und Irrtümer vorbehalten. Das Kombiangebot bestehend aus E-Book und Buch ist ausschließlich auf **www.vde-verlag.de** erhältlich. Diese Bücher können Sie auch in Ihrem Onlineportal für DIN-VDE-Normen, der Normenbibliothek, erwerben.

Bestellen Sie jetzt: (030) 34 80 01-222 oder www.vde-verlag.de/170394

VDE VERLAG

Technik. Wissen.
Weiterwissen.

Technikwissen anwenden:

Der Leitfaden zu Industrial Security!

Das Buch beschreibt Schutzkonzepte und -maßnahmen und zeigt konkrete Umsetzungsmöglichkeiten auf. Ein Ausblick auf die neuen Herausforderungen, die im Zuge von Industrie 4.0 entstehen, rundet das gelungene Buch ab.

2016
100 Seiten
34,– € (Buch/E-Book)
47,60 € (Kombi)

Preisänderungen und Irrtümer vorbehalten. Das Kombiangebot bestehend aus E-Book und Buch ist ausschließlich auf www.vde-verlag.de erhältlich. Diese Bücher können Sie auch in Ihrem Onlineportal für DIN-VDE-Normen, der Normenbibliothek, erwerben.

Bestellen Sie jetzt: (030) 34 80 01-222 oder www.vde-verlag.de/170393

OPC UA

The Industrial Interoperability Standard

Viel mehr als ein Protokoll … und darum gesetzt für Industrie 4.0

OPC UA ist ein Framework für Industrielle Interoperabilität

→ Modellierung von Daten und Schnittstellen für Geräte und Dienste
→ Integrierte Security für Zugriff auf Daten & Dienste – validiert vom BSI
→ Erweiterbare Transportprotokolle: Client/Server und Publisher/Subscriber und Roadmap für TSN
→ Skalierbar vom Sensor bis in die IT Cloud
→ International: OPC UA ist IEC62541
→ Unabhängig von Herstellern, Betriebssystemen, Sprachen, vertikalen Märkten

Download der Technologie-Broschüre: opcfoundation.org/resources/brochures/

Kooperationen der OPC Foundation mit anderen Organisationen in verschiedenen Märkten: Informationsmodelle aus verschiedenen Branchen sind abgebildet in OPC UA und werden so interoperabel mit integrierter Security.

PLCopen · BACnet · m2m alliance · AIM · MES D.A.CH Verband · OpenFog · ISA · FieldComm Group · FDT Group · OMAC · MDIS · VDW · energistics · MTConnect · EUROMAP · sercos international · AutomationML · CLPA · W3C · INDUSTRIAL DATA SPACE e.V. · EtherCAT Technology Group · IO-Link · ODVA · PI PROFIBUS · PROFINET · ETHERNET POWERLINK Standardization Group · VDMA · CiA

OPC FOUNDATION

www.opcfoundation.org